헌법과 사학교육

사학의 자유와 사학조성

유키 마코토(結城 忠) 저 권희태 역

교육의 길잡이·학생의 동반자
(주)교학사

머리말

사학의 적극적인 존재의의는 국·공립학교와는 질적으로 다른 사학 교육의 독자성에서 찾아볼 수 있다. 그렇다면 사학은 교육정책상 어떻게 처우되며 교육법제상 어떤 위치에 놓여야 하는가? 일본에서는 지난 역사에서는 물론 오늘날에도 사학교육의 독자성은 상대적으로 미흡하며 국·공립학교의 양적 보완형 사학이 주류를 이루고 있는데, 사학 본래의 존재의의나 역할로 미루어 볼 때 이러한 사학의 현실은 어떻게 평가되어야 하는가?

현행 법제상 사학은「사학의 자주성」(사립학교법 제1조)을 넘어 법적 권리로서「사학의 자유」(Privatschulfreiheit)를 보장받고 있는가? 그렇다면 사학은 왜 그런 자유를 필요로 하며, 그 법적 근거는 어디에 있는가? 그리고 그 자유에는「학교를 설립할 자유」는 물론, 사학에 있어서「교육의 자유」·「조직편제의 자유」·「경향경영의 자유」·「독자적인 입학자 선발 기준이나 학내 규율설정의 자유」와 같은 각종의 자유가 포함되어 있는가?

아니면 사학은 소위 공교육기관으로서(교육기본법 6조 1항)「종교교육의 자유」보장을 제외하고는 기본적으로 국·공립학교와 같은 공교육법의 규율을 따라야 하는 것인가?「공교육기관으로서의 사학」에 대해서는 국·공립학교 교육과 같은 종류 또는 같은 가치의 교육이 요구되는가? 기본적으로 공립학교와 같은 학습지도요령이 사학에서도 구속력을 갖고 적용되고, 그 결과 예컨대 세계적으로 높은 평가를 받고 세계적 확산을 보여주고 있는 독일의 슈타이너 학교(정식명: 자유 발도르프 학교)가 소위 일반학교로서는 인정받지 못하고 각종학교로서의 법적 지위밖에 얻지 못하고 있는 일본의 사학법제 현실을 우리는 어떻게 생각해야 할까?

보다 근본적인 관점에서 볼 때, 많은 자유민주주의 입헌국가에서는 왜 사학(이념형으로서는 경제적 자유권에 보다 강하게 대응하는 「영업의 자유」형 사학이 아닌 오로지 정신적 자유권에 기반하여 그 현실화를 지향하는 「교육의 자유」형 사학)의 존재가 적극적으로 평가되고 있을까? 왜 나치 독일은 사학제도를 전면적으로 해체했는가? 무엇 때문에 옛 사회주의 국가들에서는 사학이 존재하지 않고 오늘날에도 북한 같은 곳에서는 사학의 존재가 전적으로 부정되고 있는가? 요컨대 사학이 존재하는지 아닌지, 사학에 얼마나 자유가 보장되며 교육상 어느 정도의 독자성을 가지고 있는지는, 다시 말해 사학이 교육법제상에서 어떤 위치를 차지하고 있는가 하는 것은 그 나라에서의 기본적인 인권 보장이 얼마만큼 이루어지고 있는지, 또는 자유민주주의가 얼마만큼 성숙해 있고 정착되어 있는지를 판단할 수 있게 하는 기준에 속한다고 해도 좋을 것이다. 한편 일본을 비롯한 많은 자유민주주의 국가에서는 무엇 때문에 사학을 지원하는 공적자금을 조성하고 있을까? 그 근거는 어디에서 찾을 것인가? 그리고 이런 경우 소위 사학조성(助成)은 법제도상 어떤 성격을 지니는 것으로 봐야 할까? 유럽의회의 「유럽공동체에서의 교육의 자유에 관한 결의」(1984년)에서 보듯, 그것은 본래 사학의 존재 근거(raison d'etre)를 인식하여 그것이 사회적이고 공적인 역할을 수행할 수 있도록 현실적·재정적 뒷받침을 하는 것으로 보며, 그럼으로써 사학을 사회적으로 보장하고 또한 「사학의 자유」를 법적으로 보장해야 하는, 국가(지방자치체)의 의무에 속하는 것일까? 아니면 이 제도의 채용 여부는 단순히 입법정책·행정상의 재량 사항일 뿐인 것일까? 더욱이 사학조성에 수반되는 공적 통제(public control)는 그것이 「사학의 자유」와 법적 긴장 상황에 놓일 때 어느 범위에서 어느 정도까지 이루어져야 할까? 이 경우 과연 「사학의 자유」와 사학조성은 본질적으로 서로 양립할 수 없는 상호 대립적인 개념이며 제도일까?

나아가 종교 계열 사학에 대한 공적자금 조성은 헌법상의 기본원칙이기도 한 정교분리 원칙과의 관계에서 문제의 소지는 없는 것일까? 이와 관련해서 프랑스(국가와 사학간의 계약체결의 여부와 그 종류는 어떠한가)나 미국(연방최고재판소의 이론적 창조와 관계되는 「목적·효과 기준」에 의한 판단)에서 이루어지고 있는 법적 접근은 일본의 헌법제도와 사학법제와 비교할 때 어떻게 평가될 수 있을까?

이상에서 언급한 것들은 사학으로서는 본질적이고 기본적인 문제이며 사학교육법제의 근간과 관계되는 중요한 사항이라 보이지만, 일본의 경우 이러한 법적 영역에 속하는 법제의 마련은 극히 저조하며, 또한 헌법학·학교법학·교육행정학 등의 학문 분야에서도 여전히 현안 제시 수준에 머무는 과제가 매우 많다. 메이지 헌법은 '학교교육의 책임은 국가에 있다.' 내지 '학교교육은 국가가 독점한다.' 라는 관점에 입각하여 「교육의 자유」와 「사학의 자유」를 원칙적으로 부인했는데, 이를 통해 굳어진 '사학은 국가가 특별히 허용하는 한에서 존재할 수 있다.' 라는 원리의 잔영은 오늘날까지도 짙은 그림자를 드리우고 있으며, 이 때문에 사학 관련 법제 또는 학문적 논의의 수준이 이처럼 답보 상태에 있는 것이다.

이 측면에서 자유주의 교육 전통을 갖고 있는 유럽의 여러 나라에서는 — 물론 각 나라의 역사적·정치적·종교적·문화적 배경에 따라 국가 및 공권력과 사학의 관계는 다양한 양상을 보이기는 하지만 — 방금 언급된 사안은 그 기본에 있어서는 이미 법제상의 결말이 난 상황이라 할 수 있다. 게다가 주목할 만한 것은 「사학의 자유」를 헌법상 국민의 기본인권으로 보장하고 있는 나라가 적지 않다는 사실이다. 뿐만 아니라 그러한 나라들에서는 「사학의 자유」가 「헌법상의 제도로서의 사학제도와 기본적 인권으로서의 사학의 자유」라는 관점에서 보장됨으로써 매우 다채롭고도 풍부한 사학교육이 전개되고 있으며, 또한 사학은 교육재정상으로 매우 충분한 지원을 받고 있는 것이 사실이다.

예컨대 네덜란드의 경우 사학은 우리의 상상을 뛰어넘을 정도로 번창하고 있고(2012년 기준으로 사학이 전체 교육 분야에서 점하고 있는 비율은 초등학교가 69%, 중학교가 73%에 달한다), 또한 광범위한 자유를 향유하고 있는데, 이는 1848년에 「사학의 자유」를 헌법상의 기본권으로서 보장한 바 있는 역사적 · 법적 기반에 의거하고 있다.

게다가 네덜란드에서는 1917년 헌법 개정 이래, 일정한 요건을 충족할 경우 사학도 공립학교와 마찬가지로 공적자금을 통해서 설치 · 관리 · 운영된다고 하는, 「사립학교와 공립학교의 재정평등의 원칙」이 헌법상의 원칙으로 확립되어 있다(사학의 공적자금 조성을 받을 권리의 헌법상의 보장; 국고 부담에 의한 사학조성의 사상).

또한 「부모의 교육의 자유」를 헌법상 보장하고 의무교육의 제도유형으로서 「교육의무」의 제도를 갖고 있는 덴마크에서는 부모나 시민은 헌법상의 기본권으로서 「학교 설치의 자유」를 갖고 있으며, 사학의 설립에 관해서는 그 요건으로서 소정의 아동 · 학생의 수가 정해져 있을 뿐(초년도=12명), 교육행정기관의 인가는 필요 없고 단지 사학의 신고 의무만이 있을 뿐이다. 게다가 사학 교원에게도 공립학교 교원과의 재정상의 평등원칙이 적용되어 사학은 경상경비의 85%를 공적자금 조성을 통해 받고 있다.

그리고 철저한 「교육의 자유」 보장으로 세계적으로 유명한 벨기에는 과거 역사에서는 물론 오늘날에 있어서도 네덜란드와 마찬가지로 사학의 번창을 자랑하고 있는데, 이는 「사학의 자유」에 더하여 「아동의 교육받을 권리」와 「부모의 학교선택권」을 헌법상 보장하는 것에 기초를 두고 있다. 더하여 각 공동체(벨기에는 언어권에 따라 세 개의 통치공동체로 구성되어 있다)에 대해서는 헌법으로 도덕교육이나 종교교육을 위한 비용 부담 의무가 과해져 있으며, 이렇게 해서 벨기에의 사학은 법제도상 「국가로부터 재정 지원을 받는 자유로운 학교」라는 위치를 차지하게 된 것이다.

더욱이 바이마르 시대의 개혁교육학이나 「교육의 자율성」(Autonomie der Erziehung) 운동의 성과를 토대로 하고, 또한 나치 시대를 반성함으로써 제2

차 세계대전 후「사학의 자유」를 헌법상 명기하고 있는 독일의 경우, 가령 자유 발도르프 학교의 교육 사례에서 볼 수 있듯, 사학은 교육상 엄청나게 광범위한 자유를 보장받고 있다. 이에 따라 학교 관련 법제에서 특히 중요한 사실은 이러한 독특하고 자유로운 사학을 포함한 전체 사학에 대하여「사학조성청구권」(Anspruch auf Privatschulzuschuß)을 헌법에 의해 보장하고 있는 주(州)가 있을 뿐 아니라(바덴 뷔르템베르크 주 등 9개 주), 이 권리가 연방행정재판소 판결(1966년)과 연방헌법재판소 판결(1987년)에 의해서도 확인되었고, 연방 차원에서 판례법상의 권리로서 확립되어 있다는 것이 현재 독일의 법적 상황이라는 것이다.

이러한 사례들에 의거하여 나는 다음의 문제들을 짚어 보고자 한다.

방금 언급한 네 나라의 사학법제와 사학에 관한 법 이론은 이들 나라만의 특유하고 특수한 것인가? 아니면 그 범위나 정도에는 차이가 있다고 하더라도「사상·양심의 자유」,「신교의 자유」,「교육의 자유」,「사학의 자유」,「부모의 자연법적 교육권과 교육의 자유」라고 하는 일련의 시민적 자유의 보장을 전제로 하여「교육받을 권리」(학습권)의 보장 요청, 평등원칙이나 사회국가 원칙, 사학 본래의 존재의의와 역할이나 사학교육의 공공성,「교육에서의 가치다원주의」(Bildungspluralismus)의 보장 요청이나 인권보장·자유민주주의를 근간으로 하는 헌법의 가치 질서 등에 깊이 뿌리를 내린 것, 말하자면 보편기본법 원리가 사학법 테두리 안에서 구체화된 모습이라고 보아야 할 것인가?

이 책은 제 I 부「사학교육의 법적 구조」, 제 II 부「유럽에서의 사학의 자유와 사학조성」, 이상 총 2부로 구성되어 있다. 제 I 부는 주로 상술한 것 같은 것들에 관하여 헌법학 및 학교법학의 관점에서 비교법학적 시각을 포함하여 내 나름의 견해를 제시한 것이다. 제 II 부는 독일과 네덜란드를 중심으로 덴마크, 벨기에 및 그 밖의 유럽 7개국에서의「사학의 자유」와 사학조성에 관한 제도의 현황과 법 이론을 개관한 것이다(프랑스와 미국의 사학법제 상황에 대해서는 제Ⅰ부 제7장 제4절과 제5절을 참조할 것). 이 책이 일본에서의 사학교육이 어떤 것이어야 할 것인가를 생각함에 있어서 조금이라도 보탬이 된다면 다행한 일이다.

더욱이 상술한 내용에서 엿볼 수 있듯이 이 책의 관심은 초·중등교육 단계의 사학에 보다 집중되어 있다. 교육 기본권론의 관점에서 보면 고등교육 단계의 사학은 정신적 자유권은 물론이고 「영업의 자유」·「직업선택의 자유」(헌법 22조, 29조)라고 하는 경제적 자유권에 보다 강하게 호응하기 때문이다.

끝으로, 일본에서의 고등교육 연구의 권위자이며 나의 국립교육정책연구소 시절의 상사이셨던 기타무라 가즈유키(喜多村和之) 선생님이 2013년 12월 장기간의 투병 생활 끝에 돌아가셨다. 심심한 애도의 뜻을 표함과 동시에 사학교육에 커다란 관심을 보여 주시고 이 분야에 있어서도 커다란 연구업적을 많이 남기신 선생님께 부족한 이 책을 바치고자 한다.

2014년 1월 23일

유키 마코토

옮긴이의 말

이 책은 2014년 6월에 나온, 유키 마코토(結城 忠) 교수의 저서『憲法と私學教育―私學の自由と私學助成』을 옮긴 것이다. 제목에서 이미 그 결론이 암시되듯, 유키 교수의 지론은, 첫째 사학은 근본적으로 국가 또는 공권력의 간섭으로부터 자유로워야 하고, 둘째 그럼에도 국가에게는 사학을 '정책적 차원에서 도와 그 존재 목적을 달성하도록 해야 하는' 의무, 즉 문자 그대로 조성(助成)의 의무가 있으며, 셋째 사학의 이러한 권리와 국가의 이러한 의무를 도출하는 근거는 바로 헌법에서, 그리고 그 입법의 이념과 정신에서 찾아진다는 것이다.

이처럼 이 책의 원전은 기본적으로 헌법학 및 교육법학의 주요 문제들을 기초법학적이고 법제사적 관점에서 분석하고 저자 나름의 길을 제시하는, 전형적인 전문 학술서이다. 그러나 내가 이 번역서의 주된 독자층으로 염두에 두고 있는 것은 교육(법) 관계 정치인, 중앙 및 지방의 공무원, 그리고 사학의 설립자와 경영자이다. 왜냐하면, 첫째 다른 순수 이론서와는 달리 이 책에서 다루어지는 문제들은 실질적으로 정치적 이념, 법적 원칙, 행정 및 재정적 실무 등과 불가분의 관계에 있기 때문이며, 둘째 그럼에도 불구하고 방금 열거한 이들 중 많은 사람이 문제에 대한 기본적인 법리적, 역사적, 사실적, 논리적 및 교육 이념적 핵심들을 잘 모르거나 잊고 있거나, 심지어는 무관심하다는 생각이 들기 때문이다.

내가 이 책의 번역에 착수한 것은 최근의 일이지만, 실제로 유키 교수를 알게 되고 그의 법학적 및 교육학적 지론에 관심을 가지게 된 지는 이미 30년이 넘었다. 1980년대 초에 나는 나의 교육자로서의 전문성을 질적으로 올리고 싶은 마음에 일본 동경대학 대학원 교육행정학 과정에 2년간 유학생으로 참여하였는데, 그때 그의 책과 논문들을 처음 읽게 되었을 뿐 아니라, 실제로 저자를 만나 더 심도 있는 얘기를 할 기회를 종종 가지는 행운까지 얻었다. 결국 그때 시작된 인연이 지금까지 이어지는 과정에서 이 번역서가 나오게 된 것이다.

그 자세한 내용은 책의 본문을 읽으면 쉽게 이해되겠지만, 이 책을 통해 우리가 주목해야 할 것은—특히 최근 십여 년에 걸쳐 사학을 둘러싼 거의 '냉전'급의 쟁론이 아직도 진행 중인 우리나라의 교육현실과 연관해서 눈여겨보아야 할 것은—, 현대의 발전된 교육제도와 사학 시스템을 선도적으로 마련해 온 서구의 역사를 돌이켜보면 사학에 대한 국가 또는 공권력 차원의 간섭을 가급적 강화하고, 반대로 사학의 자율적이고 주체적인 운영과 교육을 가급적 제한하는 방식의 법제들은 주로 다음과 같은 유형의 사회나 집단 또는 조직에서 추구되거나 지지된다는 점이다. 즉, 1) 사회 발전 단계상 시민사회가 도래하기 이전의 전근대적 봉건제 내지 군주제의 잔재가 아직 남아 있는 국가, 2) 나치나 파시스트들처럼 근본적으로 전체주의적 이데올로기에 중독된 체제, 그리고 3) 개인적 또는 사적 영역의 자유에 대한 근본적으로 적대적 심리가 지배했던, 특히 구 사회주의적 국가들에서 볼 수 있었던 교조적 체제 등이 그 전형적인 예가 된다. 환언하면, 현대 사회가 모범으로 삼고 추구해 나아가야 하는 바의 개방적·가치다원적·민주적·창의적·반권위주의적 모델과는 근본적으로 반대편에 있는 노선의 사회나 당파들이 (그것들 사이의 경쟁관계나 적대관계와는 무관하게) 공통적으로 혐오와 증오의 감정을 가지고 억압하고 저지하고자 하는 것이 바로 사학의 자유와 사학에 대한 국가의 지원이다. 그리고 반대로 개방성, 가치다원성, 민주적 의식, 창의성 존중, 권위주의 배격 등을 자기 정체성의 핵심 내용으로 하는 선진화된 현대국가일수록, 사학에 대한 자유의 보장과 국가 차원의 사학 조성(助成)은 다름 아닌 헌법 정신 그 자체로부터 나오는 당연한 권리이자 의무로서 인식하는 것이 당연한 상식이 되어 있다.

지난 수 년 동안 나는 종종 대중 매체에 등장하여 사학의 자유를 둘러싼 논쟁에 적극적으로 가담하였다. 방금 전에 암시했듯, 내가 당시에 느꼈던 가장 큰 아쉬움은, 사학의 자유를 옹호하는 편이건 억제하고자 하는 편이건 간에, 방금 말한 헌법 정신에 따른 당연한 귀결로서의 사학의 자유와 국가의 조성 의무에 대한 역사적 · 법리적 · 논리적 통찰이나 지식은 전무한 채 오직 자신이 속한 정파나 조직이 미리 정해놓은 결론을 큰 목소리로 재확인하는 것에 불과했다는 점에서는 묘한 공통점을 가지고 있었다는 점이다. 더욱이, 상대적으로 좌클릭 경향이 있었던 이전의 정부에서는 물론, 최근의 두 보수 계통 정부도 사학에 대한 이러한 기본 인식이 부족하다는 점에서는 마찬가지이며, 결과적으로는 저 전근대적인 전제국가 내지 전체주의 국가들에서나 볼 수 있는 통제를 사학에 대한 가장 현대적이고 정의로운 조치인 줄 안다는 점에서는, 정권의 이념적 성향 차이와는 무관하게, 좌우가 계승 관계를 합심하여 발전시키고 있는 것처럼 보인다. 그 점에서 나는 특히 현재 대한민국의 교육 정책 및 행정을 담당하는 분들에게 이 책을 꼭 읽히고 싶다. 민주주의, 포용성, 다원성, 창의성 등 지난 수십 년 간 정치 지도자들이 그토록 외쳐왔던 새롭고 정당한 가치들을 가장 잘 현실화하는 하나의 길이 바로 교육 영역에서 기존의 경직된 중앙집권적 · 관료주의적 통제를 타파하는 것에 있음을 다만 몇 사람이라도 새로이 깨닫는다면, 나는 이 책이 그런대로 자신의 가치를 발휘한다고 믿는다.

물론 이 책에서 종종 모범적 교육 사례로 등장하는 현대 서구 사회 역시 단번에 쉽게 이루어진 것이 아니다. 혁명과 전쟁 등 수 많은 희생을 수 세기에 걸쳐 겪은 끝에 비로소 얻은 인식과 지혜의 결과물 가운데 하나가, 바로 그들이 현재 추구하는 열린 사학 정책이다. 그러기에 현대 국가의 역사가 아직 일천한 우리 대한민국이 그렇게 쉽게 교육적 혁신을 성취하기를 기대하는 것은 좀 무리일 수도 있겠지만, 그렇다고 서구인들의 우를 똑같이 답습해서도 안 되지 않은가. 이에 나는 이 책이 어쩌면 수십 년이 족히 걸릴 교육혁신이 그래도 수 년 또는 십 수 년 만에 이루어지도록 하는 데 기여하기를 바라는 마음에서, 이 책의 번역에 착수하였다.

얼마 전에 영국의 미래학자인 칼 베네딕트 프레이 교수와 마이클 오스본 교수는 앞으로 30년 동안 없어질 직업의 목록을 발표한 바 있는데, 그 내용은 실로 놀라웠다. 지금 주류로 분류되는 직종들 가운데 상당히 많은 수가 그때가 오면 더 이상 존속하지 않는 등, 직업군의 기본 구조가 완전히 바뀔 것이라고 한다. 이런 것을 포함한 경천동지의 변화는 조만간 우리에게 많이 불어 닥칠 것이다. 그리고 그 속에서 교육이야말로 그러한 변화들에 기민하게 대응하지 않으면 안 된다. 그리고 그러한 대응을 잘 해낼 수 있는 주요 주체의 하나가 바로 사학이라고 생각한다. 즉, 사학의 자유는 물론, 사학에 대한 국가 차원에서의 지원은 단지 역사적·법리적 문제임을 넘어, 우리 사회와 국가의 미래를 좌우할 수도 있는 주요 인자가 되기에 충분하다.

이 번역서가 나오기까지는 당연히 몇 분의 결정적인 도움을 얻었다. 내가 일차적으로 감사의 마음을 표해야 할 분은 아무래도 이길우 교장선생님(전 영남중학교 교장)이다. 이 교장선생님께서는 일본어에 능통하실 뿐 아니라 영어, 독일어에도 능하셔서 일본어로 표기된 서양의 단어들을 우리말로 옮기는 데 결정적인 도움을 주셨다. 박진녕 선생님(경상고등학교 일어교사)의 도움도 컸다. 내가 구사하는 언어는 우리말이건 일본어이건 아무래도 요즘의 보편화된 어법과는 차이가 있게 마련인데, 박 선생님은 가독성 있는 현대 한국어로 많은 부분들을 고쳐 주셨다.

최종 작업은 내 아들인 권대중 교수(계명대학교 철학과)가 맡았다. 권 교수는 글 전체의 논리적 흐름, 어법(문법)의 정확성, 정보와 개념 및 출처의 정확성 등을 종합적으로 꼼꼼히 점검하여, 대폭적이고도 결정적인 수정을 가하였다. 심지어 원전의 잘못된 표기들까지 바로잡아 이 역서를 더 업그레이드시켰다.

끝으로 감사드릴 분은 교학사의 양철우 회장님이다. 출판계 전반에 전에 없는 어려운 시기가 닥친 지 오래고, 더욱이 최근에 이 출판사의 교과서가 뜻하지 않은 정치적·이념적 논쟁에 휘말림으로써 마음고생이 심한 와중에도 이 책의 출판을 흔쾌히 수락해 주셔서 더욱 감사함을 느낀다.

이 책을 읽다 보면 동어반복적 문장들, 심지어 같은 내용이 그대로 반복되는 문단이나 장 및 절들(이것이 저자의 어떤 의도에 의한 것인지는 아직 확인하지 못하였다), 그리고 어색한 번역 투의 표현들, 일관되지 못한 용어 표기 등, 독자를 다소 피곤하게 하는 부분들도 나온다. 그래서 이 책의 완성도에 관해서는 일단 역자인 나 자신부터가 불만스럽고, 나아가 독자들이 느끼는 불편은 더 클 것이다. 이 때문에 몇 번의 재작업을 검토해 보기도 했지만, 원하는 만큼의 흠결 없는 완성본이 나오기에는 또 다시 많은 시간이 소모될 것이 뻔했고, 그러는 사이에 현실도 변하고 책의 시의성도 떨어질 것이 분명할 것이라는 판단이 들어 단념하였다. 이렇게 이 역서의 부족함에 대해서는 나도 잘 인지하고 있고, 나아가 나 자신이 프로 학자인 것도 아니니 독자 여러분은 이에 대해 관용을 보여 주시면 좋겠다. 그 대신, 그 완성도를 훨씬 능가하는 이 책의 실질적·실용적 가치(내가 가장 주안점을 두고 있는)를 좋게 활용하여, 현재와 미래의 우리나라 교육 발전에 도움을 줄 수 있는 분들이 늘어난다면, 나는 이 역서의 결함에 대한 어떤 지적도 기꺼이 받겠다.

2015년 7월

옮긴이 권희태

한국의 독자 여러분께

이번에 저의 저서 『헌법과 사학교육 - 사학의 자유와 사학조성』이 한국에서 번역되어 출판됩니다. 이는 전적으로 제가 진심으로 존경하는 대구 경상고등학교의 교장이신 권희태 선생님의 노력에 의한 것입니다.

권 선생님은 경상고등학교의 설립자이자 교장으로서, 오랜 기간에 걸쳐 사학교육에 깊이 관여하여 오셨습니다. 선생님의 사학교육에 대한 마음과 열정은 각별한 것으로서, 선생님은 지금까지 한국의 사학교육계에서 지대한 공헌을 해오셨습니다. 그런 권 선생님에게서 이번에 저의 책을 한국에서 출판하고 싶다는 말씀을 듣고, 진심으로 감사할 뿐 아니라 또한 영광스럽습니다.

실은 저는 2000년 10월에 권 선생님으로부터의 초대를 받아, 서울에서 한국의 사학 관계자 분들을 대상으로 「사학의 자유와 사학조성」이라는 주제로 강연을 할 기회를 얻었습니다. 또 7년 후인 2007년 10월에도 마찬가지로 권 선생님의 초대에 의해, 대구에서 「사학교육의 오늘날의 과제 - 사학의 독자성과 사학의 자유」라는 주제로 강연을 했습니다. 이 강연들에서 저는 원래부터 사학의 적극적인 존재의 의미와 역할은 어떤 것인지, 본래 사학의 독자성은 어디에서 찾을 수 있는지, 그러기 위해서는 사학은 교육정책상 어떻게 대우 받아야 하는지, 사학의 법적 지위에 대한 규정이나 사학지원은 어떠해야 할 것인지 등에 관한 이야기를 하였습니다. 강연에 대한 평가가 어찌되었건, 그 이후로도 저는 사학교육에 관하여 착실하게 연구를 진행하여 왔습니다. 그리고 그 성과를 모아 2014년 6월에 간행한 것이 이 책입니다.

원래 이 책은 「일본의 사학교육은 어떠해야 할 것인가?」라는 문제의식으로 집필한 것입니다만, 본서를 읽어보면 알 수 있듯이, 국가가 어떻게 하는 것과 관계없이 보편타당한 사학교육론이 본서의 큰 비중을 차지하고 있습니다. 일례를 든다면, 사학이 그 본래의 존재의미와 역할을 다하기 위해서는, 사학은 자유로워야만 하며, 결국 「사학의 자유」가 법적으로 보장되어야만 한다는, 사학교육 관련 법제의 기본원리가 이에 속합니다. 그렇기에 네덜란드나 독일을 시작으로 유럽의 여러 국가에서는 헌법으로 「사학의 자유」가 국민의 기본적 인권으로서 보장되어 있는 것입니다.

사학의 존재 여부, 사학이 어느 정도의 자유를 보장받으며, 교육상 어느 정도의 독자성을 가지고 있는가. 결국 사학이 교육법제상 어떠한 위치를 부여받고 있는가는 그 나라에 있어서 기본적 인권보장의 강도나 자유민주주의의 성숙도와 정착도를 재는 바로미터라고 말해도 좋을 것입니다.

이 책이 한국의 사학교육에 유익한 도움이 되어 한 층 더 나아간 발전에 미력하나마 보탬이 된다면 저에겐 큰 기쁨이라고 생각합니다.

2015년 6월

유키 마코토(結城 忠)

목 차

범 례

이 책에서 약호로 표기된 독일어의 정식 명칭은 다음과 같다.

AöR	Archiv des öffentlichen Rechts
Aufl.	Auflage
BAG	Bundesarbeitsgericht
Beschl.	Beschluß
BGH	Bundesgerichtshof
BMBF	Bundesministerium für Bildung und Forschung
BSG	Bundessozialgericht
BVerfG	Bundesverfassungsgericht
BVerfGE	Entscheidungen des Bundesverfassungsgerichts
BVerwG	Bundesverwaltungsgericht
BVerwGE	Entscheidungen des Bundesverwaltungsgerichts
CDU	Christlich-Demokratische Union
DÖV	Die Öffentliche Verwaltung
DVBI	Deutsches Verwaltungsblatt
EuGRZ	Europäische Grundrechte - Zeitschrift
FDP	Freie Demokratische Partei
GG	Grundgesetz für die Bundesrepublik Deutschland
HdbStR	Handbuch des Staatsrechts der Bundesrepublik Deutshland, hrsg. von
Josef	Isensee und Paul Kirchhof, Heidelberg 1987 ff.
JZ	Juristenzeitung

KMK - BeschlS.	Sammlung der Beschlüsse der Ständigen Konferenz der Kultusminster der Länder in der Bundes-republik Deutschland.
KPD	Kommunistische Partei Deutschalnds
LG	Landgericht
NVwZ	Neue Zeitschrift für Verwaltungsrecht
NJW	Neue Juristische Wochenschrift
OLG	Overlandesgericht
OVG	Ververwaltungsgericht
PädF	Pädagogische Führung
RdErl.	Runderlaß
RdJ	Recht der Jugend
RWS	Recht und Wirtschaft der Schule
RdJB	Recht der Jugend und des Bildungswesens
SPD	Sezialdemokratische Partei Deutschlands
SPE	Ergäanzbaree Sammlung schul- und prüfung-srechtlicher Entscheidungen
StGH	Staatsgerichtshof
Urt.	Urteil
VerfGH	Verfassungsgerichtshof
VG	Verwaltungsgericht
VVDStRL	Veröffentlichungen der Vereinigung der Deutschen Staatsrechtslehrer
ZBR	Zeitschrift für Beamtenrecht
ZBV	Zeitschrift für Bildungsverwaltung
ZfPäd	Zeitschrift für Pädagogik

제 I 부

사학교육의 법적 구조

제 1 장

메이지 헌법 하에서의 사학교육 관련 법제

제1절 국가의 학교교육 독점과「교육의 자유」

1. 메이지 헌법과「교육의 자유」

메이지 헌법(일본의 제국헌법, 1899년 반포되어 부국강병을 추진하기 위해 메이지 덴노[天皇]를 구심점으로 하는 효율성을 추구한 헌법체계, 이하 메이지 헌법)이 본보기로 한 프로이센 헌법(1850년)은「학문의 자유」와「교육의 자유」를 보장하는 조항을 담고 있었다.「학문과 그 교수(教授)는 자유로운 것이다」(20조)라는 조항을 비롯하여,「교육을 행하고 교육시설을 설치·경영하는 것은 모든 개개인의 자유이다(Unterricht zu ertheilen und Unterrichtsanstatungen zu gründen und zu leiten, steht Jedem frei)」(22조)라고 명기하고 있다.[1]

그러나 메이지 헌법에는 이와 같은 조항은 없었다. 이 헌법의 침묵(沈默)은 어떤 방식으로 해석되었을까?

헌법학·행정법학의 권위자인 미노베 다츠키치(美濃部達吉)에 따르면 국민의 권리 및 의무에 관한 메이지 헌법의 규정(19조~30조)은 예시적 규정이었고「교육의 자유」나「학문의 자유」도 당연히 보장되어 있다고 해석되었다.

그의 저 「헌법촬요」(憲法撮要)와 「행정법촬요」에서는 다음과 같이 기술하고 있다. 「헌법은 결코 국민의 권리와 의무를 이들의 열기(列記)사항에 한정하고자 하는 것이 아니라 단지 그 주요한 것을 예시한 것인즉, **한정적 열기가 아니라 예시적 규정이다. … 헌법이 열기한 것 외에 … 교육의 자유, 학문의 자유 … 등 국민의 중요한 자유**는 매우 많다. **헌법이 이를 규정하지 않은 것은 결코 열기한 것보다 그것들이 가벼운 것이라는 취지가 아니라, 단지 이것을 언급하지 못한 것으로 보이며**, 아니면 굳이 이를 특별히 명기할 필요를 인식하지 않았을 뿐」이다.[2] (강조는 필자, 이하 같음)

「**일본 헌법에 교육의 자유에 대하여 규정하고 있는 바가 없다고 하더라도 현대의 국법이 교육의 자유를 주의(主義)로서 원칙으로 하고 있음은 말할 필요도 없다.** 별도의 규정이 있건 없건 **각 개인은 임의로 자녀의 교육을 하기도 하고 교육을 받을 자유를 갖는다.**… 교육에 관한 국가의 작용은 권력을 갖고 명령하고 강제하는 것이 아니라 주로 국민의 복리를 위하여 건전한 교육시설을 완성하는 데 있다.」[3]

또한 헌법학·행정법학 분야에서 미노베 다츠키치(美濃部達吉)와 쌍벽을 이루었던 사사키 코이치(佐佐木惣一)도 메이지 헌법상의 자유권을 포괄적 자유권과 개별적 자유권으로 구별했으며, 「제국 헌법에 명시되지 않는 자유」라 하더라도 「국민은 포괄적 자유권의 발현이라고 불릴 수 있는 것, 즉 법에 의하지 않는 것이라면 제한되지 않을 권리를 갖는다」고 하며, 이러한 권리의 예로 「학문의 자유, 교육의 자유 등에 관한 자유권」을 들고 있다.[4]

더 나아가 소위 교토 학파의 일원으로서 자유주의적 학설로 알려진 오다 미치루(織田萬)도 입헌국가의 일반적 원칙과 「신교의 자유」(28조) 및 「언론의 자유」(29조) 보장과 관련하여 메이지 헌법 하에서도 「교육의 자유」에 대한 헌법적 보장이 있었다는 견해를 갖고 있다. 그의 명저 「교육행정 및 행정법」에는 다음과 같은 기술이 있다.

「헌법의 보장 여부에 구애됨이 없이, 입헌국가의 원칙으로서, 각인은 개인적 자유를 보유하지 않을 수 없다.… 교육의 자유는 가르치는 자유와 배우는 자유라는 양 측면에 걸쳐 존재하는 것으로서, 필경(畢竟) 사상 혹은 신앙의 자유인 것이다. 가르치는 자유는 각인이 자유로이 자기의 사상 또는 신앙을 타인에게 전하는 것이며, 배우는 자유는 각인이 자유로이 자기가 좋아하는 사람에게서 그 사상 또는 신앙을 받는 것이다. 그래서 일본의 헌법은 언론의 자유와 신교의 자유를 규정하고 사상 및 신앙의 자유를 보장하는 이상, 교육의 자유 또한 자연히 보장된 것이라고 말할 수 있다.」[5]

이처럼 유력한 헌법학 및 행정법 학설에 의하면 메이지 헌법 하에서도「교육의 자유」의 보장, 그것이 헌법에 의한 보장이 있었다고 해석되고 있는 것은 크게 주목할 만하다. 이는 오늘날의 학설에서 말하는「헌법적 자유」로서의「교육의 자유」의 보장인 것이다. 이 같은 견해에 입각하면「사학(교육)의 자유」역시「교육의 자유」의 중요한 일환으로서 당연히 헌법상의 보장을 받고 있었던 것이 된다. 잘 알려진 바와 같이 근대 이후 자유권적 기본권으로서 헌법적으로 확립된「교육의 자유」가 첫 번째로 실체화된 것은 바로「부모의 교육의 자유」와 이와 상응하는 종교계「사학의 자유」였기 때문이다.

상술한 바와 같이 미노베 다츠키치로 대표되는「교육의 자유」의 헌법적 보장설은 비교헌법, 교육법제사적 관점에 입각한 자유주의적 해석론이라고 말할 수 있을 것이다. 사실 미노베의「축조헌법정의」(逐條憲法精義)는「교육의 자유」보장으로 세계적으로 유명한 벨기에 헌법(1831년)[6]이나「독일 국민의 기본권」(1848년)[7]의 흐름을 메이지 헌법이 따르고 있는 것으로 보고 다음과 같이 쓰고 있다.

「(메이지 헌법은) 그 규정 내용에 있어서 프로이센의 1850년 1월의 헌법의 영향을 가장 많이 받고 있음은 양자의 규정을 대조·비교함으로써 쉽게 알수 있다. 게다가 프로이센 헌법은 1831년의 벨기에 헌법 및 1848년의 프랑크푸르트 국민회의에서 의결된『독일 국민의 기초권』의 영향을 가장 많이 받고 있어서, 일본의 헌법 역시 간접적으로는 이들의 영향 아래에 있다고 할 수 있다.」[8]

그러나 이러한 서구적이고 자유분방한 「교육의 자유」에 대한 헌법적 보장 설은 메이지 헌법 하에서는, 법해석론적으로는 어찌되었든, 법률적·사회적 으로 현실화되지는 못했다.

게다가 미노베는 「헌법이 열기(列記)하고 있고 없고를 불문하고 국민은 널 리 법률에 의하지 않고서도 그 자유를 침해받지 않을 권리가 있다」[9]라고 함 으로써 「교육의 자유」에 관해서도 「법률의 유보의 원칙」이 타당하다고 지적 해 왔지만, 사사키 코이치와 오다 미치루의 「교육의 자유」 해석에는 메이지 헌법이 지닌 한계가 그대로 남아 있었다. 「제국헌법에 표시된 바의 자유와는 달리 이것을 제한하는 데 있어서 반드시 법률에 의함을 필요로 하지 않으며 일정한 목적을 위해서는 명령에 의할 수 있다」[10]고 한 것처럼 「교육의 자 유」에 대한 제한은 제국의회의 법률에 의함이 없이 칙령만으로도 가능하다 고 함으로써 「교육 입법의 칙령주의」와 양립해 왔던 것이다.

2. 국가적 직무로서의 학교교육

메이지 헌법 하에서는 학교교육은 나라의 직무, 즉 국가적 사업이라는 기 본적인 전제가 일관되어 있었다. 법제사적으로 거슬러 올라가 보면 1872년 의 학제 제1장에는 「전국의 학교 정책은 문부성(교육부) 한 곳에서 관할한 다」라고 규정되어 있으며, 또한 1879년의 교육령에서는 「**전국의 교육 사무** 는 문부경(文部卿: 한국의 교육부장관에 해당)이 총괄한다. 따라서 **학교·유 치원·도서관 등은 공사립의 구별 없이** 모두 문부경의 감독 하에 있어야 한 다」(제1조)라고 규정되어 있다.

이러한 흐름 속에서 시·정·촌(市町村: 일본의 행정 단위, 한국의 시· 읍·면에 해당함) 제도에 대한 유권해석서인 『시정촌제이유서(市町村制理由 書)』에서는 「… 그(교육) 사업은 전국의 공익을 위해 하는 것과 개별 시·

정・촌 부서의 공익에 따라서만 행해지는 것이 있을 수 있기 때문에, **전국의 공익을 위한 것**에 관해서는 군사, 경찰, 교육으로 분류하여 모두 별도로 규정해야 할 것이다. …」[11]고 해서 간접적으로나마 교육 사업이 시・정・촌의 고유 사무에는 속하지 않음을 명백히 했다. 그래서 이 시・정・촌 제도와 관련해서 1890년에 제정된 지방학사통칙(地方學事通則)과 개정 소학교령은 교육 사업은 나라의 직무라는 것을 전제로, 이에 관하여 문부대신, 부현(府県) 지사, 군장(郡長), 시・정・촌장 간의 권한 배분을 정하고(이 중 문부대신을 제외한 셋은 국가 기관의 직무를 위임받음), 여기에서 「학교교육의 주체는 국가이다」라는 소위 「국가의 학교교육 독점」(Staatliches Schulmonopol)이 실정법적으로 확립되게 된 것이다. 「법으로 정한 규모를 갖추어 법으로 정한 과정에 의한 교육을 행하는 것을 목적으로 하는 **학교는 이를 국가에 전속하는 사업**으로 하고, 국가가 스스로 이것을 행하는 경우 외에는 오직 **국가의 특허를 받음으로써만 이것을 개설할 수 있는 것**」[12]이라는 것이 바로 이 체제이다.

그런데 국가적 사업으로서의 교육 사무에 있어서는 프로이센・독일 법제를 본받아 「학교내무」(innere Schulangelegenheit)와 「학교외무」(äußere Schulangelegenheit) 간의 구별이 있었다.

그래서 이 구분과 관계된 것으로 결정적으로 중요한 것은 내무와 그 감독 행정이 바로 그 국가의 사무로 된 것이다(문부대신훈령 5, 1891년).

이와 같이 구 법제 하에서는 「학교내무의 총괄・관리권」이 국가에 속하게 된 것인데, 그것은 프로이센・독일의 국법학에서 말하는 「학교에 대한 국가의 전적이며 유일한 직접적 규정 권력, 조직 권력, 지휘 권력, 근무감독 권력의 총체로서의 국가의 학교감독(Schulaufsicht des Staates)」[13]에 상당하는 것으로, 제도상으로는 뚜렷하게 중앙집권적・권력적 교육과정 행정(법제)에 의해 담보되어 있었던 것이다.

제2절 사립학교의 법적 성격과「사학의 자유」

1. 국가 사업으로서의 사학

상술한 바처럼 학교교육권은 국가가 독점했기 때문에 1870년대를 제외하고는(이에 대해서는 뒤에 다루어짐) 구법제 하에서는 원리적으로 개인에게는「사립학교 설치의 자유」나「사학교육의 자유」는 보장되어 있지 않았다.[14]

사립학교는 감독청의 인가에 의해 학교교육권을 특별히 부여받은 특허사업인 것이다. 달리 말하면 사립학교의 설치·인가는「특정한 자(신청자)에 대해 특정의 학교 경영에 관한 공법상의 권리 의무(경영권)를 창설하는 행정처분」[15]이었다. **사립학교도** 국가적 사업으로서「**국가적 성질을 가지며 국가의 특허에 의해서만 개인에게 이를 설립할 수 있게 하는 것**」[16]이라고 되어 있었던 것이다.

이는「국가적 사업으로서의 사학」은 법제상 상술한「국가의 사무로서의 학교교육」법제에 대응하며, 다시 1886년에 제정된 네 개의 학교령(소학교령, 중학교령, 제국대학령, 사범학교령)과 그 후의 여러 학교규정 등으로 규율이 마련됨으로써[17] 점차 윤곽을 갖추어가다가 1899년의 사립학교령에 의해 실정법으로 확립되었다.

즉 사립학교령은 사립학교에 관한 최초의 통일적이며 포괄적인 입법인 셈이다. 이에 의하면 사립학교는 지방장관의 감독 하에 놓여(1조) 그 설치에는 감독청의 인가를 필요로 하고(2조), 그 경영에 관해서도 국가의 특별한 감독을 받았다. 나아가 감독청은 교장의 인가권을 가지며(3조), 교장 또는 교원으로서 부적격한 자는 그 해직을 명할 수도 있었다(4조). 또한 사립학교의 설비·수업, 그 밖의 사항에 대해「교육상 유해하다고 인정될 때에는」감독청은 그 변경을 명할 수가 있었고(9조), 더욱이 「법령의 규정을 위반했을 때」나 감독청의 상기 변경 명령에 응하지 않을 경우 등, 특정한 이유가 있을 경우에는 사립학교의 폐쇄명령권까지 갖고 있었던 것이다(10조). 「국민의 교육은 가능한 한 국가가 스스로(직접) 이를 행할 것을 원칙으로 삼아 … 그 **사립에 관계되는 것도 국가의 엄격한 감독 아래 두고 될 수 있는 한 관립 또는 공립학교와 동일한 과정에 의해 같은 교육을 베푸는 것을 원칙으로 한다**」[18]고 되어 있었기 때문이다.

더욱이 「국가적 사업으로서의 사립학교」와 「사인의 임의 개설에 의한 사숙」 사이의 경계는 반드시 명확한 것은 아니었지만, 사립학교령에는 「감독 관청에 의한 학교사업을 하는 것으로 인정될 때는 그 취지를 관계자에게 통보하고 본령의 규정에 따르게 할 것」(11조)이라는 규정이 있었으므로, 사적인 시설로서 사인이 임의로 설립한 것이라도 감독청이 학교로서 상응하다고 인정한 경우에는 사립학교령에 의해 설립 수속을 할 의무가 있었다. 이는 「사교육의 자유」에 대한 행정권의 우위를 의미하는 것이다.

2. 공립소학교로의 취학의무 =「사립소학교 선택의 자유」의 원칙적 부인

이미 말한 바와 같은 학교교육권의 국가적 독점에 대응하여, 즉 「사학의 자유」의 원칙적 부인에 대응하여, 사립소학교에의 취학에는 엄격한 제약이 있었기 때문에 「사립소학교 선택의 자유」는 원칙적으로 인정되지 않았다.

즉 1890년의 개정 소학교령에 의해 「의무교육은 시·정·촌립 소학교에서 받게 하는 것을 본칙(本則)으로 한다」는 원칙이 수립되어,[19] 그 이후 부모는 학령 아동을 시·정·촌립 소학교에 취학시킬 의무를 지게 되었고, 사립소학교에 취학시킬 경우는 시·정·촌장의 인가를 받을 의무가 부과되었다.

이에 연관하여 사립학교령도 「사립학교에는 학령 아동으로서 아직 취학의무를 다하지 못한 자를 입학시킬 수 있다」는 원칙을 명기함으로써, 「단」이 붙는 예외로서 소학교령 22조에서 말하는 「가정 또는 그 밖에서 정규소학교의 교과를 이수시키는 것」에 대하여 **「시·정·촌장의 인가를 받은 아동을** 입학시키는 것은 이에 한정되지 않는다」(8조)고 법정하고 있었던 것이다 (시·정·촌장의 인가를 조건으로 한 「가정과 그 밖에서의 의무교육」의 용인 =「그 밖에 것으로서의 사학」).

그와 관련하여 일본에서도 이미 다이쇼(大正: 일제 시대의 덴노 연호 1912~1926년) 시대에 「자유교육」·「개성 존중의 교육」을 표방하는 「신교육」 운동이 활발히 전개되어 1917년의 세이조(成城) 소학교를 필두로, 같은 시기에 지유(自由) 학원, 메이세이(明星) 소학교, 다마가와(玉川) 학원 등이 잇따라 설립되는데, 이러한 이른바 「다이쇼 신교육의 사학」은 어느 것이건 앞에서 언급한 단서 규정의 적용을 받아 설립되었다.

나아가 「국민학교령 하의 사학」에 관하여 언급한다면, 1941년에 제정된 이 명령은 사립초등학교를 명문상으로는 인정하지 않았다. 그러나 사립소학교를 전면적으로 법으로 금지한 것은 아니고, 부칙으로 「본령 시행의 경우 현존하는 사립소학교는 이를 사립학교령에 의해 설립된 것으로 간주한다」고 하여 거기에 취학하는 것은 취학의무의 이행에 해당된다고 했다. 그렇게 해서 사립소학교는 「국민학교」라는 명칭은 사용하지 못했지만 초등부 내지는 초등학교 등의 이름으로 존속할 수 있었던 것이다.[20]

3. 공립학교의 보완으로서의 사학

그런데 뒤에 언급하겠지만, 1880년대에는 다채롭고 자유로운 사학교육이 이루어졌지만, 상술한 바와 같은 사학정책, 사학법제에 의해, 그리고 이 시기에 각 현에 많은 공립중학교가 설립됨으로 인해, 1890년대 후반 이후, 특히 1900년대 초반 이후 「한코(藩校: 에도 시대의 행정단위인 번에서 설립한 학교)의 흐름을 이은 사립중학교나 종교 활동에 특색을 나타낸 기독교 학교는 급속히 그 특유의 개성을 상실하여 공립중학교에 준하는 학교로서의 기능을 수행하기 시작했다.」[21] 이러한 흐름은 말하자면 사립중학교가 공교육화(준공립화)되었다는 것, 또는 사학이 공립학교의 양적 보완으로 변질되었다는 것을 보여 준다.

한 가지 예를 들면, 서양풍이 가미된 한학식 사숙으로서 긴 전통을 자랑하는 구 히로시마 번교의 흐름을 잇는 수도학교는 1905년 사립중학교로서 인가를 받았는데, 그 후 경영상의 이유 때문에 사숙으로서의 색깔을 없애고, 「공립중학교 부족을 보완하는 것에서 학교의 기능을 찾아 사립학교로서의 특색을 나타낸다기보다는 공교육에 순응하는 경향」[22]을 뚜렷이 보였다.

그뿐만 아니라 1890년대 후반 삿포로 농학교의 예비교 역할을 했던 호쿠세이(北星) 학교가 도립 삿포로 중학교로 변경된 사례가 보여주듯, 이 시기에는 「사학의 공립중학화」라고 하는 현상이 현저하였다.

이렇게 해서 1900년대로부터 1910년대 초기에 걸쳐 사학 재학생 수는 중학생 전체의 대략 15%에서 20%를 점하고 있었는데, 그중의 70%가 도쿄부에 집중되었던 점을 고려하면―도쿄 부의 중학생의 85%는 사학 재적자였다(1900)― 도쿄 부 이외에서는 중학교라고 하면 현립중학교를 뜻하는 상황이었다.[23]

나아가 이와 관련해서 도쿄 부에서 벌어졌던 「사립중학교의 진학(예비)학교화」 현상에 대해 언급할 필요가 있을 것 같다.

도쿄에서는 이미 1890년대 후반에 소위 유력 학교들 중 다수가 중학교로서 인가를 받고 있었는데, 이러한 사학 가운데에 예컨대 가이세이(開成) 중학교나 와세다 중학교가 상급학교, 특히 제1고등학교로 학생들을 많이 진학시킨 학교로 이름을 떨쳤다는 사실이 눈에 띈다.

이와 유사하게 1900년의 경우를 보면, 제1고등학교 입학자를 배출한 전체 중학교 가운데 9할이 도쿄의 유력한 사학이었다.[24]

4. 그리스도교계 사학과 문부성훈령 제12호
=종교교육금지령

앞에서 언급한 1899년의 사립학교령은 교육칙어의 반포(1890년)에 따라 소위 「국체 관념과 그리스도교 사상의 배반」=「종교와 교육의 충돌」이라는 이론을 배경으로 외국인에 의한 사립학교(특히 기독교 학교)의 설치 및 경영에 대하여 규제를 가할 것을 그 주된 목적으로 했던 까닭에, 법안의 단계에서는 정치교육과 함께 종교교육을 금지하는 조항(17조)을 포함하고 있었다.

문부관료에 의해 작성된 사립학교령칙령안은 1899년 고등교육회의에서는 원안대로 승인되었으나, 그 다음 자문을 의뢰받은 법전조사회에서는 칙령이라는 법형식으로 종교교육 및 종교적 의식을 금지한다는 것은 타당치 않다고 하여 그 규율을 문부성훈령에 위임하기로 결정되었다. 이리하여 사립학교령칙령안의 종교교육 금지 조항은 삭제되고 사립학교령과 같은 날 시행된 「교육과 종교의 분리에 관한 훈령」, 「문부성훈령 제12호」에서 다음과 같이 명기되었다.(25)

「일반적인 교육을 종교와 분리하는 것은 학교 정책상 가장 필요한 것이라 본다. 따라서 관립·공립학교 및 **학과 과정에 관한 법령의 규정이 있는 학교에서는** 과정 외라 할지라도 **종교상의 교육을 시행하거나 종교상의 의식을 행하는 것을 허용해서는 아니 된다**」(강조는 필자).

사립학교는 상기 훈령이 말하는 「학과 과정에 관한 규정 있는 학교」에 해당하므로, 이에 따라 이후 사학에서는 정규 교육과정으로서는 말할 것도 없고 과정 밖에서도 종교교육을 하거나 종교의식을 행하는 것이 법으로 전면 금지되게 된 것이다.

단, 각종학교에는 상기 훈령이 적용되지 않았기 때문에 법제상 사립의 각종학교(26)에 있어서만은 전과 다름없이 종교교육 등을 하는 것이 가능했다.

그런데 기독교의 각 종파는 교육사업을 선교활동의 기본 축으로 삼았기 때문에, 학교제도가 마련된 이후 특히 1870년대 이후 기독교계 사학은 급속한 발전을 보였다. 그 가운데서도 여자중등교육의 영역에서는, 예컨대 요코하마의 「페리스 여학교」의 창설(서양식 학숙을 기원으로 한 학교로서의 창설은 1876년)처럼 기독교계 사학이 주류를 형성하기에 이르렀다.

실제로 1888년의 조사에 의하면 기독교계 사학은 남자학교가 14개교, 여자학교가 36개교에 달했고, 10년 후인 1898년에는 개신교 계열의 여자학교만 해도 63개교(공립여학교=26개교)에 달했다.[27]

문부성 훈령 제12호는 이들 기독교계 사학에 대하여 심각하고 결정적인 타격을 주게 된다. 동령은 기독교계 사학의 존재 이유 그 자체를 근본적으로 부정했기 때문이다.

이와 같은 존망의 위기에 직면한 사학은 종교교육을 포기하고 중학교령에 준거한 학교가 될 것인가(사학의 공립학교화), 건학의 정신과 종교교육을 견지하여 「공교육」 제도 밖의 학교, 즉 각종학교로서 존속해 나갈 것인가 하는 중대한 결단을 해야 했는데, 결국은 릿쿄(立敎) 중학교를 제외한 모든 유력 학교들이 후자의 길을 선택하여 「사학으로서의 뜻」을 관철하였다.

예를 들면 메이지 학원은 「기독학교로서 남을 것인가 혹은 폐쇄할 것인가의 궁지에서 은인자중」하는 시기를 보낸 후 중학부를 보통학교로 개칭하여 종교교육을 계속해서, 1915년까지는 그 법적인 성격이 각종학교였다.[28]

5. 소위 「자유교육령」(1879년)과 「사학의 자유」

상술한 바와 같이 메이지 헌법 하에서는 국가가 학교교육권을 독점하고 속과 겉이 다르게 「사학의 자유」는 원칙적으로 부인되고 있었기 때문에 사학은 국가의 엄격한 감독 하에 놓여 있었다. 다만 예외적으로 1879년에 제정된 소위 「자유교육령」 하에서는[29] 국가주의적 교육제도, 즉 관치·집권적 학교법제가 아직 형성 과정에 있었던 까닭에, 사학교육법제는 대단히 자유로운 사회공공적인 구조를 띠고 있었다.

즉 동령에 의하면 소학교, 중학교, 대학교, 사범학교, 전문학교의 여하를 묻지 않고 「각인이 모두 이것을 설치할 수 있을 것이다」라고 되어 있어(제8조) 사인(개인)의 「학교 설치 자유」가 법으로 인정되어 있었다. 그래서 사학의 설치·폐지에 대해서는 단순히 「부지사현령에 사정을 알릴 것」이라고만 되어 있을 뿐(제21조)이었고, 이는 교칙에 관해서도 마찬가지였다.(제23조)

그리고 이에 상응하여 「정촌 주민의 공익을 위한 사립소학교가 있을 경우에는 별도로 공립소학교를 설치하지 않아도 지장 없음」이라고 규정되어(제9조), 법제상 사립소학교는 그것이 수행하는 교육상의 역할에 있어서 공립소학교와 같은 위치에 놓였다(공립소학교의 대용으로서의 사립소학교).[30]

또한 보다 중요한 것은 「사립소학교라 하더라도 부지사현령에게 그 정 및 촌 주민의 공익에 기여함이 인정될 때에는 보조금을 배부 받을 것이다」라고 하여(제31조) 감독청의 재량권의 범위 내라고는 하지만 사학에 대한 공적자금 조성이 법으로 규정되어 있었던 것이다.

결국 1879년의 교육령은 「사학설립의 자유」나 「사학교육의 자유」를 원칙적으로 용인하는 한편, 소위 「사학의 공공성」을 근거로 사립학교와 공립학교의 역할을 동일하게 평가함으로써(사립학교와 공립학교의 등가성의 원칙) 사학에 대한 공적자금 조성을 법으로 규정했으며, 그 법적 구조는 일본에서의 사학교육 관련 법제사에서 특기할 만하다고 평가할 수 있다.

더욱이 다음해의 교육령에서는 사학의 설치·폐지에 관한 신고제는 인가제로 개정되어 국가적 권한이 강화됨으로써 사학에 대한 공적자금 조성 조항도 다시 삭제되어 버렸다.

이리하여 이후, 특히 1886년을 전기로 하여 사학 관련 정책과 법제는 앞에 언급한 바와 같은 전개를 보이게 된 것이다.

(注)

(1) L. Clausnitzer, Geschichichte des Preußischen Unterrichtsgesetzes, 1891, S. 166. 나아가 독일 3월 혁명의 소산인 1848년의 프로이센 헌법은 '교육의 받을 권리'를 명문상으로 보장하고 있었다. '프로이센의 소년은 충분한 공적 시설에 의하여 일반적인 국민교육을 받을 권리를 보장받는다.' (18조)는 조항이 그것이다. 이것은 한 국가의 헌법으로서는 세계에서 최초로 '교육을 받을 권리'를 헌법상 보장한 것이었다.

(2) 美濃部達吉, 「憲法撮要」, 有斐閣 1932年, 178頁.

(3) 美濃部達吉, 「行政法撮要」(下卷), 有斐閣 1932年.

(4) 佐々木惣一, 「日本憲法要論」, 金刺芳流堂 1931年, 249頁.

(5) 織田萬, 「敎育行政及行政法」, 富山房 1916年, 105~106頁.

(6) 벨기에 헌법 제17조: '교육은 자유로운 것이다. 교육의 자유에 대한 모든 억압 조치는 금지된다.'

(7) 1848년 12월 21일 독일 국민의회가 프랑크푸르트에서 채택한 「독일 국민의 기본권」(Die Grundrechte des Deutschen Volkes)의 「교육의 자유」 관련 조항은 다음과 같다(L. Clausnitzer, a. a. O., S. 163 수록).

　　22조 학문과 그 교수는 자유로운 것이다.

　　23조 교육제도는 국가의 상급 감독(Oberaufsicht)에 따른다.

　　24조 **교육시설을 설치·경영하고 그곳에서 교육을 행하는 것은 모든 독일인의 자유이다.** 단, 이를 행하고자 하는 자는 그 적격성을 소관 국가관청에 미리 증명해야만 한다. 가정교육은 어떤 제한에도 따르지 아니한다.

　　25조 독일의 청소년의 교육은 공립학교를 통해 충분한 제공되어야 한다. 부모 또는 그 대리인은 그 자녀 또는 피후견인을 하급 국민학교(Volksschule)에서 행하여지는 교육을 하지 아니하고 방치하여서는 아니 된다.

(8) 美濃部達吉, 「逐条憲法精義」, 有斐閣 1929년, 329頁.

(9) 美農部達吉, 「憲法撮要」, 178頁.

(10) 佐々木惣一, 앞의 책 249頁. 또한 오다 미치루의 글에도 "단지 그것이 직접 헌법에 규정되지 아니한 결과, 교육의 자유에 대한 제한이 반드시 법률에 의하지 아니한다는 것으로 귀결되었을 뿐"이라고 적혀 있다(앞의 책, 106頁).

(11) 船越源一, 「小学校敎育行政法規精義」, 東洋図書 1935年, 37頁에서 인용.

(12) 美濃部達吉, 「日本行政法」(下卷), 有斐閣 1936年, 753頁.

(13) W. Landè, Die staatsrechtlichen Grundlagen des deutschen Unterrichtswesens, in: Handbuch des Deutschen Staatsrechts, 1932, S. 701.

(14) 그러나 織田萬에 의하면「교육 사업에 관해서도 개인은 국가 또는 지방단체와 반하여 이를 경영하는 자유를 가진다」고 되어 있다(앞의 책, 101頁).

(15) 山崎犀二,「日本敎育行政法」, 目黑書店 1937年, 10頁.

(16) 美濃部達吉,「日本行政法」(下卷), 495頁. 더욱이 이 점과 관련해서, 松本順吉,「敎育行政法要義」(1900年 明倫館)은「적어도 직접 공중(公衆)의 필요에 이바지하는 국가행정의 한 수단인 이상은 영조물이다」라고 하여 사립학교도 영조물(營造物)로 간주하고 있다(89頁).

(17)이와 같은 일련의 입법에 따라서, 사학을 설치할 수 있는 학교의 종류는 초등학교, 중학교, (고등)여학교, 실업학교로 한정되었다. 사립의 전문학교의 설치가 인정된 것은 1903년의 전문학교령(제3조)에 의해서이다. 또한 사립의 고등학교 및 대학의 설치가 법적으로 규정된 것은 1932년의 고등학교령(제6조) 및 대학령(제8조)에 의해서였다. 그리고 사학의 설치 주체가 재단법인으로 법적 규정된 것은 1911년의 개정 사립학교령에 의해서였다.

(18) 美濃部達吉,「日本行政法」(下卷), 500頁.

(19) 阿部・城戶・佐々木・篠原 編,「敎育學辭典」第1卷, 岩波書店 1936年, 402頁.

(20) 참조: 佐藤秀夫,「学校ことはじめ事典」, 小学館 1987年, 14~15頁.

(21) 国立教育研究所,「日本近代教育百年史(第4卷), 1974年, 1072頁.

(22) 国立教育研究所, 앞의 책, 1068頁.

(23) 国立教育研究所, 앞의 책, 1067頁.

(24) 国立教育研究所, 앞의 책, 1070頁.

(25) 神田・寺崎・平原 編,「史料・教育法」, 学陽書房 1973年, 27頁에 수록.

(26) 1879년의 교육령에서「학교는 초등학교, 중학교, 대학교, 사범학교, 전문학교 및 기타 **각종학교**로 한다」(제2조)라고 규정되었던 것이「각종학교」의 기원이다(佐藤秀夫, 앞의 책, 16頁).

(27) 国立教育研究所, 앞의 책, 610頁, 1130頁.

(28) 国立教育研究所, 앞의 책, 613頁, 1071頁.

(29) 1872년의「학제」에는 사학에 관하여 그 설치절차를 다음과 같이 규정하고 있었다.
　　「사학 … 을 열고자 하는 자는 그 본적, 주소, 학교의 위치, 교칙 등을 상세하게 기록하여 학구임원에게 제출하여 지방장관을 거쳐 독학국(督学局)에 제출할 것」(제43장).
　　더욱이 일본에서「사립학교」라는 명칭이 정식으로 사용하게 된 것은 1974년의 문부성 포고 22호가 최초이다.

(30) 이 대용사립소학교 제도는, 의무교육 6년제가 도입된 1907년에 폐지되었다.

제 2 장

사학의 존재 근거

제1절 사학의 현황

오늘날 일본에는 유치원부터 대학까지 11,491개의 사립학교가 있고, 사학 재학생은 약 492만 명을 헤아린다(2012년 5월 현재: 단 전수학교와 각종학교 제외). 사학 재학생의 수는 국·공·사립을 합한 전 재학생 수의 26.6%에 해당한다.

그러나 취학 전 교육과 고등교육에 있어서는 사학이 더욱 큰 비중을 차지하여, 유치원의 경우 82%, 대학의 경우 73.4%, 그리고 단기대학의 경우는 실로 94.4%가 사학에 재학하고 있다.[1] 이는 다른 국가에서는 그 비슷한 사례를 찾아볼 수 없다고 해도 지나치지 않다. 이처럼 일본의 학교교육에서는 사립학교가 대단히 중요한 역할을 담당하고 있다고 할 수 있다.

더욱이 의무교육 단계나 후기 중등교육에서 점하는 사학 재학생의 비율은 일본 전체에서는 소학교의 1.2%, 중학교의 7.1%, 고교의 30.4%이며, 연령대별 비율은 지자체에 따라 상당히 큰 차이를 나타내고 있다.

예컨대 도쿄 도에서는 사립학교에 재학 중인 학생의 비율은 고교의 경우 공립학교보다 높아 59.2%에 이르고(사학의 공립에 대한 양적 우위), 또한 중학교의 경우도 4명 중 1명(26.3%)이 사학에 취학하고 있는 상황이다.[2]

저출산 경향으로 아동 수가 감소하고 있음에도 사립중학교 수험자 수는 해마다 증가하는 경향이며, 2012년의 사립중학교 수험률(소학교 졸업 예정 6년생이 차지하는 사립중학 수험생의 비율)은 29.1%이다(2000년 19.0%, 2005년 22.9%).[3] 이른바 「사학지향」이 (대)도시에 있어서는 정착되어 가고 있다 할 수 있지 않을까.

제2절 「자유로운 학교」로서의 사학

사립학교는 말할 것도 없이 국·공립학교에 대비되는 개념이고 사영(私營)의 학교, 즉 사인(私人) 또는 사적 단체가 자기 비용으로 설립하여 유지하는 학교를 말한다.

보다 본질적으로 말한다면 사학이란 본래 「사적 주체에 의해 자유롭고 진취적(initiative)으로 설치·경영되고, 그 교육은 자기책임 하에 이루어지며, 또한 부모나 아동·학생이 자유롭게 선택할 수 있는 학교」라고 볼 수 있다.[4]

독일의 경우 사학은 「자유로운 학교」(Freie Schule) 또는 「자유로운 담당주체에 의한 학교」(Schulen in freier Trägerschaft)라는 별칭으로 불리고, 이러한 호칭이[5] 이미 실정법상의 개념으로 되어 있다. 이러한 독일의 사례는 방금 언급한 사학의 본질적 개념을 상징적으로 보여 준다.[6]

덧붙여서 이 점에 관하여 독일의 유력한 사학 법제서에는 다음과 같이 기술되어 있다(요약).

「19세기에 이르기까지 사적 교육 시설은 일부 특정 계층의 사적인 교육 수요에 봉사해 왔다. 그러나 오늘날 교육이란 공적인 과제(öffentliche Aufgabe)에 속하는 것이기 때문에, 전적으로 사적인 목적만을 추구하는 것처럼 여겨지는 사립(사적인)학교(Privatschule)라는 명칭은 독일의 교육 현실로 봐서는 사뭇 어색하다. 국·공립이 아닌 학교, 사립인 학교에 대해서는 오히려 "자유로운 담당주체에 의한 학교" 혹은 "자유로운 학교"라고 하는 명칭이 훨씬 적합하다.」[7]

일본의 경우 학교를 설치할 수 있는 자격은 국가·지방·공공단체 및 법률이 정하는 법인에 한정되어 있으며(교육기본법 6조 1항, 학교교육법 2조 1항), 현행 법제상에는 「사립학교란 학교법인이 설치하는 학교를 말한다」라고 정의되어 있다.

이는 설치 주체의 여하에 대해서만 관심을 갖는, 사학에 대한 극히 형식적인 개념 규정이다.

또한 부언하면 소위 「교육에 있어서의 규제 완화」의 일환으로 2003년 6월 주식회사나 NPO 법인에 의한 학교의 설립이 가능하게 되었고 그 후 협력학교법인이라는 제도도 창설되었는데, 이 문제에 관해서는 「사학설치의 자유」 장에서 따로 언급할 것이므로 여기서는 더 이상 언급하지 않겠다.

제3절 사학의 의의와 역할

그런데 교육사를 펼쳐보면 알 수 있듯이, 역사적으로 각국의 교육제도는 사교육제도에서 공교육제도로 발전했고 오늘날에는 네덜란드나 벨기에 같은 예외적인 「사학 우위국」을 제외하면[8] 사학이 차지하는 비중은 양적으로는 일반적으로 감소 추세에 있다. 옛 사회주의 국가나 아프리카 일부 국가에서는 사학은 아예 존재하지도 않았다.[9]

그러나 일본을 비롯한 대다수의 자유·민주주의 국가에서는 「사상·양심의 자유」, 「신교의 자유」, 「교육의 자유」, 「부모의 교육의 자유」라고 하는 일련의 시민적 자유의 보장을 근거로 해서, 그리고 「교육에 있어서의 가치 다원주의」(Bildungspluralismus)에 대한 요청이 있음으로 해서, 사학의 존재는 용인될 뿐만 아니라 적극적으로 평가되고 있다. 그 이유는 한마디로 사학이 학교교육에 다양성과 혁신을 가져왔고, 그것은 동시에 독일헌법재판소의 판결취지에도 명시되어 있듯이 「인간의 존엄성에 입각한 자유 및 민주적 기본 질서와 같은 가치 개념에 대응하는」[10] 것이기 때문이다.

덧붙여서 말하자면 이는 「국·공립학교의 교육이 평등과 사회적 통합의 원리에 기초하여 조직되는 것에 대하여, 사립학교의 교육은 자유와 사회적 다양성의 원리에 기초하여 존속한다」는 것을 또한 보여준다.[11] 그 구체적인 내용은 다음과 같은 사학의 유형들을 통해 명백히 드러난다.[12]

첫 번째 유형은 종교 계열의 사립학교이다. 이 유형은 역사적으로 사학의 주류를 이루고 있으며, 유럽과 미국의 경우 사학의 태반이 이 유형에 속한다. 일본에도 불교나 기독도 계열 사학이 적지 않다. 일본을 비롯하여 미국, 프랑스 등에서 국·공립학교에서는 종교교육이 금지되어 있다(교육기본법 제15조 2항). 따라서 「신교의 자유」(헌법 제20조 1항) 보장을 고려할 때, 그리고 아동의 「종교교육을 받을 권리」 내지 「부모의 종교교육권」(Das Konfessionelle Elternrecht)에 호응하고자 할 때 이와 같은 사학의 존재의의는 크다.

두 번째 유형은 특정의 교육 사상이나 교육 방법을 기초로 독자적인 교육을 실천하는 사학이다.

소위 실험학교도 이에 포함된다. 교육학자 R. 슈타이너가 그의 교육철학(인지학)을 기초로 독일에서 설립한(1919년) 자유 발도르프 학교(Freie Waldorfschule: 통칭 슈타이너 학교)나 A. S. 니일이 창설(1921년)한 서머힐 스쿨(영국)은 세계적으로 유명하며, 일본에서는 자유로운 모리(森) 학원(사이타마 현)이나 「기노쿠니 아이마을 학원」(와카야마 현) 등을 들 수 있을 것이다.[13] 「학교개혁에 대한 기여로서의 자유학교」(Freie Schule als Beitrag zur Schulreform)[14]라는 제목이 단적으로 나타내고 있듯이, 많은 교육적 개혁은 사학에서 비롯하여 점차적으로 국·공립학교로 이어져 갔다는 사실을 이 지점에서 지적하고자 한다. 사학은 교육개혁, 학교개혁의 개척자 (Pioneer)라 할 수 있다.

세 번째 유형은 건학자의 강렬한 사상을 기초로 설립된 것으로, 소위 「건학정신과 독특한 교풍」을 표방하는 사학이다. 오늘날 그것이 차지하는 비중이 예전 같지는 않지만, 게이오(慶應) 대학이나 와세다(早稻田) 대학으로 대표되는 이러한 사학이 수행해 온 역할은 새삼 말할 필요도 없다.

네 번째 유형은 입학생의 선발이나 교육과 지도에서 독자적인 아이디어를 바탕으로 공립학교보다 「탁월한 교육」(엘리트 교육 포함)을 제공하는 사학이다. 소위 「진학교(進學校)」라 불리는 사학 등이 이에 속하는데, 그 예로 들 수 있는 케이스는 너무 많아 셀 수 없을 정도이다.

다섯 번째 유형은 국 · 공립학교를 보완하는 사학이다. 이 유형에는 국 · 공립학교의 교육 내용을 질적으로 보충하는 것과 국 · 공립학교의 양적 부족을 메우는 것, 이상 두 종류가 있다. 단지 전자는 정규의 학교(소위 일조교 [一条校])에는 속하지 못하는 전수학교나 각종학교일 경우가 많다.

이상에서 보듯, 요컨대 사학의 적극적인 존재 의미는 국 · 공립학교에서는 불가능하거나 쉽게 기대할 수 없는 독특한 교육을 제공하는 데 있다고 개괄할 수 있을 것이다. 법적인 관점에서 볼 때 이는 「국가의 학교독점」 (Staatliches Schulmonopol)에 대한 부정이며, 반대로 「교육의 자유」의 보장을 전제로 부모의 교육권과 학생의 교육권에, 그중에도 교육의 종류선택권, 학교선택권 및 「독특한 사학교육을 받을 권리」에 호응하는 것이다.[15]

그럼에도 일본의 경우 사학교육의 독자성은 역사적으로는 물론 오늘날에 있어서도 서구 여러 나라의 사학과 비교할 경우 상대적으로 약하며,[16] 「한없이 예비교에 가까운 사학」에 있어서의 수험교육이나 특대생(特待生) 제도 등에 의거하는 소위 「준 프로스포츠 학교」 등은 물론, 기본적으로는 국 · 공립학교의 양적 보완을 그 존재이유로 삼고 있는 사학이 적지 않다고 평가될 수 있다.[17] 즉, 이러한 유(類)의 사학이 많다는 것은 다른 나라에서는 볼 수 없는 특이한 현상이라 할 수 있다.

(注)

(1) 文部科学省,「文部科学統計要覧(2012年版)」, 2012年.

(2) 도쿄 사학교육 연구소로부터 받은 자료에 의함. 참조: 도쿄 사립 중등고등학교 협회 편, [東京の私学60年を通して」, 2007年.

(3) 日能研,『首都圏入試分析ブック2012』, 2012年, 4~5頁. 더욱이 수도권 전체(도쿄 부・가나가와 현・지바 현・사이타마 현)에서의 2012년 사립중학 수험률은 19.5%이다.

(4) H. Avenarius/H. P. Füssel, Schulrecht, 8. Aufl. 2010, S. 289.

(5) 독일에서 「자유로운 학교」(Freie Schule)라는 개념을 최초로 제창한 사람은 독일학교법학의 시조 H. 헤켈이다. 헤켈은 불후의 명저 『독일의 사립학교법』(Deutsches Privatschulrecht, 1955)에서 종래의 사학에 관한 소극적인 개념 규정, 즉 「사립학교란 공립학교가 아닌 학교를 가리킨다」라는 규정을 배격하고 그 본질적인 성격에 맞춰 사학을 다음과 같이 정의했다.

　「사학이란 자유로운 학교, 즉 이념적(세계관적 내지는 교육적) 또는 물질적(경제적)으로 각자의 자기책임으로 설치・경영되고 각자에 의해 자유롭게 선택할 수 있는 학교를 말한다.」(ders. a. a. O., S. 209).

　또한 1950년대 독일의 「관리된 학교」(Die verwaltete Schule) 비판으로 알려진 H. 베커도 다음해인 1956년 「자유로운 학교의 조성과 보장」이라는 연구논문을 내어 전통적인 사학 개념과는 달리 다음과 같이 말하고 있다.

　「기본법에서는 '자유로운 학교'가 아닌 '사립학교'라는 용어를 사용하고 있다. 그러나 자유로운 학교 제도가 공립학교 제도와 동일한 가치의 공공적 기능 (gleichwertige öffentliche Funktion)을 다하고 있다고 한다면 '사적인'(privat)이라는 표현은 이제는 타당하지 않고 Freie Schule라고 호칭하는 것이 더 바람직하다」 (ders. Subvention und Garantie der freien Schule, 1956. in: ders. Quantität und Qualität- Grundfragen der Bildungspolitik, 1968. S. 107).

　더욱이 이상과 관련하여 J. P. 포겔이 다음과 같이 확인적으로 지적하고 있는 것도 중요하다. 「자유로운 학교라는 호칭을 지님으로써 사학은 자유로우며(frei), 공립학교는 자유롭지 않아도(unfrei) 된다. 물론 이때 사학은 국가로부터 자유롭다(staatsfrei)고 오해되어서는 아니 된다. 사학의 자유는 사학이 그곳에서의 교육활동과 조직형태에 관해 자율적임을 의미한다」(J. P. Vogel, Das Recht der Schulen und Heime in freier Trägerschaft, 1997, S. 3).

(6) 예를 들어, 바덴 뷔르템베르크, 헤센, 라인란트 팔츠 및 구(舊) 동독의 여러 주의 학교법이나 사립학교법은 종래의 「사립학교」(Privatschule)라는 용어 대신 「자유롭게 운영되는 학교」(Schulen in freier Trägerschaft)라는 명칭을 쓰고 있다. 종래의 「사」학 개념이 비판적으로 검증되어 폐기되기에 이르고 있는 독일의 사학법제 현실은 주목할 만하다.

(7) J. P. Vogel, a. a. O., S. 4.

(8) 2012년 현재 네덜란드의 사학과 공립학교의 비율(아동·학생 수)은, 초등학교의 경우 69 대 31(%), 중학교의 경우 73 대 27(%)로 되어 있다(Ministry of Education, Culture and Science, Key Figures 2008~2012, Education, Culture and Science in the Netherlands, 2013, p. 81).

(9) 러시아, 폴란드, 헝가리, 체코 등 유럽의 구사회주의 국가들은 물론, 중국에서도 시장경제의 도입, 자유화 경제의 추진으로 오늘날 사학이 용인되기에 이르렀다. 예컨대 중국에서는 1995년의 중화인민공화국 교육법에 따라 「민영학교」의 설치가 인정되기에 이르렀다.

(10) BVerfGE27, 195, zit aus J. P. Vogel, a. a. O., S. 5.

F. R. 야흐에 따르면, 사학은 학교의 다양성과 교육제도의 풍부화를 초래하여, 「인격의 자유 및 포괄적 성장에 대한 권리」에 호응하고 있다. 기회 균등의 원칙이 기회의 다양성에 의해 확충된 교육제도만이 오늘날 청소년의 성장상의 요청에 잘 호응할 수 있다는 것이다(F. R. Jach, Abschied von der verwalteten Schule, 2002, S. 92).

(11) 岩木秀夫,「私学教育」, 日本教育社会学会編「新教育社会学辞典」, 東洋館 1986年, 334頁.

(12) 참조: 石川昭午,「教育行政の理論と構造」, 教育開発研究所, 1975年, 131~132頁.

(13)「기노쿠니 아이마을 학원」에 대해, 상세하게는 참조: きのくに子どもの村学園20周年記念偏執委員会,「子どもとともに笑う」2011年. 堀真一郎「きのくに子どもの村の教育」, 黎明書房, 2013年.

(14) K. G. Pöppel (Hrsg.), Freie Schule als Beitrag zur Schulreform, 1977.

(15) 독일 연방 헌법재판소의 판결 요지에 의하면, 「사학의 자유」는 헌법상 인간의 존엄(기본법 1조 1항), 자유와 자기책임에 있어서의 인격의 성장(2조 1항), 신앙과 양심의 자유(4조 1항), 국가의 종교적·세계관적 중립성 및 부모의 자연적 교육권(6조 2항) 보장에 대응하는 것이다(zit. aus. F. R. Jach, Schulvielfalt als Verfassungsgebot,

1991, SS. 48~49).

(16) 俵正市(「改正私立学校法」, 法友社 2006年)이 일본 사학의 특성으로 열거하는 바에 따르면, 일본의 사학은 ① 종교교육 기타 종교적 활동을 할 수 있다. ② 의무교육에 있어서도 수업료를 징수할 수 있다. ③ 통학구역의 제한 없이, 아동, 학생을 모집할 수 있다(16~17頁).

(17) 현실의 사학의 존재 형태나 양태는 매우 복잡해서 「양적 보완형」 사학이라고 불리더라도 그 개념은 명확한 하나의 뜻으로 확정되기는 어렵지만, 전국사립학교교직원조합연합에 의하면, 고등학교 단계에서는 대략 80%의 학교가 이 유형에 속한다고 말해진다.

제 3 장

사학의 자유

제1절 「사학의 자유」 관련 법제의 역사

1. 「교육의 자유」 법리의 형성

「사학의 자유」(Privatschulfreiheit)는 역사적으로 형성되어온 훌륭한 법 원리이지만, 그 근원이 근대 헌법상에 기본적 인권으로서 확립된 「교육의 자유」(educational freedom, liberté d'enseignement)에 있고 더욱이 그 주요한 내용으로 되어 왔다는 것은 이미 잘 알려져 있다.[1] 따라서 「사학의 자유」의 역사적 형성 및 발전 과정과 그 성격은 「교육의 자유」와 관련된 법제의 역사를 풀어봄으로써 거의 파악이 된다.

「교육의 자유」라는 개념은 원래 교육의 사적 성격이나 시민적 자유의 보장 및 확립이라는 자유주의적 요청에 근거를 두고 있는데, 이는 앙시앵 레짐(ancien régime) 시대의 가톨릭교회의 교육독점에 맞서 항쟁하고 프랑스 혁명의 일환으로 공교육제도를 조직화하는 과정에서 교육의 국가적 독점 원리와 대립하고 맞서는 가운데 형성된 것이다.[2]

「교육의 자유」 법리를 법제사상 최초로 명기한 것은 「교육은 자유로운 것이다」(L'enseignement est libre.)라는, 1793년의 부키에 법 1조인데,[3] 이를 국민의 기본적 인권으로서 헌법상 최초로 보장한 것은 1795년의 프랑스 헌법 300조이다. 거기에는 이렇게 기록되어 있었다. 「시민은 과학, 문학 및 예술의 진보에 협력하기 위해 사적 교육시설 및 사적 협회를 설립할 권리를 가진다.」

그 후 이 헌법상의 교육 법리는 19세기에 있어서의 근대 시민법의 발전과 더불어 19세기 서구 여러 나라의 헌법에 계승되어 근대 헌법의 보편적 법 원리로 확립된 것이다.

예컨대 「19세기 자유주의의 전형적인 산물」(4) 혹은 「유럽에서의 50년에 걸친 헌법사의 경험의 결과로서 … 가장 자유로운 것의 전형」(5)이라 평가되고 그 후 많은 국가의 헌법이 모범으로 삼은 벨기에 헌법(1831년 제정)은(6) 시민의 민주적 자유 보장의 일환으로서 다음의 조항을 매우 강조한다. 「교육은 자유로운 것이다. 이에 대한 모든 억압 조치는 금지된다.」(17조)

또한 벨기에 헌법의 영향을 크게 받아 만들어진 1848년의 네덜란드 헌법도 다음과 같이 밝힘으로써 「교육의 자유」를 헌법상의 기본권으로서 명시적으로 보장했다. 「교육의 제공은 자유로운 것이다」(Het geven van onderwijs is vrij).

나아가 독일 3월 혁명의 소산인 프로이센 헌법(1848년, 메이지 헌법이 모델로 한 프로이센 헌법은 1850년의 개정헌법이다)도 한 국가의 헌법으로서는 세계에서 최초로 「교육을 받을 권리」를 보장함과 동시에(18조 1항), 「교육을 시행하고 교육시설을 설치·운영하는 것은 각자의 자유이다」(19조)라고 명기한 것이다.(7)

2. 현대 공교육 법제와 「교육의 자유」

20세기의 각국 헌법도 사회국가 원리, 특히 생존권적·사회권적 기본권이 되는 「교육을 받을 권리」를 보장하고 이를 규범원리로 하는 「공교육」 법제를 수립함으로써, 그때까지의 사적 · 자치적「교육의 자유」에 수정을 가한 것이라고는 해도 이 법리를 기본적으로는 인정한다.

게다가 UN의 경제적 · 사회적 및 문화적 권리에 관한 국제규약(소위「사회권규약」1966년 13조 2항)이나 아동의 권리조약(1989년 29조 2항) 등의 국제법에 의한 확인과 보장도 받게 되어「교육의 자유」는 오늘날에도 교육법상의 가장 중요한 근간적 법원리의 한 부분을 이루고 있다고 보인다.

환언하면, 오늘날의 공교육법제는 앞에서 언급한 것처럼 일차적 의미에서는「교육을 받을 권리」의 보장을 규범원리로 삼고 있으나 더욱 근본적인 법리로는「교육의 자유」를 담고 있고 또 이를 바탕으로 형성된 것이다.[8]

이 점에 있어서 독일의 라인란트 팔츠 주 헌법(1947년)의 다음과 같은 조항은 매우 시사적이다(27조).

「1항 — 그 자녀의 교육에 관해 결정하는 부모의 자연권은 학교제도 형성의 기반(Grundlag für die Gestaltung des Schulwesesns)이 된다.

2항 — 국가 및 지방자치체는 부모의 의사를 존중하여 자녀들에 대한 정규화된 교육을 보장하는 공적인 조건 및 제도들을 정비할 권리와 의무를 지닌다.」

3.「교육의 자유」의 역사적 내용

그렇다면 이른바「교육의 자유」는 역사적으로 어떤 법원리로서 형성되었을까?

상술한 바와 같이 이 헌법 원리는 국가 또는 교회에 의한「학교독점」을 철폐하는 원리로서 태어났다. 그것은 종교적 · 정치적 다원주의 사회, 다른 말로 하면 시민의 사상 · 신념의 다원성 보장을 전제로 하여「교육을 하는 권리」를 개인의 자유권적 기본권으로서 보장한 것이었다. 즉 근대 시민법에서 말하는「사적 자치」를 교육 영역에 적용한 것이다(교육에 있어서의 사적

자치).

구체적으로 그것은 ① 부모의 가정교육의 자유(가정교육권, 종교교육권) ② 부모의 학교(교육의 종류) 선택의 자유 ③ 사립학교(사적인 교육시설)의 설치와 경영의 자유 ④ 사립학교에서의 교육의 자유(사학교육의 자유) ⑤ 공립학교에 있어서의 교육방법의 자유를 내용으로 했다.[9]

단 이 경우 서구에서는 전통적으로 종교 계열 사립학교가 사학의 태반을 차지해 왔기 때문에 상기 ①과 ⑤를 제외하면 소위 「교육의 자유」의 법적 현실화는 크게 부모의 「종교 계열」 사립학교 선택의 자유와 「종교 계열」 사립학교의 설치 및 교육의 자유에 귀착되어 있었다. 단적으로 말하자면 부모의 교육권(교육의 자유)과 그에 대응하는 「종교 계열 사학의 자유」가 바로 「교육의 자유」의 1차적인 내용을 이루고 있었던 것이다. 이 역사적 사실은 확인해 두어야만 한다.

이하에서는 앞에서 언급한 규정들이 실제로 적용된 대표적 사례가 되는 헌법 조항과 판례상의 명확한 증거들을 제시하고자 한다.[10]

〈1〉 헌법 조항

○ 네덜란드 헌법 23조(1987년) ─ 「교육을 제공하는 것은 당국의 감독 대상이 아니며 또한 교원의 자질과 도덕적 적성에 관한 심사가 유보되는, 각인의 자유 사안이다」(2항).

○ 핀란드 헌법 82조(1919년) ─ 「사립학교를 설립하여 거기서 교육을 행하는 것은 모든 시민의 권리이다.」「가정교육은 당국의 감독을 받지 않는다.」

○ 아일랜드 헌법 42조(1937년) ─ 「국가는 아동의 일차적인 자연적 교육자가 가정임을 인식하고 부모의 능력에 따라 자녀의 종교적 · 도덕적 · 지적 · 신체적 및 사회적 교육을 행할 부모의 양보할 수 없는 권리 및 의무를 존중할 것을 보장한다」(1항). 「부모는 이 교육을 가정, 사립학교

또는 국가가 승인하거나 설립한 어떤 학교에서 행할 자유가 있다」(2항). 「국가는 부모에 대하여 그 양친 및 법률상의 선택권을 침범하여 그 자녀를 국가가 설립한 학교 또는 국가가 지정한 어떤 형태의 학교에도 보내기를 강요하서는 아니 된다」(3항).

○ 이탈리아 헌법 33조(1947년) ─「단체 및 사인은 국가의 부담을 받지 않고 학교 및 교육시설을 설립할 권리를 가진다」(3항). 「법률은 국가의 승인을 요구하는 사립학교의 권리와 의무에 관하여 규정할 때 사립학교에 대하여 완전한 자유를 보장하지 않으면 아니 되며, 또한 사립학교의 학생에 대해서는 국립학교의 학생이 받는 것과 동일한 수학상 대우를 보장해야만 한다」(4항).

○ 독일 기본법(1949년) ─「아동의 보호 및 교육은 부모의 자연적 권리이며, 또한 무엇보다 우선적으로 부모에게 부과된 의무이다」(6조 2항). 「사립학교를 설립할 권리는 보장된다」(7조 4항).

○ 덴마크 헌법 76조(1953년) ─「초등학교의 교육에 대하여 일반적으로 마련된 기준에 상응하는 교육을 그 자녀가 받을 수 있도록 스스로 조치하는 부모는 그 자녀를 초등학교에서 교육받게 할 의무를 지지 아니한다.」

○ 포르투갈 헌법(1976년) ─「학습의 자유 및 교육의 자유는 보장된다」(43조 1항). 「국립학교와 유사한 사립학교의 설립은 자유 사안이다. 단, 국가의 감독을 받는 것으로 한다」(44조).

○ 스페인 헌법 27조(1978년) ─「누구라도 교육에 대한 권리를 가진다. 교육의 자유는 인정된다」(1항). 「국가는 부모가 자녀에게 부모의 신앙과 일치하는 종교적 · 도덕적 인격을 형성시키는 데 도움이 되도록 하는 부모의 권리를 보장한다」(93항). 「법인 및 자연인은 헌법상 원칙의 존중을 바탕으로 교육기관을 설립하는 자유를 인정받는다」(6항).

〈2〉 판례: 미국 연방최고재판소 판결

○ 네브라스카 사건(Meyer vs. Nebraska, 1925) ─ 영어에 의한 수업을 사립 종교 계열 학교에 강요한 1919년의 네브라스카 주법이 미합중국헌법 수정 제14조에 위반되는 것으로 보고, 종교 계열 사립학교에서의 교육의 자유와 그와 같은 학교를 선택하는 부모의 교육권을 확인했다.[11]

○ 오리건 사건(Pierce vs. Society of Sisters, 1925) ─ 전체 학령아동의 공립학교 취학을 강제한 1922년의 오리건 주법은 자녀를 사립학교에서 교육할 부모의 자유와 사립학교의 설치 및 교육의 자유를 침해하는 것으로, 합중국헌법 수정 제14조를 위반한 것으로 판결했다.[12]

○ 위스콘신 사건(Wisconsin vs. Yoder, 1972) ─ 위스콘신 주법은 아동을 16세까지 취학시킬 의무를 부모에게 부과했으나 종교상의 이유로 부모가 제9학년 이상의 취학의무를 거부한 케이스로, 주(州)가 얻는 이익은 「부모의 교육의 자유」를 능가할 만큼 강력한 것이 되지 못한다고 판결했다.[13]

제2절 헌법상의 기본권으로서의 「사학의 자유」

기술한 바와 같이 사학의 적극적인 존재 의의는 국·공립학교와는 질적으로 다른 사학교육의 독자성에 있는 것인데, 그 때문에 사학은 자유롭지 않으면 안 된다. 즉 「사학의 자유」는 법적으로 보장되어 있어야만 한다. 그 자체가 자유롭지 못한 사학에게 어떻게 특색 있는 교육이 기대되겠는가(사학의 독자성 확보의 수단으로서의 사학의 자유). 「자유로부터 출발하여 자유에 대한 교육을 지향하는 교육제도는 그 자체가 상당한 자유를 향유하지 않으면 안 되는」 것이다.[14] 게다가 대부분 「사학은 자유라는 이념을 학교 제도를 통해 실현함으로써 그 존재가 정당화된다」[15]는 것이 무엇보다 중요한 것이다.

그래서 상술한 바처럼 서구에서는 이「사학(교육)의 자유」를 헌법상 명문으로 보장하는 국가가 적지 않다. 「헌법상의 기본권으로서의 사학의 자유」를 확고히 정식화한 것이다.(16)

일본 헌법에는「사학의 자유」(내지「교육의 자유」)를 직접 명문화한 조항은 보이지 않는다. 그러나 근대 시민국가의 헌법 원리, 보다 정확하게는「보편 기본법 원리」(17)를 근거로 삼아 제정된 일본 헌법이(전문「인류 보편의 원리」, 97조「인류의 오랜 세월에 걸친 자유획득의 노력의 성과」) 이것을 보장하지 않았을 리는 없을 것이다.

이에 대해서는 먼저「사학의 자유」의 역사적인 연혁에 주목할 필요가 있다. 역사적으로 그것은「사상·신조의 자유」와 밀접하게 연관된 정신적 자유권으로서 생성·발전한 것으로, 그 실체는 무엇보다도「부모의 교육의 자유」에 강하게 대응하는「종교 계열 사학의 자유」였다.

이 같은 역사적 경위로 볼 때「사학의 자유」는「사상·양심의 자유」(19조),「신교의 자유」(20조),「표현의 자유」(21조)라고 하는 일련의 정식적 자유권의 보장에 포함되며, 또한 헌법 13조(행복추구권)의 내용에 포함되어 있는「부모의 교육권(교육의 자유)」에 근거를 두고 있는 것으로 해석해도 될 것이다(정신적 자유권으로서의 사학의 자유).

한편「공적 성격」(교육기본법 6조 1항)을 요구받는다고 해도 사학은 본질적으로는「사적 사업」이며 사학의 설치·운영의 자유는「단체사업의 자유」의 일환을 이루는 것이므로, 그것은「직업선택의 자유」(헌법 22조 1항)와「재산권의 보장」(29조 1항)으로부터 도출되는「영업의 자유」에 의해 보호된다고도 할 수 있다(교육 사업을 운영하는 자유, 경제적 자유권으로서의 사학의 자유).(18) 실제로 프로이센 개혁기의 독일에서 그러했고(Gewerbepolizeigesetz, 7. Sept. 1811),(19) 현대 프랑스의 교육법 관련 이론에서도 이와 같은 견해가 옹호되고 있다.(20)

그리고「교육을 받을 권리」(헌법 26조 1항)에는「독특한 사학교육을 받을 권리」가 포함되어 있기 때문에 헌법 26조에서 「사학의 자유」의 근거를 찾을 수 있을 것이다. 더욱이 「사립학교의 자유는 교육의 국가적 독점을 배격하고 다원주의적 사회의 유지를 뒷받침한다고 하는 의의를 갖고 있다는 것을 고려한다면, 사립학교의 자유의 헌법상의 근거는 기본적으로는 헌법 21조의 결사의 자유에서 찾을 수 있다」고도 할 수 있다.(21)

다만, 이상에서 말한 것은 어디까지나 헌법상의 명문화된 근거 규정을 요구한 경우에 해당하므로, 「사학의 자유」의 제1차적인 근거로 하기에는 다소 간접적인 것에 치우친다는 비판도 생길 만하다. 「사학의 자유」는 그 자체로서 적극적이고 중요한 의의를 갖고 있는 것이기 때문이다.

그렇다면 그 직접적인 근거는 「헌법적 자유」에서 찾는 것이 가장 타당할 것이다. 헌법의 자유권 조항은 「인류의 자유 획득 노력의 역사적 경험에 비추어 전형적인 것」을 예시하고 있는 것으로서, 「열거한 자유 이외의 것은 보장하지 않는다는 취지가 아니다」. 명시되지 않은 그 밖의 자유도 「일반적인 자유 또한 행복 추구의 권리의 일부로서 널리 헌법에 의해 보장되고 있다」는 것이다.(22) 「사학의 자유」는 이러한 「헌법적 자유」의 하나로서 그 자체 헌법에 의하여 보장되고 있다고 해석된다.(23) 그와 관련해서 앞에서 인용한 서구 여러 나라의 헌법도 각종의 정신적 자유권이나 경제적 자유권을 법으로 인정하고, 다시 별도로 「사학의 자유」를 보장하고 있는 것이다.

참고로 최고재판소도 소위 「학력 테스트 사건 판결」(1976년 5월 21일)에서 헌법상의 근거 조항을 표시함이 없이 「부모의 교육의 자유」와 함께 「사학교육에 있어서의 자유도 … 일정의 범위 안에서 그것을 긍정하는 것이 마땅하다」라는 견해를 보이고 있다.(24)

더욱이 이러한 헌법에 의한 보장도 그렇거니와, 「사학의 자유」는 근원적으로는 상술한 사학의 존재 의의에 뿌리를 둠으로써 자유민주주의 체제에 의해 근거를 얻고 있다고 하는 것이 중요하다. 소위 「교육에 있어서 가치다원주의」의 보장인 것이다.

이 지점에서 우리는 나치 독일에서는 사립학교 제도가 전면적으로 폐지되었다(사학제도의 국가화, Verstaatlichung des Privatschulwesens)[25]는 역사적 사실을 상기해야 하며, 이는 「사학의 존재는 민주주의의 존립 여부를 측정하는 하나의 척도가 될 수 있다」[26]고 할 수 있는 이유가 되기도 한다.

제3절 「사학의 자유」의 법적 성질과 내용

1. 「사학의 자유」의 법적 성질

앞에서 언급한 것처럼 「사학의 자유」는 교육 주체와 관계되는 자유권적 기본권이다. 기본적으로 그것은 정신적 자유권의 범주에 속하고 있으나, 사학의 「사적 사업성」과 관련해서 사학의 자유가 경제적 자유권이 될 수 있는 성격을 부차적으로 함께 지니고 있다는 것도 부정할 수 없다.

이 기본권은 독일 법학에서 언급되는 소위 「참된 기본권」(echtes Grundrecht) 내지 「직접적으로 유효한 법」(unmittelbar geltendes Recht)이다. 따라서 사학의 자유는 입법·행정·사법에 대한 직접적 구속력이 있는 기본권이며, 그것에 대한 침해는 헌법에 대한 위반으로서, 이에 대해서는 구체적인 소송권이 수반된다.[27]

덧붙여 「사학의 자유」는 「국가의 학교독점」을 부정하고, 그에 맞서 「제도로서의 사립학교의 보장」을 포함하고 있는 것으로 해석된다. 이는 이른바 「제도적 보장(Institutionelle Garantie)으로서의 사학제도」라는 자리매김이며 (헌법상의 제도로서의 사학제도)[28], 따라서 일본의 헌법 하에서 사학제도를 해체하는 것은 용인되지 않음은 물론이거니와, 사학제도의 핵심 내지 본질적 내용을 변경하기 위해서는 근본적으로 헌법 조항(의 변경)에 의거해야 한다.[29]

2. 「사학의 자유」의 내용

그렇다면 헌법에 근거할 때 이른바 「사학의 자유」는 구체적으로 어떤 내용을 포함하는가?

이 기본법은 자유권적 기본권으로서 1차적으로 국가권력을 상대로 하고 있기 때문에, 크게 나누어 다음과 같은 두 가지 보호법익을 포함한다고 여겨진다. 첫째는 「국가적 침해로부터의 자유」 내지 「방어권」(Abwehrrecht)이라고 하는 것이며, 둘째는 「국가 행위 청구권」(Recht auf staatilche Leistung)이라고 하는 것이다.[30]

구체적으로 ① 사학을 설치하는 자유(사학설치의 인가 청구권) ② 사학에 있어서의 교육의 자유 ③ 사학에 있어서의 학교 관리·운영 및 내부 조직·편제의 자유 ④ 아동·학생을 선발하는 자유(독자적인 입학자 선발방법을 채용하는 자유) ⑤ 교원을 선택하는 자유(경향경영의 자유) 등이다.[31]

이와 같은 권리를 가지는 것은 직접적으로는 사학설치자(또는 그 위임을 받은 내부기관)이지만 거기에서 비롯되는 「반사적 효력」(Reflexwirkung)으로서 예컨대 사학교육을 받을 아동의 권리나 자녀를 사학에 취학시킬 부모의 권리, 나아가 사학에서 교육을 하는 교원의 권리도 유도될 것이다.

앞에서 언급한 「사학의 자유」의 내용을 지금부터 하나씩 구체적으로 살펴보겠다.

2 - 1 사학을 설치하는 자유

〈1〉 국제법상 보편적 인권으로서의 사학설치권

이미 언급한 바와 같이 사학의 존재는 결코 자명한 것은 아니다. 오늘날 예컨대 북한의 경우처럼 사학을 전면적으로 금지하고 있는 국가도 있다.

여기서 이 점을 확인하고자 우선 예를 들자면, 독일 기본법(1049년)은 「사

립학교를 설치하는 권리가 보장된다」(7조 1항)라고 하고, 또한 스페인 헌법
도「법인 및 자연인이 헌법상 원칙의 존중을 바탕으로 교육기관을 설립하는
자유가 인정된다」(27조 6항)라고 규정하고 있다. 「사학을 설치하는 자유(사
학설치권)」를 헌법에 의해 명시적으로 보장한 것이다.

더욱이 이 같은 국내법에 의한 보장에 그치지 않고, UN의 사회권규약
(1976년 13조 4항)이나 아동 권리조약(1989년 29조 2항)과 같은 국제법에
의한 보장도 얻기에 이른 것에서 볼 수 있듯, 오늘날 「사학설치의 자유」는
국제법상의 보편적 인권으로서 효력을 갖고 있다.

〈2〉 사학의 설치주체
① 학교 설치주체로서의 학교법인
일본에서는 현행 법제상 사학설치권의 주체를 원칙적으로 학교법인에 한
정하고 있다(사립학교법 2조 3항).

학교법인이라는 제도는 사립학교의 공공성을 확보·향상시키기 위해 전후
사립학교법(1949년)에 의해 창설된 것이다. 2차 세계대전 이전의 법제에서
는 사립학교는 주로 민법상의 재단법인에 의해 설치되고 있었고(사립학교령
2조의 2 등), 전후에도 학교교육법은 당초 당분간 재단법인에 의한 설치를
인정하고 있었다(102조 2항).

학교법인에 대해서는 사립학교법 제3장에서 상세히 규정하고 있다(25조
~62조). 사립학교의 설치·경영 주체가 되기에 걸맞은 공공성을 부여하기
위해 그 경영조직이나 운영 등에 관해 민법 법인의 경우와는 다른 특별한 규
정이 제시되어 있다. 그 특징은 크게 (a) 법인운영이 소수의 이사의 전횡이
나 소위 친족 경영에 의해 사유화되지 않도록 배려하고, (b) 법인운영에 교
육자의 의사를 반영시킬 방도를 강구하고, (c) 법인의 재정기반의 강화를 기
한다고 하는 세 가지로 요약된다. 좀 더 구체적으로 살펴보면, 학교법인에는
임원으로서 이사 5명 이상과 감사 2명 이상을 두어야 한다(사학법 35조 1

항). 이 경우 이사진에는 해당 학교법인이 설립한 사립학교의 교장을 넣지 않으면 아니 된다(동 38조 1항). 역으로 이사, 감사 중 어느 직위에 있어서건 3친(부자, 부부, 형제) 이내의 친족이 1명을 초과하여 포함되어서는 아니 된다(동 38조 7항). 또 학교법인에는 교직원이나 졸업생을 포함한 평의원회를 필히 두어야 하며(동 41조, 44조), 이사장은 예산이나 기부행위 변경 등의 중요 사항에 대하여는 그 의견을 들을 의무를 가진다(동 42조). 한편 학교법인은 그 수익을 사립학교의 경영에 충당하기 위한 수익사업을 할 수 있다(26조 1항)라는 등의 조항이 열거될 수 있다.

② 자연인에 의한 사학의 설치

기술한 바와 같이 일본에서 사학의 설치주체는 원칙으로 학교법인에 한정되어 있는 반면, 「사학의 자유」에 대한 헌법상의 보장 조항을 갖추고 있는 서구 자유민주주의 국가에서는 사학설치권은 단지 법인에게만이 아니라 자연인에게도 보장되도록 규정되어 있다. 「사학의 자유」가 헌법상의 기본적 인권인 이상 그것은 당연한 법적 귀결이라 할 것이다.

더욱이 예컨대 독일의 경우 이 권리는 「누구에게나 보장되는 권리」(Jedermann-Recht)로서 현행법상 자국민뿐만 아니라 외국인이나 무국적인에게도 보장되고 있다.[32]

이렇게 「사학의 자유」의 오랜 전통을 갖고 있는 서유럽 여러 나라에서는 「헌법상의 요청으로서의 학교의 다양성」(Schulvielfalt als Verfassungsgebot)이라는 이념 아래[33] 학교 설치주체는 실제로 사인(부모·시민·집단 등) 민법상의 재단법인, 사단법인, 협동조합, 공법상의 사단, 공법인 등 여러 갈래에 이른다.

게다가 예컨대 덴마크에서는 「부모의 교육의 자유」에 대한 헌법상의 보장 효과로서(76조 「교육의무로서의 의무교육제도」) 사학의 설치에 관한 한 단지 행정기관에 대한 신고를 규정한 법제가 채택되어 있을 뿐이며,[34] 또한

네덜란드에서는 학교 설치요건으로서 최소 학생수가 200명이라는 규정이 법으로 정해져 있을 뿐이다.[35]

③ 주식회사, NPO 법인에 의한 학교의 설치

그런데 최근 일본에서는 교육에 있어서의 규제 완화, 즉 교육의 시장화 정책의 일환으로서, ―「구조개혁특구」를 포함하면― 학교 설치주체는 기존의 학교법인에만 머물지 않고 다양화되어 가고 있는 추세가 보인다.[36]

이를테면 직접으로는 총합규제개혁회의(總合規制改革會議)의 「규제개혁 추진에 관한 제2차 답신」(2002년 12월 12일)을 받아[37] 2003년 6월 구조개혁특별구역법이 개정되어, 비록 구조개혁특구 내에 한정되기는 했지만, 학교설치회사(주식회사)에 의한 학교의 설립이 가능하기에 이르렀다(동법 12조). 또한 등교 거부자나 학습장애아를 대상으로 하는 학교를 학교설치비영리법인(NPO 법인)이 설립하는 것도 가능하게 되었다(동법 13조).

그리고 또 2005년 4월에는 마찬가지로 구조개혁특별구역법이 개정되어 유치원과 고교에 대해서는 협력학교 법인의 설치에 의한 공사협력학교라는 제도가 창설되었다(동법 20조 1항).

이 가운데 먼저 사회적으로도 큰 논의를 부른 주식회사에 의한 학교의 설립, 특히 의무교육 단계의 학교의 설립은 헌법학과 학교법학적 견지에서 어떤 법적 평가를 받게 될 것인가?[38]

이 문제는 다분히 입법정책의 과제에 속하는 사안이기는 하지만, 「사학의 자유」라는 맥락에서 보자면 다음과 같은 평가가 내려질 것으로 보인다.

이미 언급한 바와 같이 「교육의 자유」, 「사학의 자유」는 본질적으로는 정신적 자유권에 속해 있다. 따라서 과거에는 물론 오늘날에도 그 일차적인 의미에서 대상법익으로서 즉각 인정되는 것은, 정신적 자유권을 기반으로 하여 교육적 내지 종교적 목적을 전적으로 추구하는 「교육의 자유형」 사학이다.[39]

이와는 달리 주식회사에 의한 학교 설치는 구조개혁특별구역법 12조는 물론, 헌법상으로도 경제적 자유권이라는 「영업의 자유」 조항(22조, 29조)에 의거하는 것이기 때문에, 교육법제상 「교육의 자유」, 「사학의 자유」라는 보호법익을 누릴 수 없다.

요컨대 물적·자본적 결합체로서의 영리법인, 즉 주식회사는 학교교육 사업의 주체가 된다고 하더라도 「교육의 자유」, 「사학의 자유」의 본질적인 주체가 될 수는 없다는 것이다. 그리하여 주식회사 설립에 의한 학교가 구체적으로 어떻게 규정되어야 할지에 대해서는 「영업의 자유」의 보호법익에 의거한 별도의 법제 구성이 필요하다는 것이다.

나아가 이 경우 기본적 인권의 가치 서열이나 기본적 인권으로서의 강약 정도를 따질 때 경제적 자유권은 「사회적으로 제약된 권리」로서 정신적 자유권에 뒤쳐지기 때문에(2중의 기준론),[40] 주식회사 사립학교는 학교법인 사립학교보다 상대적으로는 보다 강한 공적 규제 하에 놓이더라도 곧바로 위법 또는 위헌으로 간주되지는 않는다.

한편 특정 비영리활동촉진법에 기초한 NPO 법인에 대해서는 의무교육단계에 있어서도 일정의 요건만 충족하면 학교설립권의 주체로서의 지위를 인정받을 수 있을 것이다. 그 설치는 앞에서 말한 「교육의 자유」, 「사학의 자유」의 보호법익에 속하며, 또한 예컨대 슈타이너 학교나 등교 거부자를 대상으로 한 프리 스쿨(free school)과 같은 사례를 통해서 알려진 것처럼, 그곳에서의 교육은 아동의 「의무교육을 받을 권리」나 「독특한 사학교육을 받을 권리」 내지는 「부모의 교육의 자유」에도 대응하는 것이기 때문이다.

실제로 구조 개혁 특구에서만의 이야기이기는 하지만, NPO 법인의 프리 스쿨을 모체로 한 학교법인이 세운 사립학교가 가나가와 현(슈타이너 학원, 2005년 4월 개교)과 도쿄 도(도쿄 슐레, 가츠시카[葛飾] 중학교, 2005년 4월 개교)에는 이미 설치되어 있는 것이다.[41]

2 - 2 사학에서의 교육의 자유

〈1〉 사학교육의 본질로서의 독자교육(獨自敎育)의 자유

이는 특정의 종교관이나 교육사상 등을 근거로 하여 독자의 교육을 할 수 있는 자유를 일컫는다. 종교교육의 자유, 실험교육의 자유, 교육목적·교과·교육과정설정의 자유, 교과서 및 교재·교구의 작성·선정의 자유, 교육방법·교수조직편제의 자유 등이 이에 속한다. 말할 것도 없이 바로 여기에 사학교육의 본질이 있는 것이다.

이 가운데 종교교육의 자유에 대해서는 현행 법제상에도 분명하게 규정되어 있다. 교육기본법 15조 2항은 「국가 및 지방공공단체가 설치하는 학교는 특정한 종교를 위한 종교교육과 그 밖의 종교 활동을 해서는 아니 된다.」라고 규정하고 있으면서도, 동시에 사학에 대해서는 정반대로 그러한 종교적 활동을 인정하고 있다.

그리고 실제로 사학에서는 도덕교육의 역할을 종교가 대신 해도 좋다고 규정되어 있다(학교교육법 시행규칙 50조 2항).

〈2〉 학습지도요령의 법적 구속력과 사학의 자유

그런데 사학에 있어서의 이러한 교육의 자유와 관련해서는 (공립학교용의) 학습지도요령이 사학에 대해서도 구속력을 가지고 있는가 하는 문제가 있다. 한 가지 예를 들면 지난번 홋카이도에서 문제가 된, 「국기 게양」과 「국가 부르기」를 사정 항목에 포함시켜 사학에 대한 보조금을 결정한 도청의 조치 같은 경우도 본질적으로는 이 문맥에 속하는 문제라고 할 수 있다.[42]

학습지도요령의 법적 성질과 연관해볼 때, 앞에서 말한 최고재판소의 「학력 테스트 판결」(1976년)은 「교육에 있어서의 기회균등의 확보와 전국적으로 일정한 수준의 유지라는 목적을 위해 필요하고 합리적이라 인정되는 근본적인 사항에 머물러야만 할 것이라고 보아야 할 것」이라 하고 「전체로서

는 아직 전국적으로 대체적으로 기준의 성격을 가지고 있는 것으로 인정된다」고 하는 판단을 보이고 있다.[43]

이 판결은 전적으로 공립학교 교육에 관한 것으로서, 소위 법적 기준성은 사학에 대해서는 그 범위 및 강도가 모두 공립학교의 경우보다는 축소·약화되는 것으로 보인다. 이 경우 국가의 학교교육권—즉 교육주권(국민 전체의 교육기능)—은 「사학의 자유」와 법적으로 긴장관계에 있게 되어 헌법상 이 자유에 의해 제한을 받기 때문이다. 소위 「사학의 자유」는 본래 「공립학교용의 학습지도 요령과는 다른 교육목적을 추구하며, 또한 공립학교와는 다른 방식으로 교육을 조직하는 권리를 사학에 대하여 보장하는 것」이다.[44]

그렇다면 학습지도요령의 소정사항 가운데 사학에 대해서 법적 기준성(법적 구속력)을 가질 수 없는 것은 어떤 것일까 하는 물음이 제기되는데,[45] 이에 관해서는 먼저 열거한 바와 같이 「사학에 있어서의 교육의 자유」라는 보호법익과 긴장관계에 놓이는 각각의 케이스를 개별적·구체적으로 검토할 수밖에 없다.

일반적으로 말하자면 「사학교육의 자유」 가운데서도 특히 해당 사학의 존재의의와 직접 연결되어 있는 핵심 영역(Kernbereich) 내지는 본질적인 내용을 침해할 수 있는 규율은 사학에 대해서 구속력을 갖지 못하며, 그러한 규율을 강제적으로 적용하는 것은 헌법상 허용되어서는 안 될 것이다.[46] 「사학과 공립학교를 동종화(Homogenisierung)하는 것은 헌법에 위배된다」[47]고 바꾸어 말해도 될 것이다. 사학이 교육목적이나 교육내용 면에 있어서 국민교육기관으로서 그 역시 「공공성」에 기반을 두고 있다고 하더라도, 사학에게 요구되고 있는 것은 공립학교 교육과의 「등가성」(Gleichwertigkeit)이지 「동종성」(Gleichartigkeit)은 아니다[48]라고 하는 것을 여기에서 확인해 둘 필요가 있을 것이다.

사립학교법 5조에 학교교육법 14조(법령위반의 설비·수업 등의 변경 명령)가 사립학교에는 적용되지 않는다고 명시되어 있는 것도 바로 이러한 취지에서 비롯된 것으로 볼 수 있다.

나아가 이상의 문맥으로 볼 때 독일 베를린 주 학교법은 사학교육의 본질을 꿰뚫어보고 있는 것으로 높이 평가할 만하다. 이 법률에 명시되어 있는 조항은 다음과 같다.

「사립학교의 설치자는 학교교육활동을 구성할 때, 즉 고유한 교육적 · 종교적 내지 세계관에 의거한 인격 형성 교육, 교육방법이나 교육내용의 확정 및 교수조직에 관한 결정을 내릴 때, 그는 **공립학교에 적용되는 규정과는 다르게 별도로 이를 수행할 의무를 진다**」(95조 1항 강조는 필자).

참고로 독일의 경우 「사학의 자유」에 대한 헌법상의 보장 효과로 들 수 있는 한 예를 들자면, 통설적으로 뿐 아니라 판례상으로도 공립학교용 학습지도요령(Lehrplan, Rahmenrichtlinie)에 대해 사학이 이를 하나의 지침(Richtlinie)으로서 고려할 필요는 있지만, 그렇다고 해서 그 지도요령은 사학에 대해서는 법적 구속력을 가질 수 없다고 해석되고 있다.[49]

부연하자면 사학에 대한 국가의 감독은 설립 인가에 필요한 조건을 계속 충족하고 있는지 아닌지에 관한 법적 감독(Rechtsaufsicht)에 한정되며(사학에 대한 세부 분야 감독[Fachaufsicht]의 불허용[不許容]), 이를 통해 사학은 예컨대 검정교과서 이외의 교과서를 사용한다거나, 독자의 교수 요령을 바탕으로 고유의 교육과정을 편성한다거나, 나아가 독자적 수업 계획 · 시간을 정할 수 있는 것으로 되어 있다.[50]

2 - 3 학교의 관리운영조직 및 내부조직편제의 자유

새삼스럽게 다시 쓸 것도 없이 현행 법제상 학교교육에 관한 사항을 일원적으로 규정한 학교교육법은 사학에게도 원칙상 전면 적용되어 있으므로, 학교의 관리운영 조직이나 내부조직 편제의 면에서 공립학교와 사학 간에 거의 차이가 없는 구조로 되어 있다. 이 법의 테두리에서 사학의 독자성이라고 해 봤자 그것은 학교교육법 시행규칙이 「사립학교장의 자격의 특례」(21

조)를 규정하고 있는 정도이다.[51]

그러나 「사학의 자유」에는 또한 그 보호법익으로서 본래 건학정신이나 독특한 교풍에 의거하여 독자적인 학내규정 및 학생규율을 설정하는 자유, 학교 운영의 자유, 나아가 학교의 관리운영조직이나 내부조직편제의 자유가 포함되어 있는 것으로 이해된다.[52] 사학의 존재의의 및 존립기반과, 사학에서의 학교운영이나 조직편제의 방식 사이의 연관성은 매우 큰 것이기 때문이다. 이처럼 「사학에서의 교육의 자유」가 말하자면 「내적 학교경영 형성권」(Recht zur Gestaltung des inneren Schulbetriebs)인 것에 대하여 이러한 측면에서의 자유는 「외적 학교경영 형성권」(Recht zur Gestaltung des äußeren Schulbetriebs)이라 일컬어질 것이다.[53]

실제로 예컨대 독일에서는 일반법으로서의 학교법은 사학에 대해서는 단지 부분적으로만 적용되며(즉 사립학교법이 특별법으로서 제정되었거나, 아니면 학교법 조항 가운데 사학에게만 적용되는 조항이 있는 경우도 있다), 그 결과 사학의 관리 · 운영조직은 공립학교와는 상당히 다르게 되어 있다.

몇 가지 예를 들자면, 가령 교원 · 부모 · 학생대표로 구성되어 학교경영에 참여하고 공동결정기관으로서 오늘날 학교운영상 중요한 위치를 점하고 있는 「학교회의」(Schulkonferenz)는 공립학교에서는 법제상의 필수 설치기관이지만 사학에서는 반드시 설치할 필요는 없다. 또한 바이마르 시대 이래의 긴 전통을 가지고 있는 「부모협의회」(Elternbeirat)나 「학생대표제」(Schulervertretung)의 경우도 마찬가지이다.[54]

더욱이 학교에 교장을 둘 경우, 그 법적 지위나 직무 내용을 어떻게 할 것인가, 학교경영의 형태로서 합의제를 취할 것인가 아니면 독임제(獨任制)를 취할 것인가, 학교의 내부조직으로 어떤 방식의 기관을 설치해서 어떤 권한을 부여할 것인가 하는 사항도 기본적으로는 모두 「사학의 자유」에 속해 있는 것으로 되어 있다.[55]

그리하여 실제로 예컨대 자유 발도르프 학교에서는 교장을 두고 있지 않으며, 회의권을 가진 교육회의 · 관리회의 · 경영회의에 의해 교원집단을 중심으로 한 합의제 학교경영이 이루어지고 있는 것이다.[56]

더욱이 이 법역(法域)에서 어떤 범위로, 어느 정도까지 사학의 독자성을 인정하는가는 특히 입법정책의 과제이기도 한데, 어느 쪽이건 일본에서는 앞으로의 학교법 정책의 과제 중 하나가 될 것이라 생각하기 때문에 여기에 지적해 두고 싶다.

2 – 4 교원과 학생을 선택하는 자유

국 · 공립학교에서는 교원의 채용 또는 학생의 입학 시에 가령 사상 · 신념을 이유로 특정한 사람을 우선하여 대우하는 것은 안 된다. 「모든 국민은 법 하에서 평등하므로 인종 · 신념 · 성별 · 사회적 신분 또는 출신에 의해 정치적 · 경제적 또는 사회적 관계에 있어서 차별되지 아니한다」(헌법 14조 1항)는 이유에서이다.

그런데 사립학교의 경우는 사정이 좀 다르다. 입학생의 선발에 있어 사립학교는 수험생 자신의 능력이나 적성 이외의 요인을 선발기준으로 정할 수 있다. 예를 들면 특정 종파에 속하는 사학이 정원의 일정 범위를 확보하는 등의 조치를 취함으로써 그 종파의 수험생을 우선적으로 입학시킨다고 해도 그것이 곧바로 헌법에 대한 위반인 것은 아니다. 이 같은 자유 또한 헌법에 의해 보장된 「사학의 자유」에 포함되어 있기 때문이다. 사학이 그 독자적 존재를 주장하기 위한 것으로서 해당 사학만의 독자적인 입학자 선발 방법이 있어도 되는 것이다.

그러나 사학에 대해 요구되는 「공공성」(교육법 6조 1항, 사학법)과 관련하여 현실적으로 어디까지가 이 자유에 포함될 수 있는가 하는 문제가 생긴다. 이것은 결국 정도의 문제이기 때문에 각각의 경우에 대하여 다각적인 관점에서 종합적으로 판정해 갈 수밖에 없다.

예를 들어 「능력보다 의사의 자녀 우선」이라고 해서 여론의 공격을 받았던 사립 의과대학의 입학자 선발 문제를 보자. 「연고입학은 사학이면 당연하다」고 대학 측은 말한다. 그러나 이 케이스는 「사학의 자유」의 보호 법익에는 속하지 않는 것으로 봐야만 한다. 왜냐하면 이는 해당 사학의 존재이유와는 무관한 부모의 직업에 따라 수험생의 입학 기회를 좌우하는 것이기 때문이다.

어떤 형태이건 사학이 독자적인 선발 방법을 채택하고 있는 경우에는 학생의 모집에 맞추어서 그것을 명시해 두어야 할 것이다.

게다가 교원의 채용이나 고용 관계에 있어서도 원칙적으로는 상술한 바와 같은 생각이 대체로 적합한 것임이 드러나지만, 이에 관해서는 「사학교원의 고용관계와 경향경영」이라는 제목을 붙인 별도의 장에서 다시 다루겠다.

제 4 절 사학설치 인가의 법적 성질

현행 법제상 학교의 설치 또는 폐지 시, 혹은 설치자의 변경 시, 설치자는 관할청의 「인가」를 받아야 한다고 되어 있으며(학교교육법 4조 1항), 또한 학교법인의 설립을 목적으로 하는 기부 행위에 대해서도 관할청의 「인가」가 필요하다고 되어 있다(사학법 31조 1항).

문제는 여기서 말하는 관할청의 「인가」가 어떤 법적 성질의 행정행위인가 하는 것이다. 그 여하에 따라서는 사학의 법적 성격이나 사학설치 신청자의 권리, 따라서 사학행정의 운용 방식도 크게 달라진다.

이에 대해 문부행정의 해석에서는 예전부터 일관되게 「특허설」(설권행위설[設權行爲說])이 주장되어 왔다. 예컨대 사립학교법의 제정에 직접 참여한 구(舊)문부성 관계자는 다음과 같이 말한다. 「학교교육은 국가의 전속사업이고 국가가 직접 행하는 경우 외에는 국가의 특허에 의해서만 이를 경영할 수 있다고 생각한다.」[57]

또한 문부과학성 관계자가 작성한 최근의 「교육법령 논평」에도 다음과 같이 기록되어 있다. 「공공성을 지닌 학교를 설립하는 것이란 원래 아무나 자유로이 할 수 있는 행위로 해석되지 않는다는 것, 인가를 얻음으로써 비로소 학교로서의 법적 지위가 부여되는 까닭에 제삼자의 법률적 행위를 보충하는 행위로는 생각되지 않고 학문상의 '특허'라고 해석하는 것이 타당하다.」(58)

이러한 특허설의 입장을 취하면 그 법적 효과로는 주로 다음의 두 가지가 초래될 것이다. 즉 ① 사학의 설치 인가는 관할청의 자유재량에 속하고, 따라서 그 불인가 처분에 관해서 행정불복심사법에 의한 불복 신청을 할 수가 없으며, 또한 이에 대해 행정사건소송법에 따른 항고 소송(처분의 취소 소송)을 제기할 수도 없다. ② 사학은 관할청의 대단히 광범하고도 강도가 높은 감독권에 따른다.

그러나 이와 같은 견해는 국가가 학교교육권을 독점적으로 장악했던 메이지 헌법 하에서라면 몰라도, 「사학의 자유」를 헌법상의 기본권으로 보장하고 있는 것으로 보이는 현재 일본의 헌법 하에서는 어떤 식으로도 납득할 수 없다. 모름지기 「특허」란 「국가가 자기의 권리로서 보류한 일정의 사업을 경영할 권리를 타자에게 부여하는 행위를 의미한다」는 것이 일반적으로 통용되는 학설이다.(59)

위에서 말한 관할청의 「인가」란 학교의 설치라는 법률행위의 효력을 완성시키기 위해 필요한 관할청의 「동의」 혹은 「의사표시」를 의미하는 것이며,(60) 게다가 이 경우 인가 조건만 충족한다면 관할청은 당연히 학교의 설치를 인가하지 않을 수 없다고 해석된다.(61) 「사학의 자유」, 보다 직접적으로는 「사학을 설치하는 자유」에는 「사학설치 인가 청구권」이 당연 포함되어 있다고 보이기 때문이다.(62) 현행 법제 하에서는 사학설치의 인가 행위는 자유재량인지 법규재량인지를 불문하고 관할청의 재량행위가 아닌 기속행위(단 한 가지 해석만 가능하여 임의 재량처리를 할 수 없는 행위)에 속하는 것으로 간주된다.

그렇다면 이전에 사학진흥조성법의 제정에 따른 사학법의 개정에서「문부대신은 1981년 3월 31일까지는 … **특히 필요하다고 인정되는 경우**를 제외하고 사립대학의 **설치**에 대한 인가는 하지 않는 것으로 한다」(부칙 제13조 강조는 필자, 이하 같음)라며 사립학교의 설치 인가를 관할청에 의한「필요성 유무의 판단」에 맡긴 것은 위헌의 소지가 크다고 평가될 것이다.[63]

참고로 나치 독일에서는 이「필요성의 유무의 심사」(Bedürfnisprüfung)에 의해 사립학교 제도가 전면적으로 폐지되었다.[64]

더 부언하자면 현행 법제상 지자체의 지사는 사립학교의 설치나 학교법인 설립을 인가할 때 사립학교심의회의 의견을 듣지 않으면 안 되는 것으로 되어 있다(사학법 8조 1항).

다만, 사립학교심의회의 위원 구성에 관해서 종전에는 지자체의 지사가 위원 가운데 3분의 2 이상을 사학 관계자에서 임명하지 않으면 안 되는 것으로 되어 있었으나(구[舊]사학법 10조), 규제완화의 흐름에 따른 2004년의 사학법 개정에 의해「사학 관계자 3분의 2 이상」이라는 제한 범위는 철폐되고 단지「교육에 관하여 학식 경험이 있는 자 중에서 지자체 지사가 임명한다」(개정 사학법 10조 2항)라고 하여 지금에 이르고 있다.

(注)

(1) I. Richter, Bildungsverfassungsrecht, 1973, S. 77. 兼子仁,「教育の自由と 学問の自由」, 日本公法学会編『公法研究』(第32号, 1970年), 有斐閣, 59頁 등. 野田良之, フランスにおける教育の自由」,『教育』, 国土社, 1971年 12月号, 7~9頁.

(2) 참조: 中村睦男「フランスにおける教育の自由法理の形成(1)」,『北大法学論集』(23巻2号, 1972年), 239頁 이하. 野田良之「フランスにおける教育の自由」,『教育』, 国土社, 1971年 12月号, 7~9頁.

(3) E. Spranger, Die wissenschaftlichen Grundlagen der Schulverfassungslehre und Schulpolitik, 1963 (Neudruck), S. 32.

더욱이 E. 슈프랑어에 의하면 프랑스 혁명 시기에는「교육의 자유」라는 개념에 관해 본질적으로 상이한 두 가지의 이해가 존재했다고 한다. 하나는 콘도르세의 입장으로,「양심의 자유」보장의 귀결로서의「공교육제도의 전반적 자율」이라는 시각이며, 다른 하나는 미라보가 주장한「교육시장에의 위탁에 따른 자유화 이론」이다(E. Spranger, a. a. O., SS. 31~32).

여기에서 우리는 이미 프랑스 혁명 시기에 오늘날의 소위 신자유주의적 교육정책의 사상적 출발점이 보이는 것에 새삼 주목하고자 한다.

(4) 清宮四郎解説・訳,「ベルギー憲法」, 宮沢俊義編,「世界憲法集」, 岩波書店 1967年, 56頁.

(5) 武居一正解説・訳,「ベルギー憲法」, 阿部照哉・畑博行編,「世界の憲法集(第2版)」, 有信堂高文社 1998年, 382頁.

(6) 벨기에 헌법을 모델로 하여 19세기에 제정된 헌법으로는 1837년의 스페인 헌법, 1844년과 1864년의 그리스 헌법, 1848년의 오스트리아, 네덜란드, 프로이센, 룩셈부르크의 헌법, 1866년의 루마니아 헌법 등을 사례로 들 수 있다(武居一正, 앞의 책).

(7) L. Clausnitzer, Geschichte des Preußischen Unterrichtsgesetzes, 1891, S. 162.

(8) 오쿠다이라 야스히로는 다음과 같이 서술하고 있다.「공교육의 발전은, 적어도 구미 제국에서는 교육의 사사로운 성질(私事性)을 완전히 불식한 것은 아니다. 밑바탕에는, 부모의 교육 자유가 엄연히 존재한다」(奧平康弘,「憲法」, 弘文堂 1994年, 90頁).

(9) I. 리히터에 의하면「교육의 자유」란 바로 각자의「교육하는 자유」(Lehrfreiheit)와「학습하는 자유」(Lernfreiheit)이다. 그의 이해에 따르면 프랑스 헌법이나 벨기에 헌법에서 말하는「교육의 자유」는「교육하는 권리」와「학습하는 권리」그리고 사학의「교원을 선택하는 권리」를 보장한 것이다(I. Richter, a. a. O., S. 77).

(10) 각국의 헌법 조항은 S. Jenkner (Hrsg.), Das Recht auf Bildung und die Freiheit der Erziehung in Europäischen Verfassungen, 1994에 의한다.

(11) E. C. Bolmeier, Landmark Supreme Court Decisions on Public School Issues, 1973, pp. 11~18.

(12) D. Fellman, The Supreme Court and Education, 1976, pp. 3~5.

(13) Data Research Inc., U. S. Supreme Court Education Cases, 1993, pp. 84~85.

(14) H. Heckel / P. Seipp, Schulrechtskunde, 5. Aufl. 1976, S. 135.

(15) 같은 곳.

(16) F. R. 야흐에 의하면「교육의 자유」는, 그리고 그에 따라「사학의 자유」는 서유럽의 모든 국가에서 헌법의 구성요소로 되어 있고, 따라서 이 자유를 명확하게 명시하지 않은 국가에서도 당연히 헌법상의 보장을 받고 있다고 한다(F. R. Jach, Schulverfassung und Bürgergesellschaft in Europa, 1999, S. 91).

(17) 松下圭一, 「政治・行政の考え方」, 岩波新書 1998年, 17頁.

(18) 内野正幸, 「教育の権利と自由」, 有斐閣 1994년, 111~112頁. 또한 「영업의 자유」
의 헌법상의 근거에 대해서는 유력한 이론이 있다. 오쿠다이라 야스히로에 의하면
「영업의 자유는 헌법 22조 1항에 의해 보장되는 것이 아니라, 29조 1항에서 말하는
재산권 불가침 안에 포섭되어 그 테두리 안에서 보장된다」고 한다(奥平康弘, 「憲法
III」, 有斐閣 1993年, 221頁).

(19) I. Richter, a. a. O., S. 78.

(20) 高野真澄, 「フランスにおける教育の自由」, 「奈良教育大学教育研究所紀要」(8号,
1972年), 1頁.

(21) 米沢広一, 「憲法と教育一五講」, 北樹出版 2005年, 190頁.

(22) 高柳信一, 「憲法的自由と教科書検定」, 『法律時報』(41巻 10号, 1969年), 57頁.

(23) 兼子仁, 「教育法」, 有斐閣 1978년, 219면에도 「일본의 헌법상 사학설치의 자유는
헌법적 자유로서 조리 해석될 것이다」라고 지적되고 있다.

(24) 青木宗也 編, 「戦後日本教育判例大系」, 労働旬報社 1984年, 345頁.

(25) H. Heckel, Deutsches Privatschulrecht, 1955, S. 17, SS. 39~40.

(26) 田中耕太郎, 「教育基本法の理論」, 有斐閣 1969年, 662頁.

(27) H. Heckel, a. a. O., S. 206, SS. 228~229.

(28) M. Sachs (Hrsg.), Grundgesetz-Kommentar, 2007, S. 408. H. Avenarius / H.-
P. Füssel, Schulrecht, 2010, S. 295. I. V. Münch / P. Kunig (Hrsg.),
Grundgesetz-Kommentar, 2012, S. 673.

　더욱이 독일에서는 사학제도가 제도적 보장의 대상이라는 것에 대해서는 학설상으
로나 판례상으로나 폭넓은 견해의 일치가 보인다(이에 대해서는 특히 B. Pieroth / B.
Schlink, Grundrechte Staatsrecht II, 2010, S. 181 등을 참조).

(29) 참조: 大須賀・栗城・樋口・吉田 編, 『憲法辞典』, 三省堂 2001年, 284頁.

(30) T. Maunz / G. Dürig (Hrsg.), Grundgesetz-Kommentar, 2011, Art. 7, Rdnr.
98.

　이를 통해 「사학의 자유」의 주된 내용은 1차적으로는 「대외적 자유」로서의 그것이
며, 그것이 사학구성원과의 관계에서 구체적으로 어떤 내용을 가지는가는(대내적 자
유), 역사적으로도 이론적으로도 이미 확정되어 있지는 않다는 점이 잘 인지되어 있
을 것이다. 같은 취지: T. Maunz / G. Dürig (Hrsg.) a. a. O., Rdnr. 100.

(31) 특히 다음을 참조: H. Avenarius / H.-P. Füssel. a. a. O., SS. 295~297. E. Stein /
M. Roell, Handbuch des Schulrechts, 1992, S. 101, S. 106. J. P. Vogel, Das

Recht der Schulen und Heime in freier Trägerschaft, 1997, SS. 24~25. B. Pieroth / B. Schlink, a. a. O., S. 181.

(32) M. Sachs, Verfassungsrecht II. Grundrechte, 2003, S. 351. I. v. Münch / P. Kunig (Hrsg.), a. a. O., S. 673. J. P. Vogel, a. a. O., S. 18.

(33) F. R. Jach, Schulvielfalt als Verfassungsgebot, 1991, S. 55ff.

(34) F. R. Jach, Schulverfassung und Bürgergesellschaft in Europa, 1999, S. 189.

(35) 졸고「オランダにおける教育の自由と学校の自律性の法的構造(3)」,『教職研修』(2004年 8月号), 139頁.

(36) 상세하게는 市川昭午,「教育の私事化と公教育の解体」, 教育開発研究所, 2006년, 95頁 이하를 참조.

(37) 이 답신은「제1장 횡단적 분야, 2. 민간 참가의 확대에 의한 관제시장의 다시보기」에서 학교교육 분야에서의 주식회사의 참가와 주식회사립학교로의 조성조치의 도입을 요구하고 있다. 교육주체의 다양화에 따른 다양한 교육의 제공을 도모하는 것이지만, 그 목적은 결국 경제의 활성화에 있다. 이에 관한 비판적 고찰로는 竹內俊子,「学校管理の民営化と学校教育の公共性」,『日本教育法学会年報』(36号, 2007年), 80頁 이하.

(38) 2004년 4월, 일본에서 최초의 주식회사립중학교가 오카야마 현에서 설립되어 오늘에 이르렀다.

(39) 후에 언급하겠지만, 유럽 여러 국가에서는 이러한 점이 사학조성의 유력한 근거가 되어 있다.

(40) 이에 대해서는 특히 芦部信喜著・高橋和之 補訂,「憲法(第5版)」, 岩波書店, 2011年, 186頁 등을 참조.

(41) 첨언하자면 슈타이너 학교는 일본에서도 드디어 일반 학교로서 공식적으로 인정되어, 2008년 4월에 지바 현에서 개교하게 되었다(朝日新聞, 2006년 12월 10일자).

(42) 홋카이도 도청은 2007년 봄, 도내의 모든 54개 사립고등학교에 대하여, 사학조성과 연관된 사정항목으로서「국기게양과 국가제창의 실시 상황」의 보고를 요구했다고 한다. 이와 관련하여, 2006년의 입학식에서 도립고등학교의 게양 및 제창 비율이 100%였음에 비해 사립 고등학교의 경우는 게양률이 66%, 제창률이 38%였다고 한다(朝日新聞, 2007년 7월 14일자).

(43) 최고재판소, 1976년 5월 21일 판결, 青木宗也 編,「戦後日本教育判例大系(第1巻)」, 労動旬報社 1984年, 348~349頁.

(44) R. Wessermann (Hrsg.), Kommentar zum Grundgesetz für die

Bundesrepublik Deutschland, 1989, S. 691. 같은 취지의 판례로서는, 특히 OVG Berlin, Urt. vom 2. 2. 1984, in: RdJB (1985), S. 149를 참조.

(45) 이 점에 대해, 공립학교에 관한 것이기는 하지만, 후쿠오카 지방법원의 다음과 같은 판결 요지(1978년 7월 28일 판결 「판례시보」 900호 3면)는 참고할 만하다.

「교육과정의 구성요소, 각 교과, 과목의 단위 수, 졸업에 필요한 단위 수, 수업시간 수, 단위 취득의 인정 등, 학교제도에 관련된 사항은 법적 구속력을 가진다. 그러나 각 교과, 과목의 「목표」, 「내용」은 훈시규정일 뿐, 법적 구속력을 지닌 것으로 이해하는 것은 부적절하다.」

(46) 예를 들어 기독교 계열 사학의 의식행사에서 일장기 게양과, 국가 제창을 강요하는 것도 이 경우에 해당할 것이다. 또한 J. A. 프로바인도 「자유로운 교육활동의 구성을 인정하지 않는 학교감독은 사학의 자유의 본질적인 핵심(Wesenskern)을 침해하고, 그 때문에 기본법에 저촉된다」고 말했다(J. A. Frowein, Zur verfassungsrechtlichen Lage der Privatschulen, 1979, S. 24).

(47) R. Wassermann (Hrsg.) a. a. O., S. 691.

(48) 같은 취지의 분석으로는 M. Baldus, Freiräume der Schulen in freier Trägerschaft, 1998, S. 13 및 J. P. Vogel, a. a. O., S. 26도 참조.

(49) 이에 대해서는 특히 다음을 참조: I. v. Münch / P. Kunig (Hrsg.), a. a. O., S. 677; F. Müller, Das Recht der freien Schule nach dem Grundgesetz, 1982, SS. 376~378; J. A. Frowein, a. a. O., S. 24. 참고로 자르란트 주 사립학교법은 이 점을 명기하고 있다(12조 1항).

(50) T. Böhm, Grundriß des Schulrechts in Deutschland, 1995, S. 32; F. Müller, a. a. O., S. 90; J. Rux / N. Niehues, Schulrecht, 5. Aufl. 2013, S. 301.

(51) 그러나 2000년에 학교교육법 시행규칙이 개정되어, 공립학교에 대해서도 「면허장에 의하지 않는 교장의 임용」이 허가되었다(22조).

(52) J. P. Vogel, Das Recht der Schulen und Heime in freier Trägerschaft, 1997, S. 89.

(53) B. Pieroth / B. Schlink, a. a. O., S. 181.

(54) 사학에서의 부모 및 학생의 참가 제도에 대한 상세한 내용은 J. P. Vogel, Partizipation an Schulen in freier Trägerschaft, in: RDJB (1987), S. 272ff.를 참조.

(55) J. P. Vogel, Das Recht der Schulen und Heime in freier Trägerschaft, 1997, S. 89.

(56) A. Robert, Schulautonomie und -selbstverwaltung am Beispiel der

Waldorfschlen in Europa, 1998, SS. 150~153.

(57) 福田繁・安嶋彌, 「私立学校法詳説」, 玉川大学出版部, 1950年, 27頁. 鈴木勲 編, 「逐条, 学校教育法(第7版 改訂版)」, 学陽書房, 2009年, 40頁; 今村武俊・別府哲, 「学校教育法解説」第1法規, 1968年, 93頁 등도 같은 취지를 담고 있다.

(58) 教育法令研究会 編, 「教育法令コメンタール」第1法規, 2013年, 438頁.

(59) 味村治他共 編, 「法令用語辞典」, 学陽書房 2003年, 586頁.

(60) 같은 취지의 글로는 有倉遼吉・天城勲, 「教育関係法I」, 日本評論新社, 1958年, 49頁; 小野原之, 「私立学校法講座」, 学校法人経理研究会, 1998年, 32頁.

(61) 참고로 이와 관련하여, 민법학의 석학 와가쓰마 사카에도 다음과 같이 설명하고 있다. 즉, 민법상의 공익법인에 관해서는 허가주의가 채택되어 있으며, 따라서 그 설립 허가는 주무관청의 자유재량에 속한다. 그러나 학교법인에 대해서는 인가주의가 채택되어 있거니와, 「인가주의는 허가주의와 다르며, 법률이 정하는 요건을 구비하고 있으면 인가권자는 반드시 인가를 해야 한다」. 사립학교법은 「이를 명확히 언급하고 있지 않지만, 이와 같이 해석하는 것이 입법의 취지에 맞다」(我妻 栄, 「民法總則」, 岩波書店 1963年, 122~123頁).

(62) 이에 대해서는 특히 I. v. Münch / P. Kunig (Hrsg.), a. a. O., S. 563 및 J. P. Vogel. a. a. O., S. 19 등을 참조.

(63) 참조: T. Maunz / G. Dürig (Hrsg.), a. a. O., Art. 7. Rdnr. 111.

(64) H. Heckel, a. a. O., S. 231.

제 4 장

「사학의 자유」와 학생의 기본인권

제1절 사학에서의 학생의 인권보장

이미 상술한 것처럼 일본에서도 「사학의 자유」는 소위 「헌법적 자유」로서 헌법에 의해 보장되고 있는 것으로 해석되기는 하지만, 그렇다면 이 같은 「자유」를 향유하는 사학에 있어서 학생은 그 기본적 인권을 어떻게 확보하고 또 주장할 수 있을까?

한편 이에 대해서는 예컨대 사립학교가 학생의 신념을 이유로 교육상의 차별대우를 하더라도 그것은 「사학의 자치권」에 속하는 교육문제이고 평등대우나 기본적 인권의 문제는 아니라고 하는 유력한 견해가 있다.[1] 신념에 의한 교육상의 차별대우의 금지규정(교육기본법 4조 1항)은 사립학교에는 적용되지 않는다는 것이다. 이 같은 주장에 의하면 「사학의 자유」를 향유하여 소위 「사적 자치」 내지 「계약의 자유」의 원칙이 지배하는 사립학교에서는 원칙적으로 학생의 기본적 인권은 말할 수 없는 것이 될 것이다. 학생의 인권론의 부재인 것이다.

분명히 사립학교가 창학의 정신이나 교풍에 의거하여 교육을 펴고 독자적 학내규율을 설정하는 것은 「사학의 자유」로서 헌법상 철저히 보호받고 있는 법익임은 부정 못한다. 그러나 그것이 과연 그곳에서의 학생의 인권을 강하게 배제할 만큼 자유를 절대적으로 보장받고 있는 것일까? 아무리 사학이라 해도 「헌법으로부터의 자유」는 결코 누릴 수 없으며, 또한 현행 교육법제가 사학 관련 사안들을 전면적으로 「사학자치」 혹은 「계약의 자유」에 맡기고 있는 것으로 보기도 어렵다. 이는 현행 법제상 사립학교가 「공적」 교육기관으로서 자리매김되어 있는 것이(교육기본법 6조 1항, 8조, 사립학교법 1조) 결정적인 요인이다(공교육기관으로서의 사학).

한편 사립학교에서도 학생의 기본적 인권의 타당성이 부정될 이유는 없으며, 「교육목적의 달성이라는 근본목적을 공유하는 공립학교와 사립학교에서 인권의 적용에는 차이가 있어서 아니 된다」[2]는 입장이 있다.

그러나 이 같은 논지를 관철시키면 「사학의 자유」를 과소평가하게 되어 혹시 사학의 존재의의 그 자체를 부정하게 되는 것은 아닐까? 학생의 교육받을 권리(헌법 26조 1항)에 속하는 것 중에는 종교교육이 으뜸가는 예인데, 국·공립학교에서는 기대할 수 없는 독특한 「사학교육을 받을 권리」도 당연히 포함되어 있을 것이다. 게다가 기술한 바처럼 「사학의 자유」도 또한 헌법상의 기본권에 속해 있음을 결코 무시되어서는 안 될 것이다.

이상에서 알 수 있듯이, 이 문제는 요컨대 「사학의 자유」와 학생의 기본적 인권이라고 하는 두 개의 기본권이 충돌할 경우[3] 양자의 공존을 기본적 전제로 해서(현행 교육법제도 같은 입장을 취하고 있는 것으로 이해된다) 어떤 해석원리에 의거하여 어떻게 가치를 평가할 것인가 하는 것이다. 그래서 이는 결국 사립학교 관련 법제의 구체적 성질과 내용 또는 학생의 인권에 대한 「제약의 내용이나 정도를 종합적으로 보고, 거기에서 구체적으로 나타나는 인권침해 행위에 합리적인 이유가 있는지 없는지를 판단한 뒤에 결정할 수밖에 없다」[4]라고 말할 수 있다.

이 경우 일반적으로는 「사학의 자유」가 학생의 기본적 인권보다 원칙적으로 우위에 서는 것이라 할 수 있다. 사립학교는 「건학정신에 입각한 독자의 전통 또는 교풍과 교육방침에 의해 사회적 존재의의가 인정되며, 학생도 그와 같은 전통이나 교풍 및 교육방침 아래서 교육받기를 희망하여 해당 대학(사학)에 입학하는 것」(쇼와여자대학 사건에 관한 최고재판소 판결, 1974년 7월 19일,「判例時報」749호 4면, ( ) 안은 필자)이라고 일반적으로 미루어 인정되기 때문이다. 문제는 사립학교가 「사학의 자유」를 근거로 해서 학생의 기본적 인권을 어떤 범위에서 어느 정도까지 제약할 수 있을까 하는 것이다. 이하에서 이에 관한 주요한 논점에 대해 고찰해 보기로 한다.

제2절 헌법의 인권조항과 사학

1. 인권보장 규정의 제삼자 효력

무릇 헌법의 인권보장 규정은 사립학교에도 적용될 수 있을까? 이는 헌법이 보장하는 기본적 인권이 국가와 국민 사이의 「고권적(高權的) 관계」(hoheitliches Verhältnis)에만 한정되는 것인가, 아니면 사인 사이의 상호관계를 규율하는 효력(소위 제삼자 효력, Drittwirkung)도 가지고 있는가 하는 문제이다.

이 문제는 바이마르 시대 이후의 독일에서는 기본적 인권의 제삼자 효력의 문제로서, 또한 미국에서는 「사적 통치」(private government)에 관한 이론으로서 학설 및 판례상 활발한 논의 대상이 되어 왔고, 일본에서도 최근 헌법학에서 중요한 논점 가운데 하나가 되고 있다.[5]

이 문제에 대하여 일본의 학설 및 판례에서는 크게 나누어 다음과 같은 세 가지의 견해가 보인다.[6]

첫 번째 견해는 무효력설(無效力說)로, 이는 헌법의 인권보장 규정은 전적으로 국가(공권력)와 국민과의 관계에 관한 것으로서 사인 상호간에는 적용되지 않는 것으로 여긴다. 이 설에 따르면, 헌법이 명시하고 있는 경우와는 달리, 사인 간에 있어서의 기본권 보장의 문제는 법률에 의해 해결될 수 있다. 이 설은 헌법이란 본래 국가의 조직과 권력행사의 법적 기초를 정하고 있는 것이라는 전통적 헌법관에 입각하고 있다. 최고재판소가 이와 가까운 견해를 취하고 있는데, 예컨대 미쓰비시수지(樹脂)사건 판결(1973년 12월 12일 「判例時報」 724호, 18면)에서는 다음과 같이 판결하고 있다.[7]

「(헌법 19조의 사상 및 양심의 자유 조항은) 그 밖의 자유권적 기본권 보장 규정과 마찬가지로 국가 또는 공공단체의 통치행동에 대하여 개인의 기본적 자유와 평등을 보장할 목적에서 나온 것으로서, 전적으로 국가 또는 지방공공단체와 개인과의 관계를 규율하는 것인 즉, 사인 상호간의 관계를 직접 규율할 것을 예정하고 있는 것은 아니다.」

근년에는 슈토쿠(修德) 고교 파마금지 교칙 사건 판결(1996년 7월 18일)에서 상기 최고재판소 판결을 참고하여 「사립학교인 슈토쿠 고교의 교칙이 헌법에 반하고 있는가를 논할 여지는 없다」고 판단하고 있다.[8]

두 번째 견해는 직접효력설로, 이에 따르면 「헌법은 국가의 최고법규로서 공법의 영역이냐 사법의 영역인가를 불문하고 국가의 법 전반에 걸쳐 적용되어야 하는 것이기 때문에, 사인에 의한 기본권의 침해 역시 사인에 의한 헌법 위반이라 간주하며, 재판 등에서 이를 주장할 수 있다.」[9] 이 설의 근저에는 현대 헌법은 국민의 전 생활에 걸친 객관적 가치질서이며 그것은 사회생활의 모든 영역에서 전면적으로 실현되어야 한다는 새로운 헌법관이 자리하고 있는 것이다. 이 이론은 하급심 판결에서는 종종 채택되고 있다.

세 번째 견해는 간접효력설(또는 공서설[公序說])로, 이 설에 의하면 기본적 인권은 본래 국가권력에 대한 시민의 방어권(Abwehrrecht, 대국가적 공권)이며, 따라서 그 보장은 사인 간에서는 직접으로는 타당하지 않다. 그러나 사인 간의 인권 침해 행위에 합리적인 이유가 없는 경우에 대해서는 헌법의 인권규정을 따른 민법 90조의 공서양속(公序良俗) 규정에 위반되므로 무효로 간주한다. 이 설은 사적 자치 및 「계약의 자유」라는 사법상의 기본원리를 유지하면서 사법의 일반 조항이나 불확정 상태의 법 개념을 기본적 인권의 가치내용에 의거하여 그 의미를 좀 더 충실하게 함으로써, 기본적 인권을 보장한 헌법의 정신을 사법관계에 비추어 보고자 하는 것이다. 대부분의 통설은 주로 이 입장을 취한다.[10] 더욱이 인권의 가치와 일반 조항과의 결합을 어떻게 하느냐에 따라 이 설은 나아가 「적극적」 간접효력설과 「소극적」 간접효력설로 나뉜다.

2. 인권보장 규정의 사학에 대한 적용

그렇다면 이 같은 여러 가지 학설 중에서 어떤 것이 더 타당할까? 헌법상의 일반론은 차치하고 지금 우리의 논제에 딱 들어맞는, 현행 교육법제 하에서의 해석론으로는 「적극적」 간접효력설이 원칙적으로 타당하다고 생각되는데, 그 이유는 다음과 같다.

① 사립학교의 교육관계에 관하여 직접효력설을 적용할 수 없는 가장 큰 이유는, 그것이 「사학의 자유」(사적 자치)를 파괴하고 사학의 사회적 존재의의를 근본적으로 부인하는 결과를 초래하게 될 것이라는 점에 있다. 이미 확인된 것처럼 사학의 존재 및 그 자유는 현행 헌법체제에 의해 강하게 옹호되고 있다. 그렇다면 국가권력에 의한 규제라면 당연히 위헌일 것 같은 인권에 대한 규제라도 사학의 경우에는 「사학의 자유」에 근거하여 용인될 경우도 있을 수 있다고 해야 한다. 나아가 그와 같은 사학을 선택하는 자유(그러한 법률관계를 설정하는 자유) 역시 헌법에서 보장된 기본적 인권이라는 점도 직접효력을 부인할 수 있는 유력한 근거가 된다고 할 것이다.

② 그렇다고 해서 「사학의 자유」를 부당하게 과대평가해서 사립학교의 교육관계에는 헌법의 인권보장규정의 효력이 전혀 미칠 수 없다(무효력설)고 할 수는 없다. 그것은 사립학교의 법적 성질에 기인한다.

생각건대 사인 간에 있어서의 인권에 대한 제약의 허용 한도는, 다시 말해 어떤 사적 행위를 인권 침해 행위로 보고 헌법상 기준의 적용을 받을 것인가 아닌가는 그것이 행해지는 단체의 성격에 따라 달라질 수 있다고 여겨진다. 즉 일반적으로 말해서「사적」혹은「개인적」임의 가입 단체에서는 원칙적으로 인권은 꽤 제한될 수도 있지만, 강제 가입 단체나「공적」혹은「사회적」임의 가입 단체에서는 광범위하게 미치는 강도의 인권규제는 용인되지 않는다고 보아야 할 것이다.

그렇다면 사립학교의 경우는 어떤가? 분명히 사학은 기본적으로는 사적 발의와 자기책임에 의거하여 설치·경영되고 있기는 하지만, 현행 법제상 순전한 사적 단체로는 평가되지 않고 있다. 교육기본법이나 사립학교법은 사립학교에도「공적 성질」(교육기본법 6조 1항, 8조)이나「공공성」(사립학교법 1조)을 강하게 요구하고 있기 때문에, 이에 상응하여 그 교육·경영 관리 사항에 제법 광범한 규제를 가하고 있는 것이다. 구 법제 하에서와는 달리 사립학교 설치주체를「학교법인」으로 함으로써 법인기구의「공공성」의 앙양을 지향하고 있는 여러 사례들이 이를 뚜렷하게 보여준다. 이처럼「공공성」을 요구하면 사립학교에서는 합리적인 이유가 없는 인권침해 행위는 헌법에 의해 규제된다고 해석하는 것이 타당하다.[11]

나아가 이러한 점과 관련해서는 미국에서 통용되는「사적 통치」또는「국가행위」(state action)의 이론이 크게 참고가 될 것으로 보인다. 이 이론은「여러 가지 해석에 의거하여 특정한 종류의 사적 행위를 국가 차원의 사안으로 간주하여 광범하게 헌법상의 규제에 따르도록 하는 판례 이론」이지만,[12] 최근에는 이 이론을 사립학교에도 원용함으로써, 거기에서의 인종차별이나 퇴학처분에 대한 헌법의 직접 적용을 인정하는 판례나 학설이 유력하게 적용되고 있다.

즉 교육이 갖는 고도의 공적 성격, 사립학교가 수행하는 공적 기능(public function)을 제1차적인 근거로 하고, 이에 보태어 재정원조, 조세면제 및 기타 타국으로부터 인정받은 특권, 국가에 의한 규제의 범위와 정도, 사학에 관한 법의 제정 여부와 그 내용 등의 사정을 종합적으로 고려할 경우 사립학교와 국가와의 밀접성은 매우 강한 것이라 판단되기에 사립학교는 국가의 대행자(agent)로 볼 수 있으며, 따라서 헌법적 규율에 따른다는 것이다.[13]

사립학교 법제에 차이가 있다고는 하지만, 방금 언급한 미국의 판례이론을 일본의 사학 관련 사안에 원용할 수 있는지의 여부에 대해서는 검토할 가치가 있다고 여겨진다.

그러나 어느 것이건 상술한 이 판례이론과 그 근본취지에 있어서 다른 것은 없다고 보아야 할 것이다. 이상이 사립학교에 대해서는 간접효력설이 타당하다고 하는 주요한 이유이기는 하지만, 그것을 다시 「적극적」 간접효력설로 구체화할 근거로는 다음 두 가지의 요청을 들 수 있다.

첫 번째는 헌법이 표방하는 사회 및 국가의 이념으로부터 오는 요청이다. 학생의 「교육을 받을 권리」는 이 이념의 구체적 드러나는 한 가지이며, 따라서 「사학의 자유」와 「학생의 기본적 인권」 사이에서 가치의 우선성을 따질 때 이 이념은 후자를 좀 더 강하게 지지하게 된다.

두 번째는 교육기관의 성질에 의거한 요청이다. 교육기관으로서의 사립학교에서는 그 본질상 학생에 대해서도 기본적 자유·인권이 가능한 한 보장되어야 한다(민주적 자유를 지향하는 교육, 자율을 지향하는 교육, 인권을 지향하는 교육).

이렇게 해서 사립학교에서도 그 성질 및 목적에 대한 합리적 관련성이 없는 학생 인권 제한은, 헌법의 인권규정에 의해 그 내용 보완이 이루어진 민법(90조) 내지 교육법상의 공서양속규정(특히 교육기본법 4조 1항의 「교육상 차별금지」)을 매개로 하여 규제 대상이 된다. 게다가 이 경우 인권의 가치를 공서양속규정에 적극적으로 도입할 것이 요구되고 있다.

게다가 이와 관련하여 부언하자면, 일본이 1994년에 비준한 아동의 권리에 관한 조약은 그 비준 및 공포에 의하여 그대로 국법을 구성하여 국내법 관계에도 적용되고 있다. 그리고 이에 따라 사학교육법과 연관해서는 그 권리조약이 보장하고 있는 각종 실체적 권리 및 절차적 권리와 헌법상 기본권으로서의 「사학의 자유」 사이에서 어떠한 효력관계가 작용하는지에 대한 문제가 생기는데, 여기서는 헌법과 조약 간의 효력관계에 대해 헌법학의 통설과 판례가 헌법우위설의 입장에 서 있음[14]을 확인하는 것으로 그치겠다.

3. 학생의 기본적 인권의 종류와 그 관계

상술한 바와 같이 사학에 대한 인권규정 적용의 여부에 관해서는 적극적 간접효력설이 타당성을 지니기는 하지만, 어디까지나 그것은 단지 일반적인 원칙을 확인하고 있는 데 지나지 않는다. 사학에 있어서의 학생의 인권규제의 여부 및 그 정도에 대해서는 규제의 대상이 되는 기본적 인권의 내용 · 성질 · 기능에 따라 개별적인 검토가 더 요구된다.

따라서 그러한 경우에는 규제된 학생 인권이 헌법의 직접 적용을 전제로 하는 권리(아동 학대의 금지, 노예적 구속으로부터의 자유 등)에 속하는지, 학생의 인격적 자율에 있어 중요한 인권(사상 · 양심 · 신앙 · 표현의 자유 등)인지 등의 사항이 특히 고려되어야만 할 것이다.[15]

이 중에서 후자에 관하여 부연하면 「사상 · 양심의 자유」(헌법 19조)와 「신교의 자유」(20조 1항)에 대해서는 헌법의 직접적 효력이 인정된다고 해석된다. 사상, 양심 및 신앙의 자유는 개인의 순수한 내심(內心)에 관한 본원적인 기본권이며 다른 정신적 자유권에 비해서 현저하게 강한 불가침성이 보장(절대적인 보장)되어 있기 때문이다. 게다가 이 같은 기본권에서는 본질상 기본권 상호간의 충돌은 생길 수 없다고 봐야 한다.

따라서 예컨대 앞에 인용한 쇼와여자대학교 사건에서처럼 그 학교의 교육 방침과 조화되지 않는다는 이유로 학생에게 「사상 자체의 개변」을 요구한다는 것은 헌법상 도저히 허용될 수 없는 것이라 하겠다.[16] 이 점에 대하여 동 사건에 관한 제1심 판결은 간접효력설의 입장에서 학생의 사상에 대한 대학 측의 관용은 법적 의무라고 말하고 있으나, 그 판결 취지는 헌법의 정신을 법률에 강력하게 반영하고자 한 것이므로 결과적으로는 직접효력설과 크게 다를 바 없다.

그리고 앞에서 언급한 「신교에 의한 교육상 차별대우의 금지는 국·공립 학교에만 한정되어 있다」는 견해에 대해서는 방금 언급한 이유 때문에 결코 찬성할 수 없다.

한편 상기한 것 이외의 학생의 기본권은 「사학의 자유」에 의해 그 효력이 상대화되어 헌법상의 내용이 그대로 사학 관계에 적용되지는 않는다고 여겨진다. 그러한 기본권이 「사학의 자유」와 관련해서 어느 정도로 상대화가 되는지는 사학 입학 계약의 설정 목적이나 재학 관계의 법적 성질 등을 고려하여 사안에 따라 유동적인 평가를 통해 개별적·구체적으로 결정할 수밖에 없다. 이에 대하여 일반적 기준을 설정한다는 것은 불가능하다.

굳이 말한다면 입학에 임하여 이루어진 합의의 유무는 결정적 기준이 될 수 없다는 것, 「사학의 자유」의 본질적 내용을 침해할 수 있는 구체적인 위험의 존재 여부가 확인되어야 한다는 것, 위험의 성격이 단지 추상적이어서는 안 된다는 것 등을 들 수 있을 것이다.

제3절 사학 재학관계의 법적 성질

학생이 사립학교에 입학하여 재학하는 것은 학생·부모와 학교법인과의 계약에 근거한다. 이 계약의 내용은 각 사학의 학칙 등에 따라 다르기는 하지만, 사립학교는 학생에게 소정의 교육서비스를 제공하며 학생·부모는 그 대가로 수업료 등을 납부할 의무를 진다는 것을 그 기본적 내용으로 하고 있다(교육계약[Unterichtsvertrag] 또는 학교계약[Schulvertrag]).[17]

그러나 이와 같이 사학 재학관계의 기본이 계약관계라고 하더라도, 문제는 그것이 어떠한 성질의 계약관계인가 하는 것이다. 그 성질이 어떠한가에 따라 사학과 학생 간의 법적 관계에는 상당한 차이가 발생하기 때문이다.

사학 재학관계를 순전한 사법상의 계약관계라고 해석하는 설이 있다. 예컨대 긴키(近畿)대학 학생 제적처분 사건에 관한 오사카 지방법원 판결 (1965년 10월 22일)은 다음과 같이 말하고 있다.[18]

「학생이 사립대학에 입학을 허가받은 것으로 대학과 학생 사이에 생기는 법률관계는 사법상의 재학관계라 해석되기에, 학생은 입학에 임하여 학생으로서 권리와 의무를 가지는 지위의 상실 또는 부활에 관하여 대학 소정의 규칙에 따를 것을 승인한 것으로 보는 것이 마땅하다.」

이와 같은 견해에 따르면 사학 재학관계의 설정·형성에는 민법이 곧바로 전면적으로 적용되며, 이 경우에 「사적 자치」, 또는 「계약의 자유」의 원칙이 큰 폭으로 강하게 작용하게 될 것이다. 이 결과 학생(부모)의 입장이 꽤 불리하게 될 것은 말할 것도 없다.

예컨대 수업료를 체납하면(채무불이행) 학교 측은 즉시 민법 541조의 법적 계약해제권을 행사하여 해당 학생을 제적할 수 있다는 것 등이 그 한 예이다.

그러나 이와 같은 사학 재학관계를 단순히 사법상의 계약관계로만 보는 것은 잘못이다. 앞에서도 말했듯 현행 교육 관련 법제는 「사학의 공공성」에 근거하여 사립학교에서도 광범한 공교육법적 규율을 가하고 있으며, 거기에 있어서의 법률관계의 형성이 전적으로 「계약의 자유」에 맡겨진 것도 아니다. 게다가 현대법에 있어서는 공법과 사법의 구별 그 자체가 이미 상대화되어 있고, 이와 같은 동향 속에서 「교육법」은 「교육과 교육제도에 특유한 법논리」를 가지는 「특수법」으로 여겨지거니와, 전통적인 공법이나 사법 어느 쪽에도 속하지 않는 독자의 영역을 차지한다고 볼 수 있다.[19] 따라서 사학 재학관계에 대해서는 민법이 일반법으로서 타당한 것은 물론이지만, 사안의 성격에 따라서는 교육법제론에 의거하여 민법을 적용하지 않거나 수정 적용하는 것도 있을 수 있다고 생각된다.

그렇다면 사학 재학관계를 굳이 공법·사법의 전통적 이원론의 범주에 넣을 필요는 없고, 그보다는 교육주권=공교육법에 의한 규율을 다분히 받은 위임·청부와 비슷한 「특수계약으로서의 교육계약 관계」로 파악하는 것이 타당하다고 생각한다.(20)

사학법이 상대적으로 독자의 법역을 형성하고 있는 독일에서도 사학 재학관계(Privatschulverhältnis)는 「그 효력이 공법상의 조건에 규율되고 있는 사법상의 계약관계이다」(21)라고 생각되고 있는데, 이러한 독일의 사례는 좋은 참고가 된다.

이와 같이 사학 재학관계는 공교육법적 규율 하의 특수계약관계라고 생각되는 것이지만, 그 구체적 법 내용의 확정은 아직도 원칙적으로는 「계약의 자유의 원칙」 하에 놓여 있다고 해석된다.

이 「계약의 자유(Vertragsfreiheit)의 원칙」은 「각인이 자기의 의사에 의해 자유롭게 계약을 체결하여 사법관계를 규율할 수 있다고 하는 원칙」이며, 일반적으로 그 내용으로서 계약을 체결하거나 하지 않거나의 자유, 상대방 선택의 자유, 계약 내용의 자유 및 계약 방식의 자유를 포함하고 있다고 생각된다.(22) 단, 이 원칙은 현실적으로 사립학교의 우위를 법적으로 확보하는 기능을 하게 되고, 또한 학교 교육의 본질에 의거할 때 학교 측에게는 학생에 대한 일정의 포괄적 권능이 인정되기 때문에, 사학 재학계약은 부합계약(附合契約)의 성격을 강하게 지니게 된다. 「사학의 자유」가 이를 더욱 보강함으로써 사립학교는 학생(부모)과의 관계에서 상당한 우위에 서서 예를 들어 기술한 바처럼 독자의 학내·학생 규율을 설정할 수 있게 된다(독자의 교육적 교풍을 형성하는 자유).

제4절 사학에서의 학생징계와 교육적 재량

현행법상 학교의 징계처분은 「교육상 필요하다고 인정될 때」(학교교육법

11조) 가해지며, 나아가 「교육상 필요한 배려」(동법 시행규칙 26조 1항)의 차원에서 가할 수 있는 「교육적 징계」라고 본질적으로 규정되어 있다.

이 교육적 징계는 교육의 자율성과 전문 기술성에 의거하는 것이며, 「학내의 사정에 정통하고 직접 교육의 중요 부분을 맡은 자의 합리적인 재량에 맡기는 것이 아닐 경우 적절한 결과를 기대하기 어렵다」(쇼와여자대학 사건에 관한 최고재판소 판결). 따라서 원칙적으로 그것이 징계권자인 교장의 교육적 재량사항에 속하고 있음을 부정하기 어렵다. 구체적으로 이는 징계처분을 발동할 것인가 안할 것인가, 징계처분 중에서 어떤 것을 선택할 것인가에 관한 것이다. 특히 사학에서는 교육의 이러한 특성과 더불어 「사학의 자유」가 추가적으로 보장되어 있기 때문에, 이 교육적 재량권이 국공립학교의 경우에 비해 원칙적으로 보다 폭넓게 용인되고 있다 하겠다.

그렇지만 이 경우 징계처분은 재학 계약상의 법률행위로서 학생에 대한 권리침해(사학에서의 「학습하는 자유」 및 「교육을 받을 권리」의 침해)를 수반하는 것이기에, 비록 사립학교에서라고 해도 그것이 징계권자의 전면적인 자유 재량사항에 속하고 있다고는 보기 어렵다. 「사학의 공공성」과 관련해서 사학의 재학관계에 대해서도 「확장된 법치주의」[23]가 적용된다고 보아야 하기 때문이다. 그렇다면 학생의 징계에 즈음하여 재량권의 성질·범위·한계에 대해서는, 다시 말해 그것이 어떤 범위에서 어느 정도까지 사법심사에 따라야 할 것인가에 대해서는, 「교육적 징계성」이라는 한편과 「권리침해성」이라는 다른 한편을 각각의 처분내용에 따라 구체적으로 비교·고찰하면서 확인해 나가야 할 것이다.

이러한 관점에서 본다면, 예컨대 쇼와여자대학 사건에 관한 항소심 판결(도쿄 고등재판소 1967년 4월 10일)에서처럼 퇴학처분에 대해서까지 징계권자에게 대폭적인 자유재량을 허용한다는 것은 그 타당성이 심히 의문스럽다고 여겨진다. 학교교육법 시행규칙 26조 3항은 퇴학 사유를 구체적으로 4개의 항목만으로 한정하고 있어서, 각종 징계처분 가운데서 퇴학처분을 선택하는 것은 징계권자의 자유재량에 맡겨진 것이 아니라 법의 구속을 받고 있는 것이다. 이 점에 관해서는 국·공립학교와 사립학교 간에 차이가 존재하지 않기 때문에, 사립학교에서도 그것은 소위 「법규재량」에 속하고 있는 것이라 보는 것이 마땅하다. 이 같은 실정법적 근거 외에도, 퇴학처분이 학생의 「사학에서의 학습하는 자유」, 「교육을 받을 권리」를 박탈하는 행위로서 매우 강한 권리침해성을 띠고 있다는 점, 그리고 퇴학이란 학교로부터 학생을 원천 배제하는 처분이므로 이로 인해 소위 「교육적 징계성」이 극히 희박하다는 점 등도 퇴학처분을 법규 재량처분으로 삼게 되는 유력한 근거가 될 것이다.

따라서 비록 사학에서의 사안이라 하더라도 퇴학처분의 요건의 적합성에 대하여 징계권자가 판단을 잘못하는 경우는 위법이 되므로, 그에 대해서는 당연히 사법적 구제가 보장되는 것이다. 다만, 법규재량성의 정도에는 차이가 있기 때문에(자유재량과 법규재량은 개념적으로 명확히 구별되지 않는다), 퇴학처분의 경우라도 재량권의 행사에 있어서 여전히 「사학의 자유」가 가능할 여지가 있음은 부정할 수 없다.[24]

더욱이 이에 근거하여 원칙적으로 사학의 재량에 맡겨진 것으로 해석되는 사안에 있어서도 ① 학교가 사실오인에 의거하여 처분을 하거나, ② 상식적으로 봐서 현저하게 불합리한 내용의 판단을 했을 경우는, 예컨대 경미한 규율위반 행위에 대하여 부당하게 과혹한 징계처분(퇴학처분)을 하거나(비례원칙 위반), 특정의 학생을 이유 없이 차별하여 불이익을 주거나(평등원칙 위반) 하는 것은 재량권의 한계를 넘어 위법이 된다. 또한 ③ 표면상으로는 적법한 것처럼 보이더라도 불공정한 동기나 교육 이외의 목적에 따라 징계 처분하는 것(타사고려[他事考慮])은 물론 용납될 일이 아니다. 예컨대 성적이나 행실의 불량을 표면상의 이유로 들면서 실제로는 학교에 대한 비판을 틀어막을 목적으로, 학교의 시설비나 수업료를 문제 삼는 학생에 대하여 전학을 강요하는 것은[25] 재량권의 남용이며 위법이다.[26]

다음의 문제는 징계처분의 절차에 관한 것이다. 구체적으로 말하자면 이는 소위 적정절차(due process of law)의 요청이 사립학교의 경우에도 징계권 발동의 요건이 될 수 있는가 하는 것이다.

이에 대해 종래의 통설 및 판례는 —학교교육법령에 학생의 징계처분의 절차에 관한 규정이 따로 없는 탓도 있어서— 앞에서 언급한 것처럼 학생징계를 징계권자로서의 교장의 「교육적 견해에 근거한 자유재량」에 속하는 것으로 해석해 왔다. 이와 같은 입장에 따르면 당연히 「학칙에 특별한 규정이 있거나 혹은 관행이 있는 경우를 제외하고는, 처분에 앞서서 피처분자인 학생의 변명을 청취할 것인가 아니할 것인가는 처분권자인 교장의 재량에 맡겨진 것으로 해석된다」(오사카 지방재판소 1964년 3월 29일 판결)고 결론지어진다.

그러나 「사학의 자유」에 의하여 보강된 교육재량권을 갖고 있는 사립학교에 있어서도 퇴학·정학 등의 징계처분이나 출석정지 조치처럼 「학생의 법적 지위 및 권리의 영역에 강하게 저촉되는」 조치·결정을 내릴 경우에는 학생(부모)에 대한 사전의 청문은 필수조건으로 되어 있다. 결국 이 같은 절차를 밟지 않고 내려진 처분은 학교가 절차적 의무를 다하지 않은 것으로 간주되고 또한 절차상의 위법성을 지니고 있으므로 무효가 된다고 말할 수 있겠다. 이는 주로 다음과 같은 이유에 의거하고 있다.

① 오늘날의 헌법학·행정학의 지배적 견해 및 판례에 의하면 헌법 31조의 적정절차 조항은 형사절차에 관해서만이 아니라 행정절차에도 준용 또는 적용되는 것으로 해석되고 있지만,[27] 그 취지는 더 나아가 「공교육기관으로서의 사학」 관련 사안에 대해서도 타당하며, 이에 이 조항은 사학에 있어서의 징계절차에도 준용된다고 해석된다.

② 아동의 권리조약은 아동에 대하여 의견 표명권을 보장하고(12조 1항), 덧붙여 이 권리를 절차적으로 담보하기 위해 청문을 받을 권리를 보장하고 있다(동조 2항). 「실체법상의 권리로서의 의견 표명권」과 「절차상의 권리로서의 청문권」에 대한 보장인 것이다. 이는 학생의 「적절한 절차적 처우를 받

을 권리」라고도 불리는데, 본래 이 조약상 권리는 사학에서의 징계절차에 대해도 유효하며, 이 점에서 「사학의 자유」를 강하게 속박하는 것이 된다.

제5절 종교 계열 사학의 특수성

이상의 고찰에서는 「사학의 자유」와 학생의 기본적 인권에 관한 중요한 논점들이 개괄되었지만, 종교와의 관련은 일단 시야 밖에 놓여 있었다. 즉, 이상에서 말한 것은 어디까지나 「사립학교 일반」에 관한 원칙적인 것이었을 뿐이기 때문에, 그것이 「종교 계열 사립학교」에 대해서도 그대로 유효할 것인가의 문제는 좀 더 검토할 필요가 있는 것이다.

필자의 생각으로는 「사학의 자유」를 근거로 학생의 기본적 인권에 대한 규제를 어느 한도까지 허용할 것인가 하는 것은 종교 계열 사학과 비종교 계열 사학 각각에 있어서 상이한 것으로 해석된다.

즉 특정의 강렬한 종교적 슬로건을 건학의 정신 혹은 독자의 교육방침으로 삼고 있는 종교 계열 사학에서는 비종교 계열 사학에서보다 이와 같은 규제가 보다 광범하게 그리고 보다 강하게 용인되고 있다고 보아야 할 것이다. 결과적으로, 종교 계열 사학에서는 사안의 성격에 따라서는 앞에서 언급한 것에서 더 나아가 학생의 인권규제를 행하더라도 그것이 반드시 위헌 또는 위법이 되지는 않는다는 것이다. 이 점은 학생징계에 있어서 소위 교육적 재량론이 작용할 여지에 대해서도 마찬가지이다. 왜냐하면 「종교 계열 사학의 자유」는 「신앙의 자유」(헌법 20조 1항)를 그 1차적 근거로 하고 있고, 따라서 그 자체로 국가의 비종교성 및 정교분리의 원칙이라는 헌법상의 기본원칙에 근거하고 있기 때문이다. 그것은 또한 구체적으로 헌법 20조 3항의 반대해석(사학에서의 종교교육 · 종교활동의 자유 보장)에 의해 근거지어지기도 하는 것이다. 더욱이 앞에서 말했듯이 역사적으로 볼 때 「사학의 자유」의 기본적 실질이 다름 아닌 (부모의 종교교육의 자유에 호응한)「종교 계열 사학의 자유」였다는 것도 이를 뒷받침하는 논거가 된다고 보인다.

그럼에도 불구하고 실제로 종교 계열 사학과 비종교 계열 사학을 엄격하게 차별하기는 어려우며, 또한 전자에 경우에도 종교성의 정도가 강하거나 약한 경우가 있기 때문에, 이 문제는 일률적으로는 처리할 수 없다. 결국 해당 사학이 어느 정도의 종교적 지배를 받고 있는가는 법인기부행위·학칙·재원적 기반·조직편성·교육과정·전통이나 관습 등을 종합적으로 검토하여 개개의 경우에 맞추어 구체적으로 판단할 수밖에 없을 것이다.

(注)

(1) 田中耕太郎,「教育基本法の理論」, 有斐閣 1969年, 191頁.

(2) 戸波江二,「憲法(新版)」, ぎょうせい 1998年, 163頁.

(3) 이 문제에 대하여 자세히는 A. Bleckmann, Staatsrecht II. Die Grundrechte, 4. Aufl. 1997, S. 473ff.를 참조.

(4) 宮沢俊義,「憲法 II(新版)」, 有斐閣 1976年, 249頁.

(5) 芦部信喜,「憲法学 II: 人権総論」, 有斐閣, 1994年, 279頁 이하. 또한 독일의 학설 현황에 대해 상세한 것은 H. J. Papier, Drittwirkung der Grundrechte, in: D. Merten/H. J. Papier (Hrsg.), Handbuch der Grundrechte in Deutschland und Europa, 2006, S. 1331ff.를 볼 것.

(6) 특히 佐藤幸治,「憲法(第三版)」青林書院, 1995年, 435頁 이하.

(7) 이 판결에 대해서는 小山剛,「私法関係と基本的人権 ― 三菱樹脂事件」, 高橋·長谷部·石川 編,「憲法判例百選I(第5版)」, 2007年, 26頁 이하.

(8) 朝日新聞, 1996년 7월 19일자.

(9) 初宿正典,「憲法2(基本権)」, 成文堂 1996年, 169頁.

(10) 특히 野中俊彦·中村睦男·高橋和之·高見勝利,「憲法I(第4版)」, 有斐閣 2007年, 243頁을 참조.

또한 독일에서도 연방헌법재판소의 소위 「루트 판결」(Luth-Urteil, 1958년 1월 15일) 이래 통설과 판례들은 간접효력설을 지지한다고 한다(특히 B. Pieroth/B. Schlink, Grundrechte-Staatsrecht II, 26. Aufl. 2010, S. 49.).

(11) 참조: 佐藤幸治, 앞의 책, 440頁.

(12) 芦部信喜,「現代人権論」, 有斐閣 1977年, 23頁.

(13) 같은 책, 33頁.

(14) 이에 관해서는 일단 浦部法穂,「憲法学教室」, 日本評論社 2009年, 365頁 등을 참
조. 또한 판례에 대해서는 예컨대 미일안보조약에 관한 스나가와(砂川) 최고재판소
판결(1959년 12월 16일,「判例時報」208호 10頁) 등을 참조.

(15) 참조: 戸波江二, 앞의 책, 161頁.

(16) 같은 취지의 글로는 中村睦男,「私学助成の合法性」, 芦部信喜還暦記念「憲法訴訟
と人権の理論」, 有斐閣 1994年, 450頁.

(17) 참조: P. Gilles/H. Heinbuch/G. Counalakis, Handbuch des Unterrichtsrechts,
1988, S. 145ff.

(18) 兼子仁・佐藤司,「判例からみた教育法」, 新日本法規 1977年, 234頁. 같은 취지의
글로는 俵正市,「改正私立学校法」, 法友社 2006年, 37頁을 참조.

(19) 참조: 兼子仁,「教育法」, 有斐閣 1978年, 7頁 이하.

(20) 이 점에 대해 자세히는 졸저「学校教育における親の権利」, 海鳴社 1994年, 121頁
이하를 참조.

(21) E. Stein/M. Roell, Handbuch des Schulrechts, 1992, S. 263.

(22) 杉山敏正, 天野和夫 編(新法学辞典) 日本評論社, 1993年, 253頁.

(24) 최근 도쿄 도에서는 사립중학교를 퇴학하고 공립중학교로 전입하는 학생이 증가하
는 경향이 있는데(2004년도, 259명), 이와 관련하여 2005년 3월 도쿄도 공립학교 교
장회는 도쿄 사립중고등학교협회에 대하여「안이한 퇴학처분의 자숙」을 요청했다(毎
日新聞, 2005년 3월 15일자). 또 가나가와 현에서는「사립고 학생 징계, 현립(県立)의
260배」가 현실의 상황이 되고 있다(朝日新聞, 2006년 9월 23일자). 과연 이러한 경우
들이「사학의 자유」를 보여주는 적합한 사례인지에 대해서는 개별적이고 구체적인 검
토를 기대할 수밖에 없다.

(25) 사립중학교의 강제전학 사건, 고베지방재판소 판결, 1989년 5월 23일,「判例時報」
1342호 120頁.

(26) 참조: 原田尙彦,「行政法要論(全訂第7版), 学陽書房 2012年, 152頁.

(27) 예컨대 樋口陽一・佐藤幸治・中村睦男・浦部法穂,「憲法II」, 青木書院 1997年,
270頁; 兼子仁,「行政法總論」, 筑摩書院 1986年, 74頁, 78頁.

제 5 장

사학의 독자성과 경향경영의 이론

제1절 경향경영의 이론

「경향경영」(Tendenzbetrieb)이란, 독일의 노동법 학설이 정의하는 바에 의하면, 「1차적인 경제적 목적이 아닌 정신적·이념적 목적(geistig-ideelle Ziele)을 추구하는 경영이나 사업」을 말한다.[1] 「경향사업」(Tendenzunternehmen)이라고도 칭한다.

이 개념은 1920년의 경영협의회법(Das Betriebsrätegesetz) 67조가 「정치적·노동조합적·군사적·신앙적·학문적·예술적 및 같은 유형의 사명에 이바지하는 경영」을 영리적·경제적 목적을 가지는 경영에 대비시킨 이래 독일의 학설과 판례에서 쓰이게 되었다.[2]

제2차 세계대전 후 1952년의 경영조직구조법도 상기 조항을 이어받았으며—단, 동법은 1920년 법의 「군사적」이라는 단어 대신에 「자선적·교육적」(karitative, erzieherische)이라는 표현을 넣고 있다—, 또한 1972년에 제정된 현행의 경영조직구조법(Das Betriebsverfassungsgesetz vom 15. Jan. 1972) 118조도 「경향경영과 종교단체에 대한(본법의: 필자) 효력」이라는 제목으로 다음과 같은 규정을 하고 있다.

제1항 — 「직접적이고 현저하게(unmittelbar und überwiegend) 정치적인

노동단체 및 경영자 단체의 사업과 경영, 그리고 신앙적·자선적·교육적·학문적 내지 예술적 사명에 이바지하는 사업 및 경영에는 이 법률은 적용되지 아니한다.」

제2항 —「이 법률은 종교단체 및 그 자선적·교육적 시설에는 … 적용되지 아니한다.」

이와 같이 오늘날 독일에서는 경향경영이라는 개념은 이미 실정법상의 개념으로서 확립되어 있고,[3] 또 학설·판례상에서도 중요한 개념이 되어 있다. 노동법 관련 학설의 통설적 견해나 판례가 말하고 있는 바에 따라 이 이론의 기본적 내용 내지 특징을 요약하고, 아울러 사립학교와 연관 지어 위에서 언급한 경영조직구조법 118조에 대해 개괄적으로 설명하자면 다음과 같다.

① 앞에서 잠깐 살펴보았듯, 경향경영이라는 개념은 원래 경영조직구조법의 영역에서 유래하는 것인데—공동결정법(Das Mitbestimmungsgesetz)에 의거한 노동자의 경영참가는 경향경영에서는 배제된다고 하는 법리—, 그 후 학설·판례에 의해 해고보호법(Kündigungsschutzrecht)의 영역으로까지 확대 적용되어 그 결과 오늘날 일반적으로 적용되는 해고법리로서의 내실을 갖기에 이른 것이다(해고이유로서의 경향침해, Tendenzverletzung als Kündigungsgrund).[4]

이를테면 정신적·이념적 경향성을 지닌 사업의 사용자는 고용자가 노동의무나 일반 법질서를 위반하고 있지 않은 경우에도 그 경향에 위배되는 사상·신념(에 의거한 인격적 태도·행동)을 이유삼아 고용자를 적법하게 해고할 수 있다고 하는 법리가 그것이다.[5]

② 경향경영 또는 경향사업의 법적 근거는 통설과 판례에 의하면 사용자의 각종 기본권에서 찾을 수 있다(기본권의 보장으로서의 경향의 보호, Tendenzschutz als Grundrechtsgarantie).「인격의 자유로운 발달권」(기본법 2조 1항),「신앙·양심·종교·세계관의 자유」(4조 1항),「의견표명의 자

유ㆍ출판의 자유ㆍ보도의 자유」(5조 1항), 「부모의 교육권」(6조 2항), 「사학의 자유」(7조 4항), 「결사의 자유」(9조 1항) 등이 그러한 기본권들이다.[6]

③ 이른바 경향성은 「내적 경향」(innere Tendenz)과 「외적 경향」(äußere Tendenz)으로 구분된다. 전자는 주관적 경향, 후자는 객관적 경향이라고도 한다.

내적 경향이란, 해당 단체의 담당자가 그 내심에서 개인적ㆍ주관적으로 품고 있는 경향을 말하며, 외적 경향이란, 해당 단체의 이념 내지는 사업목적으로서 객관적이며 또한 대외적으로 제시되는 경향을 말한다. 경향경영에서 소위 「경향성」(Tendenzeigenschaft)이란 외부로부터 인식 가능한 외적ㆍ객관적 경향을 말한다.[7]

④ 해고이유로서의 경향침해는 해당 단체의 경향을 그 핵심영역(Kernbereich)에서 침해하는 것이라야 한다. 인적 측면에서 보면 그것은 「경향의 담당자」(Tendenzträger)에 의해서만 가능한 것이다. 따라서 경향침해의 여부를 확정하기 위해서는 해당 고용자가 앞에서 말한 「경향의 담당자」에 해당되는지가 중요하다.[8]

여기에서 「경향의 담당자」란, 해당 경향사업에 있어서 「책임 있는 유력한 지위에 있는 자」를 말하며, 예컨대 극장 오케스트라의 연주자, 노동조합의 전담직원, 학교의 교원, 장애아 시설의 카운슬러, 연구소의 연구원 등도 이에 해당한다.[9]

⑤ 경향침해를 이유로 해서 고용자를 적법하게 해고하기 위해서는, 다시 말해 고용자의 사상ㆍ신조에 의거한 행위가 해고보호법 1조 3항이 규정하고 있는 「해고의 정당사유」에 해당한다고 하기 위해서는, 해당 경영에 대하여 일반적ㆍ추상적인 위험이 존재하는 것만으로는 부족하고, 구체적ㆍ객관적 위험(konkrete, objektive Gefährdung)의 존재가 요건이 된다.[10]

⑥ 판례 및 통설은 사용자의 기본권 우선의 관점에서 해당 사업의 경향성을 확대해석하는 인상을 주지만, 이에 대해 고용자의 기본권적 인권—특히

인격의 자유로운 발달권(기본법 2조 1항)과 직업선택의 자유(12조 1항)― 혹은 경영참가권 보호의 입장 모두를 고려하여 법익을 형량(衡量)하여 경향보호 조항을 한정적으로 해석하는 유력한 견해도 보인다. 경영조직구조법 118조 1항은「특히 동법에 의해 실현되어야 할 헌법상의 사회·국가 원리와 다른 경향을 가진 사람의 헌법상 보장된 자유권과의 사이에서 균형이 잡힌 규율(ausgewogene Regelung)을 지향하는 것이다」라고 하는 취지의 해석이 그것이다.(11)

이와 같은 입장에서는 해고 이유로서의 경향침해는 고용자가 고의로 게다가 현저하게 경향에 위반한 경우에 한정된다. 또한 해당 단체의 경향성도 보다 엄격하고 그리고 좁은 의미로 파악되며, 예컨대 정치적 경향기업은「정당 및 정당이 인정하는 혹은 정당의 부분목적을 추구하는 법적으로 독립한 기업」에 한정되어야 한다는 것이다.(12)

⑦ 경영조직구조법 118조 1항에서 말하는「교육적 사명(erzieherische Bestimmungen)에 이바지하는 사업 또는 경영」이란, 동법의 권위 있는 주석에 의하면「복수의 교과로 구성되어 계획적·방법적 수업에 의해 인격의 형성과 발전에 기여하는, 일반교육 및 직업교육을 위한 교육시설」을 말한다.(13)

그래서 사립학교는 그 종류의 여하를 불문하고 모두 이에 해당한다고 하는 것이 통설이자 판례이다.(14)

바로 이 점에서, 당사자인 독일연방사립학교연합도 그 기본문서에서 스스로를「경향경영으로서의 사학」(Privatschule als Tendenzbetrieb)이라 성격을 규정하고 있으며, 예컨대「사학의 경향성은 그 교육상의 개념에 있다」,「교육상의 개념에 대한 위반은 해고 사유가 된다」,「고용자는 경제적 사항에 관해서는 참여권을 가지지 아니한다」등의 규정을 통해 이에 관한 기본적 사항을 확인하고 있는 것이다.(15)

더욱이 특정의 지식만을 교수하는 어학학교나 성인교육시설은 위에서 말하고 있는 사업에는 포함되지 않는 것으로 되어 있다.

⑧ 사학에 있어서 「경향의 담당자」에 교원이 포함되는지 관해서는 학설·판례상 이론은 없다. 교원은 해당 사학의 교육상의 개념을 현실화하고 구체화할 책무를 지고 있기 때문이라는 것이다.

이와는 달리 사무직원이나 그 밖의 비교수직원은 이에 해당하지 않는 것으로 되어 있다.[16]

⑨ 경영조직구조법 118조 2항은 바이마르 헌법 137조로 규정되어 기본법 140조에 의해 현행 법제상에서도 유효한 원칙, 곧 「종교단체의 내적 사항은 입법권에 의한 규율을 면한다」는 원칙에 근거하고 있다.

즉, 교회가 설립한 종파 계열 사학(konfessionelle Privatschule)은 앞에서 언급한 경향경영의 범주 밖에 위치하지만 본 항에 의하여 동법 적용 대상에서 제외되는 것이다.

이상은 독일에서의 경향경영의 이론과 법제 상황에 관하여 그 개요를 살펴본 것인데, 그렇다면 이것에 관한 일본의 학설 및 판례의 상황은 어떠할까?

대표적인 판례로는 일중여행사 사건에 관한 오사카 지방재판소 판결(1969년 12월 26일 판결, 「判例時報」 599호 90면)이 있다.[17]

중국에서 문화대혁명이 일어나 정치노선에 중대한 변화가 생김에 따라 대중국관계의 무역·여행업자(일중여행사)들 내부에서도 중국파(다수파)와 소련파의 사상대립이 격화하여 중국파가 소련파의 일본공산당원인 사원을 해고하고 그 사무소를 폐쇄했다.

이에 맞서 해고된 사원이 회사 측의 행위는 정치적 신조를 이유로 한 해고이자 헌법 14조(법 아래의 평등), 노동기준법 3조(신조 등에 의한 차별적 취급의 금지)를 위반한 것이며, 공서양속에 반하는 것이므로 무효라고 주장함으로써 제소한 것이 본 건이다.

이에 대해 오사카 지방재판소는 대략 다음과 같은 취지로 그 해고는 위법, 무효라고 판결했다.

① 헌법 14조와 노동기준법 3조는 이데올로기(사상, 신조)에 의한 차별적 취급과 이데올로기를 고용계약의 요소로 함을 금지하고 있으나, 다른 한편 헌법 22조는 「영업의 자유」를 보장하고 있기에, 특정의 이데올로기를 존립의 조건으로 하고, 또한 노동자에 대해서도 그 승인·지지를 요구하는 사업(경향사업)의 운영은 인정된다.

② 이 두 가지 헌법상 요청을 충족하기 위해서는 「그 사업이 특정 이데올로기와 본질적으로 불가분의 것이며 그 승인·지지를 존립의 조건으로 삼고, 더욱이 노동자에 대하여 그 이데올로기의 승인·지지를 요구하는 것이 사업의 본질에서 볼 때 객관적으로 타당할 경우」여야 한다.

단, 그것은 헌법 14조, 노동기준법 3조의 예외가 되는 것이기 때문에 개별적인 고용계약뿐만 아니라 노동협약이 적어도 취업규칙에 명기되어야 한다.

③ 본 건의 경우 상기와 같은 「본질적 불가분성」은 보이지 않으며, 또한 정치적 신조를 이유로 하는 해고는 사업에 대해 명백하고 현실적인 위해를 끼칠 구체적인 위험이 발생한다고 판단될 경우라면 몰라도, 그렇지 않은 한 헌법 14조 및 노동기준법 3조에 위배되고 나아가 공공질서에 반하는 것이기 때문에, 그러한 해고 조치는 민법 90조에 의거하여 무효이다.

학계에서는 경향경영이론 그 자체에 대하여 비판적인 견해도 일부 있고,[18] 또한 「이 개념은 아직 충분히 소화되어 있지 못하고 그것에 관련된 해고법리도 시론(試論)의 영역을 벗어나지 못하고 있는 실정」이라는 평가도 있다.[19]

그러나 노동법학계의 다수 이론은 경향경영 내지 경향사업이라는 개념을 승인하고 「특정의 이데올로기가 해당 기업의 존립기반이며 사업내용도 그 이데올로기와 일체적 관계에 있는 특수한 경우에 한하여 해고가 허용된다고 하는 방식으로」[20] 개개의 사안에 맞추어 사용자와 고용자의 이익을 조정해야 한다는 입장에 접근하는 추세를 보이고 있다.

이렇게 해서 고용자의 사상·신조를 이유로 하는 해고가 적법성을 인정받기 위해서는 ① 특정의 정치·종교·자선 등의 정신적·이념적 목적을 위해 봉사하는 비영리적인 단체·사업일 것, ② 그 경우에도 고용자를 직책과 직급으로 구별하여 제공할 업무의 내용과 해당 단체의 이데올로기가 불가분·일체적인 관계일 것, ③ 고용자의 사상·신조 그 자체 때문이 아니라(사상·신조의 자유의 절대적 보장) 그것에 근거한 태도·행동 때문에 사업운영이 현실적으로 저해될 구체적 위험성이 존재할 것 등이 요건으로 되어 있다.[21]

제2절 경향사업으로서의 사학

이미 언급한 것처럼 사학의 적극적인 존재의의는 국·공립학교에서는 불가능한 혹은 쉽게 기대할 수 없는 독특한 교육을 제공하는 데에 있다. 달리 표현하자면 사학이 사학인 근거는 결국 국·공립학교와는 질적으로 다른 「사학교육의 독자성」에서 찾아볼 수 있는 것이다(사학의 특성으로서의 교육의 독자성).

게다가 이 점에 대해서는 쇼와여자대학 사건에 관한 최고재판소 판결(1974년 7월 19일, 「判例時報」 749호 4면)에서도 다음과 같이 판결하고 있다.

「사립학교는 건학의 정신에 입각한 독자적인 전통 그리고 교풍과 교육방침에 의해 그 사회적 존재의의가 인정되고, 학생 또한 그와 같은 전통 그리고 교풍과 교육방침 아래서 교육 받기를 희망하여 그 대학에 입학하는 것으로 생각되므로, 앞에서 말한 전통 그리고 교풍과 교육방침을 학칙 등에 구체화하여 실천하는 것은 당연히 인정되어야 할 것이며, 학생 또한 그 대학에서 교육을 받는 한 그러한 규율에 따를 것을 의무로 받아들여야 할 것이다.」

위에서 말한 소위 「사학교육의 독자성」은 공립학교 교육과 대비되는 상대적 개념이지만, 현재의 맥락에서 볼 때 그것은 「사학의 교육적 경향성(erzieherische Tendenz)」과 본질적으로 같은 의미를 지닌다. 앞에서 말했듯이 공립학교는 「평등과 사회적 통합의 원리」에 입각하고, 따라서 거기에서의 교육은 공통교육을 기본으로 하며, 이것에 호응하여 법제도상으로 「교육의 중립성 원칙」이 설정되어 있다(공립학교 교육의 공통성 및 중립성=공립학교 다양화의 법제도적 한계).

이에 비해 사학제도는 「자유와 사회적 다양성의 원리」를 기반으로 하고 있고, 「사학의 자유」의 헌법상 보장을 바탕으로 각 사학은 각각 교육이념이나 교육적 아이디어 개발에 있어서 공립학교에서는 전혀 인정될 수 없는 독자성, 즉 사학 고유의 정신과 이념적 · 이념적 관념(geistig-ideelle Vorstellung)을 가지는 것이 교육법제상 당연히 용인될 뿐만 아니라 보다 적극적으로 기대된다(사학교육의 경향성, 교육적 경향사업으로서의 사학).

여기서 구체적으로 오늘날 세계적으로 가장 유명한 사학의 하나인 슈타이너 학교, 즉 자유 발도르프 학교의 사례를 그 본보기로서 살펴보자.

잘 알려진 것처럼 슈타이너 학교는 교육학자 R. 슈타이너가 자신의 인지학(Anthroposophie) 이론을 근거로 1919년 독일에 설립한 것인데, 이 학교에서의 교육목적이나 교육과정, 교육방법, 성적평가, 학교의 조직편제나 관리운영, 나아가 시설 · 설비까지 아우르는 모든 세세한 내용들도 바로 「발도르프 교육학」(Waldorfpädagogik)에 따라 이루어지고 있다. 나아가 이와 같은 독자적인 교육을 전개하기 위해 자체적 교원양성시설도 갖고 있다.[22]

그런데 「사학의 독자성」이라는 개념은 사학의 존재의의나 역할에 관해서 사학의 입장에서는 「사학이라면 이래야 한다」고 하는 「지표개념」 또는 「규범개념」이며, 동시에 국가 공권력과의 관계에 있어서는 「사학의 자유」란 헌법상의 보장에 의해 담보된 「법규개념」(Rechtsbegriff)이어야 한다는 점이 중요하다. 부언하면 사학의 독자성을 근본적으로 파괴할 위험을 지닌 조치는 물론, 권력을 통해 그 핵심 영역에 개입하고자 하는 그 어떤 입법 및 행정상의 조치도 「사학의 자유」를 침해하는 것으로서 위헌이자 위법이며, 당연히 재판상의 구제 대상이 되는 것이다.

교육기본법 8조에 「… 국가 및 지방공공단체는 그(사립학교의 필자) 자주성을 존중하면서 …」라는 규정이 있고, 또 사립학교법 1조가 「이 법률은 사립학교의 특성을 고려하고 그 자주성을 중하게 여겨 …」라고 명기하고 있는 것도 실정법상 이러한 법리를 확인한 것이라 해석된다.

이상에서 보았듯, 결국 현행 교육법제가 「사학의 자유」를 헌법상 보장하고 또한 사학을 경향사업으로 자리매김 하고 있는 점에 기초하면, 앞에서 언급한 「경향경영의 이론」은 사학에 대해서도 원칙적으로 타당하다고 보아야 할 것이다.

이와 관련하여 경향경영 이론의 발상지인 독일에서 사학이 경향경영 또는 경향사업에 속한다는 것은 학설과 판례에서는 물론, 실정법에서도 자명한 것으로 간주되고 있다는 사실은 이미 언급한 바 있다.

실제로 일본에서도 「경향교육」이라는 개념을 조정(措定)하여 사학노동 관계에 경향경영의 법리를 유리하게 원용하고 있는 판례가 있으며, 그 판결 취지도 대체로 지지를 얻고 있는 것으로 보인다. 아오야마(靑山) 학원 초등부 교사 해고 사건에 관한 도쿄 지방재판소 판결(1966년 3월 31일, 勞動關係民事裁判例集, 17권 2호, 347면)이 그 한 예가 된다.

이 사건은 「기독교 신앙에 의한 교육」을 건학의 정신으로 표방하는 아오야마 학원에서(기부행위 4조, 아오야마 학원 교육방침) 학생들을 강당 예배에 참가하도록 인솔하지 않은 초등부 담임교사가 취업규칙 위반을 이유로 해고된 것인데,[23] 도쿄 지방재판소는 다음과 같이 학교법인 측의 해고처분을 적법한 것으로 판결하였다.

「피신청 학원의 … 교육방침 및 이에 근거한 교육과정으로서의 예배실시는 피신청 학원 초등부와 같은 사립 초등학교에 있어서는 학교교육법 시행규칙 제24조 2항(현 50조 2항)에 의거하여 용인되고 있기 때문에, 신청인과 같은 부에 근무하는 교직원은 일반적으로 취업규칙, 교칙, 관행 등이 명하는 바에 따라 이에 참가 · 협력해야 하는 것이 오히려 당연한 것이다. 따라서 신청인이 자기의 신앙 또는 그 밖의 이유로 그 예배에 참가하지 않는 것을 정당하다고 할 만한 것으로 밝혀진 특별한 사정은 아무 것도 없다.

그런데도 신청인이 … 장기에 걸쳐 정당한 사유 없이 강당예배에 참가하지 않고 초등부장의 여러 차례에 걸친 주의나 권고에도 응할 기색을 보이지 않은 것은 피신청인이 학원 초등부의 **정당한 경향교육의 기본방침에 협력하지 아니한 것**이고, 피신청인이 이를 이유로 신청인을 해직 처분할 만하다고 판단한 것은 조금도 부당하지 않으며, 이 때문에 동인을 휴직처분에 부친 후 그 휴직기간의 만료를 기다려 **해고하는 것은 하등 해고권의 정당한 행사의 범위를 벗어나는 것이 아니다.**」(필자에 의한 강조)

지금까지 기술한 내용에 관련하여 다음의 네 가지 사항을 부언하고자 한다.

첫째, 소위 현모양처 교육을 전통적 교풍으로 하고 있는 사립 여고에서 넥타이를 매지 않은 교원이 교원으로서의 적격성을 문제시 당해 해고된 사건이 있는데(고지마치 학원 사건에 관한 도쿄 지방재판소 1971년 7월 19일 판결, 判例時報 639호 61면), 이 같은 경우에는 「경향경영에서의 해고의 법리」가 적용될 수 없다는 것은 앞의 기술로 볼 때 분명하다.

그리고 교내에서는 정치활동을 하지 않겠다는 조건으로 채용된 교원이 그것을 위반했다는 이유로 해고된 사건도 발생한 바 있다(도카치 여자상업고등학교 사건에 관한 최고재판소 1952년 2월 22일 판결, 菅野和夫 외 엮음, 「勞動判例百選(第7版)」, 14면). 이 케이스는 사법(私法) 관련 사안에 대한 헌법의 인권 조항 적용 여부(소위 기본적 인권의 제3효력[Drittwirkung])의 차원 접근해야 할 문제로서, 마찬가지로 「경향경영에 있어서의 해고의 법리」와는 거의 무관한 것이다.

두 번째는 경향경영에 있어서의 해고의 법리와 사학교원의 신분보장 법제의 관계에 관한 것이다. 노동 계약법상 사학의 경영자에게는 소속 교직원에 대한 해고권이 있고 그것은 경향경영에 있어서는 상대적으로 강화되는 것은 사실이지만, 그럼에도 다른 한편으로는 사학교원에 대해서도 교육기본법 9

조 2항이 정하고 있는「교원의 신분보장의 원리」는 마찬가지로 유효하다. 쇼난여자학원 교원 해고 사건에 관한 요코하마 지방재판소 요코스카 지부 판결(1971년 12월 14일,「判例タイムズ」282호 252면)에도 밝혀져 있듯,「사립학교 교원의 근무관계가 노동계약관계라고 해도 사학경영자는 당연히 앞에서 언급된(구교육기본법 6조 2항에 정한 바, 필자) 교원의 신분존중 의무를 가지는 것으로 해석되어야 하며, 이는 구체적으로는 해고권의 제한으로 드러난다고 말하지 않을 수 없다」는 것이다.

게다가「사학의 공공성의 원리」(교육기본법 6조 1항, 8조; 사학법 1조)에 의거할 때, 소위「경향경영으로서의 사학」에 있어서도 경영자의 해고권은 교육법제상의 제약을 받게 되고 일반 민간 경향사업에서보다는 약화되게 된다.

이 문제는 결국 해당 사학의 경향성의 정도, 교원에 의한 경향침해 행위의 정도, 그리고 그 결과로서 경향에 대한 명백하고도 현실적인 구체적 위험이 존재하는지 등을 종합적으로 검토하여 개별적으로 판단할 수밖에 없다.

셋째, 소위 경향경영의 이론은 어디까지나「경향경영」에 있어서의「노동관계」(경향노동관계)에 관한 것이라는 점을 지적해야만 한다. 결국 그것은 노동자의 해고(또는 보호)에 관한 이론이지 어떠한 의미로도「교육관계」를 그 내용으로 예정해서는 안 된다. 경향경영의 이론은 사학에 있어서 생도 내지 학생의 기본적 인권을 제약하는 논거가 될 수는 없는 것이다.

네 번째로 주목해야 하는 것은 노동기준법의 실효화를 위한 사용자의 의무와의 관계이다. 노동기준법상 노동자의 권리·의무를 명확히 규정하기 위해 사용자에게는 취업규칙의 작성 의무가 과해져 있는데(89조 1항), 그에 따라 이 취업규칙은 노동계약에 대하여 강행적·직률적(直律的) 효력을 가지며(동 93조),「해고의 자유」를 포함한「퇴직에 관한 사항」은 취업규칙의 절대적인 필수 기재사항으로 되어 있다(동 89조 3호).

따라서「경향사업으로서의 사학」에 있어서도 해당 사학의 경향을 침해하는 행위는 해고사유가 된다는 것을 취업규칙에 명기해 두지 않으면 안 된다. 그리고 그 전제로 학교법인의 설립목적은 사립학교법상 정관의 필요한 기재사항으로 되어 있다(사학법 30조 1항)는 점도 유의할 필요가 있을 것이다.

(注)

(1) A. Nikisch, Arbeitsrecht, Bd. 3, 1966, S. 46.

　　또는 E. Frey에 의하면「정신적·이념적 관념은 경향성의 불가결한 조건으로, 그것은 일정한 가치실현(Wertverwirklichung)을 지향하는 것이어야 한다」(E. Frey, Der Tendenzschutz im Betriebsverfassungsgesetz, 1972[이하 Der Tendenzschutz로 약함], S. 31.).

(2) 花見忠,「傾向経営」,「労動法の判例(第2版)」, 有斐閣, 38頁. 그리고 동법의 원문은 E. Frey, a. a. O., S. 11에 수록.

(3)「경향사업이라는 개념은 서독에서도 실정법상의 것이 아니라, 오로지 학설 또는 판례상의 개념에 불과하다」라는 설명이 있기는 하지만(花見忠, 앞의 책, 38頁), 그것은 명백한 오류이다.

(4) E. Frey, Der Tendenzbetrieb im Recht der Betriebsverfassung und des Arbeitsverhältnisses[이하 Der Tendenzbetrieb로 약함], 1959, S. 163. F. Schneider/R. Grossmann, Arbeitsrecht, 1976, S. 238.

(5) 小西国友,「傾向経営における解雇の法理」,「ジュリスト」第480号, 有斐閣, 56頁.

(6) 우선, E. Frey, Der Tendenzbetrieb, S. 31. A. Nikisch, a. a. O., 46~47. G. Schaub, Arbeitsrecht von A~Z, 2004, S. 948.

(7) E. Frey, Der Tendenzbetrieb, S. 169, S. 204. 프라이는「보호받아야 할 것은 이념 및 경영상 집단화된 자유(betriebskollektivierte Freiheiten)이다」라고 한다(a. a. O., S. 110).

(8) E. Frey, a. a. O., S. 204.

(9) G. Engels u. a., Betriebsverfassungsgesetz-Handkommentar, 2006, S. 1700. 판례로는 예컨대 Bundesarbeitsgericht, Urt. v. 4. 8. 1981을 참조.

(10) E. Frey, Der Tendenzbetrieb, S. 177.

(11) K. P. Frauenkron, a. a. O., S. 270. 같은 취지의 글로는 E. Frey, Der Tendenzschus, S. 78을 참조.

(12) 木村俊夫,「傾向経営における政治的信条を理由にする解雇」, 芦部信喜·高橋和之 編,「憲法判例百選I(第3版), 有斐閣, 63頁.

(13) G. Engels u. a., a. a. O., S. 1695. BAG. Urt. v. 23. 3. 1999.

(14) 특히 J. P. Vogel, Das Recht der Schulen und Heime in freier Trägerschaft, 1997, S. 208. K. P. Frauenkron, a. a. O., S. 272. BAG Urt. v. 13. 1. 1987을 참조.
더욱이 현재 독일에서의 학교법학의 권위자 H. 아베나리우스는 「사학의 자유」의 보호법익의 하나인 「교원의 자유로운 선택」이라는 문맥에서 이 문제를 언급하는데, 그에 의하면 경영조직구조법 118조 1항에서 말하는 「경향의 보호는 동법의 적용과 그 독자성이 서로 양립하는 사립학교에 대해서도 유효하다」(H. Avenarius/H. P. Füssel, Schulrecht, 2010, S. 296). 또 H. 헤켈도 「교원을 자유롭게 선택하는 권리는 자유로운 학교(Freie Schule)로서의 사학의 본질로부터 당연히 추론된다」고 지적한다(H. Heckel, Deutsches Privatschulrecht, 1955, S. 233).

(15) Bundesverband Deutscher Privatschulen - Bildungseinrichtungen in freier Trägerschaft e. V. (Hrsg.), Privatschule als Tendenzbetrieb (Broschüre), 2007, S. 1~3.

(16) 특히 J. P. Vogel, a. a. O., S. 208 참조.

(17) 이에 대해서는 尾吹善人,「イデオロギーの相遠を理由とする解雇の有效性」,「ジュリスト」482号, 21頁 이하를 참조.

(18) 예컨대 花見忠, 앞의 책, 39頁.

(19) 山口俊夫,「傾向経営」,「労働判例百選(第3版)」, 有斐閣, 34頁.

(20) 芦部信喜,「憲法学II 人権総論」, 有斐閣 1994年, 297頁. 같은 취지의 글로는 菅野和夫,「労動法」, 弘文堂 1994年, 118頁을 참조.

(21) 山口俊夫, 앞의 책, 34~35頁. 花見忠, 앞의 책, 39~40頁. 木村俊夫, 앞의 책, 63頁.

(22) A. Robert, Schulautonomie und - selbstverwaltung am Beispiel der Waldorfschulen in Europa, 1999, S. 103ff. Arbeitsgemeinschaft Freier Schulen (Hrsg.), Handbuch Freie Schulen, 1993, S. 193ff.

(23) 이와 관련하여 학교법인 모모야마 학원의 기부행위 4조는 「모모야마 학원의 교육은 영구적으로 기독교 신앙에 기초하여 행해져야 한다」고 되어 있으며, 또한 취업규칙 2조는 「본 법인의 직원은 기독교의 정신에 따라 이 규칙을 준수하고, 본 학원 설립의 목적을 달성하도록 노력해야 한다」고 규정하고 있다.
또한 학교법인 그리스도교 대학은 소위 C코드(Christian Code)를 가지고 있으며, 전임교원의 요건으로 기독교인이어야 한다는 것이 원칙으로 규정되어 있는데(기부행위 시행규칙), 이러한 규정도 이 문맥에 해당한다고 할 수 있다.

제6장

사학의 공공성

제1절 공교육기관으로서의 사학

사립학교는 기본적으로 사인이나 사적 단체의 발의와 자기책임에 의거하여 설치·경영되는 것이기 때문에, 그것은 본래적으로 사적 기관이며 거기에서 행해지는 교육은 사교육에 속한다. 실제로 서구에서는 역사적으로 사학교육은 「국가의 학교감독으로부터 자유로운 사교육」이었고 오늘날에도 예컨대 프랑스나 스페인에서는 기본적으로 사교육에 속한다.

덧붙여서 예컨대 스페인에서는 「교육의 자유」와 「사학의 자유」라는 헌법에 의한 이중적 보장을 통해(27조 1항, 6항),[1] 공적자금 지원을 받기 위해 국가와 계약을 체결한 사학은 물론, 그렇지 않은 사학(「미승인 사학」[centro no concertado]이라 불리는)의 경우에도 국가의 규제라고는 단지 학교 설치가 일정한 인가 절차에 따라야 한다는 것 정도가 있을 뿐이다.[2]

그런데 일본에서는 사립학교는 현행 법제상 공교육기관의 지위를 가지며, 사학교육은 공교육에 포함되어 있다. 구교육기본법은 「법률에서 정하는 학교는 공의 성질을 갖는다」고 규정했고(6조 1항), 새로운 교육기본법도 이 점을 새삼 확인하고 있으며(6조 1항, 8조), 더욱이 사립학교법도 「사학의 공공성」[3]을 높이려는 것을 그 주요 목적으로 삼고 있다(1조).

이로써 공교육기관으로서의 사립학교는 한편으로는 「사학의 자유」를 향유하면서도, 다른 한편으로는 그 공공성으로 인해 교육기본법을 비롯하여 학교교육법령의 적용을 국·공립학교와 기본적으로 똑같이 받으며, 관할청의 감독 하에 놓여 있다.

예컨대 설립을 위해서는 설립 기준에 근거한 인가를 필요로 하며, 교육과정에 관해서는 종교교육을 제외하고는 공교육법령에 따를 것이 요구되며, 교원의 자격요건도 국·공립학교 교원의 경우와 전혀 다르지 않다. 학교법인의 경영조직이나 수익사업 등에 대해서도 감독을 받으며, 일정한 사유가 있을 경우에는 관할청은 학교법인에 대하여 해산을 명할 수도 있다(사학법 62조). 게다가 2005년 4월에는 「사학의 공공성」을 더 높이기 위해 학교법인에서의 관리 및 운영제도와 재무정보의 공개, 사립학교심의회의 구성 등에 관해서 사립학교법이 바로 개정되기도 한 것이다(10조, 38조, 47조 등).

그런데 이 경우 사학의 공공성의 근거에 대해서는 크게 다음과 같은 두 가지 견해가 보인다.

그중 하나는 학교교육을 곧 국가의 전속 사업이라고 여기는 입장인데, 이것이 바로 사립학교법의 제정에 관계했던 구 문부성 관계자의 견해이다. 그것에 따르면 「학교교육은 국가의 전속사업이며, 국가가 직접 행하는 경우를 제외하고는 국가의 특허에 의해서만 이를 경영할 수 있다고 해석된다. 따라서 사립학교는 국가가 직접 행할 사업을 국가를 대신해서 행하는 것이라 생각되기에 사립학교는 공공성을 갖는다」는 것이다.[4]

그러나 이와 같은 견해는 학교교육권의 국가 독점을 지지하고 「교육의 자유」를 원칙적으로 부인하는 것으로서, 「국가적 사업으로서의 사학」[5]이라는 지위만을 인정했던 메이지 헌법 하에서라면 몰라도 현행 법제 하에서는 결코 용인될 수 없는 것이다. 이미 상세히 살펴본 것처럼 일본 헌법은 국민의 기본적 인권으로서의 「사학의 자유」를 보장하는 것으로 보이며, 더욱이 거기에는 「사학설치의 자유」가 당연히 포함되어 있기 때문이다.

그 다음의 입장은 학교교육 사업을 곧 공적 사업으로 보는 것인데, 이 입장은 다음과 같이 설명된다.

「계통적 학교교육 제도에서 실현되는 학교교육 사업은 그것이 국민 전체의 것이라는 근거에서 행해질 때 공적 사업이고 공공을 위해 행해지는 것이라 말할 수 있을 것이며, 그럼으로써 공의 성질을 가진다.」[6] 다소 일반적이고 추상적인 표현이기는 해도 분명히 맞는 말이기는 하다.

그러나 문제는 왜 사학에도 「공공성」이 요구되는지(혹은 왜 사학을 공공성을 지니는 것으로 보는지), 그리고 소위 공공성이란 사학(교육)에 대해 어떤 의미를 가지는지, 나아가 이 경우 사학의 존재의의 및 사학교육의 독자성이나 「사학의 자유」와 공공성 사이의 관계는 어떤 것인지 하는 것이다.

사학(교육)이 공공성이나 공익성을 갖고 있다고 볼 수 있는 것은, 혹은 사학에 공공성이 기대되는 것은, 자유·민주주의 헌법체제 하의 「교육에 있어서 가치다원주의」를 전제로 사학이 국·공립과는 다른 독자적 교육을 통해 (사학의 존재의의로서의 사학교육의 독자성) —무엇보다도 아동의 「교육을 받을 권리」(독특한 사학교육을 받을 권리, 종교교육을 받을 권리)나 「부모의 교육권」(특히 종교교육권, 교육의 종류 선택권)에 호응하여— 이 같은 개인의 권리 보장의 책무를 떠맡음으로써, 시민사회 및 교육에 있어서의 자유와 다양성을 확보함과 동시에, 「자율적이고 성숙한 책임 있는 시민 내지 주권적 주체, 즉 퍼블릭 시티즌(public citizen)」을 육성하고, 그럼으로써 또한 자유롭고 민주적인 사회 및 국가를 유지·발전시키는 사회적·공공적 과제를 담당하고 (또는 담당할 것이 요구되고) 있기 때문이다(사학의 공공성의 근거로서의 사학교육의 다양성과 독자성).

게다가 일본의 사학 현실(특히 고교 단계)에서는 국·공립학교의 양적 보완형 사학이 다수를 점하고 있으며, 따라서 그러한 사학은 국·공립학교와 동등한 국민교육기관으로서 국·공립학교에 입학하지 못한 학생의 교육기회를 확보하고(교육의 기회균등보장), 국가나 지자체를 대신해서 그들의 교육

받을 권리를 보장한다고 하는 사회적·공공적 임무를 현실적으로 담당하고 있기 때문이다(국·공립학교의 양적 보완형 사학에 의한, 학생의 교육을 받을 권리의 현실적 보장).

사학은 단순히 아동이나 부모의 개인 편익을 위한 것이 아니라, 공공의 이익과 사회적 수요에 이바지하는 것도 기대할 수 있다. 독일의 학설을 빌리면 「사립학교 역시 공공의 교육적 과제(öffentliche Bildungsaufgaben)를 담당함으로써 공교육제도에 참여하고 있다.」[7] 부모만이 아닌 국민의 부담으로 조성되는 공적자금을 통해 사학에 대한 보조가 이루어지는 것은 바로 이 때문이다.

덧붙여 독일의 바덴 뷔르템베르크 주 헌법은 「공립학교에서의 수업과 교재는 무상으로 한다」(14조 2항 전단)고 규정하면서 단적으로 다음과 같이 명기하고 있다.

「공적 수요(öffentliches Bedürfnis)에 응하고 교육적으로 가치가 있는 것으로 인정되며 또한 **공익에 입각한 교육을 수행하는 사립학교**(auf gemeinnützige Grundlage arbeitende Privatschulen)는 … **재정적인 부담의 균등을 요구할 권리를 가진다**」[8][9](14조 2항 뒷부분).

그리고 이러한 규정에 사립학교법은 「사립학교는 … 주(州)의 학교제도를 풍성하게 하는(bereichern) 공공적 과제에 이바지하는 것으로 인정된다. 사립학교는 자유로운 학교선택의 기회를 제공하여 충족시키며, 또한 독특한 내용과 형태의 교육을 행함으로써 해서 학교 제도를 발전시킨다」(1조)라고 말하고 있는 것이다.

더욱 여기에서 중요한 것은 사학의 존재의의 및 「사학의 자유」 보장과 관련하여 소위 사회적·공공적 교육과정으로서의 사학에 요구되는 것은 국공립학교 교육과의 「등가성」이지 결코 「동종성」이 아니라는 사실이다.[10]

표현을 바꾸면, 교육의 목적·내용·조직편제·교원의 자질 등에 관해서 사학에게는 국·공립학교와의 등가성이 요구된다는 것이며, 이 요건을 갖추는 것이 곧 사학이 공공성을 갖게 되는 것이라 하겠다.

이렇게 해서 소위 「사학의 공공성」에 의거한 공적 통제(public control)는 「사학교육과 국·공립학교 교육과의 등가성」을 확보하기 위한 필요 최소한의 조치에 한정되어야 한다는 결론이 도출되는 것이다.

제2절 사학의 공공성과 독자성

상술한 것들과 관련하여 「사학의 독자성」에 대해 잠시 언급해 두고자 한다.

사학의 독자성이라는 개념은 국공립학교와의 대비를 통한 상대적인 것이다(국·공립학교의 존재를 전제로 한 사학의 독자성). 즉 국·공립학교의 실상 여하에 따라 소위 사학의 독자성의 내실도 변화하며, 경우에 따라서는 그것은 사라질 수도 있는 것이다.

예를 들면 일본에서는 국·공립학교에 있어서의 종교교육은 헌법상 금지되어 있으며(헌법 20조 3항), 그로 인해 종교교육을 실시하거나 종교적인 활동이나 행사를 행하는 것은 사학의 독자성 가운데 가장 대표적인 것으로 간주되곤 한다. 그러나 비교법학적 관점에서 보면 —예컨대 독일이나 영국의 예에서처럼— 공립학교에서 종교교육을 정규과목으로 실시하고 있는 국가도 있다. 이러한 국가에서는 사학의 독자성에 관해서 말할 때 종교교육 실시의 여부는 그 내용으로 규정되어 있지 않다.

이와는 별개로 더욱 중요한 것은, 사학의 독자성이라는 개념은 지표개념 또는 규범개념인 동시에 법규개념(Rechtsbegriff)이기도 하다는 사실이다. 이 개념이 법규개념이라는 것은, 사학의 독자성을 본질적으로 파괴할 정도의 권력개입은 「사학의 자유」를 침해하며 위헌·위법이 된다는 것이다(「사학의 독자성」을 담보하는 법적 수단으로서의 「사학의 자유」).

그와 관련하여 현행 법제에서도 소극적이기는 해도 「사립학교의 특성에 비추어 그 자주성을 존중하고 …」(1조)라고 적혀 있으며, 또 교육기본법도 「국가 및 지방공공단체는 그 자주성을 존중하면서 …」(8조)라고 규정하여 국가 및 지자체의 사학의 자주성 존중 의무를 명시적으로 확인하고 있는 것이다.

또한 사학의 독자성이란 개념은 「사학은 본래 이래야 된다」라고 하는, 사학으로서 지니는 지표개념이자 규범개념이며, 그것은 사학의 존재의의나 역할의 근거가 되는 근본개념이라는 것을 여기에서 다시 확인해 두어야 한다. 이 점과 관련하여, 많은 유럽 국가에서는 국·공립학교의 양적 보완형 사학이 거의 존재하지 않는다는 현실은 사학의 실정을 고려함에 있어서 매우 시사적이다. 게다가 사학에 대한 공적자금 조성의 근거를 사학교육의 독자성에서 찾는 국가가 적지 않다고 하는 현실도 헌법·사학법제상 매우 주목할 만한 가치가 있다고 보인다(사학의 공공성·공익성의 근거로서의 사학의 독자성).

더 부언하면 일본의 경우 종래의 학설과 판례에 따르면 사립학교에 대한 공비조성(公費助成)의 근거는 일반적으로 「사학의 공공성」에서 찾아왔다. 그러나 최근에 「사립학교를 둘러싼 환경의 변화」에 입각하여 사학조성의 근거로서 「공공성보다는 자주성 및 독자성을 전면에 내세워야 한다」(사학조성의 근거로서의 사학의 독자성)는 입장이 유력한 학설로 대두하는 것은 주목할 만하다. 이 학설의 좀 더 구체적인 주장은 다음과 같다.[11]

「사학의 자주성이 학교교육 전체에 다양성을 가져오고 사람들의 선택의 폭을 넓히는 등 많은 역할을 수행하는 것에서 볼 수 있듯, 사학의 독자성의 발휘가 넓은 의미에서 공공성을 촉진하는 경우는 충분이 있을 수 있다.」

(注)
(1) 스페인 헌법(1978년 제정) 27조 1항: 「누구든지 교육을 받을 권리를 가진다. 교육의 자유는 보장된다.」 동조 6항: 「법인 및 자연인은, 헌법상의 원칙들을 존중하는 한 교육시설을 설치하는 자유를 보장받는다.」 in: S. Jenkner (Hrsg.), Das Recht auf Bildung und die Freiheit der Erziehung in Europäischen Verfassungen, 1994, S.

73.

(2) Eurydice, Formen und Status des privaten und nicht-staatlichen Bildunswesens in den Mitgliedstaaten der europäischen Gemeinschaft, 1992, S. 33.

이 점과 관련하여 독일연방헌법재판소도 다음과 같이 판정하고 있다: 「기본법 7조 4항(사학의 자유)는 국가의 영향을 벗어나는 영역(Der dem staatlichen Einfluß entzogene Bereich)으로서의 사립학교제도를 보장하고 있다. 사립학교에서의 교육은 자기책임에 따라 기안되고 수행된다. 이는 특히 교육목적, 세계관적 기반, 교육방법 및 교육내용에 관해서 그러하다」(zit. aus. M. Sachs (Hrsg.) Grundgesetz-Kommentar. 4. Aufl. 2007, S. 408).

(3) 소위 「공공성」이라는 개념은 다의적 · 다원적인 개념이며, 게다가 그 구체적 내용은 시대에 따라, 국가에 따라, 또 학문분야에 따라서도 다르다. 즉, 이 개념은 법률학에서 말하는 「불확정적 법개념」(unbestimmter Rechtsbegriff)에 속하지만, 헌법 12조, 13조, 교육기본법 6조 1항, 사립학교법 1조 등에서 보는 바와 같이, 실정법상의 개념이기도 하다.

그래서, 법률학의 관점에서 이른바 「공공성」의 기준을 설정할 필요가 있게 되는데, 공공성이란 일반적 · 추상적으로는 헌법의 기본적 가치 및 기본원칙에 따라, 그리고 보다 구체적으로는 기본적 인권의 존중, 자유주의, 민주주의, 법치주의, 사회국가원칙과 같은 보편기본법 원리에 따라 요구되는 것이다.

(4) 福田繁 · 安嶋彌, 「私立学校法詳説」, 玉川大学出版部, 1950年, 27頁.

(5) 이 점과 연관하여 행정법학의 태두 미노베 다츠키치(美濃部達吉)는 다음과 같이 쓰고 있다. 「사립학교는 … 국가적 사업으로서의 성질을 가지고 있다.」「(그것은, 필자) 국가적 성질을 가지며, 국가의 특허를 통해서만 개인이 설치할 수 있는 것이다」(「行政法撮要」(下巻), 有斐閣 1932年, 495頁).

(6) 有倉遼吉 · 天城勲, 「教育関係法II」, 日本評論新社 1958年, 92頁. 또한 사학 관계자들도 이 견해를 강하게 지지하고 있다(예컨대 東京私学教育研究所, 「私学の性格についての研究」, 1993年, 417頁).

(7) J. P. Vogel, Das Recht der Schulen und Heime in freier Trägerschaft, 1997, S. 3.

(8) P. Feuchte (Hrsg.), Verfassung des Landes Baden-Württemberg, 1987, S. 171.

또한 독일에서도 사학에서는 「공익성」(Gemeinnützlichkeit)이 요구되고 있고, 이와 같은 「공익에 이바지하는 학교」(gemeinnützige Schule)는 일정한 요건 하에서 사학조성청구권을 가지며, 또 세법상의 특권을 누리고 있다. 또한 여기에서 「공익에 이바지한다」는 것은, 이윤의 추구가 아닌, 종교적 · 세계관적 · 교육적 목적만을 추구하는 것을 말한다(H. Avenarius/H. P. Füssel, Schulrecht, 2010, S. 294).

(9) 오스트리아에서도 「사학의 공공성」은 더욱 분명하여, 헌법은 「사립학교에는 공적 권한(Öfentlichkeitsrecht)이 부여된다」라고 명기하고 있다(14조 7항).

(10) H. v. Mangoldt/F. Klein/C. Starck (Hrsg.), Kommentar zum Grundgesetz, Bd. 1. 2005, S. 784.

(11) 市川昭午, 「私学への負担金(私学助成)についての理論的考察」, 東京私学教育研究所, 「所報」67号(2002年 3月), 50~56頁.

제 7 장

정교분리의 원칙과 종교 계열 사학에 대한 공적자금 조성

제1절 「신교의 자유」와 사학교육

1. 신교의 자유

「신교의 자유」는 중세의 종교적 압박에 대한 저항에서 시작되어 그 후의 피비린내 나는 순교의 역사를 겪음으로써 확립된 것이다. 신앙은 인간의 정신생활의 궁극으로 이어지는 것이기에 이 자유를 얻기 위한 투쟁은 온갖 정신적 자유권을 확립하기 위한 원동력이 되었다. 「신교의 자유는 모든 정신적 자유의 원형이며 모태이다」라고 하는 까닭이 바로 여기에 있다.[1] 그래서 근대 헌법은 예외 없이 이 자유의 보장 규정을 포함하고 있다. 예컨대 독일 기본법(1949년)의 「신앙, 양심의 자유와 종교 및 세계관의 고백의 자유는 불가침이다」라는 규정(4조 1항), 스위스 연방헌법(1999년)의 「신앙·양심의 자유는 보장된다」(15조 1항), 「모든 사람은 자기의 종교나 세계관적 확신을 자유롭게 선택하여 단독으로 타인과 함께 그것을 표명할 권리를 갖는다」라는 규정(동조 2항) 등이 그러한 예이다.

일본의 헌법도 「신교의 자유는 누구를 막론하고 보장된다」고 하고 있다

(20조 1항). 여기서 말하는 「신교의 자유」는 「종교의 자유」와 같은 뜻이며, 또한 이 경우 츠지친사이(津地鎮祭) 사건(츠시(津市)에서 공금으로 신토(神道)의 종교행사를 지원한 사건)에 관한 나고야 고등재판소 판결(1971년 5월 14일, 行裁例集 22권 5호 680면, 「判例時報」 630호 7면)에 의하면 헌법에서 말하는 「종교」란 「'초자연적·초인간적 본질(즉 절대자, 조물주, 지고의 존재 등, 특히 신, 불, 신령 등)의 존재를 확신하여 경외하고 숭배하는 심정과 행위'를 말하며, 개인적 종교인지 집단적 종교인지 아니면 자연발생적 종교인지 창시된 종교인지를 불문하고 모든 형태의 종교를 포함한다」라고 기술되어 있다.

그리고 이 정의는 헌법학의 통설에 의해서도 기본적으로 지지를 받고 있다.[2]

신교의 자유는 구체적으로는 다음의 세 가지 내용을 포함하고 있다.[3] ① 내심에 있어서의 신앙의 자유(「신앙을 가질 자유」, 「신앙을 갖지 않을 자유」, 「신앙고백의 자유」, 「신앙을 고백하지 아니할 자유」로 되는), ② 종교적 행위의 자유(「종교상의 의식을 행하는 자유, 포교 선전을 행하는 자유」, 「그와 같은 것을 행하지 아니할 자유」로 되는), ③ 종교적 결사의 자유(「교리(敎理)결정의 자유」).

나아가 신교의 자유는 상기 ①의 내심의 신앙에 관한 한 그 보장은 절대적이며(내심 보장의 절대성) 어떠한 제약에도 따르지 않는다. 따라서 예컨대 사교(邪敎)라고 볼 수 있는 종교라고 해도 그 종교나 그것을 믿는 것 자체를 금하는 것은 허용되지 않는다.

2. 종교 계열 사학의 자유

앞에서 기술한 것처럼 헌법 제20조 1항이 보장하는 「신교의 자유」는 그 내용으로서 「종교적 행위의 자유」를 포함하고 있는데, 여기에는 「특정의 종

파를 위한 종교교육을 행할 자유」도 포함되어 있다.(4)

이 「신교의 자유」 조항은 사학에 곧바로 적용된다. 게다가 사학은 소위 「헌법적 자유」로서 「사학의 자유」를 헌법상의 기본권으로서 향유하고 있기 때문에 특정의 종교적 슬로건을 건학의 정신이나 독자적 교육방침으로 하여 종파적 교육 및 그 밖의 종교적 활동을 행할 수 있다. 게다가 현행 법제도 「사립 소(중)학교의 교육과정을 편성할 경우 … 종교를 그 과정에 추가할 수 있다. 이 경우 종교 과목으로 … 도덕을 대체할 수 있다」고 규정함으로써 이 점을 확인하고 있다(학교교육법 시행규칙 50조 2항, 70조에 의해 중학교에 준용).

그리고 전후 얼마 지나지 않은 1949년에 나온 문부성 사무차관(한국의 교육부 차관에 해당)의 통지 「사회과 및 기타 초·중등교육에 있어서의 종교의 취급에 관하여」(1949년 10월 25일)에도 다음과 같이 기술되어 있다.(5) 「사립학교는, 군국주의적 학설을 가르쳐서는 아니 된다는 것 이외에는, 모든 종교교육 및 그 목적 활동에 관해서 자신의 교육방침이나 실천을 결정할 자유를 갖고 있다.」

사학의 이러한 「종교교육의 자유」 또는 「종교 계열 사학의 자유」는 역사적으로 「부모의 교육권, 종교교육의 자유」에 강하게 호응하여 생겨난, 소위 「교육의 자유」가 현실화된 첫 번째 유형이라는 것은 이미 잘 알려져 있다.

게다가 법적으로 중요한 것은, 이러한 종교 계열 사학의 자유가 아동의 「종교교육을 받을 권리, 자유」에도 직접 호응하고 있다는 사실이다.

3. 부모의 종교교육의 자유

부모가 갖고 있는 「신교의 자유」는 부모 자신의 「신교의 자유」에만 그치지 않고 자녀에 대한 「종교교육의 자유」(Freiheit der religiösen Erziehung)로 이어진다. 그리하여 이 자유에는 ① 특정의 종교교육을 하는 자유, ② 특정의 종교교육을 받게 할 자유 또는 받지 못하게 하는 자유, ③ 예배, 기도, 종교적 의식이나 제의 등에 참가시킬 자유 또는 참가시키지 않을 자유가 포함되어 있다는 것을 지적해 두고자 한다.

단지 부모의 「종교교육의 자유」는 보다 직접적이며, 또한 1차적으로는 ― 헌법 13조의 행복추구권의 보호법익 또는 「헌법적 자유」라 불리는 바의― 「부모로서의 자명한 권리」(자연법적 권리)로서 헌법상의 보장을 얻고 있다고 여겨지는 「부모의 교육권」그 자체에 근거가 있다. 자녀의 세계관이나 인생관에 대한 교육은 부모의 보다 근원적인 정신의 내적 자유 영역에 속하며, 따라서 그것은 부모의 교육권의 가장 중요한 하나의 내용으로 간주되어 당연히 이 권리에 포함되는 것이다. 이리하여 부모는 자녀의 종교교육에 관해서는 헌법 제20조 1항의 「신교의 자유」에 의한 보장을 얻을 뿐 아니라, 부모의 교육권에 의해 더욱 가중·보강된 자유와 권리를 지니게 되어 있다.[6]

사실 서양 문화권에서는, 부모의 「교육의 자유」의 역사를 살펴보면 분명하게 알 수 있듯이, 부모의 「종교교육의 자유」는 역사적으로 부모의 교육권의 가장 중요한 핵심 내용이 되어 왔다. 그뿐만 아니라 서양 문화권에서는 부모의 교육권이란 무엇보다도 이 「종교교육의 자유」를 의미해 왔다.

그렇기 때문에 오늘날에도 예컨대 독일에서는 이러한 측면에서의 부모의 권리는 「종교적 내지 세계관상의 친권」(Das Konfessionelle weltanschauliche Elternrecht)이라 불리며 별도로 개념 규정되어 있으며, 또한 그러한 친권은 「자녀의 종교적·세계관적 교육을 결정하는 부모의 권리」로서 이해되고 있다.[7] 따라서 부모는 이 권리에 의거하여, 예컨대 학교에서의 종교교육에 자녀을 참여시킬 것인지의 여부, 참여시킬 경우 어느 종파의 종교교육을 택할 것인지를 결정할 수 있도록 되어 있다.

또한 미국에서도 「부모가 그 자녀의 종교적 교육에 관해 결정하거나 지도(guide)할 권리를 가진다는 것은, 우리 미국의 문화로 봐서는 이미 승인된 원리가 되어 있다」고 이해되고 있다.[8]

4. 아동의「신교의 자유」와 종교교육을 받을 권리

새삼스럽게 쓸 것도 없이 아동은 결코「어른의 손바닥 안에 있는 권리 없는 객체」가 아니다. 아동도 기본적 인권의 주체로서 원칙적으로 헌법상의 여러 가지 권리와 자유를 누리고 있다. 그것은, 기본적 인권이 인간으로서 당연히 가질 권리로 여겨지는 한, 당연한 귀결이다. 이같이 아동 역시 헌법 제20조 1항이 보장하는「신교의 자유」의 권리주체가 된다는 것은 의심할 여지가 없다. 게다가 아동의 권리조약도「체결국은 사상, 양심 및 종교의 자유에 관하여 아동의 권리를 존중한다」(14조 1항)라고 명기함으로써 이 점을 확인하고 있다.

아동이 향유하는「신교의 자유」에는 그 보호법익으로서「특정의 종파교육을 받을 자유 혹은 받지 않을 자유」가 당연히 포함되어 있다. 게다가 헌법 26조 1항이 보장하는「교육을 받을 권리」에는 국·공립학교에서는 쉽게 기대하기 어려운 독특한「사학교육을 받을 권리」, 즉「종교 계열 사학교육을 받을 권리」가 포함되어 있다고 하는 것이 중요하다. 이 권리가「종교 계열 사학의 자유」에 호응하고 있다는 것은 이미 기술한 바 있다.

다만, 아동은 일반적으로는 아직 성숙한 판단능력을 갖고 있지 않다. 또 이 점과 관련하여 아동을 보호할 필요성도 있기 때문에, 아동의「신교의 자유」는 성인의 경우와는 다른 구조를 가지게 된다.

구체적으로 말하면, 아동의 경우에는「신교의 자유」라는 기본적 인권의「주체가 될 수 있는 능력」(즉 기본권 향유능력, Grundrechtsfähigkeit)과 이 기본권을「스스로 행사할 수 있는 능력」(즉 기본권 행사능력, Grundrechtsmündigkeit)을 구별하고(이 기본권 행사능력은 다시 자기결정과 자기책임이라는 원칙 하에서 그 기본권의 행사를 가능케 하는「전적인 기본권 행사능력」[volle Grundrechtsmündigkeit]과 기본권의 행사에 임해서도 부모의 교육권 등에

125

의한 일정의 제약을 수반하는 「한정적인 기본권 행사능력」[beschränke Grundrechtsmündigkeit]으로 나뉜다), 그 가운데 기본권 행사능력의 존재 여부와 가능한 정도를 부모의 교육권과 관련하여 개별적이고 구체적으로 확인해 볼 필요가 있다고 보인다.(9) 한마디로 아동이라 해도 여러 가지 다양한 발달단계가 있기 때문이다. 참고로 독일에서는 종교 영역에서 아동이 자기 결정을 할 수 있는 권리능력을 「종교적 성년」(Religionsmündigkeit)이라 칭하고 있다.(10)

5. 부모의 종교교육의 자유와 아동의 인격적 자율권

상술한 바와 같이 부모뿐만 아니라 아동 또한 헌법상의 기본적 인권으로서 「신교의 자유」를 향유하는데, 그렇다면 양자는 어떤 관계에 놓이게 되는가?

이 문제는 각각의 케이스에 따라 개별적 그리고 구체적으로 판정할 수밖에 없으나, 친권의 본질적 속성이나 아동의 인권의 특성 때문에 다음과 같은 일반적 기준이나 법적 규정들이 있는 것으로 해석된다.

① 소위 「부모의 교육권」은 좁은 의미로는 「국가나 제삼자의 영향으로부터 자유롭게 자녀의 교육을 자기 고유의 생각에 따라서 형성할 권리」(11)라고 여겨진다. 이에 따라 부모는 원칙으로는 스스로의 종교적 신념에 의거하여 자녀를 교육할 권리 내지는 자녀의 가치관 형성에 부모로서 「영향을 줄 권리」(Einwirkungsrecht)를 가진다(부모의 종교교육권).

② 그러나 이 경우 아동의 인권주체성 및 친권의 의무성과 관련하여 부모는 무엇이 「자녀의 최선의 이익」(the best interests of the child: 아동의 권리조약 3조)에 가장 알맞을지를 진지하게 고려할 의무를 가진다.

③ 자녀의 「최선의 이익」에 반(反)하는 것이 객관적으로 인정되거나 혹은 아동 자신의 「신교의 자유」를 그 본질적 내용에서 침해할 것 같은 부모의 종교적 행위는 부모의 (종교)교육권의 남용으로 간주되며 위법이 된다.

④ 부모의 교육권은 아동이 성장하여 판단능력이 증가함에 따라 감소한다. 즉 부모의 교육권과 아동의 자기결정권은 권리로서의 강도에 있어서 반비례 관계에 놓인다(「감축·약화되는 부모의 권리—신장·강화되는 자녀의 권리」[Weichendes Elternrecht—Wachsendes Kindesrecht]의 법칙).[12]

그리고 이 경우 「사상·양심·종교의 자유」와 같은 고도로 인격적이고 두드러지게 가치와 관계되는 것을 보호법익으로 하는 기본적 인권에 대해서는 일의 본질상 그렇지 않은 인권의 경우에 비해 아동 자신의 의사나 소망 내지 자율적 결정이 더욱 존중되어야 한다는 명제가 추론될 것이다.[13]

이 점에서 볼 때 아동의 권리조약은 자녀가 「사상·양심·종교의 자유」를 행사함에 있어서 부모는 자녀에 대하여 「그 성장 중인 능력에 적합한 방법으로」 지시를 할 권리와 의무를 가진다고 말하고 있음을 알 수 있다.

⑤ 그렇다면 구체적으로 몇 살 쯤부터 이러한 영역에서 자녀에게 자기결정권을 인정할 것인가 하는 문제가 생기는데, 학설·판례상 일반적으로는 민법상의 책임능력(민법 712조)이 인정되고, 또 형사적 책임연령으로서 법정(형법 41조)되어 있는 14세 전후(12~14세 정도)로 그 경계가 설정되곤 한다. 불법행위 책임이나 형사책임을 묻는다는 것은 인격적 자율권을 전제로 하기 때문이다.

참고로 독일에서는 공립학교에서의 종교교육 참여나 그 종파에 대한 결정에 관해 「아동의 종교교육에 관한 법률」(Gesetz über die religiöse Kindererziehung vom 15. 7. 1921)은 다음과 같은 규정을 두고 있다(2조, 5조).

즉 아동이 ① 10세 미만일 경우 이에 관한 결정권은 부모에게 있다. ② 10세 이상 12세 미만에서 종파를 변경할 경우 부모는 아동의 의견을 들어야 한다. ③ 12세 이상 14세 미만에서는 부모는 아동의 의사에 반하여 종전과는 다른 종교교육을 받도록 해서는 아니 된다. ④ 14세 이상은 부모의 의사에 반하더라도 아동 자신이 단독으로 결정할 수 있다.[14]

또 미국에서는 아미쉬(문명사회를 벗어나 엄격한 규율로 생활하는 기독교 종파) 교도인 부모가 자신의 종교적 신념에 따라 자녀의 취학의무를 거부한 케이스가 발생했는데(Wisconsin vs. Yoder, 1972년), 연방최고재판소 판결에서 더글러스 재판관의 반대의견은 「이와 같은 극히 중요한 교육문제에 대해서는 아동이 14세 내지 15세라면 (부모 단독으로 결정하는 것이 아니라) 자녀에게도 그 견해를 표명할 기회가 부여되어야 한다」고 지적하고 있다.[15]

6. 아동 및 부모의 「신교의 자유」와 공교육의 종교적 중립성

헌법 20조 3항은 국가의 비종교성 및 정교분리 원칙의 일환으로 「국가 및 그 기관은 종교교육 및 기타 어떠한 종교 활동도 해서는 아니 된다」라고 규정하고, 이에 호응하여 교육기본법 15조 2항은 「국가 및 지방공공단체가 설치하는 학교는 특정 종교를 위한 종교교육 및 기타 종교 활동을 해서는 아니 된다.」라고 규정하고 있다. 공립학교에서 각 종파에 공통되는 내용에 한하여 종교교육을 실시하고 있는 영국과는 달리, 일본의 현행 법제는 종교교육과 종교 활동을 거의 무조건적으로 금지하기 때문에, 말하자면 공립학교 교육의 절대적인 종교적 중립성의 원리를 확립하고 있는 셈이다. ㅡ독일이나 영국에서처럼 부모에게 종교교육의 선택의 자유나 자녀를 결석시키는 권리(아동의 종교교육 결정권과 결석권)를 보장하고 또한 공립학교에서 종교교육을 실시하고 있는 구조는 상대적인 종교적 중립성을 지닌다고 할 수 있다.ㅡ 이 제도의 원리가 전쟁 전의 신권 천황제 하에서의 국가 신도(神道) 교육으로부터의 절연을 목적하고 있음은 새삼스럽게 지적할 필요도 없을 것이다.

동시에 이러한 공교육 법제에서의 종교적 중립성 원리는 아동의 「중립적 학교교육을 받을 권리」나 「신교의 자유」와 함께, 부모의 종교교육의 자유에도 매우 적극적으로 호응하고 있다는 점이 중요하다. 환언하면 앞에서 언급한 아동의 권리와 함께 모든 부모의 종교교육의 자유를 보장하기 위해서는 공립학교 교육의 종교적 중립성이 요청되는 것이다. 이 점은 특히 유럽에서의 근대 공교육제도의 성립 과정과 교육의 세속화 과정을 살펴보면 쉽게 실증적으로 드러난다.

7. 종교 계열 사학에서의 학생의 「신교의 자유」

그런데 앞에서 기술한 바의 자유를 가진 종교 계열 사학에서는 학생의 「신교의 자유」는 어떻게 이해해야 할까?

이에 대해서 일반적으로 말하면 「종교 계열 사학의 자유」가 학생의 「신교의 자유」보다 원칙적으로 우위에 선다고 할 수 있다.[16]

사학은 건학 정신에 근거를 둔 독특한 교풍이나 교육방침에 의해 사회적 존재의의가 인정되며, 일반적으로 학생(부모)은 그러한 교풍과 교육방침 하에서 교육받기를 희망하여 그 학교에 입학하는 것으로 생각되기 때문이다.[17]

따라서 예컨대 미션스쿨에서 다른 종교를 믿는 학생이 특정의 종교클럽을 조직하여 활동하려고 할 때 학교가 이를 금지하더라도, 그것은 위헌 또는 위법으로 간주되지 않는다.

그렇지만 종교 계열 사학이라고 해도 「헌법으로부터의 자유」를 누릴 수 있는 것은 아니다. 게다가 사학은 「사학의 자유」를 갖고 있는 동시에 다른 한편으로는 「공공성」을 요구받는다(교육기본법 6조 1항, 사립학교법 1조).

그래서 학생의 신교의 자유나 부모의 종교교육권을 존중하는 취지에서 볼 때, 종교 계열 사학에서도 마찬가지로 학생이 종교교육에 결석할 권리를 가지는지가 문제로 대두한다.

이 문제는 결국 공교육 법제에서의 종교적 중립성의 원리가 사학에 대해서는 어떤 범위로 어느 정도까지 미칠 것인가 하는 문제로 구체화된다. 종교 계열 사학의 존재이유나 그 교육상의 자유 역시 헌법에서 보호되는 법익이기 때문에 학칙에 명시된 정규의 종교교육에 출석할 의무를 지우는 것은 가능하다고 해석되지만, 그 이외의 종교적 행위에 관해서는 학생(부모) 측에

결석할(시킬) 자유가 어느 정도 주어지고 있는 것으로 보는 것이 타당하다고 생각한다.[18]

제2절 정교분리의 원칙

1.「신교의 자유」와 정교분리의 원칙

앞에서 진술한「신교의 자유」보장을 현실화하기 위해서는 국가가 모든 종교와 절연하고 모든 종교에 대하여 중립적 입장에 서는 것이 요청된다. 즉「신교의 자유」보장은「국가의 비종교성」또는「국가와 종교와의 분리」, 즉 정교분리를 요구한다. 메이지 헌법 하의 일본도 이 점을 보여 주는 예가 되는데, 국가가 특정의 종교와 결합하여 이교도나 무종교인들에게 종교적 박해를 가한 많은 역사를 상기한다면 이는 쉽게 수긍할 수 있다. 정교분리의 원칙이 역사적으로「정치권력의 지배로부터 영혼의 자유를 확보」하는 역할을 수행해 온 것으로 여겨지는 이유도 여기에 있다(「신교의 자유」를 확보하기 위한 수단으로서의 정교분리의 원칙).[19]

다만 정교분리의 원칙이라고는 하지만 그 구체적 내용이나 분리의 정도는 각국의 헌법에 따라 각양각색이다.

예컨대 미합중국헌법(1791)은「연방의회는 국교의 수립을 규정하거나 신교의 자유로운 행사를 금지하는 법률을 제정하여서는 아니 된다」(수정 1조)라고만 정해놓았다(국교금지조항, establishment clause). 하지만 장기간에 걸친 일련의 헌법판례에 의해 아주 엄격한 정교분리의 확립이 이루어져 오고 있다.

영국에서는 국교제도가 채택되어 프로테스탄트가 국교로서의 위치를 점하고 있지만, 그 이외의 종교에 대해서도 광범한 관용을 보여 실질적으로「종교의 자유」가 거의 완전하게 보장되어 있다.

프랑스에서는 1789년의 인권선언에 의한 「종교의 자유」 보장을 거쳐 1905년에 정교분리법이 제정되었고, 이 법률에 의해 「국가의 비종교성(라이시테)의 원칙」이 확립되었는데, 현행 헌법(1958년)도 다음과 같이 명문화함으로써 이 원칙을 확인하고 있다. 「프랑스는 분열되지 않고 비종교적인 민주적 · 사회적 공화국이다.」(2조)

독일에서는 바이마르 헌법(1919년)이 「신앙 및 양심의 자유」와 「종교적 행사의 자유」(135조)를 보장한 데 이어, 「국교회(Staatskirche)는 존재하지 아니한다」(137조 1항)라고 규정하여 정교분리의 원칙을 확실히 세웠다. 그리고 교회를 공법상의 단체(Körperschaften des öffentlichen Rechtes)로 인정하여 과세권을 부여하는 등(동조 5항, 6항), 그 고유 영역에서의 일정한 권한을 승인했다. 그리하여 현행의 독일 기본법(1949년)은 「신앙의 자유」(4조 1항)를 보장하고, 이어서 그러한 정교분리에 관한 바이마르 헌법의 규정들(137조~139조, 141조)이 「이 기본법의 구성부분을 이루고 있다」(140조)라고 명시하고 있다.

그리고 이탈리아 헌법(1948년)은 가톨릭을 국교로 인정하고 교회에 대해 공법인으로서의 헌법상의 지위를 부여하여 「국가와 가톨릭교회는 각각 그 고유의 영역에 있어서는 독립적이며 최고의 지위를 지닌다」라고 규정하는데, 양자가 경합하는 사안이 발생할 때에는 화친조약을 체결하여 그에 의거하여 처리하도록 하고 있다(7조). 또한 가톨릭 이외의 종파는 법률 앞에 동일한 자유를 지닌다고 규정하며, 그 종파들과 국가의 관계에 대해서는 「양자의 대표자의 합의에 의하여 법률로써 규칙을 정한다」고 규정하고 있다(8조).

더욱이 스페인은 전통적으로 가톨릭에 대해 국교의 지위를 인정해 왔지만, 1978년에 제정된 신헌법에서는 이 원칙을 바꾸어 다음과 같이 규정하기에 이르렀다. 「어떠한 국교도 인정될 수 없다. 공권력은 스페인 사회의 종교적 신앙을 고려하여 가톨릭교회 및 그 외의 종파와의 당연한 협력관계를 유지한다.」(16조 2항)[20]

일본 헌법은 「신교의 자유」(20조 1항 전단)를 보장하고, 그에 이어 「어떠한 종교단체도 국가로부터 특권을 받거나 정치상의 권력을 행사해서는 아니 된다」(동조 동항 뒷부분)고 규정하고, 또한 「국가 및 그 기관은 종교교육 및 그 밖의 어떠한 종교적 활동도 하여서는 아니 된다」(20조 3항)고 규정하며, 더 나아가 재정적 사안과 연관하여 「공금 및 그 밖의 공익 재산은 종교적 조직 또는 단체의 사용, 편익 또는 유지를 위해 … 지출하거나 이용하는데 제공되어서는 아니 된다」(89조)고 규정하고 있다.

이것은 국가와 종교의 극히 엄격하고 철저한 분리를 밝히는 것으로, 상술한 미국이나 프랑스의 경우와 기본적으로는 같은 유형에 속한다고 할 수 있다. 이렇게 일본 헌법이 지극히 엄격하게 국가의 종교적 중립 내지 정교분리의 원칙을 확립하고 있는 것은, 메이지 헌법 하에서 국민의 「신교의 자유」가 심하게 억압받았다고 보는 역사적 반성에 근거하고 있다.

메이지 헌법은 「신교의 자유」 조항을 갖고는 있었으나(28조), 그것은 「안녕과 질서를 해치지 않고」 또한 「국민으로서의 의무에 반하지 않는 한에서」 인정되었을 뿐이다. 이에 전시 체제가 갖추어져 일본이 군국주의화함에 따라, 정부는 「신사(神社)는 종교가 아니다」라고 설명하여 신도(神道)를 사실상 국교로 인정하였다. 신사에 특권적인 지위를 부여하고 국민에게 신사참배를 강요하여, 이를 거부하는 것은 「국민으로서의 의무에 반」하는 것이라는 해석을 내렸다. 그리고 치안유지법이나 종교단체법이 제정되어 일본 기독교 교단을 위시하여 많은 종교단체가 「안녕과 질서」를 해치고 「국민으로서의 의무에 반」한다는 구실로 철저하게 탄압을 당한 것이다.[21]

2. 정교분리 원칙의 법적 성격과 분리의 정도

이른바 정교분리의 원칙에 관해서 최고재판소는 츠지친사이(津地鎭祭) 사건에 관한 판결(1977년 7월 13일, 「判例時報」 855호, 24면)에서 다음과 같은 견해를 보이고 있다.

① 정교분리의 규정은 소위 제도적 보장의 규정인 것이지,「신교의 자유」그 자체를 직접 보장하는 것은 아니다. 국가와 종교의 분리를 제도로 보장함으로써 간접적으로「신교의 자유」보장을 확립하고자 하는 것이다(제도적 보장으로서의 정교분리의 원칙).

② 정교분리의 원칙은 국가가 종교적으로 중립일 것을 요구하는 것이기는 하지만, 국가와 종교의 완전한 분리를 실현한다는 것은 실제로는 불가능에 가깝다. 정교분리의 원칙을 완전히 관철하려고 하면 오히려 사회생활의 각 분야에서 불합리한 사태가 발생하는 것을 피할 수 없다. 예컨대 **특정 종교와 관계가 있는 사립학교에 대하여 일반 사립학교처럼 조성한다든가**, 문화재의 유지 보존을 위하여 국가가 종교단체에 보조금을 **지출하는 것도 문젯거리가 생길 수 있게 된다.** [반대로] **그것을 허용하지 않게 되면 종교와 관계가 있다는 이유로 불이익을 주고 차별하는 일이 생기게 된다**(강조, 필자).

③ 정교분리라고 해도 국가가 종교와 관계를 가지는 것이 전적으로 허용되지 않는다는 것은 아니다. 즉 종교와 관계되는 행위의 목적 및 효과를 생각하여 그 관계가 국가의 여러 사회적·문화적 조건에 비추어 볼 때 적절하다고 여겨지는 정도를 넘는 것으로 판단될 경우에 한하여, 국가와 종교의 적극적인 관계는 허용되지 않는 것으로 해석되어야 한다.

④ 헌법 20조 3항에서 말하는「종교적 활동」이란, 국가 및 그 기관의 활동으로서 종교와의 관계가 위에서 말하는「적절하다고 여겨지는 정도를 넘는 것」일 경우, 즉 그 행위의 목적이 종교적 의의를 가지며 그 효과가 종교에 대한 원조, 조장, 촉진 또는 압박, 간섭 등이 될 경우에 한정된다(목적 및 효과의 기준).

이와 같이 최고재판소는 정교분리 원칙의 법적 성격을 소위 제도적 보장이라 보고, 정교분리 규정(제도)을 신교의 보장 규정(기본권)과 엄격하게 구별(준별)하여, 정교분리는 성질상 일정의 한계가 있으며 국가가 종교와 관계를 가지는 것은 헌법상 허용된다고 하고, 이에 의거하여 그 한계는 목적 및 효과의 기준에 비추어 각각의 케이스에 맞추어 명확히 구분하여 정할 것이라고 규정함으로써, 헌법 20조 3항이 금지하는 「종교적 활동」을 한정적으로 해석하는 입장에 서 있다.(22)

상기 최고재판소 판결에서 언급된 이른바 「제도적 보장」(institutionelle Garantie)은 바이마르 헌법 하의 지방자치제도나 공무원 제도 등의 법적 성격에 관한 해석이라고 본 헌법학자 C. 슈미트에 의해 주창된 이론이다. 이 이론에 의하면 헌법상 개인의 권리와는 별도로 일정의 제도를 특별히 보호하고, 그러한 제도에 대해 그 본질적인 핵심 부분과 주변 부분을 구별하여, 전자에 대해서는 헌법에 의해 절대적으로 보장하지만, 후자에 대해서는 오로지 별도의 입법에 의해 변경을 할 수 있다.(23)

결국 해당 제도의 핵심을 침해하지 않는 한 입법에 의해 어떻게든 규정할 수 있기 때문에, 정교분리 규정을 제도적 보장으로 보는 한, 정교분리의 완화가 논리적·필연적으로 초래되는 것이다. 상기 최고재판소 판결이 「정교분리 원칙을 완전히 관철하려고 한다면 도리어 사회생활의 각 방면에서 불합리한 사태가 일어나는 것을 면치 못할 것이다」고 판정하는 이유가 바로 여기에 있다.

이에 대하여 정교분리의 원칙은 「신교의 자유」 확보를 위한 단순한 수단이 아닌 신교의 자유 확립을 위한 「필수의 전제」가 되어 있으며, 따라서 「정교분리 규정은 그 자체가 인권보장 조항으로 해석되어야 한다」고 하는 유력한 헌법학 이론이 대두한다.(24) 이 이론은 정교융합이 「신교의 자유」를 침해하고 부정해 온 역사적 현실에 비추어 「신교의 자유」의 확립을 위해서는 정교분리가 불가결하다는 인식에 근거를 두고 있다.

그러나 이처럼 정교분리 규정을 인권보장 규정과 그대로 동일시할 경우, 다음과 같은 주요한 의문이 생기게 된다.(25)

첫째, [정교분리를] 「신교의 자유」와는 다른 별도의 인권으로 해석할 경우, 그것은 구체적으로 어떤 내용의 권리인가?「신교의 자유」와는 다른 독자의 인권성은 어디에서 찾을 것인가? 또 어떤 경우에 인권침해가 있었다고 인정되어 그 침해를 막도록 요구하는 소송의 제기가 가능한가? 소송 제기가 가능할 경우 소송권의 귀속주체는 어떻게 되는가?

둘째, 결국 정교분리의 요청은 국가에 대한 금지 명제인 것인데, 그런데도 개인의 인권을 근거로 할 수 있는가?

이 같은 관점에서 볼 때「정교분리 원칙은 단적으로 객관적인 헌법 원칙으로 파악되어야 할 것」이며,[26] 게다가 정교분리의 정도나 분리원칙 위반의 유무를 각종의 기본적 인권조항으로부터의 요청을 근거로 하여 각각의 법역마다 각각의 사례에 맞추어 구체적으로 판정하는 접근 방식이 요구된다고 보는 것이 설득력을 지닌다.

제3절 종교 계열 사학에 대한 공적자금 조성

현행 법제상 사학에 대한 공적자금 조성에는 다음과 같은 두 종류가 있다. 즉 ① 사립학교법 59조에 의거한, 학교법인에 대한 조성, 그리고 ② 사립학교 진흥조성법 부칙 2조에 의거한,「당분간」시행되는 학교법인 이외의 사립유치원 설립자에 대한 조성이 그것이다. 정교분리 원칙과의 관계에 있어서는 ①의 사학조성에서는 종교 계열 학교법인에 대한 조성이, 그리고 ②의 사학조성에 있어서는 종교단체가 설치하는 유치원에 대한 조성이 각각 헌법 20조 1항 및 헌법 9조 전단의 규정을 위반하지 않는지 검토해야 할 것이다.

1. 종교 계열 학교법인에 대한 조성

사립학교법 법안의 작성에 직접 참여한 전 문부성 관료에 의하면 사립학교법의 제정 과정에서는 종교 계열 학교법인에 대한 재정적 원조는 정교 분리의 원칙 및 헌법 89조 전단에 위배되기 때문에 인정할 수 없다는 견해가 지배적이었다고 한다. 그래서 종교 계열 학교법인을 조성 대상에서 배제하기 위해 사립학교법 59조로 다음과 같이 규정해야 한다는 두 가지의 유력한 견해가 보인다.

그 하나는「보조금의 교부 또는 대부금을 받는 학교법인이 설치하는 사립학교는 특정의 종교를 위한 종교교육 및 기타 종교적 활동을 해서는 아니 된다」라고 명기하여 직접 종교 계열 사학을 배제하려고 한 것이었다.

다른 하나는「국가 또는 지방공공단체는 학교법인에 대한 조성이 특정의 종교를 위한 종교교육 및 기타 종교적 활동을 위하여 공금 및 기타 공적 재산을 제공하지 않도록 유의해야 된다」고 하여 국가와 지방공공단체에 제약을 가함으로써 간접적으로 종교 계열 사학을 조성 대상에서 배제하려는 것이었다.[27]

그러나 다른 한편으로는 이에 대한 반대론도 부단히 제기되어서 최종적으로는 각의에서 상기와 같은 종교 계열 사학을 배재하는 규정이 삭제되기도 하는 전례가 있었다. 그 과정에서는「학교는 국가가 정한 법정의 과정에 의해 교육을 하며, 또 학교법인은 이러한 학교의 설치를 목적으로 하는 것이다. 따라서 종교적 활동을 본래의 목적으로 하는 일반의 종교단체와는 다르며, … 헌법 89조의 '종교상의 조직 혹은 단체'를 학교도 포함하는 넓은 범위로 해석하는 것은 적당하지 않다」고 하는 헌법해석이 채택되었다.[28]

그렇다면 현행 법제상 이 문제는 어떻게 생각해야 할까? 학설과 판례에는 다음과 같은 여러 가지 설이 있다.

① 헌법 89조 전단은 국가와 종교의 분리 원칙의 확립을 목적으로 하기 때문에 종교교육 및 기타 종교적 활동을 행하는 사학에 대하여 보조금을 제공한다는 것은 이 조항에 위반되어 위헌이 된다. 국가 또는 지방공공단체로부터 보조금을 받는 사학은 종교교육을 행할 수 없다. 국가 또는 지방공공단체

가 그 학교에 보조금을 줌으로써 결국 종교상의 조직 혹은 단체를 위해 공금을 지출하는 결과가 되기 때문이라고 말하고 있다.(29)

② 종교 계열 사학에 대한 공적자금 조성은 곧 위헌이라 단정하는 것이 아니라, 미국 연방최고재판소가 이론적 효시를 열었고 또한 일본 최고재판소에 의해서도 원용되는「목적 및 효과의 기준」설에 의거하여 각 경우에 따라 개별적으로 합헌성을 판정하고자 하는 입장이다.

구체적으로는 종교 계열 사학에 대한 보조금이「그곳에서의 종교교육에 사용할 목적이 아니라면 89조 전단에 저촉된다고는 할 수 없다」고 해석하거나,(30) 혹은「국민 일반에 대한 이익부여라는 형식을 취하더라도 그것이 종교단체에 대한 특권부여를 위한 빙자에 지나지 않는 경우」에는 위헌이 되지만, '사실을 숨기기 위한 빙자'일 뿐인지 어떤지는 해당 사학에 대한 조성이「종교에 대한 원조·조성·촉진 또는 압박·간섭 등이 되는지 여부에 의해 판단되어야 한다」고 한다.(31)

③ 먼저 언급한 츠지친사이 사건에 관한 최고재판소 판결의 다수의견의 입장이지만, 사회생활에서의 현실적 요청 때문에 정교분리의 원칙을 느슨하게 해석하여(상대적 분리), 종교 계열 사학에 대한 조성은 이 원칙에는 위배되지 않는다고 하는 견해이다. 정교분리의 원칙을 완전히 관철하려고 한다면 종교 계열 사학에 대한 조성도 문제가 된다고 여겨지는 등, 사회생활의 각 방면에 불합리한 사태를 일으키게 된다는 것이 그 이유이다.

④ 상기 ③의 최고재판소 판결에서 5명의 재판관의 반대의견의 경우인데, 다수의견처럼 정교분리의 원칙을 느슨하게 해석하는 것이 아니라, 종교 계열 사학에 대한 조성은 평등원칙(헌법 14조)의 요청하는 바에 의거 헌법상 허용된다고 보는 입장이다. 종교 계열 사학이 종교와 관계가 있음으로 인하여 불이익을 받거나 일반 사학과는 다른 차별적 취급을 받아서는 안 된다는 견해이다.

⑤ 이른바 종교 계열 사학이 헌법 제89조 전단의「종교상의 조직 혹은 단

체」의 범주에 속하는지 여부를 검토함으로써 해당 사학에 대한 조성의 가부
를 판정하고자 하는 접근 방식으로, 이것에는 두 가지의 견해가 있다.

하나는 법인정관, 학칙, 재원적 기반, 조직편제, 교육과정, 나아가 전통이
나 관습에 비추어 해당 사학이 그 종교성의 정도에 있어서 상기 범주에 속한
다고 보일 정도까지 종교적 지배에 따르고 있는 경우에는 위헌으로 본다는
견해이다.[32]

다른 하나는 먼저 언급한 사립학교법 제정 과정에서 개진되었던 정부 측
의 입장이다. 먼저 인용한 것처럼 학교는 국가가 법으로 정한 과정에 따라
교육을 행하는 것이고 학교 법인은 종교적 활동을 본래의 목적으로 하는 일
반의 종교단체와는 다르기 때문에, 「종교상의 조직 혹은 단체」의 범주에는
속하지 않고 따라서 종교 계열 사학에 대한 조성은 헌법 89조 전단에 위배되
지 않는다고 해석한다.[33]

이와 같이 종교 계열 사학에 대한 공적자금 조성을 둘러싸고 그 합헌성 또
는 그 판정근거에 대해 견해가 갈라지게 되는데, 이 견해들 모두에 대해 공
통적으로 지적할 수 있는 것은, 교육을 받을 권리, 부모의 교육권, 사학의 자
유, 신교의 자유라고 하는 종교 계열 사학과 밀접하고도 불가분의 관계에 있
는 헌법상의 기본권이 헌법 89조 전단의 해석에 임하여 조금도 고려되고 있
지 않다는 것이다. 이 점이 중대한 이론적 결함이라고 할 수 있다.

이미 언급한 것처럼 아동이 향유하는 「신교의 자유」에는 그 보호법익으로
서 「특정의 종교교육을 받을 자유」가 당연히 포함되어 있다. 또 헌법 26조 1
항이 보장하는 「교육을 받을 권리」에는 「사학교육을 받을 권리」에 따라 「종
교 계열 사학 교육을 받을 권리」도 포함되어 있다.

또한 부모의 「신교의 자유」는 아동에 대한 「종교교육의 자유」로 이어지며,
그 자유는 아동에게 「특정의 종파교육을 받게 하는 자유」를 포함한다. 게다
가 부모로서의 자명한 권리, 즉 부모의 자연법적 기본권인 「부모의 교육권」
은 아동에 대한 「종교교육의 자유」를 그 가장 중요하고도 핵심적인 내용으

로 하고 있다.

더욱이 사학은 소위 「헌법적 자유」로서 「사학의 자유」를 헌법상의 기본권으로서 향유하고 있는데, 이 자유는 위에서 말한 아동이나 부모의 교육기본권에 법적으로 대응하고 있으며 따라서 당연히 「종파교육의 자유」를 포함하고 있다. 그리고 이 경우 「종교 계열 사학의 자유」는 1차적으로는 「신교의 자유」를 그 근거로 하고 있으며, 따라서 그 자체가 국가의 비종교성 내지 정교분리의 원칙이라는 헌법상의 원칙에 의해 법제상 보장되어 있다. 덧붙여 소위 「사학의 자유」의 기본적 실질은 역사적으로는 바로 「종교 계열 사학의 자유」에 다름 아니었다는 사실에도 유의할 필요가 있을 것이다.

이와 같이 살펴보면 한편에 있어서는 정교분리의 원칙, 다른 한편에 있어서는 상기와 같은 각종의 헌법상의 기본권에서 요청하는 것과의 조정을 거쳐 국가와 종교의 관계 정도를 개별 경우에 따라 실용적으로 판단하고 그것에 의해 합헌성을 판단한다고 하는 접근 방법이 필요할 것이다.[34]

문제는 국가와 종교의 관계 정도를 어떤 판정 기준에 의해 인정하는가 하는 것인데, 이에 관해서는 리먼 사건에 관한 미국 연방최고재판소 판결(Lemon vs. Kurtzman, 1971)에서 제시된 「목적 및 효과의 기준」이 크게 참고가 된다. 그에 의하면 정교분리 원칙에 관계되는 사건은 다음 세 가지 기준에 의거하여 판단해야 한다.[35]

첫째, 법률은 세속적 입법목적(secular legislative purpose)의 것이어야만 한다.

둘째, 그 주요 혹은 1차적 효과(principal or primary effect)는 종교를 조장하는 것도 억압하는 것도 아니어야 한다.

셋째, 법률은 정부와 종교의 과도한 관계(excessive entanglement)를 촉진해서는 아니 된다.

이와 같이 사립학교법 59조에 근거하는 현행의 종교 계열 사학에 대한 공적자금 조성은 상술한 각종 헌법상의 기본권 및 평등 원칙의 요청에 의거해서만이 아니라, 방금 언급한 기준에 비추어 보아도 원칙으로 헌법상으로 의심을 받을 만한 요소를 지니지 않는다는 평가를 받게 된다.

2. 종교단체가 설치하는 유치원에 대한 조성

학교교육법 부칙 6조에 의하면 「사립의 유치원은 … 당분간 학교법인에 의해 설치될 것이 요구되지 아니한다」고 되어 있다. 이 규정은 학교교육법 제정 당시 일본에서는 사립 유치원이 많았고, 그 설치주체의 다수가 학교법인이 아닌 개인 또는 종교법인이었다는 현실을 감안하여 생겨난 것이다.

1975년에 제정된 사립학교진흥조성법은 부칙 2조에서 상기 학교법인 이외의 사립유치원 설치에 대한 공적자금 조성을 법으로 규정한 것인데, 이것에는 종교단체를 설립자로 하는 유치원도 포함되어 있다.[36] 정교분리의 원칙 및 헌법 89조 전단과 연관해 볼 때, 과연 종교단체가 설치하는 유치원에 대한 경상비 조성은 허용될 수 있는가? 사학진흥조성법 부칙 2조의 합헌성은 어떻게 되는가?

이 문제에 관하여 종교법인이 종교활동의 연장으로서 유치원을 설치·경영하며 해당 유치원의 건물이 종교법인의 건물의 일부로 되어 있는 경우에는 그와 같은 유치원에 대한 경상비 조성은 헌법 89조 전단에 저촉될 개연성이 크다고 하는 견해가 보인다.[37]

그리고 유력한 헌법학설도 종교법인에 대한 면세조치와는 달리 경상비 조성은 공권력과 종교의 과도한 관계를 일으킬 염려가 있기 때문에 헌법 89조 전단에 위배될 소지가 있다는 견해를 보인다. 그리고 이 경우 위헌성을 배제하기 위해서는 「적어도 보조비의 구체적 지불을 아동을 수익자로 하는 형식으로 행하도록 하는 배려가 요청될 것이다」고 말하고 있다.[38] 이 견해는 코크란 사건에 관한 미국 연방최고재판소 판결(Cochran vs. Louisianan State Board of Education, 1930)에서 제시된 소위 「아동이익론」(child benefit theory)과 매우 유사한 것처럼 보이지만, 이 사건에서 합헌성을 따진 것은 종교 계열 사학의 아동 및 학생에 대한 비종교적·교과적 무상조치에 관한 것이지 제도상의 경상비 조성에 관한 것은 아니다.[39]

종교단체가 그 종교활동의 일환으로서 유치원을 설치, 경영하고 해당 유치원이 그 종교성의 정도에 있어서 상당히 해당 종교단체의 종교적 지배에 복종하고 있는 것으로 인정될 경우에는(종교단체의 종교활동과 유치원의 교육활동의 융합) 사학진흥조성법 부칙 2조에 근거한, 종교단체를 설립자로 하는 유치원에 대한 경상비 조성은 헌법 89조 전단에 위배된 것이므로 인정되지 않는다고 하겠다.[40]

제 4 절 프랑스에서의 「국가의 비종교성」(라이시테)의 원칙과 사학조성

1. 공교육과 라이시테의 원칙

프랑스에서는 「교육의 세속화」를 둘러싼 공화주의 세력과 교권주의 세력의 치열한 싸움을 겪은 후 1880년대 초기부터 중기에 걸친 교육법제 개혁에 의해 근대 공교육 체제가 법리적으로 확립되었다.

즉, 프랑스 혁명기에 나왔던 여러 가지 헌법 초안에 의한 「교육을 받을 권리」의 보장 표명을 배경으로, 1881년에는 공교육 무상법이 제정되고 「초등교육의 무상성」이 제도화되었다. 이듬해인 1882년에는 의무교육법이 제정되어 6~13세 의무교육제도(정확히는 교육의무제도)가 시행되었다. 그리고 같은 해에 국·공립학교에서의 종교교육을 금지하는 법률이 만들어지고, 나아가 4년 후인 1886년에는 초등학교에서 성직자를 전면적으로 배제하는 공교육중립조직법(고블레 법)이 수립되기에 이르렀고, 이로써 「교육과정 및 교직의 세속화」(공교육의 라이시테)가 법제도상으로 실현된 것이다.

그 후 1905년에 교회와 국가의 관계에 관한 「교회와 국가의 분리에 관한 법률」(소위 정교분리법)이 제정되었고, 이 법률에 의해 「국가의 비종교성의 원칙」이 법률상으로 확립되게 된 것인데, 제2차 세계대전 후 이 원칙은 1946년의 제4공화국 헌법에 의해 헌법상의 원칙으로 격상되고(1조), 또한 현행의 1958년 제5공화국 헌법도 단호하게 다음과 같이 규정함으로써 이 원칙을 재차 명문화하여 확인하고 있다. 「프랑스는 분열되지 않고 비종교적인 민주적·사회적 공화국이다.」(2조)

더욱이 이상에서처럼 프랑스의 경우 법제상으로 「공교육에서의 비종교성의 원칙」이 「국가의 비종교성의 원칙」에 선행하여 확립되었다는 역사적 사실[41]은 주목할 만하다.

2.「교육의 자유」와 사학에 대한 공적자금 조성

1795년의 프랑스 헌법은 헌법사상 세계 최초로 「교육의 자유」를 보장했는데(300조),[42] 제2차 세계대전 후의 프랑스 헌법에는 「교육의 자유」를 명기한 조항은 보이지 않는다. 그러나 '괴르무르(Guermeur) 법'의 합헌성에 관한 헌법원 판결(1977년)에서도 명시되고 있듯,[43] 이 교육 법리는 공화국의 근간 원리로 되어 있으며, 종래에 공화국의 법률들에 의하여 승인되어 온 법률상의 원칙일 뿐만 아니라, 1946년의 헌법 전문 및 현행 헌법(1958년)에서도 지향되고 있는 「불문의 헌법상 원칙」으로서 헌법상의 보장을 받고 있는 것으로 해석되고 있다.[44] 그래서 역사적으로 이른바 「교육의 자유」의 1차적인 실질을 이루어온 것은 「부모의 교육권」에 대응한 「사학의 자유」이기 때문에, 프랑스에서는 사학 설치·경영의 자유나 사학교육의 자유가 헌법상의 기본권으로서 사인이나 법인, 협회 등 각종 단체에 대해 보장되고 있다.

그리고 이 문맥에서 중요한 것은 프랑스에서는 「교육의 자유」는 원리적으로 「공립학교와 사립학교의 공존」에 법적 기반을 부여할 뿐 아니라 「사학에 대한 공적자금 조성을 정당화」하는 것으로 생각되고 있다는 것이다.[45]

덧붙여서 팔루 법 개정에 관한 헌법원 판결(1994년)을 인용하면, 「사학이 교육상의 임무 수행에 있어서 이바지하고 있는 역할로 미루어볼 때, '교육의 자유'를 보장한 여러 규정 및 원칙으로부터 귀결되는 것은, 사학에 대해 공적자금을 조성해야 한다는 것이다」라는 법적 파악이다.[46]

3. 사학조성 법제의 구조

3-1 사학에 대한 공적자금 조성법 제정: 드브레 법(1959년)

앞에서 기술한 것처럼 프랑스에서는 1880년대의 공교육화 입법과 1905년의 정교분리법에 의해 「국가 및 공교육의 비종교성의 원칙」이 법제상 확립되었는데, 1880년대 말부터 1900년대 초에 걸친 일련의 행정판례를 보면 이 라이시테의 원칙으로부터는 당연하게 종교 계열 사학에 대한 공적자금 보조 금지라는 원칙이 유도되었다.[47]

그러나 제2차 세계대전 후 의무교육에 있어서 교과서 무상조치를 사립학교에 대해 적용하는 문제 등 사학에 대한 공적자금 보조를 둘러싼 문제가 「라이시테의 원칙」과의 긴장관계로 정치 문제화되는 바람에 이 문제를 입법을 통해 해결할 것이 사회적으로 강하게 요구되었다. 그리하여 1959년에 제정된 것이 「국가와 사립학교의 연계에 관한 법률」(이른바 드브레 법, loi Debrè)이다.

이와 더불어 이 법률은 헌법상의 원칙인 「국가 및 공교육의 비종교성의 원칙」과 「사학의 자유」를 법률 단계에서 조정하고 「사학의 세속성 내지는 공공성」을 담보함으로써, 사학에 대한 공적자금 조성을 교육법상의 제도로서 확립할 것을 목적으로 하고 있다.

그리고 동법은 먼저 「국가는 교육의 자유를 선언하고 존중하는 동시에 소

정의 절차에 의거하여 설치된 사립학교에 대해서 그 자유의 행사를 보장한
다」(1조 2항)고 규정하여 「교육의 자유」와 「사학의 자유」를 재차 명시적으로
보장하고 있다. 게다가 국가와 사립학교의 관계에 있어서 「공교육에의 계
약」이라는 법제도를 창설하여 이 같은 계약을 체결한 사학은 그 「고유의 성
격」(caractère propre)을 유지하는 것은 용인되지만, 국가의 학교 감독권에
따르고, 또 사상과 신조에 따라 아동 · 학생의 입학 시 차별을 해서는 안 되
며, 또한 교육상 아동 · 학생의 「양심의 자유」를 충분히 존중할 것을 요구받
게 된다(동조 4항).

좀 더 구체적으로 동법은 상기 계약과 관련해서 ① 계약을 하지 않은 사교
육 체제 ② 공교육 체제로의 통합 ③ 협동계약체제 ④ 단순계약체제라는 네
가지 유형을 제시하여, 그 가운데 어떤 것을 택할 것인지에 대한 결정을 사
립학교 측에 맡겼다. 이로써 상기 ②를 제외한다면 ①, ③, ④의 체제 선택
여하에 따라 해당 사학의 종교성이나 특성의 정도, 「사학의 자유」의 범위나
강도, 사학에 대한 공적자금 조성의 대상이나 범위는 당연히 달라지겠지만,
그 개요를 기록하면 다음과 같다.[48]

3-2 「공교육에 대한 계약」:「단순계약」(contrat simple)과 「협동계약」(contrat d'association)

「단순계약」은 초등학교만 체결할 수 있는데, 계약을 체결하기 위해서는 학
교설립 후 적어도 5년이 경과해야 된다. 계약을 체결한 사학에는 학교의 조
직 및 운영이나 학급편제에 관하여 기본적으로 공립학교와 같은 기준이 적
용된다. 계약기한은 3년이다. 이에 대해 「협동계약」은 선택에 의해 초등학교
도 체결할 수 있지만, 주로 일반 교육을 실시하는 중등학교나 기숙교육 · 직
업교육을 실시하는 중등학교의 경우에 해당한다. 이 계약의 당사자에게는
단순계약의 경우보다 강한 공공규제가 요구되지만, 그럼에도 계약을 체결한
학교의 「고유의 성격」은 고려되어야 한다고 규정되어 있다. 이 협동계약에

는 기한이 없다.

3-3 사학조성의 개요

국가와의「공교육에 대한 계약」체결 여부, 계약의 종류, 학교의 단계에 따라 사학에 대한 공적자금 보조의 대상이나 범위는 다양하다.

먼저 교원의 인건비와 양성과 연수에 드는 비용은 협동계약인가, 단순계약인가를 불문하고 국가가 이를 전액 부담한다. 그래서 협동계약을 한 학교는 수업료를 징수해서는 아니 되며, 단순계약을 한 학교에서도 수업료를 통상보다 낮게 설정할 의무가 부과되어 있다. 단지 어느 학교라도 시설·설비비 및 종교교육을 위한 비용은 징수가능하다.

학교운영비(교재비를 포함)는 초등학교에 대해서는 지방자치체가, 협동계약의 중등교육학교에 대해서는 국가가 각각 공립학교와 동일한 기준에 의거하여 학교 설립자에게 일괄 교부한다.

한편 국가와 계약을 체결하지 않은 사교육에 속하는 사학의 경우, 초등교육학교에 대한 조성은 금지되고 있다. 그러나 중등교육학교의 시설·설비비에 대해서는 팔루 법(loi Falloux, 1850년)이 정하는 바에 의해 지방자치체는 해당 학교의 연간 운영비의 10%를 한도로 조성할 수 있는 것으로 되어 있다 (69조).[49]

3-4 사학에 대한 국가의 감독

앞에서 언급한「공교육에 대한 계약」을 국가와 체결한 사립학교는 계약의 종류나 학교단계와는 상관없이 국가의 감독에 따르게 된다. 국가의 교육과정 기준에 원칙적으로 구속되어 국가에 의한 행정감독이나 재무감독도 받아야만 한다.

게다가 계약을 체결한 사학의 교원은 공립학교의 경우와 마찬가지로 소관 기관과 교장에 의한 근무평가를 받고, 그 결과는 이후에 직업 활동에서 고려

대상이 된다.

한편 국가와 계약을 체결하지 않은「사교육으로서의 사학」은 교장과 교원의 직업상의 자격 및 취학의무의 이행에 관해서는 공립학교와 같은 규율에 따른다. 그러나 그 밖에 공적 규제는 해당 사학에 있어서의 공서양속의 확보, 건강·위생의 확보, 청소년 보호에 관한 일에 한정되어 있으며, 교육활동에 관한 감독도 헌법 및 그 밖의 법령에 위반하고 있는지 여부에만 국한되어 있다.

3-5 사학 교원의 법적 지위

협동계약을 체결한 사립학교의 교원은 공무원법과 관계되는 것은 아니지만, 그 신분은 국가의 피고용자이다. 학구(學區)의 관할청에 의해 임명되며 기술한 것처럼 급여는 국가가 부담한다.

단순계약 체제 하의 교원은 학교 설립자가 임용하지만, 그 경우 관할청의 동의가 필요하다. 그 고용관계는 노동협약에 의해 규율되지만, 협동계약의 경우와 같이 급여는 국가가 부담하는 것으로 되어 있다.

사교육체제 하의 사학 교원은 민법상의 피고용자이며, 따라서 그 지위·신분·노동관계는 민법 및 노동법에서 정해진 규정에 의한다.

4. 사립학교의 개황

2010년 현재 프랑스에는 소학교가 37,933개교, 중등교육학교가 11,342개교 있으며, 각각 약 406만2000명의 아동과 523만7000명의 학생이 재적하고 있다. 이 중 사학이 점하는 비율을 학교 수에서 보면, 소학교의 13.7%, 중등교육학교 가운데 콜레쥬(중학교)의 25.2%와 직업 리세(직업 고등학교)의 39.3%, 그리고 리세(일반고)의 40.4%를 사립학교가 점하고 있다.[50]

그 구체적 내용을 먼저 종교별로 보면, 프랑스에서는 가톨릭 교육의 전통을 주된 배경으로 하기 때문에, 사립학교 취학 아동 중에 실로 약 95%가 가톨릭계 사학에 재적하고 있는 것이 특징적이다.[51]

국가와 「공교육에 대한 계약」을 체결하고 있는지의 여부를 보면, 거의 대부분의 사학이 계약을 체결하고 있으며, 무계약 사학은 소학교의 1.6%(아동수), 중등학교 가운데 일반 교육학교의 2.9% 그리고 직업교육학교의 7.5%를 차지하고 있다.

나아가 그 내역을 가톨릭 계열 사학의 경우에 한정해서 보면, 소학교의 경우 단순계약 체결 학교가 78.1%, 협동계약 체결 학교가 21.4%이며, 중등교육학교에 있어서는 협동계약을 체결하고 있는 학교가 대부분(98%)을 차지하고 있는 상황이다.[52]

이와 같이 프랑스에서는 개혁교육학이나 대안 사학은 미약한 역할만을 수행하고 있고, 사학교육의 다양성과 자율성은 매우 결핍되어 있다. 그와 관련하여 국가와 계약을 체결하지 않은 채 개혁교육학을 지향하는 사학인 슈타이너 학교는 프랑스 전국에서 10개교에 불과하다.[53]

더욱이 오늘날 프랑스에는 이슬람권의 국가에서 온 이민자가 많이 살고 있으나 이슬람 계열 사학은 존재하지 않는다.[54]

제5절 미국에서의 종교 계열 사학조성에 관한 헌법판례의 동향

1. 「신교의 자유」 보장과 국교수립 금지

미국에서는 공립학교에서의 종파교육의 금지가 법제상 확립된 후 이를 바탕으로 1860년대부터 1870년대 말에 걸쳐 제정된 각 주의 헌법에 종교 계열 사학에 대한 공적자금 조성의 금지가 명기되었다.

예컨대 1879년에 제정된 캘리포니아 주 헌법은 단적으로 다음과 같이 적고 있다. 「종파가 설립한 학교 또는 공립학교를 관리하는 직원의 통제를 받지 아니하는 학교에는 결코 공금의 보조를 해서는 아니 된다. 종파적 교리의 교수 및 그에 관한 교육은 직접적이건 간접적이건 간에 이 주의 공립학교에서는 해서 아니 된다.」(9조 8절)[55]

상기와 같은 각주의 헌법에 앞서 1791년에 나온 미합중국헌법은 정교분리의 원칙을 헌법상 확립했는데, 단지 「연방의회는 국교의 수립을 규정하거나 신교의 자유로운 행사를 금지하는 법률을 제정해서는 아니 된다」(수정 1조)고 규정한 것에 불과하다(「신교의 자유」 보장과 국교수립금지 조항, establishment clause). 따라서 이 규정에서 언급된 「국교수립 금지」에서 「수립」(establishment)이 구체적으로 무엇을 의미하는가를 놓고 특히 교육법 영역에서 매우 많은 위헌심사 사건이 발생하게 된다.[56] 이와 같은 사건에 관한 오랜 기간에 걸친 일련의 헌법판례에 의해 미국에서의 정교분리 원칙의 구체적인 법 내용이 형성되고 확정되어 왔는데, 국교의 수립에서 「수립」의 의미 내용에 대해서 역사적으로 유명한 에버슨 사건에 관한 연방최고재판소 판결(Everson vs. Board of Education, 1947)의 법정의견(엄격한 정교분리주의를 주장하는 블랙 판사가 쓴)을 인용하자면 다음과 같다.[57]

「주정부이건 연방정부이건 교회를 설립할 수는 없다. 그리고 하나의 종교를 원조하는 법률이나 모든 종교를 원조하는 법률도, 나아가 하나의 종교를 다른 종교보다 우대하는 법률도 제정할 수 없다. 어떤 종류의 세금도 그 액수의 다과에 구애됨이 없이 어떤 종교적 활동 혹은 종교적 조직에 지급되어서는 아니 된다. 주정부이건 연방정부이건 어떠한 종교적 조직 혹은 종교적 집단의 사안에도 공공연하게건 은밀하게건 참여해서는 아니 된다.」 제퍼슨의 말을 빌리자면 국교수립 금지의 조항은 「교회와 국가 간의 분리의 벽」(wall of separation between church and state)을 구축하는 것을 취지로 삼는다.

2. 종교 계열 사학조성에 관한 합헌성의 판단기준

연방최고재판소는 종교 계열 사학에 대한 공적자금 조성을 헌법상 인정할 수 있는지의 여부에 관해 그 합헌성의 판단의 근거 또는 기준으로서 지금까지 이하와 같은 이론 내지 기준을 정립해 오고 있다.

2-1 아동 이익 이론(child benefit theory)

1930년의 코크란 사건에 관한 판결(cochran vs. Louisiana Board of Education, 1930)에서 연방최고재판소가 의거한 이론이다.

이 사건은 종교 계열 사학인 교구학교(parochial school)의 아동·학생에 대한 비종교적 교과서의 무상대여를 규정한 루이지애나 주법의 합헌성이 문제된 케이스인데, 연방최고재판소는 대략 다음과 같이 판결하여 상기 주법은 수정 14조에 반하는 것이 아니고 합헌이라고 판단한 것이었다.[58]

「주는 상기의 조치에 의해 공공재산을 사적으로 사용한 것이라 할 수 없다. 왜냐하면 이 법률의 혜택을 받는 것은 아동과 그 부모인 것이지 교회가 아니기 때문이다. 상기 조치는 종교적 목적을 가지고 있지 않으며 교구학교를 지원하는 것으로는 간주되지 않는다. 주는 모든 아동·학생의 교육에 관심을 가지고, 모든 아동·학생에게 편익을 가져다준다고 하는 공공적인 목적(public purpose)에 근거하기 때문이다. 물론 교구학교가 1차적인 수익자(primary beneficiary)일 경우는 합중국헌법에 위배되는 것이므로 허용되지 아니한다.」

이 코크란 판결 이후 1960년대 말부터 1970년대 말에 걸쳐 연방최고재판소는 세 건의 판결에서 상기 루이지애나 주법과 같은 교과서 무상대여를 정하는 주법에 대해서 합헌이라는 견해를 보이고 있다. 앨런 사건에 관한 판결(Board of Education of Cent. School Dist. vs. Allen, 1968), 미크 사건에 관한 판결(Meek vs. Pittinger, 1975),[59] 그리고 월만 사건에 관한 판결 (Wolman vs. Walter, 1977)[60]이 그것들이다.

그와 관련하여 앨런 사건에서는 공립학교와 사학 쌍방의 제7학년부터 12학년까지의 아동 학생에 대한 세속 교과서의 무상 대여를 규정한 뉴욕주법의 합헌성이 논란이 되었으나, 연방최고재판소는 「해당 교과서는 학교가 아니라 아동·학생에게 대여된 것이기에, 동 주법은 종교를 조장하는 것이 아니며, 또한 억제하는 것도 아니다」라고 함으로써 상기 주법의 합헌성을 확인했던 것이다.[61]

더 부언하자면 상술한 것 같은 연방최고재판소 판결에 대하여 각 주의 최고재판소는 로드아일랜드 주 최고재판소 판결(Bowermern vs. O'Connor, 1968)만을 유일한 예외로 하여 소위 「아동 이익 이론」을 배제하고 종교 계열 사학의 아동·학생에 대한 교과서의 무상대여는 주 헌법에 위배되어 위헌이라는 견해를 취하고 있다.[62]

대표적인 판결 예와 그 판결 요지를 옮기면 다음과 같다.

① 디크먼 사건에 관한 오리건 주 최고재판소 판결(Dickman vs. School Dist., 1961)

아동의 이익을 목적으로 하는 공금 지출이 허용된다고 한다면, 결국 모든 지출이 여기에 포함된다. 아동 이익 이론은 폐기되어야 한다. 이 이론에 의거하여 종교 계열 사학의 학생에 대한 교과서 무상대여를 규정하고 있는 주법은 주 헌법에 위배된다.

② 파스터 사건에 관한 미주리 주 최고재판소 판결(Paster vs. Tussey, 1974)

교구학교의 교원 및 학생에 대한 교과서의 무상대여를 규정하고 있는 주법은 주 헌법에 위배되며 무효이다. 왜냐하면 해당 종파는 그 교리를 촉진하기 위해 교구학교를 설치하는 것이며, 그 기저에서는 종파적 목적(Sectarian purpose)이 명백하고, 또 개개인도 종파적 목적을 가지고 그것을 촉진하는 것이 가능하기 때문이다.

③ 블룸 사건에 관한 매사추세츠 주 최고재판소 판결(Bloom vs. School Comm., 1978)

주 헌법이 모든 사학에 대한 일체의 보조를 금지하고 있음은 명백하며, 사학의 학생에 대한 교과서 무상대여를 규정하는 주법은 헌법에 위배된다.

2-2 공공의 복지 이론

상술한 아동 이익 이론과는 기본적으로 같은 생각에 속하는 것이기는 하나, 먼저 말한 에버슨 사건에 관한 연방최고재판소의 다수의견(5 대 4)이 대변한 이론이다.

이 사건은 공립학교와 종교 계열 사학 쌍방의 아동·학생에 대한 통학의 무상수송(free transportation)을 규정한 뉴저지 법이 수정 1조 및 14조를 위반한 것이 아닌지를 다룬 케이스인데, 연방최고재판소는 소위 「국교의 수립」에 대하여 앞서 인용한 것과 같이 법정 의견을 표명하고는 다음과 같이 동법은 합중국헌법을 위반한 것이 아니라는 판단을 도출했다. 「어떤 종파라도 그 신앙 때문에 공공의 복지를 뜻하는 입법의 은혜(benefits of public welfare)로부터 배제되어서는 아니 된다.」「버스에 의한 무상수송 입법은 아동의 등하교의 안전 확보를 뜻하는 복지적인 조치(welfare measure)라고 보아야 할 것이기 때문이다.」[63]

다만, 주 수준의 최고재판소는 상술한 바와 같은 견해를 취하지 않고, 대체로 사학의 아동·학생에 대한 공적자금에 의한 무상통학 조치는 주 헌법에 위반하며 위헌이라는 입장을 취하고 있다.[64]

예컨대 유드 사건에 관한 뉴욕 주 최고재판소 판결(Yudd vs. Board of Education, 1938)은 「사학의 아동·학생에 대한 통학의 무상수송은 이들 사학으로의 취학을 장려하는 것이 된다」고 판단했고, 또 매튜스 사건에 관한 알래스카 주 최고재판소 판결(Matthews vs. Quinton, 1961)도 다음과 같이 말하는데, 두 판결 모두 무상통학 보장을 공공의 복지로 보는 이론을 부정하고 있다. 「주 헌법은 모든 종파 계열 사학에 대한 공금의 지출을 금지하고 있다. 주가 다른 방법으로 사학에 대하여 직접적인 혜택을 주는 것 또한 헌법에 의해 배제된다.」

2-3 목적 및 효과 기준

여기에서 목적 및 효과 기준이라 함은, 국가와 종교의 관계를 허용하는 입법이 「정교분리의 원칙」에 위반하는지의 여부는 해당 입법의 목적과 그 효과의 양면에서 판단해야 한다는 판례 이론을 말한다.

이 기준은 1963년 쉘프 사건에 관한 연방최고재판소 판결(School District of Abington Township vs. Schempp)에 의해 처음으로 정식화된 것인데, 이 경우는 아직 「목적」과 「효과」라는 두 개의 기준에 근거한 검토(two-part test)에 머물러 있었다.[65]

그래서 기준을 엄격하고 강하게 하려는 1970년의 월츠 판결(Walz vs. Tax Commission)에서는 제3의 기준으로서 국가와 종교와의 「과도한 관련」이라는 요건이 덧붙여졌다.

이 사건은 교회의 소득세를 다른 공익법인과 동등하게 면제하는 것이 헌법상 허용될 수 있는지가 다루어진 것인데, 연방최고재판소는 대략 다음과 같이 고려하여 합헌 판단을 내렸다.[66]

「면세는 목적이 세속적이며 200년 이상의 긴 역사가 있는 제도로서 그 어떤 국교 수립의 효과를 수반하지 않고도 행하여지고 있다. 만일 이것을 폐지한다면 정부가 교회의 재산을 평가하기 위해 교회가 허용하기 어려울 정도까지 개입하는 상태가 초래된다.」

여기에서 소위 목적과 효과의 기준은 각각 독립된 세 가지 기준으로 되어 있으며, 그중 하나라도 투명하지 않을 경우에는 위헌이 된다는 극히 엄격한 기준으로서 확립된 것인데, 이 기준을 학교법 영역에서 처음으로 적용한 것이 이하에서 거론되는 리먼 사건에 관한 연방최고재판소 판결이다.

3. 리먼 사건에 관한 연방최고재판소 판결(1971년)

3-1 사건의 개요

이 사건은 사립 초·중등학교(대부분이 가톨릭 계열 사학)의 교원의 봉급에 대한 공적자금 조성을 규정한 다음 2개 주법이 연방헌법상 합헌적인지를 놓고 벌어진 2개의 소송을 병합한 것이다. 펜실베니아 주의 사립초중등교육법(Pennsylvania Nonpublic Elementary and Secondary Education-Act, 1968)과 로드아일랜드 주의 급여 보충법(Rhode Island Salary Supplement Act, 1969)이 그것인데, 두 법의 취지는 기본적으로는 다르지 않기 때문에 후자에 대해서만 사건의 개요를 적으면 다음과 같다.

1969년 제정된 상기 로드아일랜드 법은「교원급여의 급격한 상승 때문에 사학이 유능하고 열정적인 교원의 확보하기 어렵게 되어 그 결과 사립 초등학교에서의 교육의 질이 위태롭게 되어 있다」는 현상 인식에 의거, 사립 초등학교의 비종교 과목(secular subjects)을 담당하는 교원의 연급여의 15%를 주에서 보조하도록 규정하였다. 그러나 그 경우 학생 한 명당 지출액이 공립학교의 평균치보다 적은 사학이어야 할 것, 공립학교에서 가르치고 있는 교과와 같은 교과만을 담당할 것, 공립학교와 같은 교재를 사용할 것, 그리고 본법에 의해 급여의 보충을 받는 동안은 종교 수업을 담당하지 말 것이 조건으로 제시되었다.

그래서 원고(주의 납세자인 시민)는 피고(본 법의 집행책임자인 주 교육장 등)를 상대로 본 법이 합중국헌법의 종교 조항에 반한다는 취지의 선언적 판단에 따라 본 법의 계속적 집행의 정지를 요구하여 동주 연방지방재판소에 제소했다.

원심의 연방지방재판소는「본 법에는 분명 세속적 목적이 인정되지만, 종교적 사업에 대한 지원 및 정부와 종교의 과도한 관계를 일으키는 효과가 있다」고 판단, 원고의 주장을 인용하여 재판관 전원일치로 본 법은 합중국헌법의 국교금지 조항에 위배되어 위헌이라는 판단을 내렸다. 여기에 피고 측이 상소하여 상기 펜실베니아 주법 사건과 병합되어 연방최고재판소의 판결을 받기에 이른 것이다.[67]

3-2 판결 요지

정교분리의 원칙과 관련된 사건은 다음 세 가지 검토하여 판단되어야 한다.

① 해당 법률은 세속적인 입법목적(secular legislative purpos)을 가지고 있어야 한다.

② 그 법률의 주요한 혹은 1차적인 효과(principal of primary effect)는 종교를 조장하는 것도 억압하는 것도 아닌 것이라야 한다(neither advances nor inhibits religion).

③ 해당 법률은 정부와 종교의 과도한 관계(excessive government entanglement with religion)를 촉진하는 것이어서는 아니 된다.

이 세 가지 검토를 본건의 2개 주법에 적용하면 제1의 요건은 충족되어 있다. 이들 주법은 공립학교와 사립학교에서의 교육수준 유지라는 세속적인 목적을 지니고 있기 때문이다. 제2의 요건에 대해서는 판단할 것도 없다. 본건의 2개 주법은 어느 것이나 제3의 요건을 충족시키고 있지 않기 때문이다.

로드아일랜드 주의 급여보충법은 주와 종교의 과도한 관계를 촉진하는 것으로 판단된다. 그 이유는 다음과 같다.

① 가톨릭의 교구학교는 매우 강한 종교적 성격을 띠고 있음에도 동법의 1차적인 수익자(primary beneficiaries)로 되어 있다. 급여의 보충을 받는 교원은 십자가와 같은 종교적 상징물이 있는 교실이나 교사에서 가르치고 있다. 이 같은 분위기 속에서는 비록 교원이 종교적으로 중립이기를 노력한다고 해도 세속적인 교육에 어떤 것이건 종교적인 내용이 스며들게 될 것이다.

② 교원의 급여에 대한 보조는 교과서 보조와는 달라서 교원이 종교교육을 하지 아니할 것을 보장하기 위해 사전에 교원을 체크하는 것이 불가능하다. 교원은 중립을 지킬 것을 약속할 수는 있어도 교실에서 부주의로 종교를 조장하는 것을 행할지도 모른다.

③ 교구학교의 교원이 종교적인 도그마를 세속적인 수업에서 주입하지 않도록 보증하려면 주는 교구학교를 끊임없이 감시하지 않을 수 없게 된다. 이는 주와 종교의 과도한 관계를 초래하게 된다.

덧붙여 다음의 것도 주와 종교와의 과도한 관계를 촉진할 위험성을 품고 있다 하겠다.

즉 정치와 종교는 불가피적으로 혼합되는 경향이 있다. 교구학교의 학생이 많은 지역에서는 정치가가 교구학교에 대한 재정적인 지원의 정도에 의해 선출될 가능성이 있을 수 있다. 통상 정치적인 논쟁과 분열은 비록 그것이 격렬하고 또한 당파에 치우친 것이라 해도, 그것은 그 나라의 정부가 민주적 제도에 의거하고 있음을 보여 주는 건전한 모습이지만, 반면 종교적 노선에 따른 정치적인 분열(political division along religious lines)은 수정 제1조의 국교수립 금지 조항에서 경계의 대상이 되고 있는 주요한 해악 중의 하나이다. 이 같은 논쟁의 소지가 있다는 것은 정상적인 정치과정에서 위협의 요소가 된다.

결국 급여 보충법은 합중국헌법 수정 제1조에 위반되며 따라서 위헌이다.[68][69]

(注)
(1) 樋口陽一・佐藤幸治・中村睦男・浦部法穂, 「注釈日本国憲法(上巻)」, 青木書院 1991年, 396頁.
(2) 특히 芦部信喜, 「憲法学II」, 有斐閣 1984年, 313頁을 참조.
(3) 佐藤幸治, 「憲法(第3板)」, 青林書院 1995年, 490頁.
(4) 芦部信喜, 「宗教・人権・憲法学」, 有斐閣 1999年, 7頁; 樋口陽一・佐藤幸治・中村

睦男・浦部法穂,「憲法I」, 青林書院 1994年, 389頁.

(5) 文部省教務研究会編,「教務必携」, ぎょうせい 1995年, 52~53頁.

(6) 상세하게는 졸저 「学校教育における親の権利」, 海鳴社 1994年, 220頁 이하를 참조.

(7) F. Ossenbühl, Das elterliche Erziehungsrecht im Sinne des Grundgesetzes, 1981, S. 102.

(8) D. Schimmel/L. Fischer, Parents, Schools, and the Law, 1987, S. 54.

(9) 상세하게는 다음을 참조: B. Pieroth/B. Schlink, Grundrechte Staatsrecht II, 2010, S. 37ff.; W. Roth, Die Grundrechte Minderjähriger im Spannungsfeld selbständiger Grundrechtsausübung, elterlichen Erziehungsrechts und staatlicher Grundrechtsbildung, 2003, S. 23ff.; M. Roell, Die Geltung der Grundrechte für Minderjährige, 1984, S. 23ff.

이와 관련하여 I. v. Münch/P. Kunig (Hrsg.), Grundgesetz-Kommentar, 5. Aufl., 2000, Bd. 1. SS. 23~24에 의하면 Grundrechtsfähigkeit란 「기본권의 주체가 될 수 있는 자연인 또는 법인의 능력」으로, 그리고 Grundrechtsmündigkeit란 「기본권을 자율적으로 행사해도 되는 자연인의 능력」으로 각각 정의되며, 양자의 구별은 민법상의 권리능력과 법률행위능력의 구별과 비슷하지만 동일하지는 않다.

(10) 특히 W. Raack/ R. Doffing/ M. Raack, Recht der religiösen Kindererziehung, 2003, S. 169 및 N. Niehues/J. Rux, Schul- und Prüfungsrecht, Bd. 1, Schulrecht, 2006, S. 23을 참조.

(11) H. Avenarius/ H. P. Füssel, Schulrecht, 8. Aufl., 2010, S. 333.

(12) W. Becker, Weichendes Elternrecht-wachsendes Kindesrecht, in: RdJ (1970), S. 36.

(13) 戸波江二,「憲法(新版)」ぎょうせい 1996年, 139頁에 「사상, 신앙 등의 아동의 정신작용에 대해서는, 특히 아동이 자아를 확립하는 13~14세를 경계로 하여 아동의 자주적 판단이 충분히 존중되어야만 한다」라고 적혀 있는 것도 대체로 같은 취지로 보인다.

또한 E. Stein에 의하면, 다음에 언급하는 「아동의 종교교육에 관한 법률」 5조로 볼 때, 종교에 관해서 뿐만 아니라 「이것과 유사한 소위 개인적인 성격(persönliche Charakter)과 연관된 사항에 대해서는, 만 12세 이하는 어린이의 사상에 반하여 현존의 관계가 변경되어서는 안 된다는 일반적인 원칙이 유도된다」고 한다(E. Stein, Das Recht des Kindes auf Selbstentfaltung in der Schule, 1967, S. 32).

(14) T. Kipp, Die religiöse Kindererziehung nach Reichsrecht, in: Festgabe der

Berliner Juristischen Fakultät für Wilhelm Kahl, 1923, S. 3ff.

　더욱이 독일에서는 14세 미만을 Kind라고 칭하고, 만 14세부터 만 18세의 성년이 되기까지를 Jugendlicher라고 호칭하여, 용어상에서도 14세가 구분의 기준이 되고 있다.

(15) D. Schimmel, L. Fischer, The Civil Rights of Students, 1975, pp. 133~134.

(16) 상세하게는 졸저「教育法制の理論」, 教育家庭新聞社, 1988年, 282頁 이하를 참조.

(17) 쇼와여자대학 사건에 관한 최고재판서 판결(1974년 7월 19일)도 같은 취지를 보인다. 青木宗也 외「戦後日本教育判例体系(3)」, 労働旬報社, 1984年, 139頁.

(18) 같은 취지로 兼子仁, 「教育法」, 有斐閣 1978年, 267頁.

(19) 樋口陽一, 「憲法」, 創文社 1994年, 210頁.

(20) 이에 대해서는 다음을 참조: 芦部信喜,「宗教・人権・憲法学」, 10頁 이하; 野中俊彦・中村睦男・高橋和之・高見勝利著,「憲法I(第4版)」, 有斐閣 2006年, 306頁 이하; 佐藤功,「日本国憲法概説(全訂第5版)」, 学陽書房 2004年, 208頁 이하.

(21) 참조: 芦部信喜, 앞의 책, 8頁 이하.

(22) 이 최고재판소 판결에 대한 비판적 평가 및 해석, 고찰로는 특히 다음을 참조: 芦部信喜,「地方公共団体による神道式地鎮祭」, 芦部信喜, 若原茂編,「宗教判例百選」, 有斐閣 1991年, 42頁 이하; 奥平康弘,「憲法III」, 有斐閣 1993年, 172頁 이하.

　더욱이 이 판결로부터 꼭 20년 후에 나온 에히메(愛媛) 현 다마쿠시(玉串) 값 소송에 대한 최고재판소 판결(1997년 4월 2일, 「判例時報」 1601호 47頁)에서는 최고재판소는 엄격한 정교분리의 입장에서 목적 및 효과의 기준을 엄격히 적용하여, 에히메 현 지사가 공금을 써서 야스쿠니 신사 등에 대해 다마쿠시 값 등을 지출한 것은 헌법 20조 3항 및 89조에 위배된다고 하여 위헌 판결을 내리고 있다(戸松秀典・初宿正典, 「憲法判例」, 有斐閣 2006年, 139頁 이하).

(23) D. Merter/H. J. Papier (Hrsg.), Handbuch der Grundrechte in Deutschland und Europa, 2006, SS. 924~925, H. Avenarius, Kleines Rechtswörterbuch, 1992, SS. 247~248.

(24) 浦部法穂・中村睦男・佐藤幸治・樋口陽一, 「憲法I」, 青林書院 1994年, 400~ 401頁(浦部法穂씨 집필).

(25) 상세하게는 戸波江二, 「政教分離規定の法的性格」, 芦部信喜先生還暦記念論文集刊行会編,「憲法訴訟と人権の理論」, 有斐閣 1985年, 537~541頁 참조.

(26) 大須賀明・栗城壽夫・樋口陽一・吉田善明編,「憲法辞典」, 三省堂 2001年, 274頁(栗城壽夫씨 집필).

(27) 福田繁・安嶋彌,「私立学校法詳説」, 玉川大学出版部 1950年, 36頁.

(28) 앞의 책, 37~38頁.

(29) 宮沢俊義著・芦部信喜補訂,「全訂日本国憲法」, 日本評論社 1987年, 749頁.

(30) 伊藤正巳,「憲法」, 弘文堂 1995年, 486頁.

(31) 浦部法穂・中村睦男・佐藤幸治・樋口陽一,「憲法I」, 青林書院 1994年, 396頁.

(32) 和田英夫,「憲法体系」, 勁草書房 1982年, 297頁.

(33) 福田繁・安嶋彌, 앞의 책, 37~38頁. 같은 취지의 글로는 永井憲一編「コンメター
ル教育法I, 日本国憲法」, 成文堂 1978年, 212頁; 文部省私学法令研究会,「私立学校法
逐条解説」第一法規, 1970年, 193頁.

(34) 같은 취지의 글로는 中村睦男,「私学助成の合憲性」, 앞의 책「헌법소송과 인권의
이론」, 442~443頁.

(35) Data Research, INC. U. S. Supreme Court Education Cases, 1993, p. 53.

(36) 사학진흥조성법 부칙 2조의 취지에 관하여 상세하게는 小野元之,「私立学校法講
座」, 学校法人経理研究会, 1998年, 246頁 이하 참조.

(37) 木下毅,「私立学校振興助成法の合憲性について」,「ジュリスト」603号(1970年),
146頁.

(38) 佐藤幸治,「憲法(第3版)」, 青木書院 1995年, 507頁.

(39) H. C. Hudgins/R. S. Vacca, Law and Education, 1985, p. 367.

(40) 같은 취지의 글로는 中村睦男, 앞의 책, 444頁 참조.

(41) 이상에 관하여 다음을 참조: 大石眞,「憲法と宗教制度」, 有斐閣 1997年, 70頁 이
하. 兼子仁,「教育法」, 有斐閣 1978年, 86頁 이하; F. R. Jach, Schulverfassung und
Bürgergesellschaft in Europa, 1999, S. 285ff.

(42) 이른바「교육의 자유」관련 법제의 역사에 관해서는 졸저「教育の自治・分権と学
校法制」, 東信堂 2009年, 133頁 이하를 참조.

(43) 헌법원 판결, 1977년 11월 23일. 이 판결에 대해서 자세히는 다음의 자료를 참조:
小泉洋一,「教育の自由と良心の自由 ― 괴르무르 법 합헌 판결」, フランス憲法判例研
究会編,「フランスの憲法判例」, 信山社 2002年, 147頁 이하.

(44) F. R. Jach, a. a. O., S. 300.

(45) Eurydice, Private Education in the European Union, 2000, p. 80.

(46) 헌법원 판결, 1994년 1월 13일, in: RdJB(1994), S. 146ff.
　　더욱이 독일의 교육법학자 I. Richter는 본 판결에 대한 평가와 해석에 있어서 이 점
을 언급하여「사학조성은 사학의 자유를 재정적으로 뒷받침하고, 사학에 의한 공공적

과제의 수행이나 과제 해결에 이바지하는 것을 뜻하는 것이다」라고 말한다(I. Richter, Die Erhaltung des Staatsmonopols im französischen Schulwesen, in: RdJB (1994), S. 143).

이와 관련하여 프랑스의 여러 헌법학설에서도 「사학조성은 교육의 자유의 본질적인 조건이 되고 있으며, 따라서 그것은 국가의 헌법상의 의무에 속한다.」고 해석하는 유력한 견해가 보이고 있다(フランス憲法判例研究会編, 앞의 책, 186頁).

(47) 그러나 F. R. Jach에 의하면 프랑스에서는 1941년 모든 사립학교에 대한 공적자금 조성 제도가 만들어져, 1951년의 발랑주 법 등을 거쳐, 사학 경상비 보조가 20년간 10%에서 85%까지 증액되었다고 기록하고 있다(F. R. Jach, a. a. O., S. 287).

(48) 이하의 기술은 주로 다음에 따랐다.

- Kommission der Europäischen Gemeinschaften, Formen und Status des Privaten und Nicht-staatlichen Bildungswesens in den Mitgliedsstaaten der Europäischen Gemeinschaft, 1992, S. 41ff.
- Eurydice, a. a. O., p. 80ff.
- F. R. Jach, a. a. O., S. 287ff.
- E. Skiera, Länderstudie Frankreich, in: M. S. Stubenrauch / E. Skiera (Hrsg.), Reformpädagogik und Schulreform in Europa, 1996, S. 419ff.
- Europäische Kommission, Strukturen der Allgemeinen und Beruflichen Bildung in der Europäischen Union, 1995, S. 181ff.

(49) 팔루 법의 이 조항을 둘러싸고 「라이시테의 원칙」 및 「평등원칙」을 위반한다고 하여 헌법재판이 제기되었지만, 헌법원(1994년 1월 13일 판결)은 이를 물리치고 있다(이 판결에 대해서 자세히는 다음을 참조: 小泉洋一, 「地方公共団体の私学助成 — ファルー法改正違憲判決」, フランス憲法判例研究会編, 앞의 책, 183頁 이하).

(50) 文部科学省, 「文部科学統計要覧」(2011年板), 日経印刷 2011年, 220頁. 그리고 이하의 통계수치는 주로 Eurydice, a. a. O., p. 84.에 의거하고 있으며, 2000년 현재를 기준으로 한다.

(51) F. R. Jach, a. a. O., S. 306.

(52) ditto, S. 308.

(53) F. R. Jach, Freie Schulen in Europa, 1992, S. 5.

(54) F. R. Jach, Schulverfassung und Bürgergesellschaft in Europa, S. 307.

(55) 兼子仁, 앞의 책, 106~110頁.

(56) 국교의 수립금지 조항과 연관하여 종교 계열 사학에 대한 공적자금 조성의 합헌성

이 논쟁거리가 된 것은 바로 다음의 조성에 관해서이다. 즉, 교과서의 무상대여, 아동・학생의 통학의 무상수송, 사학의 특별 서비스에 대한 보조가 그것이다(H. C. Hudgins/R. S. Vacca, Law and Education, 1985, pp. 367~380).

(57) D. Fellman, The Supreme Court and Education, 1976, p. 13; H. C. Hudgins/R. S. Vacca, op. cit. pp. 370~371.

(58) Data Research, Inc. U. S. Supreme Court Education Cases, 1993, pp. 45~ 46.

(59) Data Research, Inc. op. cit. pp. 59~60.

(60) Data Research, Inc. op. cit. pp. 61~62.

(61) Data Research, Inc. op. cit. p. 49.

(62) H. C. Hudgins/R. S. Vacca, op. cit. pp. 369~370.

(63) Data Research, Inc., Private School Law in America, 1993, pp. 235~236.

(64) H. C. Hudgins/R. S. Vacca, op. cit. pp. 371~372.

(65) R. D. Strahan/L. C. Turner, The Court and the Schools, 1987, p. 201.

(66) 芦部信喜,「宗教・人権・憲法学」, 有斐閣 1999年, 39頁부터 인용.

(67) Data Research, Inc., Private School Law in America, 1993, p. 210.

　　Data Research, Inc., U. S. Supreme Court Education Cases, 1993, pp. 52~ 53.

　　金原恭子, Lemon vs. Kurtzman, 藤倉・木下・高橋・樋口編,「英美判例百選(第3版)」, 有斐閣 1996年, 40頁.

(68) 芦部信喜, 앞의 책, 37~39頁; Data Research, Inc., Private School Law in America, 1993, p. 210.

　　Data Research, Inc., U. S. Supreme Court Education Cases, 1993, pp. 52~53.

(69) 본문에서 기술한 바와 같이 미국연방최고재판소가 이론적으로 창출해낸 '목적 및 효과의 기준'은, 츠지친사이 사건에 관한 최고재판소 판결(1977년 7월 13일)이나 에히메 다마쿠시 값 사건에 관한 최고재판소 판결(1997년 4월 2일)과 같은 대표적 사례에서 적용되었는데, 이 두 판결은 일본에서의 정교분리의 원칙에 관계해서 볼 때에도 특별히 중요한 판례라고 평가될 것이다. 이 점과 연관하여 헌법학 권위자들도「일본과는 문화적・사회적 조건이 다른 외국의 판례이론이지만 기준 그 자체는 일본의 헌법해석에서도 충분히 참고할 수 있다」라고 생각한다(芦部信喜, 앞의 책, 27頁).

　　덧붙여 상기의 두 헌법 소송에서 최고재판소는 츠지친사이 사건에 대해 목적 및 효과의 기준을 미국의 그것보다 느슨한 기준으로서 상대화하고, 츠(津) 시가 주최하여 공금을 지출한 지진제를 합헌으로 하였다(참조: 芦部信喜・若原茂編,「宗教判例百選」, 有斐閣 1991年, 42頁 이하).

이와는 달리, 에히메 다마쿠시 값 사건에 있어서는 엄격한 정교분리의 입장에서 목적 및 효과의 기준을 엄격하게 적용하여 에히메 현의 지사가 야스쿠니(靖国) 신사, 고코쿠(護国) 신사에 공비로 다마쿠시 값을 지불한 것은 헌법 20조 3항 및 89조에 위배되어 헌법상 허용될 수 없다는 판단을 보이고 있다(참조: 芦部信喜, 앞의 책, 105頁 이하).

또한, 이른바 목적 및 효과의 기준에 대해서는 유력한 반대학설도 보인다(참조: 奥平康弘, 「憲法の眼」, 悠々社, 1998年, 268頁 이하).

제8장

헌법 89조 후단과 사학에 대한 공적자금 조성

제1절 사학조성 관련 법제사 개괄

1. 사학조성의 추이

이미 언급했듯이 1879년의 교육령(소위 자유교육령)은 「사학설치의 자유」나 「사학교육의 자유」를 원칙적으로 용인했지만, 이른바 「사학의 공공성」을 근거로 다음과 같이 규정함으로써[1] 사립소학교에 대한 국고보조를 법으로 정하고 있었다. 「사립소학교라고 하더라도 부(府)지사(광역지자체의 지사) 조례(條例)로 주민의 공익이 된다고 인정할 때는 보조금을 배부할 수가 있다.」(31조)

그러나 이 사학에 대한 공적자금 조성 조항은 다음해인 1880년의 교육령(전개)에서 삭제되고, 이후 메이지 헌법 하에서는 복구되지 않았다. 다만 고등교육의 영역에서는 1932년에 제정된 대학령이 「대학은 제국대학과 기타 관립 외에 본령의 규정에 의해 공립 또는 사립으로 할 수 있다」(4조)라고 규정하여 사립대학을 법제상 승인한 것을 바탕으로[2] 1921년에 예산조치로서 「사립대학보조」가 이루어지는 등, 1945년까지 약간의 사학조성이 이루어져 왔다는 사실이 보인다.

사학에 대한 공적자금 조성이 지속적이고 체계적인 제도로서 법제화된 것은 1949년에 제정된 사립학교법에서였다. 「국가 또는 지방공공단체는 교육의 진흥상 필요하다고 인정될 경우에는 사립학교 교육의 조성을 위해 … 학교법인에 대해 보조금을 지출하거나, 통상의 조건보다 학교법인에 유리한 조건으로 대부금을 제공하거나, 그 밖의 재산을 양도하거나 대부할 수가 있다」(59조 1항)라고 하는 규정이 그것이다. 많은 사립학교가 전쟁재해로 막대한 피해를 입어 그 재정적 빈곤상태를 구제하지 않을 수 없는 현실이 이와 같은 법제화의 계기가 되었다.[3]

그 후 1952년에 사립학교에 자금의 대부 업무를 행하는 사립학교진흥회가 정부출자로 설립되고(사립학교진흥법, 1952년), 또 1957년에는 「사립대학 연구설비조성보조금」이 마련되는 등(사립대학의 연구설비에 대한 국가의 보조에 관한 법률, 1957년), 사학조성의 체제는 서서히 정비되어 갔다.

그러나 1950년대 중반까지 사학에 대한 조성은 세제상의 우대와 상기 사립학교진흥회를 통한 장기 저리융자가 주된 것이고, 보조금의 교부는 산업교육 진흥비(산업교육진흥법, 1951년), 의무교육 학교의 교과용 도서비(의무교육비국고부담법, 1952년), 이과교육 진흥비(이과교육진흥법, 1953년), 고등학교의 정서 재교육 및 통신 교육 진흥비(고등학교의 정서 재교육 및 통신 교육 진흥법, 1953년), 스포츠 진흥비(스포츠진흥법, 1961년), 사립학교 시설의 재해 원조비(격심한 재해에 대처하기 위한 특별한 재정 원조 등에 관한 법률, 1967년) 등, 특정 분야에 대한 부분보조에 한정되었고, 그 금액도 사학의 수입 전체를 감안할 때 극히 적은 액수에 그쳤다.

1960년대 중반에 와서 인플레이션의 심화와 인건비의 상승, 대학진학자의 급격한 증가 등, 사학을 둘러싼 여러 조건이 크게 변하여 사학재정은 심각한 위기에 빠지게 된다. 사학측은 학생납부금의 인상과 정원 외 입학 등으로 이를 극복하려고 했다. 그 결과 교육비의 부담이나 교육·학습조건 면에서 사학과 국·공립학교와의 사이에 격심한 격차가 생겨 커다란 사회 문제가 되었다.

이와 관련하여 예컨대 1968년도의 초년도 학생납부금은 국립대학의 16,000엔에 비해서 사립대학에서는 평균 226,751엔, 그리고 교원 한 명당 학생 수(1970년도)는 국립대학이 8.3명인데 비해 사립대학은 31.5명이었다.

이와 같은 격차는 헌법 26조 1항이 보장하는 「교육을 받을 권리」, 「교육의 기회균등」의 이념과는 맞지 않으며[4]—실제로 1975년에는 사립고교의 학비가 공립고교에 비해서 높은 것은 헌법위반이라는 「사립고교생 초과부담 학비 반환청구 사건」이 오사카에서 벌어지고 있었다—, 따라서 1968년에 사립대학의 경상적 교육 연구비에 대한 조성금 30억 엔이 계상된 것을 계기로 경상비 조성이 개시되기에 이르렀다. 그리고 1970년에는 최대 비목인 인건비까지도 보조대상으로 하는 「사립대학 등 경상비 보조금제도」가 마련되고, 또 이를 위해 사립학교진흥회가 일본사학진흥재단으로 개편 및 개칭되어 경상비 보조금의 교부사무를 맡게 됨으로써 사학조성 제도는 획기적인 비약을 하게 되었다.[5]

그리고 유치원부터 고등학교까지의 사립학교에 관해서는 사립학교법의 제정을 통해 각 지자체가 국가보다 먼저 인건비를 포함한 경상비 보조를 실시해 왔는데, 1970년부터는 대학과 같은 경상비 조성을 할 수 있도록 하기 위하여 지방교부세제도를 통하여 지자체에 대한 재원 조치가 강구되었다.

그러나 이 동안에도 사학 재정은 큰 호전을 보이지 않았고, 이에 대해 중앙교육심의회의 답신(1971년, 소위 4·6답신)이나 사립학교진흥방책 간담회의 보고(1974년)에서 사학조성의 더 많은 확충이 강하게 지적됨에 따라, 1975년에 경상비의 2분의 1 이내를 보조하는 사립학교진흥조성법이 자유민주당의 의원 입법으로 제정되어(1975년 7월 공포, 1976년 4월 시행) 오늘에 이르렀다. 그 개요는 다음과 같다.

2. 사학진흥조성법의 개요와 사학조성의 현상황

사립학교진흥조성법은 학교교육에서 사립학교가 이루는 중요한 역할을 고려하여 사립학교의 교육조건의 유지 및 향상과, 사립학교에 재학하는 학생의 수학 상의 경제적 부담의 경감을 도모함과 동시에, 사립학교의 건전한 경영과 그 발전에 기여할 것을 목적으로 제정되었다(1조). 이 법률은 유치원부터 대학까지의 전 사학에 대한 조성제도를 처음으로 수립하고, 또 그때까지 예산조치로서 시행되어 왔던 경상비 보조에 대한 법적 근거를 부여한 것인데 다음 세 가지 점을 그 중요한 내용으로 삼고 있다.

① 국가는 사립의 대학 및 고등전문학교의 교육과 연구에 소요되는 경상적 경비에 대하여 그 2분의 1 이내를 보조할 수 있다(4조).

② 국가는 사립대학 및 고등전문학교에 대하여 「법령을 위반하고 있는 경우」 등에는 보조금의 미교부 또는 감액을 할 수 있는 동시에, 특정 분야의 학술·교육의 진흥을 위해서는 보조금을 증액하여 교부할 수 있다(소위 경사배분[傾斜配分] 5조~7조).

③ 지자체가 고등학교 이하의 사립학교의 경상비 경비에 대하여 보조할 경우에는 국가가 그 일부를 보조할 수 있다(9조).

이와 관련하여 상기 ③의 규정을 받아들여 1975년도부터 각 지자체에 대한 국고보조(사립고등학교 등 경상비 조성비 보조금)가 시작되었다.

상술한 바와 같이 사학조성의 체제는 1960년대 이후 급속하게 정비된 것인데, 그와 함께 보조금의 액수도 급격히 증가했다. 즉 인건비 조성이 개시되기 전 해인 1969년도에는 103억 엔에 불과하던 것이 2013년도에는 4,319억 엔이 되어 실로 41.95배의 증가를 보였다.

그 내역을 보면 사립대 등의 경상비 보조(단과대학 및 고등전문학교 포함)가 전체의 약 73.5%를 차지하며, 사립고교 경상비 조성비 보조(유치원·소학교 · 중학교 · 특별지원학교 포함)가 약 23.7%로 그에 뒤따르고 있다. 더욱이 고교 이하의 사학에 대해서는 종래부터 지방교부세에 의한 재원 조치하에서 지자체가 조성을 해왔고, 이에 위에서 말한 보조액을 합하면 사립대 등에 대한 경상비 보조와 거의 같은 금액이 된다.

이와 같이 사학조성비는 오늘날 대단한 금액에 달하고 있으나, 그 신장률은 1982년 이래 낮은 수준이다. 이것은 재정의 압박에 의해 문교예산 자체의 신장률이 저하되어 왔기 때문이기도 하지만, 그와 동시에 사립학교진흥조성법이 목표로 하고 있는 경상비의 2분의 1 보조가 거의 실현 단계에 접근하였기 때문이기도 하다.[6]

제2절 사학 관련 법제의 추이와 사학에 대한 「공(公)의 지배」

1. 학교교육법 제정 이전의 법 상황

2차 대전 후의 교육법제 개혁으로 학교교육법이 제정되기까지 사립학교는 종전과 같이 구 법제, 그중에서도 주로 사립학교령(1899년 제정, 1911년 대폭 개정)의 규율을 따랐다. 이미 언급한 것처럼 메이지 헌법 하에서는 국가가 학교교육권을 독점하여(국가의 학교교육독점권), 이에 대립하는 「교육의 자유」와 「사학의 자유」는 근본적으로 부인되어, 사학은 국가에 의한 특허사업으로 자리를 잡았다(국가적 사업으로서의 사학, 국가의 특허사업으로서의 사학).

이와 같이 사학은 여러 학교령, 특히 사립학교령에 의해 매우 광범위하고 강력한 국가의 감독 하에 놓여 있었다.

즉 ① 사학은 문부대신 내지 지방장관의 감독에 따르고, ② 그 설치 · 폐지 및 설치자의 변경에 대하여 감독관청의 인가를 요하며, 또한 ③ 교장에 대해서도 같은 양식의 인가가 필요하며, 또한 ④ 감독관청은 교장이나 교원이 부적당하다고 볼 때에는 그 인가를 취소하고, 또 해직까지 명령할 수 있었다. 그리고 또 ⑤ 감독관청은 사학의 수업이나 설비에 대해서도 변경명령권을 가졌고, 법령 위반이 인정된 경우에는 사학 폐쇄 명령권도 가지고 있었다. 더욱이 ⑥ 대학, 전문학교, 고등학교, 중학교에 대해서는 수지(收支)예산과 수지결산을 감독관청에 제출할 의무가 부과되어, 감독관청은 수지예산의 변경을 명할 수도 있었다. 그 외에도 ⑦ 수업료 등은 학칙의 기재사항으로 되었고, 학칙의 변경은 감독관청의 인가를 요하는 것으로 되어 있었다.[7]

2. 교육기본법 및 학교교육법의 제정과 사학에 대한「공의 지배」

1947년 3월을 전후하여 교육법제 개혁의 근간을 이루는 교육기본법과 학교교육법이 제정되었다. 교육기본법은 사학과도 관련되어「법률이 정하는 학교는 공의 성질을 가지는 것으로서, 국가 또는 지방공공단체 외에는 법률이 정하는 법인만이 이를 설치할 수 있다」고 규정하여(6조1항)「사학의 공공성」을 명기함과 동시에 사학의 설치 주체를 특별한 법인으로 한정했다. 그리고 사학 교원까지도「법률이 정한 학교의 교원은 전체의 봉사자」로 규정하여「그 신분은 존중되며 적정한 대우가 보장되어야 한다」고 명시했다(동조 2항). 나아가 국·공립학교에서의 종교교육을 금지하는 한편, 사학에서의「종교교육의 자유」를 보장하였다(9조 2항).

그리고 학교교육법은 상기 구 법제의 사립학교령을 폐지하고(94조), 사학에 대한 학교감독관청의 권한을 대폭 축소하였다. 그 결과 학교교육법제 하에서는 사학은 다음과 같은 규제에 따르게 되었다. 즉 ① 사학의 설치, 폐지 및 설치자의 변경에 관해서는 감독청의 인가를 받아야 한다(4조). ② 사학이 법령의 규정 또는 감독청의 명령을 위반한 경우 감독청은 그 폐쇄를 명할 수 있다(13조). ③ 설비나 편제에 관해서 설치기준에 따라야 한다(3조). ④ 설비, 수업 및 기타 사항에 관해 사학이 법령의 규정 또는 감독청이 정하는 규정을 위반한 때에는 감독청은 그 변경을 명할 수가 있다(14조). ⑤ 교장 및 교원에 관해서는 국·공립학교의 경우와 동일한 방식의 결격 조항이 적용된다(9조). ⑥ 교장을 정하여 감독청에 제출해야만 한다(10조). ⑦ 교과용 도서는 국정 또는 문부대신의 검정을 받은 것을 사용해야 하고, 교육활동은 학습지도요령이 정하는 기준에 따르지 않으면 아니 된다(20조, 21조). ⑧ 수지예산 및 수지결산을 감독청에 제출해야 한다(15조). ⑨ 수업료는 학칙 기재사항이며 감독청의 인가가 필요하다(4조).

이에 덧붙여 사학의 설치 주체인 재단법인에 관해서는 민법상 다음과 같은 규제가 있었다(민법에 의한 허가주의). 법인의 설립이나 정관 변경에 관해서는 주무관청의 허가가 필요하다(34조). 법인의 업무는 주무관청의 감독하에 놓이고 설립허가의 조건을 위반하는 등 일정한 위반의 경우 주무관청은 그 설립을 취소할 수 있다(67조) 등이 그것이다.[8]

3. 사립학교법의 제정과 사학에 대한「공의 지배」

1946년의 교육쇄신위원회 제1회 건의「사립학교에 관한 것」을 받아들여 1949년 12월에 사립학교법이 제정되었다(시행은 1950년 3월). 동법의 목적은 크게 다음의 세 가지에 있었다. ① 사학의 자주성을 존중한 사학행정을 확립할 것, ② 사학의 설치 및 경영의 주체에 관하여 그 공공성을 높일 것, 그리고 ③ 헌법 89조를 근거로 하여 사학에 대한 공적자금 조성의 법적 가능성을 명확히 하는 것이 그것이다.[9]

이러한 학교교육법제 하에서의 규제에 더하여 사립학교법은 다음과 같은 사학 규제 조항을 추가로 포함하게 되었다. 즉, 이 법은 위에서 말한 것처럼 「국가 또는 지방공공단체는 교육의 진흥상 필요하다고 인정할 경우에는 …

학교법인에 대하여 보조금을 지출하고, 또 통상의 조건보다 더 학교법인에 유리한 조건으로 대부금을 지급하며, 기타의 재산을 양도하거나 대여할 수 있다」라고 규정하여(59조 1항) 사학조성의 법적 근거를 마련했는데, 조성 목적의 달성을 보장하기 위해 관할청에 다음과 같은 권한을 부여하였다. 조성을 받은 학교법인에 대하여 업무나 회계 상황에 관한 보고를 받고, 예산의 변경을 권고하며, 법령위반 등의 경우에는 임원의 해직을 권고할 수 있다(59조 3항). 또 조성 결정을 할 때 갖추고 있던 조건을 사학이 상실하게 되는 등의 경우에는 조성을 정지할 수 있다(동조 4항).

그리고 사립학교법은 사학의 설치·경영주체로서 종전의 민법상의 재단법인 대신에 학교법인이라는 특별 법인을 새로이 개념적으로 정했으며(2조·3조), 학교법인에 대해서는 다음과 같은 규제를 가하였다. ① 자산에 관해서는 별도로 법률로 정하는 기준을 충족할 것(25조). ② 설립·정관 변경 및 합병에 관해서는 관할청의 인가를 필요로 함(30조). ③ 임원의 정수를 법으로 규정하고(35조) 그 선임에 관해서 기준을 설정함(38조). ④ 잔여재산의 처분 방법에 관해서 제한을 둠(51조). ⑤ 해산사유에 관해서도 관할청의 인정 내지 인가가 필요함. ⑥ 관할청은 해당 학교법인이 설치하는 사립학교의 교육에 지장이 있는 등 소정의 사유에 해당하는 경우 수익사업의 정지를 명할 수도 있고(61조), 법령 위반 등의 경우에서는 학교법인의 해산을 명할 수가 있다(62조).[10]

더욱이 학교교육법제 하에서는 학교교육법 14조(「학교가 설비, 수업 및 기타 사항에 관하여 법령의 규정 또는 감독청이 정하는 규정을 위반할 때 감독청은 그 변경을 명할 수 있다.」)가 사학에도 적용되었지만,[11] 사립학교법은 「사학의 자주성」을 존중하는 취지에서 「학교교육법 제14조는 사립학교에는 적용하지 않는다」(5조 2항)라는 조항을 신설하였다. 그 결과, 사학에 설비, 수업 등에 있어서 법령 위반 사실이 있더라도 관할청은 이에 대해 변경 명령권을 갖지 않게 되었다.[12]

4. 일본사학진흥재단법의 제정과 사학에 대한「공의 지배」

1970년 사립대학 등의 인건비를 포함한 경상비 보조 제도로서 사립대학 등의 경상비 보조금 제도가 만들어졌고, 이에 덧붙여 같은 해 일본사학진흥 재단법이 제정되었다. 이 법률의 제정에 의해 사학조성은 그때까지의 세제 우대나 사립학교진흥회를 통한 장기 저리융자를 중심으로 하는 조성에서 일 본사학진흥재단을 통한 경상비 보조로 대폭 전환되었는데, 이에 인건비 보 조를 위해 동법은 부칙 13조로 사립학교법 59조를 개정하였다. 이는「학교 법인에 대한 인건비 보조를 개시할 때는 그 보조의 목적을 달성하기 위해 재 정 및 회계상 일반 물건비 보조의 경우에 비해 감독의 수단을 강화할 필요가 있으므로, 입법 정책상의 문제로 보고 감독 수단의 강화」를 도모할 필요가 있었기 때문이라고 설명된다.[13]

구체적으로는 사립학교법 59조에 8항 이하의 규정이 부가되어 경상 경비 에 대한 보조금을 받는 학교법인에 대하여 다음과 같은 규제가 추가되었다. ① 문부대신이 정하는 기준에 따라 회계 처리를 하고,[14] 대차대조표 등의 재 무계산에 관한 서류를 작성해야 한다(8항). ② 감사보고서를 첨부한 재무계 산에 관한 서류와 수지예산서를 관할청에 제출해야 한다(9항). ③ 관할청은 학교법인의 장부 등의 물건을 검사할 수 있다(사무실에 입실하여 행하는 검 사권, 10항 1호). ④ 학과나 대학원 연구과의 증설 또는 정원의 증가 계획이 법령 등에 위반된다고 인정될 경우 관할청은 그에 대한 변경 또는 중지를 권 고할 수 있다(변경 및 중지고권, 10항 2호). ⑤ 설비와 수업 및 기타사항이 법령 등을 위반한 경우 관할청은 그 변경을 명할 수 있다(10항 33호).

다만, 상기 59조 10항에 관해서는 중의원 문교위원회의 심의에서 의문을 제기하는 의견이 제출되었고, 그 결과 법안이 수정되어 법령으로 정하는 날 까지는 적용하지 않게 되었다. 수정의 취지는「중의원 문교위원회에서의 일본사학진흥재단 법안의 심의 과정에서 사립학교의 자주성을 존중하고, 이를 손상하지 않도록 관할청의 권한행사에 관해서는 충분히 신중한 태도로 임해야 한다는 의견이 있어서, 사립학교 관련 단체에 대해서는 이 규정을 삭제해 주기를 바라는 뜻의 요망」이 있었기 때문이라고 한다.[15]

5. 사립학교진흥조성법의 제정과 사학에 대한「공의 지배」

1975년 사립학교진흥조성법이 자유민주당에 의해 의원입법으로서 제안되고 가결되어 성립하였다. 이 법률은 종래 예산 보조의 형태로 행해졌던 사학에 대한 국가의 재정원조에 대해 그에 대한 법적 보장을 부여하여 법제화한 것으로서, 사학법제 상 획기적인 의미를 지닌다. 조성의 목적과 효과를 보장하기 위해서 다음과 같은 조치가 채택되었다.[16] 그것은 상술한 일본사학진흥재단법의 제정에 즈음하여 그 부칙 13조로 개정된 구 사립학교법 59조 10항을 헌법 89조 후단과 사학의 자주성을 근거로 수정·정리하여 사립학교진흥조성법 12조에 옮겨 놓은 것인데, 구체적으로는 관할청에 다음과 같은 권한을 부여하였다.

즉 관할청은 ① 학교법인으로부터 그 업무나 회계의 상황에 관하여 보고를 받고, 또 그 장부나 서류 등을 언제든지 검사할 수 있다(12조 1호). ② 학교법인이 학칙에 정한 정원을 크게 초과하여 입학시킨 경우, 그 시정을 명할 수 있다(동조 2호). ③ 학교법인의 예산이 조성목적에 비추어 볼 때 부적당하다고 인정될 경우, 그 변경을 권고할 수 있다(동조 3호). ④ 학교법인의 임원이 법령이나 기부 행위 등과 관련된 규정을 위반한 경우, 해당 임원의 해직을 권고할 수 있다(동조 4호).

더욱이 사립학교진흥조성법 12조에서 구 사립학교법 59조 10항 3호(사학의 설비, 수업 및 기타사항에 관한 관할청의 변경 명령권)의 규정이 삭제된 것은 소위「사학의 자율성」과 관련하여 중요한 의미를 지닌다.

제3절 사학조성에 대한 합헌설과 위헌설

새삼스럽게 쓸 필요도 없지만, 헌법 89조 후단은 「공금 및 기타 공(公)의 재산은 … 공의 지배에 속하지 아니한 자선, 교육 혹은 박애사업에 대하여 지출하거나 그 이용에 제공해서는 아니 된다」고 하여 「공의 지배에 속하지 아니하는 교육의 사업」에 대한 공금지출을 금지하고 있다. 그래서 주지하는 바와 같이 사학에 대한 공적자금 보조는 이 조항에 위배되며 위헌이 아닌가 하는 것이 오랫동안 논의의 초점이 되어 왔다. 사립학교가 「공의 지배」 (public control) 대상에 속하는지의 여부가 문제가 된 것이다.[17][18]

1. 정부 견해

1946년의 헌법제정의회(제90제국의회)에서는 헌법 89조 후단의 입법 취지, 「공의 지배」의 법적인 의미 내용, 그리고 이와 연관하여 사학에 대한 공적자금 조성이 가능한지 여부가 논의의 대상이 되었다.[19]

이 문제에 관하여 가네모리(金森) 국무대신은 귀족원 제국헌법개정안 특별위원회(1946년 9월)에서, 헌법 89조 후단의 입법취지는 「공금낭비의 방지」에 있는 것이므로 이른바 「공의 지배」는 그것을 위한 일반적인 감독과는 다른 「특별한 감독」을 뜻하는 것이며, 「국가가 충분히 그 박애·교육·자선 등의 사업에 대하여 발언권과 감독권을 갖고 있는 경우에는 국비를 지출해도 좋다」는 견해를 보였다.[20] 「공의 지배에 속하는 교육사업」이라고 말할 수 있으려면 국가의 특별한 감독에 따르고 국가가 그 사업에 대하여 발언권과 감독권을 가지고 있을 것이 전제가 된다고 보는 견해이다.

물론 앞에서 언급했듯, 이 시기의 사학은 사립학교령에 의해 감독청의 「특별한 감독」에 따르고 있었고, 따라서 헌법안 심의 과정에서 사학조성 위헌설이 주장되는 일은 없었다.

이 문제에 관한 정부의 공식 견해는 1949년 2월 11일자 법무청 법무조사 의견에 대한 장관의 회답에서 표명되었다. 그에 의하면 헌법 89조 후단의 입법 취지는 일반적으로 자선, 교육 및 박애 사업이 「자칫하면 특정의 종교나 사회사상 등에 의해 좌우되기 쉬운 경향이 있다는 것은 그 성질상 충분히 인정되는 바」, 따라서 그러한 경향이 있는 사업에 대하여 공적 기관이 재정적 원조를 제공한다는 것은 「공금이 이 같은 사업을 원조한다는 미명 하에 남용된다는 것, 공적 기관이 이 같은 사업에 부당한 간섭을 행하는 동기를 준다는 것, 혹은 정교분리의 원칙에 위배된다는 것, 나아가 어쩌면 이 같은 사업이 때때로 정치 세력에 의하여 좌우되어 사업의 본질에 반하게 될 수도 있다는 것 등」의 폐해를 낳는 원인이 될 수 있다고 생각되기 때문이다.

그리고 이 취지를 미루어 보면 헌법 89조에서 말하는 「공의 지배」에 속하지 않는 사업이란, 「국가 또는 지방공공단체의 기관이 그에 대하여 결정적인 지배력을 갖고 있지 아니한 사업을 의미하는 것으로 생각」된다. 환언하면, 「공의 지배에 속하지 아니하는 사업」이란 「그 구성·인사·내용 및 재정 등에 관하여 공적 기관으로부터의 구체적인 발언, 지도 또는 간섭 없이 사업자가 스스로 이를 행사는 것을 말한다」고 해석되었다.[21]

요컨대 헌법 89조 후단의 입법 취지는 헌법 제정 의회에서 정부 측의 답변에 있었던 「공금의 낭비 방지」에 더하여 종교적·정치적 중립성을 확보하는 데 있었기 때문에, 이 법무청의 회답에서는 「공의 지배」가 매우 엄격하게 해석된 것이다. 이처럼 국가 또는 지방공공단체가 「결정적인 지배력을 갖지 아니하는 사업」에 대하여 공금을 지출하는 것은 헌법 89조 후단에 위배되어 허용될 수 없다고 해석된 것이다.

사학의 관할청인 문부성은 당초 「사립학교의 교육은 헌법 89조에서 말하는 「공의 지배」에 속하는 교육이라고 이해하고 있으나, 다른 의견도 있기 때문에 목하 검토 중이다」(마쓰쇼(松商)학원고등학교장에 대한 학교교육국장의 회답, 1948년 10월 23일)라고 밝혔지만, 그 후 사립학교법 법안의 심의 단계에서는 「사립학교에 대한 원조는 하등 문제될 것이 없다」는 견해를 나타내기에 이르렀다. 사학은 「국가가 본래 행해야 할 교육 사업을 특허를 얻어 국가를 대신해 행하고」 있고, 「교육기본법에서 말하는 '공의 성질'을 가지고」 있으며, 또한 「학교교육법 하에서 적지 않은 공의 지배에 속하고 있다」(학교교육법 일원설)는 것이 그 근거였다.

물론 당시에는 이러한 문부성의 견해보다는 상술한 법무청의 견해 쪽이 더 유력했다. 그 때문에 「공적 기관에 의한 원조를 필요로 하는 사립학교와 그렇지 않은 사립학교를 구별하여」, 전자에 대해서는 관할청에 법무청 견해에서 표명된 바의 넓고도 강도 높은 규제권을 부여하여 이를 「공의 지배」에 속하게 한다는 사학종별화론도 나왔지만(학교법인 2분설), 이를 「학교체계를 어지럽히는 것」이라고 하여 배척한 경우도 있다.[22]

상술한 바에서도 엿볼 수 있듯이, 사학에 대하여 공적자금 조성을 할 수 있는지 없는지의 문제는 그 후 사립학교법의 제정 과정에서도 가장 중요한 주제로 논의의 초점이 되었는데, 많은 논의 끝에 결국 「헌법의 정신과 사립학교의 성격, 그리고 현실의 요청 사이의 조화 지점」으로서[23] 사립학교법 59조의 규정이 생기게 된다. 여기에서 사학은 학교교육법에 의한 규제에 더하여 사립학교법에 의한 조정에도 따르게 되었고(학교교육법과 사립학교법의 양립설), 그리하여 문부성은 사학은 「이와 같이 학교 및 학교법인 양자에 관하여 여러 점에서 공의 지배에 속해 있고, 헌법 89조의 요건을 충족하고 있는 것으로 해석된다. 따라서 학교법인에 대한 보조·대부 등의 조성을 하는 것은 헌법에 위배되지 아니한다」라는 명확한 입장을 취하게 된다.[24]

더욱이 그 후 사립학교진흥조성법이 제정되어 이 문제에 관한 문부성의 견해가 최종적으로 확정되기에 이른다. 그 견해에 따르면 「현행의 법제도상 결론적으로는 다음과 같이 해석해야 한다.」

즉 「헌법 제89조 후단의 '공의 지배'라는 규정의 취지는, 사립학교 및 기타 사립의 교육·자선 등의 사업에 관해서는 그 회계, 인사 등에 대하여 공공 기관의 특별한 감독 관계 하에 있지 않으면 공금의 지출 등을 해서는 아니 된다는 것이며, 이에 사립학교는 사립학교진흥조성법, 학교교육법 및 사립학교법이 정하는 관할청의 감독규정에 의한 '공의 지배'에 속해 있으므로, 이에 대한 조성은 헌법 89조에 비추어 적법하다.」[25]

또한 헌법 89조 후단과 사학에 대한 공적자금 조성의 관계에 대해서는 내각 법제국도 1979년과 1982년에 견해를 표명한 바 있는데, 두 경우 모두 상기의 문부성(한국의 교육부에 해당) 견해와 기본적으로는 궤도를 같이 하고 있다.[26]

2. 학설 및 판례의 상황

과연 사학에 대한 공적자금 조성은 헌법상 허용되는 것인가, 이에 관하여 헌법 89조 후단의 취지를 어떻게 해석할 것인가 하는 문제와 관련해서, 그리고 사학법제의 추이에 따른 사학에 대한 법적 규제의 범위나 강도와도 관련해서는 여러 가지 견해가 있어 왔으나, 그것들은 크게 다음 네 가지 입장의 설로 나눌 수 있다.

첫 번째 설은 사학조성 위헌설이다. 헌법 89조 후단의 「공의 지배」란 「국가 또는 지방공공단체의 특별한 통제 내지는 지배」를 말하며, 「통상의 규제·감독의 정도를 넘어 그 사업의 수행이나 운영에 대하여 결정적인 영향을 미칠 수 있는 특별한 통제·감독이 가해지는 것」을 말한다.[27]

「공의 지배에 속한다」라고 할 수 있으려면 국가 또는 지방공공단체가 「그 사업의 예산을 정하고 그 집행을 감독하며, 나아가 그 인사에 관여하는 등 그 사업의 근본적인 방향에 중대한 영향을 끼칠 수 있는 권력을 가지는」 것이 필요하다.[28] 따라서 「국가 및 지방공공단체가 직접 행하는 사업 외에 공사·공단 등이 행하는 사업도 '공의 지배'에 속하는 사업이며, 그 이외의 사업은 법률에 의한 통상의 규제 및 감독 하에 있는 것이라고 해도 여기에서 말하는 '공의 지배에 속하지 아니하는 사업'이다」라고 해석하게 된다.[29]

따라서 사립학교법 59조나 사립학교 진흥조성법 12조에서 규정되고 있는 정도의 「미온적·명목적인 감독—즉 보고를 받고 권고를 하는 것—이 과연 본조에서 말하는 '공의 지배'에 속하는지의 여부는 매우 의문스럽다. 그러한 감독 수단은 결코 구체적으로 그와 같은 학교법인 … 의 사업방향을 움직일 힘을 가지고 있지 않다. 이 정도의 것으로 그와 같은 학교법인 … 이 '공의 지배'에 속한다고 할 수 있다면 모든 공익법인이 '공의 지배'에 속한다고 할 수 있게 되어, 본조는 거의 사문화될 염려가 있다.」[30]

이러한 견해는 헌법 89조 후단의 취지가 「주로 사적인 자선 또는 교육 사업의 자주성에 대해서 공권력에 의한 간섭의 위험을 없애려는 데 있다」고 해석한다. 국가 또는 지방공공단체는 공금의 지출에 관해서 「납세자인 국민에게 중대한 책임을 지고」 있어 「그 책임을 다할 필요가 있으므로, 그와 같은 사업에 대하여 충분히 실질적인 감독권을 갖지 않으면 아니 된다.」 그러나 「그러한 지배권을 가진다는 것은 자선 또는 교육사업의 사적 자주성을 잃게」 하는 것이라고 설명된다.[31]

결국 헌법 89조 후단은 「'공의 지배' 하에 놓인 사업과 그러한 지배 하에 놓이지 않는 사적 사업을 명확하게 구별」하여 후자에 대해서는 공금의 지출 등 「재정적 원조는 절대로 허용될 수 없다」고 결론을 내린다.[32][33]

먼저 언급한 1949년 2월 11일부 법무청 법무조사 의견에 대한 장관의 회답도 「공의 지배」에 대한 해석에 관해서는 이 첫 번째 설과 궤도를 같이하고 있다.

두 번째 설은 첫 번째 설과는 반대로 소위 「공의 지배」의 법적 강도를 느슨하게 해석하여, 「공의 지배에 속한 사업」이란 「국가의 지배 하에서 특히 법적 규율 및 기타 규율을 받고 있는 사업」이라 보며, 따라서 교육기본법이나 학교교육법 등에 의해 국가의 지배 하에 놓여 있는 사학은 「공의 지배」

대상에 속한다고 해석한다.[34]

그리고 또 그 근거는 다르지만 교육기본법과 학교교육법에 규정된 「계통적 학교제도에서 실현되는 학교교육사업은 국민 전체의 것이라는 기반에 서서 행해질 때 공적 사업이며 공공을 위해 행해지는 것이라 할 수 있으므로, 공의 성질을 가지며」,[35] 따라서 결국 「공의 지배」에 속한다고 해석하는 설도 있다.

이와 같은 설들은 이른바 「공의 지배」는 교육기본법 및 학교교육법에 의한 규율만으로도 충분하고 사립학교법이나 사립학교진흥조성법이 정하는 감독이 없어도 성립한다고 해석하는 점에서 서로 통한다.

더욱이 이 두 번째 설은 사립학교법 제정 이전에 문부성이 취하고 있었던 견해, 즉 소위 학교교육법 일원설과 같은 취지에 있다.

세 번째 설은 사학은 교육기본법과 학교교육법에 의한 규제에 더하여 사립학교법 59조가 규정하는 관할청의 감독에 따르는 것이므로 「공의 지배」에 속하는 것으로 볼 수 있다는 견해이다. 이 설에 의하면, 헌법 89조 후단에 의거하여 「국가는 재정적 원조를 하는 한 그 원조가 부당하게 이용되지 않도록 감독할 것이 요구된다. 바꾸어 말한다면 이 같은 감독에 따르지 않는 사적 사업에 공의 재산을 지출하여 이용하게 해서는 아니 된다. … 따라서 사립학교법 제59조에서 규정하는 정도의 감독에 의하더라도 공의 지배에 속한다고 인정하는 것이 타당」한 것이다.[36]

사립학교법의 제정 과정에서 문부성이 사학조성 합헌의 근거로서 이른바 학교교육법과 사립학교법의 양립설을 강하게 주장한 것은 이미 말한 바이다.

네 번째 설은 종래의 헌법학설과 마찬가지로 헌법 89조 후단을 금과옥조로 삼는 것이 아니라, 거기에서 언급된 「공의 지배」의 해석에 있어서 헌법 14조(평등원칙), 헌법 23조(학문의 자유), 헌법 25조(생존권), 헌법 26조(교육을 받을 권리) 등의 인권조항을, 특히 헌법 26조를 체계적·종합적으로 해석하여, 현행 교육법제에서의 사학에 대한 국가적 규율 및 감독의 범위와 정도로도 사학은 「공의 지배」의 요건을 충족시키므로, 사학조성이 합헌이라 해석하는 견해이다. 이는 오늘날의 헌법학설과 교육법학설에서 지배적인 견해이며,[37] 여러 판례들도 기본적으로는 이 입장에 서 있다.[38] 예컨대 사립대학병원에 대한 공금지출 사건에 관한 치바(千葉) 지방재판소 판결(1986년 5월 28일, 「判例時報」, 1216호 57면)은 다음과 같이 판정하고 있다.

「헌법 89조의 '공의 지배'의 의미는 헌법 19조, 20조, 23조의 규정들 외에, 교육의 권리의무를 정한 헌법 26조와 관련하여 사립학교의 지위·역할·공적 조성의 목적·효과 등을 종합적으로 감안하여 판정해야 하는 것으로 해석된다. 국가 또는 공공단체가 인사·조직·예산 등에 대하여 근본적으로 지배하는 것이 필요하다는 취지가 아니라, 그보다 가벼운 법적 규제를 받고 있는 것만으로도 족하므로, 사립학교에 관해서 말하자면 교육기본법·학교교육법·사학법 등의 교육관계 법규에 의한 … 규제를 받고 있는 경우 공의 지배에 속해 있는 것으로 해석될 수 있는 것이다.」

이러한 문맥에서 네 번째 설에 속하는 유력한 교육법학설이 다음과 같이 말하고 있는 것에 주목할 필요가 있다. 즉 헌법 89조 후단은 미국의 주 헌법의 흐름을 따라 '지원이 없으면 규제도 없다(no support, no control)'는 취지를 정한 재정 조항에 다름 아니며,[39] 교육인권 조항인 헌법 26조와 모순대립한다. 거기서 「헌법 89조 후단의 해석에 있어서는 일본 헌법에 내재하는 이 26조와의 모순대립을 솔직하게 인정하고 재정상 지출 불능이 아닌 한 교육인권 조항의 요청을 재정조항보다 우선하여 89조 후단의 합리적인 축소 해석을 하는 것이 옳다.」[40]

게다가 이와 관련하여 이 네 번째 설에 속하는 학설 가운데는 헌법 26조를 원칙적 규정으로, 그리고 89조를 기술적 규정이라 보고, 전자가 후자보다 우선적이라고 판단함으로써, 헌법 조항에 가치서열을 정하고 사학조성의 합헌성을 도출하는 헌법학설도 있다.[41]

그런데 상술한 바와 같은 사학조성 합헌론도 사학조성 위헌론과 마찬가지로, 헌법 89조 후단은 사학조성을 할 경우의 조건을 정한 것이라고 보고, 헌법 89조 후단의 취지 및 거기에서 말하는 「공의 지배」가 지니는 법적 의미내용과 연관하여 사학조성의 헌법상의 가부를 묻고 있는데, 이와 같은 접근과는 다르게 사학에 대한 공적자금 조성은 「89조와는 관계없는 문제이며, 정확히 89조의 제약 하에 있는 것이 아니다」라고 해석하는 극히 독특한 헌법학설이 있다.

이 설에 의하면 「사립학교가 행하는 사업은 헌법 25조, 26조에 의해 본래 국가가 해야 할」 사업이며, 「국가 시책의 부족한 부분을 사인이 메우고 있는」 것이다. 그렇다면 사학에 대하여 「국가가 보조를 하는 것은 헌법 25조, 26조에 의거할 때 당연히 요청」되며, 「'공의 지배'에 속하는지 속하지 않은지와는 상관없이 사립학교 … 에 대한 보조 조성은 헌법상 요청된다」는 것이다.[42]

분명 이 학설이 말하고 있듯 사학에 대한 공적자금 조성은 헌법의 요청하는 바이지만(이에 대해서는 뒤에 기술하겠다), 그러나 이 설이 논거로 삼고 있는 「교육에 있어서의 국가의 역할」 인식은 그 기본에서 중대한 결함을 지닌다는 비판의 여지가 있다. 거기에서는 사학의 존재의의나 교육상의 역할, 교육에 있어서의 가치다원주의와 「사학의 자유」의 교육법제상의 원리적 의의가 거의 이해되고 있지 않으며, 기본적으로는 2차 세계대전 이전의 법제에서와 같은 방식의 법제도 인식이 드러나고 있는 것이다.

제4절 헌법상의 요청으로서의 사학조성

상술한 것처럼 사학조성에 관해서 위헌이라는 유력한 헌법학설도 있지만, 오늘날 정부의 견해는 물론 학설 및 판례에서도 사학조성은 합헌이라는 데 일반적 합의가 성립되어 있는 것으로 보인다.

그러나 보다 정확하게는 사학에 대한 공적자금 조성은, 특히 고교 단계에 서는 합헌일 뿐만 아니라 보다 적극적으로 헌법이 요청하는 것이라고 파악 된다. 그 근거는 다음과 같다.

1. 국가의 교육주권에 근거한 헌법상의 제도로서의 공교육제도: 공교육기관으로서의 사학

첫째, 공교육제도는 국가의 교육주권에 근거한 헌법상의 제도로서, 거기 서 국가는 공교육에 관한 일반적 형성권 내지 규율권을 가짐과 동시에, 국민 의「교육을 받을 권리」에 호응하여 적절하고도 기능이 충분한 공교육제도를 유지할 의무를 지고 있다는 점을 근거로 들 수 있다. 부연한다면 독일 교육 심의회의 권고에도 있듯,「사회국가에서는 교육관계의 기본권의 실현은 그 때그때의 자유로운 교육의 제공에 맡길 수 없다. 설치 주체가 공립인지 사립 인지를 불문하고 모든 교육제도에 대해서는 공의 책임이 존재」하며(43), 그 때문에 국가는 상기와 같은 교육 권한을 갖는 데 머무는 것이 아니라 보다 적극적으로「관련된 권한을 짊어질 원칙적 의무가 부과되어 있다」고 여겨지 는 것이다.(44)

한편 일본의 경우 현행 법제상 사립학교는 공교육기관으로 평가되고 있으 며, 사학교육은 공교육에 포함되어 있다. 구교육기본법이「법률이 정하는 학 교는 공의 성질을 가진다」(6조 1항)고 규정했으며, 신교육기본법도 이 점을 다시 확인하고 있다(6조 1항, 8조). 게다가 사립학교법도「사학의 공공성」을 높이려는 것을 그 주요 목적으로 하고 있다.(1조)

이와 같이 공교육기관으로서의 사립학교는 한편으로는 헌법상의 기본권으 로서「사학의 자유」를 가지면서, 다른 한편으로는 그 공공성에 근거하여 교 육기본법을 비롯한 학교교육법령의 적용을 국·공립학교와 기본적으로는 똑 같이 받아 관할청의 감독 하에 놓여 있다.

부연하면 「사립학교 역시 공공의 교육과제(öffentliche Bildungsaufgaben)를 담당하는 것으로서 공교육제도에 참여하고 있다」는 것이다.[45]

이와 같이 국가 및 지방자치제는 국·공립학교에 대해서와 마찬가지로 사학에 대해서도 그 교육 및 학습 조건에 관하여 일정한 범위와 정도의 정비의무를 헌법상 원리적으로 짊어지고 있는 것으로 추론된다.

이와 관련하여 예를 덧붙이자면, 독일의 바덴 뷔르템베르크 주 헌법은 「공립학교에서의 수업과 교재는 무상으로 한다」(14조 2항 전단)고 규정한 후 다음과 같이 명기하고 있다.

「공공의 수요(öffentliches Bedürfnis)에 응하여 교육적으로 가치가 있다고 인정받고, 또한 공익에 입각한 교육을 수행하는 사립학교들(auf gemein-nützige Grundlage arbeitende Privatschulen)은 … 재정적인 부담의 균등을 요구할 권리를 가진다」(14조 2항 후단).[46][47]

이러한 취지를 수용하여 사립학교법은 「사립학교는 … 주의 학교제도를 풍요롭게 하는 공공적 과제에 이바지하는 것으로 여겨진다. 사립학교는 자유로운 학교 선택의 기회 제공을 보충하고, 또한 독특한 내용과 형태의 교육을 행하는 것으로 학교제도를 향상시킨다」(1조)라고 기술하고 있다.

더욱이 사학의 존재 의의 및 「사학의 자유」 보장과 관련해서 중요한 것은, 이른바 사회의 공공적 교육과제 수행에 있어서 사학에 요구되는 것은 국·공립학교 교육과의 「등가성」(Gleichwertigkeit)이지 「동종성」(Gleichartigkeit)은 아니라는 것이다.

바꾸어 말하면 교육목적·내용·조직편제·교원의 자질 등에 관하여 사학에게는 국·공립학교와의 등가성이 요구되며, 이 요건을 갖추는 것이 곧 사학이 공공성을 가진다는 것이다. 이에 따라 이른바 「사학의 공공성」에 의거하는 공적 규제는 「사학교육과 국·공립학교 교육의 등가성」을 확보하기 위해 필요한 최소한의 조치에 한정되어야만 한다는 명제가 추론된다.

2. 헌법상의 제도로서의 사학제도: 이른바「제도적 보장」으로서의 사학제도

둘째, 사학의 존재이유나 역할과 관련해서 사립학교 제도는 헌법상 이른 바「제도적 보장」(institutionelle Garantie)을 받고 있다는 점을 근거로 들 수 있다. 여기서 제도적 보장이란 독일의 바이마르 헌법의 해석으로 이론화된 개념인데, 헌법 조항 중에서 개인의 권리 보장과는 구별되는 어떤 특정 제도의 존재 내지는 유지를 보장하는 조항을 말한다.(48)

사학의 적극적인 존재이유와 역할은 한마디로 말하자면 국·공립학교와는 질적으로 다른 독자적 교육을 제공하는 데 있다고 할 것이다(사학의 존재의의로서의 사학교육의 독자성). 그것은 법적인 관점에서 보면「국가의 학교교육 독점」(Staatliches Schulmonopol)의 부정과 그에 맞서는「교육의 자유」와 「사학의 자유」보장을 전제로 하여, 무엇보다도 아동의「교육을 받을 권리」(독특한 사학교육을 받을 권리 및 종교교육을 받을 권리)나「부모의 교육권」(특히 종교교육권과 교육의 종류 선택권)에 호응하여 이러한 개인적 권리를 보장함으로써,「시민사회 및 교육에 있어서의 자유와 다양성 그리고 가치다원주의」를 확립하고(사학교육의 가치원리로서의 자유와 사회적 다양성의 확보), 동시에「자율적이고 성숙한 책임 있는 시민적 주권주체(public citizen)의 육성과 자유롭고 민주적인 사회 또는 국가의 유지·발전이라는 사회공공적인 과제에 이바지하는 것이기도 하다(사학의 공공성의 근거로서의 사학교육의 다양성과 독자성).

요컨대 사학의 존재와 그 (기대되는) 역할은 자유민주주의 헌법 체제의 근간에 관련되는 것이며, 이로써 사립학교 제도는 헌법에 의해 그 존재가 제도로서 당연히 보장된다는 것이 추론된다. 표현을 달리하면, 사립학교 제도는 그 존재이유에 있어서 근본적으로는 자유민주주의 헌법체제 그 자체에 근거하는 것이다. 이같이 일본 헌법은 「헌법적 자유」로서 「사학의 자유」를 헌법 상의 기본적 인권으로서 보장함과 동시에 「헌법상의 제도로서의 사학제도」 도 함께 보장하고 있다는 것이 중요하다.(49)

그리고 「헌법상의 제도로서의 사학제도」라는 법적 평가에 의거하여 국가 및 지방자치체는 사립학교가 그 자체 제도로서 존속하고 유지될 수 있도록 헌법상 그 존재를 보장함과 동시에,(50) 그것을 가능하게 하는 재정상의 조치 를 강구할 의무를 지고 있다는 결론이 나온다(헌법상의 의무로서의 국가, 자 치체의 사학조성의무).

참고하자면 이 점에 관해 독일연방헌법재판소(1987년 4월 8일 판결, 자세 한 내용은 후술하겠다)도 독일 기본법 7조 4항이 「사학의 자유」를 헌법상의 기본권으로 보장함과 동시에, 사립학교 제도를 헌법상의 제도로서 보장한다 고 밝히고, 다음과 같이 판결한 바 있다.(51)

「1. 독일 기본법 7조 4항은 국가에 대하여 사립학교 제도를 보호할 의무를
    부과하고 있다.

2. 사립학교 제도가 그 존재를 위협받을 경우, 국가가 지고 있는 보호 의
   무(Schutzpflicht)로부터 구체적인 행위 의무가 발생한다.

3. 국가의 이 보호 의무가 어떤 방법으로 이행될 것인가를 결정하는 것은
   입법자의 의무이다.」

3. 헌법상의 구체적 권리로서의 교육을 받을 권리

셋째, 헌법 26조 1항, 즉 「교육을 받을 권리의 보장」은 종래 헌법학의 통 설이나 판례가 말해온 것과 같은 「프로그램 규정」이 아니라,(52) 대상으로 하 는 사항이나 범위에 따라서는 구체적인 청구권이나 요구권을 수반하는 법적 권리라는 점을 지적하지 않을 수 없다.

이른바 「교육을 받을 권리」는 기본적 인권의 전통적 유형에 의거하면 최우

선적인 생존권적·사회권적 기본권에 속하는 것이 분명하다.[53] 그러나 이 권리는 일반적인 사회권적 기본권과는 구별되는, 개인의 발달권 및 학습권을 실질 내용으로 하며 문화적 색채를 농후하게 띠는 교육기본권이면서,[54] 또한 사회권과 자유권의 양 측면을 함께 가지는 복합적 성격의 현대적 인권이기도 하며,[55] 그 때문에 이러한 본질과 관련해서 볼 때 법적 권리성을 다분히 가지고 있는 것으로 해석해야 할 것이다.[56]

그리고 가령「교육을 받을 권리」의 법적 성질에 관해서 학습권설이나 복합적 인권설을 취하지 않고 종래의 사회권설의 입장에 선다고 하더라도, 이른바 사회권의 기본적 인권으로서의 법적 강도, 즉 구체적 권리성의 존재 여부는 대상이 되는 사항 및 범위 또는 교육단계에 따라 상이하다는 점을 지적할 수 있다. 부연하면 이른바 사회권에 있어서는, 그 헌법상의 기본권 보장에서 즉시 구체적 권리가 도출되는「시원적(originäres) 사회권」과, 법률에 의한 구체화가 이루어짐으로써 비로소 법적 효력이 생기는「파생적(abgeleitetes) 사회권」간의 구별이 인지된다.[57]

그리하여 이 경우「교육을 받을 권리」는 특히 이 권리의 근간이며 핵심적 내용을 이루고 있는「의무교육을 받을 권리」와 이에 준하는「준의무교육 및 고교교육을 받을 권리」는 분명「시원적 사회권」에 속하며, 따라서 이에 호응하여 국가 및 지방자치체에게는 이러한 권리를 보장하기 위해 사학에 대한 공적자금 조성 등 교육의 조건 정비 의무가 헌법상으로 보다 광범하고 보다 강력하게 부과되어 있는 것이다(국가의 헌법상의 의무로서 교육을 받을 권리의 구체화 의무).

이 경우「의무교육을 받을 권리」를 포함하여 분명히「교육을 받을 권리는 그 내용이 광범하고도 다면적이기 때문에 법적 권리라고 하더라도 추상적인 것만은 부정하기 어렵다」[58]라고 일반적으로 말할 수는 있으나, 사항이나 범위에 따라서는 구체적인 청구권이나 요구권까지도 예정하고 있는 헌법상의 구체적 권리라고 보는 것이 타당하다. 특정 경우나 특정 사항에 관해서는

「교육을 받을 권리」의 보장은 단지 추상적 권리임에 그치지 않고 구체적 효력을 가진 법적 권리로서 재판규범일 수 있는 것이다.[59]

덧붙여서 독일에 있어서도 헌법상의 「교육을 받을 권리」로부터 국가에 대한 주체적인 급부청구권(Anspruch auf staatliche Leistung)이 나올 수 있는지의 여부에 관해, 다시 말해 이른바 「교육을 받을 권리」가 주체적 권리(Subjektives Recht)인지의 여부에 관해 학설 및 판례에 따라 견해가 갈리는데,[60] 유력한 학교법학설에 의하면 「교육을 받을 권리」의 근간적 핵심 부분, 즉 「교육의 최소 보장을 요구하는 기본권」(Minimumgrundrecht auf Bildung)은 헌법상 구체적 권리성을 가지고 있는 것으로 해석되고 있다.[61]

지금까지 말한 것에 덧붙여, 독일의 바덴 뷔르템베르크 주 헌법에 나타난 「교육을 받을 권리」 보장의 법적 구성과 이에 관한 헌법학설은 도움이 된다.

동 헌법은 「모든 청소년은 … 그 능력에 응하여 교육 및 교육훈련을 받을 권리를 가진다」(11조 1항)라고 규정하여, 교육을 받을 권리가 헌법상의 기본권이라는 점을 확인하고, 나아가 이어지는 동조 2항에서 「공공의 학교제도는 이 원리에 근거하여 형성되는 것으로 본다」고 규정함으로써, 이른바 「교육을 받을 권리」가 공교육제도 형성의 지도 원리로 되어 있다는 취지를 분명히 드러내고 있다.[62] 그리고 이러한 조항들을 받아들여 「국가 및 지방자치체는 필요한 재정상의 조치, 특히 교육보조금제도(Erziehungsbeihilfe)를 정비해야 한다」(동조 3항)는 규정을 두고 있다(국가 및 지방자치체의 헌법상의 의무로서의 재정상의 조치 의무).

이리하여 동 헌법의 권위 있는 해석에 의하면 상기 「교육을 받을 권리」 보장 조항은 단순한 프로그램 규정에 그치는 것 아니라 「객관법 질서 및 헌법의 가치질서의 구성요소」를 이루고 있으며, 따라서 동 조로부터 「직접적인 구속력을 가지는 헌법상의 요청」(unmittelbar bindendes Verfassungsgebot)이 유도된다고 해석되는 것이다.[63]

4. 헌법상의 기본권으로서의 사학교육을 받을 권리

넷째, 헌법 26조가 보장하는 「교육을 받을 권리」에는 그 내용으로서 「사학교육을 받을 권리」 내지 「사학에서 배우는 자유(사학에서의 학습권)」가 당연히 포함된다는 것을 근거로 들 수 있다. 본래 이 권리는 헌법상의 기본권으로서 국가 및 지방자치체를 1차적 관계자로 설정하며, 이에 이 권리에 호응하여 「국가 및 지방공공단체는 … 조성이나 기타 적당한 방법을 통해 사립학교 교육의 진흥에 힘써야」(교육기본법 8조) 하는 헌법상의 의무를 지는 것이다(헌법상의 기본권으로서의 사학교육을 받을 권리와 그것에 대응한 국가 및 지방자치체의 사학교육 진흥 의무).

덧붙여 부모도 헌법상의 자연권적 기본권인 「부모의 교육권」의 중요한 내용으로서 「교육의 종류를 선택하는 우선적 권리」를 갖고 있으며(세계인권선언 26조 3항), 또한 이 권리가 과거는 물론 오늘날에도 사학선택권을 그 1차적인 내용으로 하고 있다는 사실도 앞에서 말한 국가 및 지방자치체가 사학교육 진흥의 의무를 가진다는 것을 더욱 강하게 뒷받침한다.

5. 「교육에 있어서의 평등원칙」과 「교육에 있어서의 기회균등의 원칙」에서 오는 요청

다섯째 근거로 들 수 있는 것은 헌법상의 기본원칙인 「법 아래에서의 평등원칙, 교육에 있어서의 평등 원칙」(14조 1항) 및 「교육에 있어서의 기회균등의 원칙」(26조 1항)에서 오는 요청이다. 여기서 말하는 「교육을 받을 권리」는 역사적으로도 오늘날에 있어서도 「교육의 기회균등에의 청구권」(Das Recht auf chancengleiche Bildung)을 1차적인 내용으로 해왔고,[64] 이를 받아들여 교육기본법도 다음과 같이 명기하고 있음을 다시 확인해 두지 않으면 안 된다. 「모든 국민은 똑같이 그 능력에 상응하는 교육을 받을 기회를 얻을 수 있어야 하며 … 경제적 지위…에 의해 교육상 차별을 받지 아니 한다」(4조 1항).

6. 소극적 학교선택으로서의 사학선택: 사학에 있어서의 「수익자부담의 원칙」의 타당성

여섯째 근거로 들 수 있는 것은, 일본에서는 의무교육 단계는 물론, 중등교육이나 고등교육의 단계에서도 국·공립학교의 양적 보완형 사학이 대다수이며, 따라서 사학을 선택했다고 하더라도 제도적으로 어떤지와 무관하게 현실적으로는 사학에 진학하는 것이 자유의사에 의한 「적극적 학교선택」이 아니라 국·공립학교에 입학할 수 없기 때문에 행해진 「소극적 학교선택」인 경우가 많다는 현실이다. 이와 같은 경향은 특히 지방의 사학에서 현저하게 보이는데, 이 점은 의무교육 단계에서의 사학선택이 기본적으로는 아동이나 부모의 「적극적 선택」 때문인 것과는 매우 다르다.

그러므로 여기에서 중요한 것은 기존의 사립 의무교육학교에서의 수업료 징수의 근거, 즉 사학에서의 「수익자부담의 원칙」의 근거는 바로 이 「적극적 선택성」에서 찾을 수 있었다는 것이다. 덧붙여 이 점에 관해 문부행정 해석은 이른바 「권리 포기론」의 입장에서 다음과 같이 설명하고 있다.

「사립의 소학교, 중학교 또는 중등학교의 전기 과정으로의 취학은 보호자의 자유로운 선택에 의한 것이므로 공립학교 취학에 따르는 수업료 무상의 권리를 포기한 것이라고 생각되기 때문에, 수업료의 징수를 금하지 않고 있다.」[65] 이와 함께 이른바 국·공립학교 보완형의 사학, 특히 사립 고교는 학생의 「고교교육을 받을 권리」라는 생존권적·사회권적 기본권에 대응하고 있는데 비해, 사립 의무교육학교는 1차적으로 아동과 부모의 사학선택권이라는 자유권적 기본권에 대응하고 있다는 사실도 중요하다.[66]

7. 사학에 대한「공의 지배」와「사학의 자유」: 헌법 89조 후단의 축소 해석

앞의 설명에 보태어 현행 법제 하에서의「사학조성의 합법성」을 약간의 언급을 통해 확인하고자 한다.

상술한 바와 같이 사학조성을 둘러싸고 사학에 대한「공의 지배」의 해석 여하에 따라 위헌설과 합헌설이 주장되고 있는데, 위헌설은 물론 합헌설 입장에 선 학설과 판례에서도 사학은 현행 법제상 이른바「헌법적 자유」로서의「사학의 자유」를 누려야 한다는 것이 전혀 고려되지 않고 있음을 지적하지 않을 수 없다. 헌법 89조 후단에서 말하는「공의 지배」의 범위와 정도는 사학과의 관계에 있어서는「교육을 받을 권리」로부터의 요청에 의해서는 물론이거니와, 1차적으로는 헌법상의 기본권인「사학의 자유」와의 법적 긴장에 의거하여 명확히 한정하여 정해야 하는 것이다(「사학의 자유」의 보장 효과로서의 사학에 대한 법적 규제의 축소 및 약화). 이미 상세하게 언급한 것처럼 일본의 헌법은 이른바「헌법적 자유」의 하나로서「사학의 자유」를 보장하고 있는 것으로 해석된다. 그리고 이 자유에는 크게「사학을 설치하는 자유」,「사학에 있어서의 교육의 자유」(「조직편제의 자유」를 포함) 및「교원이나 아동·학생을 선택하는 자유」가 포함되어 있는데, 사학에 대한「공의 지배」의 범위나 정도는, 즉 사학이 과연「공의 지배」에 속하는 것인지 아닌지의 문제는, 1차적으로는 사학의 보호법익과의 긴장관계로서 파악되어야 하는 것이다.[67] 이러한 관점에서 사학에 대한 현행 법제상의 규제를 살펴보면, 먼저 상술한 바에서 알 수 있듯이 사학은 전반적으로 충분히「공의 지배」에 속하고 있다고 해도 될 것이다. 오히려「사학의 자유」보장에 비추어 볼 때 법 영역에 따라서는 중대한 문제를 품고 있는 규제의 예도 보인다.

구체적으로 말하면 예컨대 사립학교법 5조가「설비, 수업 기타사항에 관한

감독청의 변경명령권」을 규정한 학교교육법 14조를 사학에 대해서는 원칙적
으로 적용하지 않도록 규정하고 있는 것은 이론의 여지없이 당연하지만, 그
럼에도 불구하고 2002년에 새롭게 규정된 학교교육법 15조는 「사학의 자유」
보장과의 관계에 있어서 헌법상의 의문점이 있는 것으로 보아야 한다.

즉 동조에 의하면 문부과학대신(한국의 교육과학기술부 장관에 해당)은 사
립의 대학 및 고등전문학교에 대하여 「설비, 수업 및 기타 사항」에 관해서
필요한 조치를 취할 것을 권고할 수가 있고(1항), 권고해도 개선되지 않을 경
우에는 변경을 명할 수 있으며(2항), 나아가 변경명령에 의해서도 개선되지
않을 경우에는 학부 등 조직의 폐지를 명할 수도 있는 것으로 된 것이다(3
항). 한편, 사학진흥조성법 등이 규정하는 사학에 대한 재무감독은 「공금남
용의 방지」라는 헌법 89조 후단의 입법취지로 볼 때 당연한 요청이라고 할
수 있다. 사학은 그 재정적 감독에 관해서는 「일반 재정처분과 마찬가지로
집행통제까지도 따른다」고 할 것이다.[68] 이 영역에서는 「사학의 자유」가 기
능할 여지가 없기 때문이다. 여기서 사학에 대한 조성제도가 시작된 이래 학
교법인의 부적절한 운영에 의한 불상사가 적지 않게 발생하고 있다는 현실
을 상기할 필요가 있을 것이다.[69]

이상 서술한 것처럼 사학에 대한 공적자금 조성은, 그 범위나 정도에 있어
서 학교의 단계에 따라 반드시 같지 않을 수 있다고 하지만, 규범원리로서
보자면 헌법이 요청하는 바이다. 이 점에 관하여 비교법제적인 설명을 다소
추가하자면 다음과 같다(상세한 내용은 제 II 부를 참조).

먼저 철저한 「교육의 자유」 보장으로 세계적으로 유명한 네덜란드의 경우
「교육의 자유」는 교육에서 가장 중요하고도 근간이 되는 법제도 원리가 되
어 있다. 1848년의 헌법은 「교육의 자유」와 더불어 「사학의 자유」도 명기하
고 있으며(201조), 현행 헌법도 마찬가지이다(23조). 그리고 1917년의 헌법
개정 이래 「사학의 자유」에 현실적·재정적 기반을 주기 위해 사립학교도
공립학교와 마찬가지로 공적자금에 의해 설치·관리 및 운영된다고 하는,

「사립학교와 공립학교의 재정 평등의 원칙」이 헌법상의 원칙으로 확립되어 있다(국가의 헌법상의 의무로서의 사학조성, 국고부담금으로서의 사학조성).[70]

또한 독일에서는 앞서 잠깐 살펴 본대로 「사학의 자유」가 헌법에 의해 보장됨으로써(기본법 7조 4항), 사학조성청구권은 헌법상의 권리로서 여러 주의 헌법에 명기되어 있다.

예컨대 노르트라인 베스트팔렌 주 헌법은 「사립학교는 공립학교와 같은 권리를 가진다. 사립학교는 그 임무를 다하고, 또 그 책임을 이행하는 데 필요한 공적 조성을 청구하는 권리(Anspruch auf erforderlichen öffentlichen Zuschüsse)를 가진다.」고 강조하고 있으며(8조 4항), 바덴 뷔르템베르크 주 헌법의 규정은 앞에서 사례로 인용한 바 있다.

그래서 이 같은 실정 법제를 따라 「헌법상의 권리로서의 사학조성청구권」은 1966년 이후 연방헌법재판소에 의해서도 확인되고 있으며, 또한 연방헌법재판소도 1987년에 「헌법 7조 4항(사학설치권, 사학의 자유)은 국가에 대하여 사립학교를 지원할 의무를 부과한 것이다」라고 판시하여 사학에 대한 국가의 헌법상의 지원의무를 확인하고 있음은[71] 상술한 바이다.

더욱이 벨기에에서는 1831년의 헌법에 의해 「교육의 자유」가 보장되었고, 현행 헌법도 이를 계승함과 동시에(24조 1항) 새롭게 「부모의 학교선택권」(동조 동항)과 「교육을 받을 권리」 및 의무교육의 무상제를 헌법상 명기하였다(24조 3항). 1989년 이래 교육에 관한 권한은 원칙적으로 「공동체」에 속하고 있으며, 아동의 도덕교육, 종교교육을 받을 권리(24조 3항)에 호응하여 헌법은 공동체에 대하여 그 비용 부담의무를 규정하고 있다. 이처럼 벨기에에서는 헌법의 이러한 조항으로부터 사학의 공적자금 조성 청구권이 도출된다고 보고 있으며, 사학은 「국가 및 공동체로부터 재정지원을 받는 자유로운 학교」로서 자리매김을 하고 있다.[72]

더욱이 「사학의 자유」와 「사학조성」의 관계에 대해서 1984년 유럽의회가 다음과 같이 격조 높은 결의를 하고 있음은 주목할 만하다.

「교육의 자유권으로부터 본질적이고 필연적으로 도출되는 것은 다음과 같다. 즉, 이 권리의 현실적 행사를 재정적으로 가능케 하고, 또 사학에 대해 사학이 그 과제를 달성하고 의무를 이행하도록 하기 위해, 필요한 공적자금 조성을 이에 대응하는 공립학교가 향유하고 있는 것과 같은 조건으로 보장하는 것이 바로 가맹국의 의무라는 것이다.」(73)

「사학의 자유」와 「사학조성」은 서로 받아들여지지 않는 원칙이 아니다. 오히려 「사학조성」은 「사학의 자유」에 재정적 기반을 주는 것이며, 이에 「사학의 자유」 보장이라는 원칙으로부터 국가의 사학에 대한 조성의무가 도출되는 것이다.

지금까지 말한 것과 관련해서 이하 두 가지 점에 대하여 부언해 두고자 한다.

첫째, 일본의 경우 종래에는 사립학교에 대한 공적자금 조성의 근거는 넓게는 「사학의 공공성」에서 찾아져 왔지만, 오늘날에는 「사립학교를 둘러싼 환경의 변화」에 입각하여 사학조성의 근거로서는 「공공성보다는 자주성과 독자성을 전면에 내세워야 한다」는 관점과, 또한 「공공 재정지출 절감에 기여하는 것이 조성의 유력한 근거가 된다」고 하는 관점이 유력한 학설을 이루고 있다. 그러한 관점의 학설들은 다음과 같이 언급한다.(74)

「사학의 자주성은 학교교육 전체의 다양성을 낳으며, 사람들의 선택 가능성을 증대시키는 등의 기능을 수행한다. 이처럼 사학의 독자성의 발휘가 넓은 의미에서의 공공성의 촉진이 되는 경우는 충분히 있을 수 있다.」

「현재처럼 국가나 지방 모두가 전에 없었던 재정적 위기에 빠져 있는 경우, 정부의 입장에서 볼 때 사학의 존재가 주는 최대의 이점은 그것이 공공 재정지출의 절감에 기여하고 있다는 것이다.」(75)

현행 실정 법제의 해석론으로서, 또는 사학조성의 정책론 내지 운동론으로서도 이는 귀를 기울일 가치가 있는 견해로 평가된다.

　실제로 앞에서 언급한 유럽 국가들의 경우, 사학조성의 근거는 자유민주주의 국가에서의 사학의 존재의의와 사학교육의 독자성에서 찾아지고 있으며, 또한 예컨대 독일 연방행정재판소의 판결도 사학에 대한 공적자금 조성의 유력한 근거의 하나로서 「국가의 부담경감」(Entlastung des Staates)을 들고 있는 것이다.[76]

　두 번째는 학교교육비의 국제비교라는 관점에서 본 일본의 교육현실에 관한 것이다. 국내총생산(GDP)에 대한 공공 재정지출 학교예산의 비율(모든 교육단계, 2009년)은 일본에서는 3.8%로서, OECD 가맹국 평균인 5.8%에 2% 밑돌고, 가맹국 34개국(계수불명의 3개국 제외) 중에서 최하위가 되어 있다. 덴마크(8.7%), 아일랜드(7.8%), 노르웨이(7.3%), 스웨덴(7.3%), 뉴질랜드(7.2%) 등, 상위국과 비교하면 큰 폭의 차이가 있다. 일반 정부 총지출에서 점하는 공공 재정지출의 비율을 봐도 일본은 최하위에 놓여 있다(일본 8.9%, OECD 가맹국 평균 13.0%, 상위국: 뉴질랜드 21.2%, 멕시코 20.3%).

　이에 비해서 사비부담 학교교육비의 비율(모든 교육단계)은 OECD 가맹국(16.1%)의 약 두 배(31.9%)로서, 칠레(41.1%), 한국(40.0%)에 이어 세 번째로 높은 것(4위: 영국 31.1%, 5위: 미국 28.0%)이 현실이다.

　그리고 핀란드(2.4%)나 스웨덴(2.6%)처럼 사비부담 학교교육비의 비율이 낮은 국가와 비교하면 그 부담률은 실로 열두 배 이상 높다.[77]

(注)
(1) 神田修・寺崎昌男・平原春好篇,「史料・教育法」, 学陽書房 1972年, 54~55頁.
　　이 시기의 사학정책에 대해 자세하게는 国立教育研究所編,「日本近代教育百年史1, 教育政策(1)」, 1973年, 230頁 이하를 참조.
(2) 일본에서 사립대학의 설립이 인가된 것은 1934년 2월의 게이오 의숙대학과 와세다 대학이 최초이다(文部省「学制百二十年史」, ぎょうせい 1992年, 77頁).
(3) 전후 국가가 사립에 대하여 처음 행한 조성조치는 1946년도 예산에 계상한 사립학

교 건물 전재복구 대부금의 창설이었다(国立教育研究所編,「日本近代教育 百年史 2 教育政策(2)」, 1973年, 409頁).

(4) 이 사건에 관하여 오사카 지방재판소(1980년 5월 14일 판결,「判例時報」972号 79 頁)는, 대략 다음과 같이 판단하여 원고의 소송을 물리치고 있다.

① 헌법 26조는 비의무제 단계에서의 교육조건의 정비내용에 관해서는 구체적으로 규정하지 않아 그 내용은 그 시대의 문화, 사회의 발전 정도, 교육에 대한 사회의 관심 등에 의해 변동될 수 있다.

② 교육을 받을 권리를 실현하기 위해서는 막대한 예산이 필요하기 때문에, 다른 정책 과의 조화를 도모하면서 종합적·장기적 전망에 선 국회나 내각의 정치적 재량이 불가피하다.

③ 고등학교 교육의 충실을 요구하는 국민은 그 의사를 선거 등에 의해 정책결정에 반 영시킬 수 있기 때문에, 강구해야 할 시책내용의 결정에 관해서는 국회의 광범위한 재량이 인정된다.

④ 교육을 받을 권리는, 국민의 직접적 생사와 관계된 생존권의 보장 문제와 비교해 보면, 긴급성 및 중요성의 정도에 차이가 있어서 보장 한계의 획정도 생존권에 비 해 어렵다.

이상과 같이, 헌법은 고등학교 교육에 관련된 교육조건들의 정비에 관해 국회와 내 각에 대하여 극히 광범위한 재량을 허용하고 있다.

(5) 1998년 1월에 일본사학진흥재단과 사립학교교직원공제조합이 통합되어 일본사립 학교진흥공제사업단이 되어 오늘날에 이르고 있다.

(6) 메이지 시대 이후, 오늘날에 이르기까지의 일본에서의 사학정책에 관한 상세한 내 용은 다음을 참조: 市川昭午,「私学助成政策の評価」, 科研費報告書「公共政策の決定 に伴う多元的総合評価システムの構築に関する学際的基礎研究」(研究代表者: 大山達 雄, 2004年), 52頁 이하.

(7) 神田修·寺崎昌男·平原春好編, 앞의 책 256~258頁 수록.

(8) 참조: 福田繁·安嶋彌,「私立学校法詳説」, 玉川大学出版部, 1950年, 4頁; 我妻栄, 「民法總則」, 岩波書店 1963年, 122頁.

(9) 福田繁·安嶋彌, 앞의 책, 4頁.

(10) 참조: 文部省私学法令研究会編,「私立学校法逐条解説」第一法規, 1970年, 185~208頁. 더욱이 아주 최근의 사건에서는, 군마(群馬) 현 다카사키(高崎) 시의 학 교법인 호리코시(堀越)학원이, 교직원에 대한 임금 미지급 등 법령위반을 이유로 문 부과학성으로부터 해산명령을 받았다(朝日新聞, 2013년 3월 29일자).

(11) 구 사립학교령은 「사립학교의 설비, 수업 및 그 밖의 사항에 있어서 유해하다고 인정될 경우 감독관청은 이것의 변경을 요구할 수 있다」(9조)라고 규정하고 있었다. 즉, 학교교육법 14조는 「본래 특허사업인 사립학교에 대한 감독청의 감독규정에 연원하고 있다」는 것을 알 수 있다(天城勲, 「学校教育法逐条海説」, 学陽書房 1954年, 74頁).

(12) 본 항은 사립학교법의 제정 과정에서 사립 관계단체의 강한 요망에 의해 중의원에서 삽입된 것이다. 그 결과, 사학 측에 설비, 수업 등에 있어서 법령위반 사실이 인정되어도 소관청은 이것에 대하여 변경명령을 내릴 수 없으며, 중대한 사태가 발생한 경우에는 5조 1항 2호에 의해 폐쇄명령을 내릴 수 있게 된다(文部省私学法令研究会編, 앞의 책, 30~31頁).

(13) 小野元之, 「私立学校法講座」, 学校法人経理研究会, 1998年, 220頁. 나아가 「사학의 자주성」 존중의 관점에서 사학진흥재단법을 비판적으로 고찰한 것으로는 특히 다음을 참조: 永井憲一, 「私学振興財団法」, 「法律時報」(42巻 10号, 1970年), 52頁 이하; 野上修一, 「日本私学振興財団法の問題点」, 大沢勝・永井憲一編, 「私学の教育権と公費助成」, 勁草書房 1973年, 154頁 이하.

(14) 이와 관련하여 1971년에 학교법인 회계기준이 제정되었다.

(15) 제63회 국회 참의원 문교위원회에서의 河野洋平 의원의 설명: 中村睦男, 「私学助成の合憲性」, 芦部信喜先生還暦記念論文集刊行会編, 「憲法訴訟と人権の理論」, 有斐閣 1985年, 433頁부터 인용.

(16) 사립학교 진흥조성법의 제정과정, 개요 및 문제점에 관해서는 특히 永井憲一, 「私学振興助成法の内容と問題点」, 季刊 「教育法」, 114頁 이하를 참조.

(17) 헌법 89조 후단에서 말하는 「공의 지배」라는 용어는 맥아더 초안의 단계에서는 「국가의 지배」라고 되어 있었다(中村睦男, 앞의 책, 426頁).

(18) 사립학교가 「공의 지배」에 속한다는 것에 관하여 민법학의 권위자이며 당시 일본 학술회의 대표였던 와가쓰마 사카에(我妻栄)는 1949년 11월 사립학교법안을 심의했던 중의원 문부위원회에서 다음과 같이 말했다.

「공의 지배에 속하는 사립학교, 정말 기묘한 관념이다. 사립학교란 공의 지배에 속하지 않는 것을 생명으로 삼고 있는 것이 아니겠는가. … 물론 오늘날의 일본의 사립학교가 궁핍의 바닥에 처해 있다는 것은 잘 알고 있다. 그러나 일시적인 궁핍 때문에 공의 지배에 속했다는 낙인이 찍힌다는 것은 사립학교의 긍지를 버리는 것이다. 전통을 자랑하는 일본 사립대학이 많지도 않은 조성금이나 저리자금 때문에 공의 지배에 속하게 되는 것을, 일본의 문화를 위해 슬퍼한다.」

그래서 이와 같은 입장에서 아가쓰마는, 사학조성은 전후 재해 부흥에 한해야 하며 경상비 조성은 해서 안 된다는 견해를 피력하고 있다(福田繁·安嶋彌, 앞의 책, 13~14頁에서 인용).

(19) 메이지 헌법은 조세법률주의(62조), 제국의회에 의한 예산의 협찬(64조), 결산의 의회제출(72조) 등을 규정하여, 일단 재정입헌주의의 원칙을 채용하고 있었는데, 일본 헌법 89조 후단에 상당할 만한 재정 조항은 없었다. 따라서 메이지 헌법 하에서는 사학에 대한 공적자금 조성을 두고 그 합헌성 또는 위헌성이 논의되는 일은 없었다.

(20) 新井栄治郎, 「憲法第89条をめぐる政府解釈と私学助成」, 東京大学大学院教育学研究科, 「教育行政学論叢」(第26号), 2007年, 2頁에서 인용.

(21) 中村睦男, 앞의 책, 428頁에서 인용.

(22) 福田繁·安嶋彌, 앞의 책, 33頁.

(23) 福田繁·安嶋彌, 앞의 책, 35頁.

(24) 福田繁·安嶋彌, 앞의 책, 31~33頁.

(25) 小野元之, 앞의 책, 222頁.

(26) 이 문제에 관한 내각법제국장관의 국회에서의 답변은 小野元之, 앞의 책, 228頁에 수록됨.

(27) 佐藤功, 「憲法(下)」, 有斐閣 1990年, 1167頁.

(28) 宮沢敏義著, 芦部信喜補訂, 「全訂日本国憲法」, 日本評論社 1987年, 742頁.

(29) 佐藤功, 앞의 책, 1167頁.

(30) 宮沢敏義著, 芦部信喜補訂, 「全訂日本国憲法」, 日本評論社 1987年, 749頁. 佐藤功, 앞의 책에서도 다음과 같이 적혀 있다. 「법률에 의한 통상의 규제 및 감독을 받는 사업은 모두 '공의 지배'에 속하는 사업이라 해석한다.」 예컨대 주식회사까지도 「공의 지배」에 속하는 것으로, 전혀 「공의 지배에 속하지 않는 사업」이란 존재하지 않게 되어, 89조 후단은 「그 적용의 대상도 없는 것(즉 내용이 비어 있는 글)이 된다.」(1167面頁).

(31) 宮沢敏義著, 芦部信喜補訂, 앞의 책, 746~747頁.

(32) 宮沢敏義著, 芦部信喜補訂, 앞의 책, 747頁.

(33) 伊藤正巳, 「憲法(第3版)」, 弘文堂 1995年은 사학에 대한 보조를 경상비 보조와 비경상비 보조로 구별하여, 후자에 관해서는 현재 정도의 감독으로 충분하지만, 전자에 관해서는 현행의 사학조성은 「현재의 정도의 감독권 행사에서는 연구에 대한 보조와는 달리, 교육에 관한 보조는 헌법 89조 후단에 위반」한다고 하여(491면) 사학조성 위헌설의 입장에 선다.

그 밖의 사학조성을 위헌으로 보는 학설로서는 예컨대 다음과 같은 것이 있다. 法学

協会編,「註解日本国憲法(下巻)」, 有斐閣 1954年, 1335頁; 清宮四郎,「憲法I」有斐閣 1979年, 266頁.

(34) 田畑忍,「憲法学講義」, 憲法研究所出版会, 1964年, 323頁.

(35) 天城勲・有倉遼吉,「コンメンタール教育関係法II」, 日本評論社 1958年, 92頁.

(36) 高元公旦,「憲法」, 青木書店新社 1976年, 487頁.

(37) 예컨대 中村睦男, 앞의 책, 425면 이하; 野中俊彦・中村睦男・高橋和之・高見勝利,「憲法II」, 有斐閣 2008年, 333頁; 芦部信喜,「憲法(第5版)」, 岩波書店 2011年, 355頁; 辻村みよこ,「憲法(第3版)」, 日本評論社 2008年, 500頁; 戸波江二,「憲法(新版)」, ぎょうせい 1998年, 478頁.

(38) 지금까지 이 문제에 관한 최고재판소 판결은 존재하지 않는다. 하급심의 다른 판례로는 무인가의 유아교실에 대한 공금지출 위헌소송에 관한 제1심의 우라와(浦和) 지방재판소 판결(1986년 6월 9일,「判例時報」, 1221호 19頁)과 항소심인 도쿄 고등재판소 판결(1990년 1월 29일,「判例時報」, 1351호 47頁)이 있으나, 이것들은 모두「공의 지배」를 느슨하게 해석하여, 본건의 유아교실에 대한 공적자금 조성은 합헌이라는 판단을 하고 있다.

더욱이 관련하여, 문부성(당시)은 한때 영어강습소에 대하여 재정지원을 했는데, 재정지출의 명목이 무엇이었든, 이것은 헌법 89조에 위배된다는 의혹이 강하게 일어난다.

(39) 그래서 헌법 89조 후단에 관해서는 그 입법론적 여부에 관하여 논의가 끊이지 않는다. 예컨대 한때 헌법학회를 오랫동안 이끌어온 미야자와 도시요시(宮沢俊義)는「본조 후단이 일본의 현실에 과연 적합한 것인지 아닌지는 매우 의문스럽다. … 본조는 입법론적으로 많은 검토를 요하는 규정이다」고 말하고 있다(宮沢敏義著, 芦部信喜補訂, 앞의 책, 751頁). 또 1964년에 공표된 헌법조사회 보고서에는 헌법 89조는「합리적이지도 않고, 또 일본의 실정에도 맞지 않는 것으로서, 폐지 또는 개정되어야 한다는 견해가 많은 위원에 의해 말해지고 있다」고 적혀 있다(「憲法調査会報告書-全文と解説」,「法律時報・臨時増刊」, 日本評論社, 1964年, 220頁).

(40) 兼子仁,「教育法」, 有斐閣 1978年, 242頁.

(41) 和田英夫,「(公の支配)と私立大学」, 明治大学「법률논총」35巻 4・5・6号, 1962年, 203頁 이하. 宮本栄三,「私学助成の憲法論」, 兼子仁編,「法と教育」, 学陽書房 1972年, 327頁 이하도 같은 취지에 있다.

(42) 浦部法穂,「憲法学教室」, 日本評論社 2009年, 558頁. 樋口陽一・佐藤幸治・中村睦男・浦部法穂,「註釈日本国憲法(下巻)」, 青林書院 1988年, 1361頁.

(43) Deutscher Bildungsrat, Strukturplan für das Bildungswesen, 1970, S. 260.

(44) B. Pieroth, Erziehungsauftrag und Erziehungsmaßstab der Schule im freiheitlichen Verfassungsstaat, in: DVBI (1994), S. 951.

　이와 더불어 독일의 경우 학설과 판례에서는 물론 실체법상에서도 소위 교육주권은 「국가에 부탁한 교육책무」(Erziehungsauftrag des Staates)라는 명칭으로도 이해되고 있는데, 이는 좋은 참고가 된다.

(45) J. P. Vogel, Das Recht der Schulen und Heime in freier Trägerschaft, 1997, S. 3.

(46) P. Feuchte (Hrsg.), Verfassung des Landes Baden-Württemberg, 1987, S. 171.

　포이히트(P. Feucht)에 의하면 사립의 중등 및 그보다 상급의 학교와 공립학교 사이의 재정적 부담의 균등을 요구하는 권리(Ausgleichsanspruch)의 근거는 다음 세 가지 점에서 찾아진다. ① 사학은 주의 학교제도를 풍성하게 하고 있다. ② 자유로운 학교선택을 보충하고 있다. ③ 특별한 내용과 형태의 교육으로써 학교제도를 질적으로 보충하고 있다(ders., a. a. O., S. 177).

　더욱이 독일에서도 사학에는 「공익성」(Gemeinnützlichkeit)이 요구되고 있고, 이러한 「공익에 이바지하는 학교」(Gemeinnützige Schule)는 일정한 요건 하에 사학조성청구권을 가지며, 또한 세법상의 특권을 향유하고 있다. 더욱이 여기서 「공익에 이바지한다」는 것은 이윤의 추구가 아닌, 종교적·세계관적·교육적인 목적의 추구를 전적으로 한다는 것을 말한다(H. Avenarius/H. P. Füssel, Schulrecht, 2010, S. 294).

(47) 오스트리아에서는 「사학의 공공성」은 더욱 분명하며, 헌법은 「사립학교에는 공권(公權, Öffentlichkeitsrecht)이 부여된다」고 명기하고 있다(14조 7항).

　그 의의에 관해서는 M. Juranek, Schulverfassung und Schulverwaltung in Öterreich und in Europa, 1999, S. 246 참조.

(48) 大須賀·栗城·樋口·吉田編, 「憲法辞典」, 三省堂 2001年, 284頁.

(49) 참조: H. Avenarius/ H. P. Füssel, Schulrecht, 8. Aufl., 2010, S. 295.

(50) T. Maunz/G. Dürig (begründet), Grundgesetz Kommentar, 2011, S. 64; B. Pieroth/B. Schlink, Grundrechte Staatsrecht II, 2010, S. 181.

(51) Das Finanzhilfe—Urteil des Bundesverfassungsgerichts vom 8. April 1987, in: F. Müller/B. J. Heur (Hrsg.), Zukunftsperspektiven der Freien Schule, 1996. S. 29.

나아가 독일에서 사학에 대한 국가의 급부의무에 관한 판례에 관한 상세한 내용은 다음을 참조: J. P. Vogel, Zwischen struktureller Unmöglichkeit und Gefährdung der Institution Ersatzschulwesen, in: F. Hufen/J. P. Vogel (Hrsg.), Keine Zukunftsperspektiven für Schulen in freier Trägerschaft?, 2006, S. 17ff.

(52) 프로그램 규정설이란, 생존권 및 사회권에 관한 헌법 조항은 단지 프로그램(즉 정책목표)을 나타낸 것뿐이며, 국가는 그 실현에 노력하는 정치적·도덕적 의무는 지지만 국민이 재판으로 다툴 수 있는 구체적인 법적 구속력을 가지는 것(구체적 권리)은 아니라고 해석하는 학설을 말한다. 독일 바이마르 헌법의 사회권 규정에 관해 주장된 이론으로서 일본 헌법의 생존권, 사회권의 법적 성질에 관한 해석에도 커다란 영향을 끼쳐왔다(참조: 大須賀·栗城·樋口·吉田編,「憲法辞典」三省堂 2001年, 426頁).

(53) F. Klein/F. Fabricius, Das Recht auf Bildung und seine Verwirklichung im Ballungsraum, 1969, S. 26.

(54) 堀越輝久,「人権としての教育」, 岩波書店 1991年, 66頁.

(55) 佐藤功,「日本国憲法概説(全訂第5版)」, 学陽書房 2004年, 305頁.

(56) 佐藤幸治,「憲法(第3版)」, 青林書院 1995年, 627頁도 같은 취지를 보인다.

(57) 최근 독일의 헌법학설 및 판례들은 종래의 사회권과는 별도로「관여권」(Teihaberecht)이란 개념을 새로이 주장하고, 이 권리를「시원적 관여권」(originäre Teihaberecht)과「종래적 관여권」(derivative Teilhaberecht)으로 분류하여, 전자를 사회적 급부청구권(soziale Leistungsansprüche)을 수반하는 구체적 권리라 해석하고 있는데, 이는 이 문맥에서 좋은 참고가 된다(D. Murswiek, Grundrechte als Teilhaberechte, Soziale Grundrechte, in: J. Isensee/P. Kirchhof (Hrsg.), Handbuch des Staatsrechts der Bundesrepublik Deutschland, 1992, S. 245, S. 247.).

(58) 佐藤幸治, 같은 곳.

(59) 戸波江二,「憲法(新版)」, ぎょうせい 1998年, 310頁도 같은 취지를 보인다 .

(60) 이 점에 관해 학교법학의 통설적 견해를 대표하는 아베나리우스(H. Avenarius)는 다음과 같이 말한다.「국가는 기능이 충분하고, 또한 사회정의에 맞는 교육제도를 정비하는 등, 교육을 받을 권리의 실현에 노력해야 할 헌법상의 의무를 지고 있다. 그러나 이것을 어떤 수단에 의해 어떤 방법으로 이행할 것인가는 1차적으로는 국가기관, 특히 입법자에 의하여 결정된다. 사회 전체의 희생에 의한 무제한적 요구는 사회국가 사상과는 양립하지 않는다. 때문에 교육을 받을 권리로부터는 균등한 교육기회의 보장을 요구하는 권리가 유도될 뿐이다. … 개인의 주체적 권리는 직접적으로는 입법자

가 그 헌법상의 의무로서 제정하는 법률에 의해서만 유도된다.」(H. Avenarius/H. P. Füssel, a. a. O., S. 32). 다음의 글도 같은 취지를 보이고 있다: B. Pieroth/B. Schlink, Grundrechte-Staatsrechte II, 26. Aufl. 2010, S. 25ff.; B. Pieroth, Erziehungsauftrag und Erziehungsmaßstab der Schule im freiheitlichen Verfassungsstaat, in: DVBI (1994), S. 957.

(61) I. Richter, Art. 7, Rn. 39, in: R. Wassermann (Gesamthrsg.), Kommentar zum Grundgesetz für die Bundesrepublik Deutschland, 1989, S. 699; H. P. Füssel, Chancengleichheit—oder: das überforderte Bildungswesen, in: I. Sylvester u. a. (Hrsg.), Bildung-Recht-Chancen, 2009, S. 41.

(62) R. Poscher/J. Rux/ T. Langer, Das Recht auf Bildung, 2009, S. 108.

(63) K. Braun, Kommentar zur Verfassung des Lanndes Baden-Württemberg, 1984, S. 57. P. Feuchte (Hrsg.), Verfassung des Landes Baden- Württemberg, 1987, SS. 146~147.

(64) L. R. Reuter, Das Recht auf chancengleiche Bildung, 1975, S. 17ff.

(65) 鈴木勳編著, 「逐条学校教育法(第7次改訂版)」, 学陽書房 2009年, 66頁.

　또한 이와 관련하여, 사학조성은 헌법 26조 1항이 요청하는 것이라는 헌법학 및 교육법학의 통설을 의문시하여 특히 「초등학교, 중학교에 관한 한, 굳이 사학을 선택한 자에 대하여 교육을 받을 권리를 경제면에서 적극적으로 보장할 필요」는 없고, 또 고등학교나 대학에 관해서는 「사학에 다니는 학생 등의 교육을 받을 권리는 사학조성에 의하지 않고 각 가정에 대하여 직접 보조금을 지급하는 것으로도 충족된다」고 하는 헌법학설이 있다(内藤正幸, 「憲法解釈の論點」, 日本評論社, 2000年, 183頁).

　그러나 이 설은, 본문에서 상세하게 기술한 바와 같이, 사학조성은 단지 교육을 받을 권리의 요청에 응하는 것에 머무는 것이 아니라는 것, 특히 그것은 사학의 존재의의나 역할과도 깊이 관련하고 있다는 것, 그리고 사학의 존재의의, 즉 사학교육의 독자성을 담보하기 위한 헌법상의 보장을 얻고 있는 「사학의 자유」가 일차적으로는 사학설치자에게 속해 있다는 것 등을 고려하지 않음으로써 중대한 결함을 지닌 이론으로 평가될 것이다.

(66) 「고등학교 교육을 받을 권리」는 고등학교 졸업이 직업상의 여러 가지 자격취득의 조건이 되고, 게다가 고교교육이 「준의무교육화」되고 있는 오늘날 (의무교육 후 중등교육에의 진학률: 2010년 98.0%), 고교교육은 「사회인으로서 자립하기 위한 기초교육」 내지 「책임 있는 정치 주체가 되기 위한 시민교육」으로 볼 수 있으며(**공공재(사회적 편익)로서의 고교교육**), 이에 「'준의무' 고교 교육을 받을 권리」는 경제적 자유권

의 성격을 띠고 있지만 일차적으로는 오히려 사회권적 기본권의 범주에 속한다고 파악된다.

표현을 바꾸자면, 국가 및 지방자치체는 이 권리에 호응하여 의무교육에 준하는 범위와 정도의 교육 및 학습 조건의 정비 의무를 헌법상 지고 있는 것이며, 이 문맥에서 극히 중요한 요소가 바로 이 점임을 지적해야 한다(**국가, 지방자치체에 대한 교육·학습조건 정비요구권으로서의 고교교육을 받을 권리**).

한편, 고등교육 단계에서의 교육은 사적 재(私的財, 즉 개인적 편익)로서의 성격이 강하며, 그래서 「고등교육을 받을 권리」는 사회권의 성격을 상대적으로 약한 대신, 「영업의 자유」나 「직업의 자유」(헌법 22조, 29조)와 강하게 호응하여 경제적 자유권으로서의 성격을 짙게 띠게 된다고 말할 수 있을 것이다(**개인적인 자유권·경제적 자유권으로서의 고등교육을 받을 권리**. 福田英典, 「義務敎育を問いなおす」, ちくま新書 2005年, 115頁도 같은 취지를 보인다).

게다가 헌법학설에도 「고등교육의 효과는, 당해 개인의 경제적 생산성을 높이는 것에 집약적으로 나타난다」, 「고등교육은 당해 개인의 경제성을 높이는 것이기 때문에 수익자 부담 원칙이 되어야 한다」고 하는 견해가 있다(坂本昌成, 「憲法理論III」, 成文堂 1996年, 352頁).

(67) 또한 독일에서는 기본법 7조 4항에 의한 「사학의 자유」의 보장 효과로서 학설·판례상 사학에 대한 감독은 법감독(Rechtsaufsicht)에 국한된다고 해석되고 있다. F. Müller, Das Recht der Freien Schule nach dem Grundgesetz, 1982, S. 89 참조.

(68) 小嶋和司, 「憲法槪説」, 信山社 2004年, 514頁.

(69) 2005년 4월에 사립학교 법이 개정되어 학교법인의 재무정보의 공개를 의무화한 것인데(47조), 문부과학성이 670개 법인을 대상으로 실시한 「학교법인의 재무정보 등의 공개 상황에 관한 조사」(2002년 10월 1일 현재)에 따르면 다음과 같은 결과를 볼 수 있다. ① 일반 공개를 행하는 법인=98.7% ② 일반 공개의 내용: 재산목록=93.9%, 대차대조표=97.6%, 수지계산서=97.5%, 사업보고서=93.7%, 감사의 감사보고서=93.6%.

(70) 상세하게는 졸고 「オランダにおける敎育の自由の法的構造」, 季刊 「敎育法」 116号 수록, エイデル硏究所, 1998年 참조.

(71) F. Hufen/J. P. Vogel (Hrsg.), Keine Zukunftsperspektiven für Schulen in freier Trägerschaft?, 2006, S. 17ff.

(72) F. R. Jach, Schulverfassung und Bürgergesellschaft in Europa, 1999, S. 176ff.

(73) Entschließung des Europäishen Parlaments v. 14, 3, 1984. Ziffer 9, in: S.

Jenker (Hrsg.), Das Recht auf Bildung und die Freiheit der Erziehung in Europäischen Verfassungen, 1994, S. 88.

(74) 市川昭午,「私学への負担金私学助成についての理論的考察」, 東京私学教育研究所「所報」67号(2002年 3月), 50~56頁.

(75) 실제로 이치카와(市川) 씨의 계산에 의하면 1998년의 경우 사립학교의 존재를 통해 국가 및 지방의 학교교육비가 6조 7773억 엔 절감되었다고 한다. 상세하게는 市川昭午, 앞의 책, 57~59頁.

(76) 예컨대, BverwG Urt. v. 11. 3. 1966; Urt. v. 4. 7. 1969; Urt. v. 13. 11. 1983, in: H. Knudsen (Hrsg.), SPE (Dritte Folge 236). 학설에서의 이러한 입장에 대해서는 특히 M. Richter, Die Entlastung des Staates als Grund der Finanzhilfe, in: F. Hufen/J. P. Vogel (Hrsg.), a. a. O., S. 127ff.를 참조.

(77) OECD, Bildung auf einen Blick 2012, 2012, S. 309, S. 324.

이와 같은 현실에서 중앙교육심의회는 2013년도부터 5년간 정부의 교육진흥기본계획에 가계의 교육비 부담을 경감할 것, 공적 교육지출을 OECD 회원국들 수준으로 늘리도록 명기하겠다는 내용의 답신 작성을 진행하고 있다(「朝日新聞」 2013년 4월 19일자).

제 9 장

교육기본법의 개정과 사학

제1절 교육기본법의 개정

2006년 12월 22일 개정교육기본법이 공포·시행되었다. 여기서 전후 교육개혁의 상징적 존재였던 구 교육기본법은 그 지도이념과 근간 내용이 파기되어 형식적으로나 실질적으로나 폐지되었다. 이는 일본에서의 교육법제의 구조를 크게 변혁시키는 역사적인 법제개혁이라 할 수 있다.

신교육기본법은 교육의 목적(1조) 및 교육의 목표(2조: 국민이 습득해야 할 덕목)를 규정하고 그것을 달성하기 위해 국민에게 각종의 의무를 부과하는 한편(5조, 6조, 9조, 10조, 13조: 교육에 있어서의 의무주체이자 국가에 의한 교육정책의 객체로서의 국민), 국가(행정권)에 대해 매우 광범하고도 포괄적인 교육권한을 허용하고 있다(16조 2항). 게다가 국가는 「법률에 의한 것이라면 거의 무한정적·무제약적 권한을 장악하게 되어(16조 1항: 형식적 법치주의, 제정법 만능주의), 지방자치체나 학교도 당연히 그 속박 아래에 놓이게 된다. 가정이나 지역에서의 교육도 법제상으로는 기본적으로 이와 같이 국가의 전적인 통제 아래 놓이게 된다(10조 1항, 13조).

덧붙여 정부가 책정하는 교육진흥 기본계획은 메이지 헌법 하에서의 「교육 입법의 칙령주의」와도 흡사하여 「국권의 최고기관」(헌법 41조)인 국회에 대해서는 단순히 보고 의무가 주어질 뿐이고(17조 1항), 교육주권, 즉 국민 전체의 교육 권리에 의한 민주적 조정 밖에 놓이게 된다(교육에 있어서의 국민주권의 부정).

결국 신교육기본법 하에서의 교육정책 내지 교육행정은, 일본 헌법에 의한 국민주권의 확립과 지방자치의 보장을 통해 전후 교육개혁의 일환으로서 확립되게 된, 「교육(행정)에서의 자치와 분권」이라는 헌법상의 원칙에 모순될 뿐만 아니라, 메이지 이후 관치 · 집권 제도의 중추에 자리 잡고 있던 기관위임사무를 전폐하는 등의 조치를 단행했던, 2000년의 분권개혁에 의해 법제도적으로 정립된 「국가와 자치체의 행정면에서의 대원칙」[1]과도 상반되는 것으로, 그 근간에 있어서 「헌법으로부터 자유로운 국가 행정권의 전관사항」으로 평가되어 운용될 가능성마저 지니는 것이다(헌법으로부터 자유로운 국가의 사무로서의 학교교육).

게다가 이미 언급한 것처럼 메이지 헌법 하에서는 학교교육이 국가의 사무라고 하는 기본적인 전제가 일관되어 있어 「학교교육의 주체는 국가이다」라고 하는 소위 「국가의 학교교육 독점」이 실정법으로 확립되어 있었다. 그리고 학교교육은 국가의 권력 작용에 다름 아니며, 그 내용은 세부에 이르기까지 권력의 통제에 따라야 했으며, 게다가 정치적 종교적 색채도 아주 농후했다(교육칙어의 취지에 의거한 교육). 그리고 이것은 「국민의 의무로서의 학교교육」이 법(法)제도적으로 대응하고 있으므로, 아동과 부모는 그와 같은 교육을 받을(받게 하는) 것을 강요받았다(절대주의적 천황제 이념 주입교육으로서의 학교교육).[2] 그리고 구(舊)민법에 있어서도 부모의 감호 · 교육권이 규정되어 있고(879조) 나아가 친권의 의무성도 강조되었으나, 거기에서 말하는 부모의 의무는 아동에 대한 것이 아니라 국가와 사회에 대한 의무라고 하는 해석이 주류를 이루었다.[3]

학교는 공권력의 영조물(營造物)로 평가되어, 학교교육 관계는 특별히 강화된 학교권력이 작용하는 「공법상의 특별권력관계」라고 해석되었다. 그 결

과 아동은 공립학교에 입학하는 것으로서 학교의 절대적인 권력영역에 편입
되어 「법으로부터 자유로운 학교권력」의 포괄적인 지배에 따르게 되었다.[4]

일본 헌법 시행 후에도 교육계에서는 특히 1950년대 중반 이후 이른바 공
법상의 특별권력관계론이 풍미했으며, 뿐만 아니라 교육행정법적인 「학교특
별권력관계론」에서는 재학관계만이 아닌 학교의 조직·권한관계를 포함한
공립학교 관리관계 전체를 특별권력관계로 보게 되어, 전통적 이론의 「과잉
과 확대」까지도 행해졌다.[5] 이렇게 하여 학교교육 및 교육행정은 「법치국가
의 간극」[6]에 존재하는 「법으로부터 자유로운 행정 내부관계」라고 불릴 정도
로, 오랫동안 자유로운 민주적 법치국가라고 하는 헌법상의 요청의 범위 밖
에 자리 잡아 왔던 것이다.

신교육기본법은 「새로운 시대의 교육이념을 명확하게 함으로써 시대의 요
청에 답한다」라고 하는 중앙교육심의회나 문부과학성 당국의 설명과는 달리
그 입법자의 의사나 법적 기본구조를 보면 앞에서 언급한 메이지 헌법 교육
칙어 법제 하의 구제도와 아주 근사하다고 평가하지 아니할 수 없다. 솔직히
말하면 구교육기본법이 일본 헌법의 이념을 받아 이를 실현하기 위한 「교육
에 있어서의 민주적인 권리나 제도」의 보장하는 법이라고 평가될 수 있는 반
면, 신법은 헌법으로부터 차단된 영역에서 작용하는 「국가(국가행정권)에 의
한 교육의 포괄적인 관리 통제법」으로서의 성격을 짙게 띠고 있다고 할 만하
다.[7]

이제부터 신법은 차츰 시책화(施策化)되어 가겠지만, 그 과정에서 우리는
헌법이 정립하고 보장하는 기본적 인권과 보편 기본법 원리와의 긴장관계에
서(헌법에 의한 신교육기본권의 구속), 그리고 아동의 권리조약이나 소위 자
유권규약, 사회권규약 등 조약이 보장하고 있는 국제법상의 보편적 인권에
관점을 두고(조약의 법률에 대한 우위) 신교육기본법을 엄격하게 검증하여
학교교육이나 교육행정의 바람직한 모습을 구상해서 운용해 가는 것이 요구
된다는 것을 새삼 말하지 않을 수 없다.

표현을 바꾸면, 독일의 헌법학자 K. 헤세가 말하는 바, 결정적으로 중요한 것은 오로지 「헌법의 규범력·내용을 실현하려는 현실적 의지」, 즉 「헌법에의 의지」(Wille zur Verfassung)라는 것이다.[8]

신교육기본법이 이후의 교육법제 및 학교교육 운영상 어떤 범위로 어느 정도까지 구체화될 것인지는 현 단계에서는 예측이 어렵지만, 국가관념 숭배와 결합한 행정권 우위의 관치적·집권적 제정법 만능주의와, 그에 종속하는 현상을 단지 긍정하고 상황에 따라갈 뿐인 형식적·부정적 법인식—즉 법은 권리를 보장하는 것이 아니라 사람들을 구속하고 규제하는 것이라고 여기는 관치적 법인식—이 아직도 뿌리 깊게 자리 잡은 일본의 법적 풍토에서는(관치법학의 우위, 국민의 시민법적 법을 존중하는 마음의 부족) 그 현실적인 전개와 귀추 여하가 깊이 우려되고 있는 것이다.

제 2 절 사학조항의 창설

신교육기본법의 특징과 기본적 구조는 단적으로 상술한 것처럼 파악되지만, 여기서 사학 관련 법제에 국한하여 말하면, 신교육기본법에서 「사학 조항」이 창설된 것은 우선 주목할 만하다. 제8조는 「사립학교」라는 제목 아래 다음과 같이 쓰고 있다.

「사립학교가 갖고 있는 공의 성질 및 학교교육에 있어서 이룩하는 중요한 역할을 고려하여 국가 및 지방자치단체는 그 자주성을 존중하면서 조성 및 기타 적절한 방법으로 사립학교 교육의 진흥에 노력하지 않으면 아니 된다.」

이 조항의 취지에 관해 정부는 국회에서 다음과 같이 설명하고 있다.[9] 「일본 사립학교는 독자적 건학정신에 의거하여 개성이 풍부한 교육 및 연구 활동을 적극적으로 전개하고 있고, 예컨대 대학의 경우 전 대학의 8할이 사립대학 … 이라는 현상이 존재하기 때문에, 일본 학교교육의 질과 양 양면에서 그 발전에 큰 역할을 해 온 것이 사실입니다. 이렇게 사립학교가 수행하고 있는 역할의 중요성을 봐서 국가 및 지방 공공단체가 사립학교교육의 진흥을 도모해야 할 취지를 새로이 규정하기로 한 것입니다.」

상기의 취지 설명으로 미루어 봐도 분명하듯 동조는 기본적으로는 사립학교법 1조 및 사립학교조성법 1조와 같은 취지이며, 그래서 이 같은 사학조항을 「교육기본법에 집어넣는 것은 중복 규정이 된다」고 하는 비판도 보인다.[10]

그러나 사학법제 본연의 모습으로 볼 때 교육기본법이라는 「교육의 근본법」에 있어서 사학조항이 창설된 것은 그 자체로는 오히려 적극적으로 평가되어도 좋을 것으로 생각된다.

이렇게 말하는 것은 이미 언급한 것처럼(참조: 제2장 제3절) 사학의 존재 및 거기에서의 교육은 역사적으로나 오늘날에 있어서나 「사상·양심의 자유」, 「신교의 자유」, 「교육의 자유」라는 일련의 시민적 자유의 보장을 전제로 하고, 또 같은 헌법상의 기본권인 「부모의 교육권(부모의 종교교육권·교육의 종류 선택권)」과도 강하게 대응하는 등, 전적으로 헌법상의 기본권, 특히 정신적 자유권을 기반으로 하고 있다(**이념형으로서는** 경제적 자유권에 의거하는 「영업의 자유」형 사학이 아니라, **정신적 자유권을 기반으로 하는 「교육의 자유」형 사학**).

게다가 사학의 존재는 독일연방헌법재판소의 판지에도 있듯이[11] 「인간 존엄성의 존중에 입각한 자유롭고 민주적인 기본질서라고 하는 가치개념에 대응하는」 것이기도 하다. —표현을 바꾸면, 사학의 존재는 결국 자유민주주의 체제라고 하는 헌법체제 자체에 근거하고 있다는 것이다.—[12]

그렇다면 사학제도에 관한 기본적인 사항은 헌법정책상 본래 「헌법규율 사항」에 속하고 있다 할 것이다(헌법규율 사항으로서의 사학 사항).

실제로, 이미 이야기했듯이, 입헌주의의 긴 전통을 지니고 있는 유럽 여러 국가에 있어서는 사학의 자유나 사학에 대한 공적자금 조성 등 사학법제상의 근간적 사항, 즉 기본권에 있어 중요한 사항에 관해서는 헌법으로 규정하고 있는 국가가 적지 않다.[13]

다시 쓸 것도 없지만, 교육기본법은 법형식상 어디까지나 「법률」이고, 또한 이번의 개정에 의해 구법이 전적으로 「이념법」인 것에 대해 「정책법」 내지 「시책법」으로서의 성격을 강화하기는 했으나,[14] 여전히 의연하게 「이 법률이 한편으로는 교육의 이념을 선언하고, 또 다른 한편으로는 각종의 교육관계 법령의 준칙이 될 만한 것」[15]으로서의 법적 지위를 차지하고 있다는 법 현실에는 변화가 없는 것이다.

중요한 것은 이른바 사학 조항의 법 내용이며, 그리고 그것이 「사학의 자유」, 「교육을 받을 권리(학습권)」, 「부모의 교육권」, 나아가 「법 아래서의 평등」이라는 보편기본법 원리나 헌법상의 기본적 인권보장과의 관계에서 볼 때 과연 어떠한 사학법 원리를 조정(措定) 내지 함의(含意)하고 있는지를 헌법이나 국제조약과의 관계를 구조적이고 정합적인 해석함으로써 끝까지 규명하는 일이다.

제 3 절 국가 및 지방자치체의 사학교육 진흥의 의무

앞에서 인용한 것처럼 신교육기본법의 사학조항은 국가와 지방자치체는 「조성 및 기타 적당한 방법으로 사립학교 교육의 진흥에 힘쓰지 않으면 아니된다.」고 해서 국가와 지방자치체에 대하여 사학교육의 진흥의무를 지우고 있다.

위에서 말하는 「의무」는 사학교육의 「진흥을 도모하는 노력의 의무」를 뜻하는데,[16] 중요한 것은 그것이 국가와 지방자치체의 단순히 정치적인 의무가 아니라 헌법상의 요청에 의거한 「법적인 의무」여야 한다는 것이다.

주지하는 바와 같이 일본에서는 사학조성은 헌법 89조, 즉 「공의 지배에 속하지 아니하는 교육의 사업에 대한 공금의 지출금지」 조항에 위반되어 위헌이 아닌가 하는 것이 오랫동안 논의의 초점이 되어 왔다. 그러나 사학조성을 비롯한 사학교육의 진흥책은, 다시 논의하겠지만, 합헌일 뿐만 아니라 보다 적극적으로 헌법이 요청하는 것으로 보아야 한다. 헌법이 부르짖는 사회와 국가의 이념을 배경으로 하여 구체적으로는 「법 아래의 평등원칙」(헌법 14조), 「교육을 받을 권리(학습권)」, 「교육의 기회균등의 원칙」(헌법 26조 1항, 교육기본법 4조 1항) 및 「부모의 교육권」(헌법 13조 내지는 헌법적 자유) 보장 등에서 오는 요청이다.[17]

덧붙여 신교육기본법은 교육행정에서의 국가와 지방자치체의 역할분담에 관한 규정을 두고 있는데(16조 2항, 3항), 그에 의거하여 정부에 대해 「교육진흥에 관한 시책의 종합적이고도 계획적인 추진을 도모하기 위해」 교육진흥 기본계획(이하 기본계획)의 책정을 의무로 부과하고(17조 1항), 또 지방자치체도 정부가 정한 기본계획을 「참작」해서 스스로도 기본계획을 세우도록 노력해야만 한다고 기록하고 있다(동조 2항).

이 조항은 중앙교육심의회 답신 「새로운 시대에 알맞은 교육기본법과 교육진흥 기본계획의 바람직한 모습에 대해」(2003년 3월)를 받아 신설하게 된 것인데, 거기에서 말하는 이른바 「교육의 진흥」에는 사학교육도 당연히 포함되어 있다.

더욱이 신교육기본법에서는 「교육이 원활하고도 지속적으로 실시될 수 있도록 필요한 재정상의 조치」를 강구할 국가 및 지방자치체의 의무도 법으로 규정되어 있다(16조 4항).

이처럼 앞서 언급한 K. 헤세가 말하는 「헌법에의 의지」를 강하게 지향한 교육기본법의 이론에 꼭 들어맞는 해석으로는, 그 사학법 영역에서의 규범원리로서, 국가 및 지방자치체는 사학조성을 비롯한 사학교육의 진흥책을 적극적으로 전개할 법적 의무를 지니고 있으며, 더욱이 그 의무는 단순히 교육기본법상의 의무에 그치는 것이 아니라 헌법상의 요청에 근거하는 의무이기도 하다는 주장이 나오기도 한다.

그런데 2008년 7월 각의에서 결정된 정부의 기본계획은 「금후 10년간에 걸쳐 지향할 교육의 모습」과 「금후 5년간에 종합적이고 계획적으로 이어질 시책」이 무엇인가를 보여주고 있다.

거기에는 상술한 사학 조항의 취지를 근거로, 「아동의 안전 · 안심을 확보하는 동시에 질 높은 교육환경을 정비한다」라는 시책 기본방향 4 안에, 「사립학교의 교육과 연구를 진흥한다」라는 표제 하에 그 구체적인 시책으로서 「사학조성 기타 총합적인 지원」, 「사립대학에서의 교육과 연구의 진흥」 및 「학교법인에 대한 경영지원」이 기술되어 있다.[18]

이와 같이 사학교육의 진흥책을 포함하여 정부의 기본계획에는 수없이 많은 시책이 나열되어 있는데, 정책의 우선순위는 보이지 않을 뿐더러 재정적인 뒷받침도 결여되어 있다. 처음부터 기본계획은 교육계획이 아닌 행정계획이었는데, 그것은 본래는 구교육기본법 10조 2항에 명기되어 있던 교육조건들의 정비확립을 의미하는 것이며, 따라서 그것을 재정적으로 담보하는 재정계획이 수반되어야 하는 것이다.[19] 기본계획을 먼저 지적한 헌법상의 문제도 문제지만 그 내용에 있어서도 중대한 결함을 가지고 있다고 평가하지 않을 수 없다.[20]

여기에서 「밖에서 본 일본의 교육」이라는 관점을 가지고 생각하면, UN의 사회권 규약은 중등교육과 고등교육에 대한 「무상교육의 점진적 도입」을 부르짖고 있으나(13조 2항), 일본 정부는 아직 이 조항을 비준하고 있지 않다 (조약 가맹국 157개국 중 미비준국 2개국). 국내 총생산(GDP)에 대한 학교교육예산의 비율을 보면 OECD 가맹국 중 일본은 31개국 중(계수 불명의 3개국을 제외한) 최하위이다. 이에 비하여 사비부담 학교교육비의 비율은 한국이나 미국에 이어 네 번째로 높게 되어 있다.[21]

기본계획은 「교육입국」을 선언하고 있으나, 이 같은 현실을 해소하는 것이 곧 긴요한 정책과제일 것이다.

제4절 지방교육행정법의 개정과 사학행정

이미 언급했듯이 교육기본법의 개정에 이어 2007년 3월 이른바 교육재생 관련법의 하나로서 지방교육행정법이 개정되었는데, 이를 통해 사학행정에 관해서도 매우 중요한 변경이 더해졌다. 즉,「**지자체장은** … 사립학교에 관한 사무를 관리하고 집행함에 있어서 필요하다고 인정될 때에는 **해당 지자체 위원회에 대하여 학교교육에 관한 전문적 사항에 관해서 조언 또는 원조를 요구할 수가 있다**」(27조의 2, 강조 필자, 이하 같음)라는 조항이 신설된 것이다.

문부과학성에 따르면(사무차관 통지, 2007년 7월 31일) 이 조항은「지자체 교육위원회가 지닌 학교교육에 관한 전문적 지식을 지자체장이 활용할 수 있다는 뜻을 규정한 것이며, 사립학교에 대한 지자체장의 권한을 변경하는 것은 아니다.」따라서 이 경우 개정의 목적은「사립학교의 법률상의 의무의 확실한 이행을 담보할 수 있도록」하기 위한 것이며, 그래서 지자체 사무국에 관해서도「학교교육에 관한 전문적 지식을 가진 자를 배치하는 등, 그 체제의 충실을 도모할 것」이라고 되어 있다.

그런데 사학에 대한 교육행정의 바람직한 모습에 관해서는 사학의 자주성 확보와 관련해서 전후 교육법의 여러 개혁기에도 논의되어 왔다.

2차 세계대전 전의 법제에서는 사학은 원칙적으로 지방장관의 감독에 따르는 것으로 되어 있었지만(사립학교령 1조), 전후 일본 헌법에 의한 지방자치의 보장(제8장)을 통해 1948년 7월에 제정된 교육위원회법은「대학 및 사립학교는 … 교육위원회의 소관에 속하지 아니한다」(4조 2항)고 규정하기도 하는 등, 교육행정상 고교 이하의 사학의 관할청을 어디로 할 것인가 하는 것이 중요한 문제가 되었다.

사립학교법의 제정 과정에서 일본사학단체총연합회로부터는 이미 사학의 자주성 확보라는 관점에서 지자체위원회와 나란히 존재하는 형태의 「지자체 사학교육위원회」 설치가 요구되었다. 이에 교육쇄신위원회의 제22회 건의 「사립학교법안에 관하여」(1948년 7월)에서도 그것의 설치가 결론으로 채택 되었으나, 그 후 이 구상은 문부성에 의해 거부되었고(문부차관통지 「사립학 교의 소관에 관하여」, 1948년 12월),(22) 그리하여 고교 이하의 사학의 관할 청은 지자체장이 맡기에 이르렀던 경우가 있다.(23)

지자체교육위원회를 사학의 관할청으로 하지 않은 이유는 「지자체 단계에 서는 사립학교의 수가 공립학교에 비해 적기 때문에 경시되지 않을까 하는 염려 때문」이라고 설명하고 있으나,(24) 더 근본적인 이유는 「교육위원회가 원 래 공립학교의 관할청으로서 구축된 것」(25)이라는 점에 있었다고 할 수 있다.

부연하면 원래 CIE(민간정보국)는 교육위원회를 공립학교의 설치 및 관리 기관이라 평가했을 것이며, 그래서 문부성도 「지자체의 교육위원회는 교육 에 관하여 지자체의 구역을 관할하는 감독청이 아니라 지자체 설립학교 … 의 관리기관인 성격을 가지는 것이며, 또 교육위원회는 일반 행정기관이라 기보다는 지자체 주민이 지자체가 설치하는 학교 … 를 스스로 관리하기 위 한 기관이라는 것을 본래의 성격으로 삼고 있다. 따라서 사립대학 이외의 사 립학교에 관한 지자체 관할을 지자체의 교육위원회가 주무관청으로서 하기 는 어렵다」라는 견해를 가지게 된 것이다.(26)

요컨대 2차 대전 후의 교육법제 개혁에 있어서 지자체장이 고교 이하 사학 의 관할청이 된 것은 「일반적인 교육행정을 행하는 입장의 교육위원회가 아 닌 **지사를 관할청으로 함으로써 사립학교의 자주성을 존중하고 그 자발적인 교육의 발전을 도모**」하기 위해서였다(27)는 것을 여기에서 새삼 확인해 두어 야 할 것이다.(28)

상술한 경위를 근거로 이번의 지방교육행정법의 개정을 고려하면 사학의 자주성·독자성의 제도적 확보라는 관점으로 볼 때 동 개정은 학교법제상 중요한 문제를 품고 있다는 비난을 받게 될 것이다.

무릇 교육위원회 제도는 교육위원회법 14조가 명기하고 있듯이 「공정한 민의에 의해 지방의 실정에 적합한 교육행정을 행하기 위해」 창설된 것이다. 이 같은 제도 이념을 가진 교육위원회가 당장의 「민의」나 「지방의 실정」과 무관하게 「자유와 사회적 다양성의 원칙」에 입각하여 헌법상 「사학의 자유」를 향유하고 있는 것으로 해석되는 사립학교의 교육행정까지 관여하는 것은 제도적 관점에서 볼 때 본래부터 어색한 것이다.

게다가 「공립학교의 경영자인 교육위원회가 라이벌인 사립학교에 대한 사무를 관할하는 것은 합리성이 결여된다」[29]는 점도 있다.

이러한 정황상 특히 중요한 것은, 유럽 여러 국가에서처럼 헌법에 의한 명시적 보장은 없지만 사학의 존재의의 및 역할과 관련하여 일본 헌법도 이른바 「헌법적 자유」라 함으로써 「사학의 자유」를 헌법상 보장하고 있는 것으로 해석된다는 점이다.[30] 교육기본법이 국가와 지방자치체에 대하여 「사학자주성의 존중 의무」를 과하고 있으며(8조), 또한 사립학교법 5조가 「사립학교에는 학교교육법 제14조의 규정(설비·수업 등의 변경명령, 필자)을 적용하지 아니한다」고 적고 있는 것도 이 같은 헌법적 기반에 근거한다고 볼 수 있다.

결국 본래 사학에 관해서는 그 존재의의나 역할, 즉 사학의 독자성과 관련해서 사학에 고유한 법제도나 행정운영이 요청되는 것이며(사학법제·사학행정의 고유성·독자성), 그리고 그것은 무엇보다도 「사학의 자유」의 헌법상 보장에서 오는 제도적 요청인 것이다.

이렇게 볼 때 사학행정에 대한 교육위원회의 관여를 학교법제상으로 제도화하는 것이 아니라(지방자치법 180조의 2에 의거, 지사는 그 소관 사무를 지자체 교육위원회와 협의를 거쳐 동 위원회에 위임하고 또는 교육위원회 직원에게 보조 집행케 할 수 있다고 되어 있다),[31] 전기 사무차관 통지에서도 나온 것처럼 지자체장 부속 부서에 「학교교육에 관한 전문적 지식을 가진 자를 배치하는 등, 그 체제의 충실을 도모하는 것」, 바로 이것이 사학행정상

긴요한 것이다.

더욱이 앞의 언급과 관련해서 「공립학교 행정과 사립학교 행정의 제휴를 강화하고 공교육 전체의 총합적 전개를 도모해야 한다」는 관점에서 「교육위원회는 관계부서와의 긴밀한 제휴를 도모해 가면서 사립학교까지도 시야에 넣는 총합적인 교육행정을 추진할 필요가 있다」고 보는 유력한 견해가 제기되고 있다.(32)

그러나 앞에서 기술했듯 이 같은 견해에는 동의할 수 없다. 사학의 존재의의나 독자성을 과소평가하고 있는 아쉬움이 드러나기 때문이다.

제 5 절 민주당 「일본교육기본법안」의 사학조항

앞서 말한 것처럼 민주당은 2006년 5월에 「일본교육기본법안」을 국회에 제출했는데, 현행 교육기본법과 마찬가지로 이 법안에도 사학조항이 있다. 거기에는 「건학의 자유 및 사립학교의 진흥」(9조)이라는 제목 하에 다음과 같이 쓰여 있다.

「**건학의 자유**는 따로 법률로 정하는 바에 따라 교육의 목적이 존중되고 보장되는 것으로 한다. 국가 및 지방공공단체는 이것을 최대한 존중해야 할 뿐 아니라, **다양한 교육 기회의 확보** 및 정비의 관점에서 **사립학교**에 대한 조성 및 **사립학교**에 재적하는 자에 대한 지원에 힘써야 할 것이다」.

현행의 사학교육법제와 비교하면 상기 조항에는 다음과 같은 특징이 보인다.

(1) 학교 설치주체의 다양화
현행 법제상 「법률이 정하는 학교는 … 국가 및 지방공공단체 및 법률이 정한 법인만이 설치할 수 있다.」(교육기본법 6조 1항)고 되어 있으며, 게다가「'사립학교'란 학교법인이 설치하는 학교를 말함」이라고 정의되어 있다(사립학교법 2조 3항).

이와 같이 종래 일본에서는 비국공립학교(non-public school)의 설치주체는 원칙적으로 학교법인에 한정되어 왔지만, 근년에는 이른바 교육에 있어서의 규제완화 정책, 즉 교육의 시장화 정책의 일환으로서 학교 설치의 주체가 다양화되고 있는 것이 현실이다.[33]

즉 직접적으로는 총합규제개혁회의「규제개혁의 추진에 관한 제2차 답신」(2002년 12월)에 의거하여 2003년 6월 구조개혁특별구역법이 개정되어, 구조개혁 특구 내에만 한한 것이기는 하지만, 학교설치회사(주식회사)에 의한 학교의 설립이 가능하기에 이르렀다(동법 12조). 그리고 또 등교거부자나 학습장애아를 대상으로 하는 학교를 학교설치비영리법인(NPO 법인)이 설립하는 것도 가능하게 되었다(동법 13조).

더욱이 2005년 4월에는 구조개혁특구법도 개정되어 유치원과 고교에 관해서는 협력학교법인의 설치에 의한 공사(公私)협력학교라는 제도가 창설되었다(동법 20조 1항).

민주당 법안의 상기 조항은 현행 법제상 설치주체가 학교법인에 한정되고 있는「사립학교」라는 용어를 바꾸어「사립의 학교」라고 하는 개념을 설정하여, 그럼으로써 앞에서 언급한「학교 설치주체의 다양화」의 흐름을 한층 더 가속화하여 그것을 법제도상으로 보장하고자 하는 것이다. 그리고 그 목적은 동 조항에도 있듯이 전적으로「다양한 교육의 기회의 확보」에 있는 것이다.

그러나 이 경우「별도로 법률로 정하는 것에 의해」라는 유보조건이 붙어 있기는 하지만,「사학의 공공성」이나「사학의 자유」의 보호법익과도 관련해서 볼 때, 가령 ① 유럽의 사학법제에서처럼 사인(자연인)도 학교설치권의 주체가 될 수 있는지, ② 학교의 설치에 관해 학교설치회사 등 학교법인 이외의 설치자도 학교법인과 기본적으로는 동등한 자격이나 권리를 가지게 되는지 등, 사학 법제상 극히 중요한 사항이 아직도 검토 단계에 머물고 있음은 아쉽다고 할 것이다.

　(2)「사학의 자주성」과 「사학교육의 자유」보다는 「건학의 자유」

　민주당 법안 9조는 「건학의 자유」, 즉 「'사립의 학교'를 설치하는 자유」는 보장된다고 규정하고 있다.

　이른바 「사학의 자유」에는 그 기초가 되고 있는 권리로서 본래 「학교를 설치하는 자유」가 당연히 포함되어 있다. 그래서 예컨대 독일 기본법 등의 경우처럼 이 자유를 명시적으로 보장한 것은 사학법제의 관점에서 볼 때 그 자체는 일단 긍정적으로 평가할 만한 것으로 보인다. 그러나 반면에 동 법안에서는 「사립학교의 특성을 감안하여」(사립학교법 1조) 현행 교육기본법이 명기하고 있는 「사립학교의 자주성 존중」(교육기본법 8조), 즉 「사학교육의 독자성 존중」이라는 법률 문구가 삭제되어 있는 것은 중요한 문제이다.

　즉, 이렇게 해서 민주당 법안에서 말하는 「건학의 자유」는 학교 설치자를 다양화하여 다양한 교육기회를 확보하려는 단순한 수단으로서 보장하고 있을 뿐임을 알 수 있다. 부연하면, 이른바 민간 교육시장에서의 학교 설치 면에서의 경쟁원리를 보다 강화하기 위한 수단으로서의 「건학의 자유」에 대한 보장일 뿐이다.

　사실 민주당은 동 법안 제출의 취지 설명에서 「건학의 자유」를 명시적으로 보장한 주된 취지는 「학교의 신규 참여를 촉구함으로써 건전한 경쟁원리가 도입되어 교육의 장의 활력화를 도모하는 것에, 그리고 이를 통해 교육을 받는 측에 보다 다양한 선택권을 확보하는 것에」[34] 있다고 말하고 있다. 이러한 입장에 대해, 자유민주주의 국가에서의 사학의 존재의의나 역할이 무엇인가 하는 사학법제상 기본적이며 본질적인 사항에 관한 시각이 완전히 결여되어 있음을 비판하지 않을 수 없다.

　더욱이 현행 교육법제상 사립학교에도 「공공성」이 기대되기에(교육기본법 6조 1항, 사학법 1조), 사학은 공교육기관으로서 평가되어 있지만(공교육기관으로서의 사학), 이점에 관해서 동 법안은 아무런 언급이 없다. 동 법안에서는「법률이 정하는 학교는 공의 성질을 가지는 것」으로 본다는 현행 교육기본법 6조 1항이 삭제된 한편, 그 조건을 법률이 정하는 것이라고 유보하면서도「사립학교」의「건학의 자유」를 보장하고 있기 때문에, 이른바「사립의 학교」에는 적어도 현행의「사립학교」에 대한 것과 같은 정도의 공공성은 기대되고 있지 않다고 보는 것이 자연스러울 것이다.

그렇다면 동 법안은「국가 및 공공단체는 … 사립의 학교에 대한 조성 …에 힘쓰지 않으면 아니된다」로 규정하고 있는데, 이 조항과 헌법 89조의 관계는 어찌 되는 것인가? 현행법상 먼저 언급한 학교설치회사나 학교설치비영리법인이 설치한 사립학교에 대해서는 그 공공성에 비추어 보조금 등에 의한 조성은 시행할 수 없는 것으로 해석되고 있는 것이다.[35]

(注)

(1) 참조: 兼子仁,「自治体行政法入門」, 北樹出版 2006年, 22頁 이하.

(2) 참조: 拙稿,「教育法制における親と子の地位」,「日本教育法学会年報」, 第26号 (1997年), 58頁 이하.

(3) 穂積重遠,「親族法」, 岩波書店 1934年, 551~552頁.

(4) 美濃部達吉,「日本行政法(上巻)」, 有斐閣 1936年, 132頁.

(5) 木全宏,「教育行政法」, 良書普及会 1957年, 27頁 이하.

(6) E. Forsthoff, Lehrbuch des Verwaltungsrechts, 9. Aufl., SS. 123~124.

(7) 日本教育法学会教育基本法研究特別委員会編,「教育の国家統制法」, 母と子社 2006년도 대체로 같은 유형의 법인식을 대변한다.

　나아가 이와 관련해서 오늘날 ① 교육에서의 규제완화와 교육의 국가관리 강화는 서로 앞서거니 뒤서거니 하고 있다. ② 소위「급부국가」(給付国家)에서「보증국가」로의 전환 동향에 힘입어 교육에서의 국가권력이「규제형 권력」에서「규제+평가형 권력」으로 변질되고 있는 것은 중요한 문제이다.

(8) K. Hesse, Grundzüge des Verfassungsrechts der Bundesrepublik Deutschland, 1995, S. 17.

(9) 2006년 5월 31일, 중의원 교육특별위원회에서의 코사카(小阪) 문부과학대신의 답변, 田中壯一郎監修, 「改正教育基本法」第一法規, 2007年, 118~119頁에서 인용.

(10) 市川昭午, 「教育基本法を考える」, 教育開発研究所, 2003年, 110頁.

(11) BverfGE, 195, zit. aus J. P. Bogel, Das Recht der Schulen und Heim in freier Trägerschaft, 1997, S. 5.

(12) 다른 관점에서 보면, 사학이 존재하고 있는지 아닌지, 사학에 어느 정도의 자유가 보장되어 그것이 교육상 어느 정도의 독자성을 지니고 있는지, 그리고 궁극적으로 사학이 교육법제상 어느 위치에 놓여 있는지 하는 것은 그 나라에서의 자유와 민주주의의 성숙도 및 정착도를 재는 지표라고 말해도 좋을 것이다.

(13) 일본 헌법의 교육 조항은 비교헌법학적으로 봐도 다소 불충분하다는 비난을 받을 만하다. 교육을 받을 권리, 의무교육의 무상제, 부모의 보통교육 의무를 규정하는 데 그치고 있기 때문이다. 이와는 달리 바이마르 헌법을 비롯하여 유럽 여러 나라의 헌법은 본격적인 교육조항을 가지고 있는 경우가 적지 않다.

(14) 참조: 市川昭午, 「考察・教育基本法の改正」(23)~(25), 「教職研修」 2008年 1月号 ~3月号, 教育開発研究所.

(15) 有倉遼吉・天城勲, 「教育関係法(II)」, 日本評論新社 1958年, 13頁.

(16) 教育法令研究会編, 「教育法令 コンメンタール(1)」 (加除式), 第1法規, 2008年, 902頁.

(17) 헌법 13조가 보장하는 「행복추구권」의 보호법익에는 부모의 자연법적 교육권이 포함된 것으로 해석된다. 상세하게는 참조: 졸저 「学校教育における親の権利」, 海鳴社 1994년 63頁 이하.

(18) 정부의 교육진흥기본계획은 文部科学省, 「教育委員会月報」第一法規, 2008年 9月号, 11頁 이하에 수록.

(19) 참조: 市川昭午, 「教育振興基本計劃を吟味する」, 「教育研修」, 教育開発研究所, 2008年 6月号, 54頁 이하.

(20) 졸고 「教育振興基本計劃の問題性」, 「クレスコ」, 大月書店 2008年 9月号, 18頁.

(21) OECD, Bildung auf einen Blick 2012, 2012, SS. 309~311. 더욱이 그 후 정부는 2012년 9월 11일의 각의에서 사회권 규약 13조 2항의 유보 철회를 결정하여 UN에 통지하여 수리되었다(朝日新聞 2012년 9월 14일자). 이상에 관하여 상세하게는 참조: 졸고 「高教授業料滯納・中退問題と学校法政策的課題」, 「教職研修」 2008年 9月号, 148頁 이하.

(22) 지자체 사학교육위원회 구성이 받아들여진 주된 이유는 「주로 사립학교의 대표자

로 되는 행정기관은 일본의 현재 행정조직으로서는 받아들이기 어려운 것으로 되어 있기」때문이라는 것이다. 福田繁・安嶋彌, 「私立学校法詳説」, 玉川大学出版部 1950 年, 2頁.

(23) 그간의 경위에 관한 상세한 내용에 대해서는 荒井英治郎, 「戦後私学法制の形成過政に関する研究」(碩士論文), 2005年, 41頁 이하 참조.

(24) 文部省私学法令研究令究会編, 「私立学校法逐条解説」第一法規, 1970年, 17頁.

(25) 앞과 동일.

(26) 福田繁・安嶋彌, 앞의 책, 77頁.

(27) 小野元之, 「私立学校法講座」, 学校法人経理研究会, 1998年, 20頁.

(28) 교육위원회 제도가 응당 추구해야 할 상태에 관해서는 1950년 이후 정부의 자문기관에 의해 각종의 권고나 답신이 나왔으나, 그 결론은 다양했다. 사학행정에 관해서도 견해가 나뉘어, 예컨대 교육위원회제도협의회의 답신(1951년 10월)과 정령개정자문위원회의 답신(1951년 11월)은 둘 다 「고교 이하의 사학의 소관은 지자체 교육위원회로 한다」고 했다. 상세하게는 졸저 「教育の自治・分権と学校法制」, 東信堂 2009年, 55頁 이하 참조.

(29) 市川昭午, 「教育基本法改正論争史」, 教育開発研究所 2009年, 205頁.

(30) 「사학의 자유」의 헌법상의 보장에 대한 상세한 내용은 졸고 「史学の自由と公共性の法的構造(2)」, 季刊 「教育法」(154号), エイデル研究所, 2007年, 91頁 이하를 참조.

(31) 본 조의 취지는 「행정능률향상과 행정의 일체성 확보에 있다」는 것이다. 太田和紀, 「地方自治法I」, 青林書院 1998年, 490頁.

(32) 木田宏, 「地方教育行政の組織運営に関する法律」, 第一法規, 2003年, 226頁.

(33) 상세하게는 市川昭午, 「教育の私事化と公教育の解体」, 教育開発研究所, 2006年, 95頁 이하 참조.

(34) 佐々木幸寿, 「民主党の教育改革」, 第一企劃 2009年, 45頁에서 인용.

(35) 教育基本法研究会編, 「改正教育基本法」, 第一法規, 2007年, 121頁.

고교의 수업료 무상화와 사학

제1절 고교무상화법의 제정과 그 개요

민주당 정권이 탄생(2009년 9월)해서 약 3년이 경과했다. 그 동안의 새 정권에 대한 전반적인 정책평가는 차치하더라도, 교육정책 분야에서 고교무상화 정책은 헌법학 및 학교법학의 관점에서 볼 때 괄목할 만하다.

이 정책은 2009년 8월에 실시된 제45중의원의원 총선거 때 민주당의 선언문에 올라 일약 주목을 받게 되었는데, 실은 민주당이 야당 시절인 2008년 3월과 2009년 3월 두 차례에 걸쳐 고교교육에서의 기회균등의 실현을 위해 「고교교육무상화법안」을 국회에 제출했지만 모두 심의를 받지 못하고 폐안이 된 경위가 있다.

2010년 3월 제174회 국회에서 정부와 민주당의 제안에 따른 「공립고등학교에 관련된 수업료의 불징수 및 고등학교 등 취학지원금의 지급에 관한 법률」(이하 고교무상화법이라 약칭)이 성립되어, 같은 해 4월 1일부터 시행되고 있는데, 정부에 의하면 이 법의 이념 내지 의의 및 필요성은 다음의 세 가지에 있다고 한다.[1]

즉 ① **고등학교는 그 진학률이 98%에 달하여 국민적인 교육기관**이 되어 있어서 그 교육의 효과는 널리 사회에 환원되는 것이므로, **그 교육에 관해서**

는 사회 전체가 부담해 가는 방향으로 시책들을 펴나가야 할 것이다(강조는 필자, 이하 같음).

② 「고등학교 등에 관해서는 가정의 경제상황에 구애됨이 없이 모든 뜻있는 고교생 등이 안심하고 교육을 받을 수 있도록 **가정의 경제적 부담의 경감을 도모하는 것이 아주 긴급한 과제**」로 되어 있다.

③ 「많은 국가에서 후기 중등교육을 무상으로 하고 있으며, 국제인권 A규약에도 중등교육에 있어서의 무상교육의 점진적인 도입이 규정되는 등, **고교무상화는 세계적으로 상식**」이 되어 있다.

그리하여 이와 같은 입법취지에 의해 동법에서 수업료의 지원에 관하여 이른바 소득제한은 고려되고 있지 않다는 것이 중요하다(사회 전체의 부담으로서의 고교교육).[2]

이 고교무상화법은 일본의 학교법제상 하나의 기원을 이루고 있는데 그 골자를 지적해 기록하면 다음과 같다.

① 본법의 목적

공립학교의 수업료를 무상으로 함과 동시에 사립학교에 대하여 취학지원금을 지급하는 것으로 고교교육에 드는 경제적 부담의 경감을 도모하여 교육의 기회균등에 기여하는 것을 목적으로 한다(1조).

② 대상이 되는 학교

이 제도의 대상이 되는 학교는 고등학교, 중등교육학교의 후기과정, 특별지원학교의 고등부, 고등전문학교의 1학년에서 3학년까지 학교의 고등과정 및 각종학교 중 외국인학교이다(2조).

③ 공립고교에서의 수업료의 불징수

국가는 공립고교의 기초수업료 월액을 기초로 하여 정부령에 의해 산정한 금액을 지방공공단체에 교부한다(3조).

④ 사립학교에의 취학지원금의 지급

(1) 수급자격: 사립고교 등의 취학지원금은 일본 국내에 주소를 둔 학생에

대하여 지급된다(4조).

(2) 수급자격의 인정: 취학지원금의 지급을 받으려는 학생은 학교 설치자를 통하여 지자체 지사에게 인정 신청을 해야 한다(5조).

(3) 취학지원금의 금액: 취학지원금은 공립고교의 기초수업료 월액 및 기타 사정을 감안하여 수업료의 월액에 상당하는 금액을 지급한다(6조).

(4) 취학지원금의 지급과 대리수령: 취학지원금은 지자체 지사가 수급권자(학생)에게 지급하는 것이지만, 학교 설치자는 수급권자를 대신하여 취학지원금을 수령하여 수업료에 충당한다(8조).

(5) 국가로부터의 교부금: 국가는 취학지원금의 지급에 필요한 비용의 전액을 지자체에 교부한다(15조).

나아가 본법에 관해서는 중의원에서 본법 시행 후 3년이 경과하였을 때에 본법의 시행 상황을 감안하여 그 결과에 따라 필요한 변경을 한다는 취지의 규정이 더해졌다(이른바 정책효과의 검증). 또한 저소득 세대나 사립고교생의 교육비 부담에 대한 더 많은 경감, 특정 부양 공제의 재점검에 따른 부담이 증가하는 세대에 대응하는 등을 내용으로 하는 일곱 개 항목의 부대 결의가 첨부되어 있다.

이상이 이른바 고교무상화법의 개요인데, 문부과학성에 의하면 상기와 같은 제도의 도입으로 사립고교에 대한 현행의 경상비조성 및 수업료 감면 보조제도에는 아무런 변경도 일어나지 않게 되었다.[3]

그렇다면 이상과 같은 고교무상화정책에 대해서는 어떤 평가가 내려져야 하는가?

이 문제는 '모름지기 공교육제도란 무엇인가?' 라는 기본적인 주제로까지 이어질 수 있을 것이기 때문에, 우선 다음의 사항을 지적해 두고자 한다. 공교육에 관하여 「교육을 받을 권리」의 헌법상 보장에 호응할 때, 그리고 공교육제도의 존재이유와 본래의 취지에 의거할 때, 의무교육에 대해서는 물론 중등교육에 대해서도(더 나아가 고등교육 단계에 대해서도) 「공교육비 공비

부담화의 원칙」[4]은 헌법상의 원리로서 이미 규정되어 있는 것인가? 만일 그렇다면 이른바 공비부담은 어느 정도의 범위까지 미칠 것인가? 또한 일본에서는 사학은 공교육 기관으로서 인정되어 있는데, 그렇다면 상기의 원칙은 사학에도 원리적으로 타당할 것인가? 예컨대 네덜란드에서와 같이 「사학의 자유」 보장과 「사학의 공익성」에 근거하여 「공립과 사학의 교육비평등의 원칙」이 이념적으로는 일본에서도 타당할 여지가 있는 것인가? 이 경우 사학에 대한 공적자금 조성이나 공공규제와, 사학의 독자성 및 사학의 자유의 관계는 어떻게 되는가?

이러한 문제에 대해 지금부터 헌법학적 및 학교법학적 관점에서 접근해 보기로 하겠다.

제2절 교육을 받을 권리와 공교육제도

1. 생존권적 · 사회권적 기본권으로서의 의무교육을 받을 권리

헌법 26조 1항에는 「모든 국민은 법률이 정하는 바에 의해 그 능력에 응하여 똑같은 교육을 받을 권리를 가진다」고 되어 있다. 국민의 「교육을 받을 권리」의 헌법상의 보장이다(교육기본권으로서의 교육을 받을 권리).

이 「교육을 받을 권리」는 각자의 인간으로서의 생존과 성장 · 발달, 나아가 인격의 자유로운 발전이나 인격적 자율에 관련된 교육기본권이며 더욱이 종래의 기본적 인권의 유형으로서는 파악할 수 없는, 사회권과 자유권의 양 측면을 가지는 복합적 성격의 현대적 인권이다.[5]

표현을 바꾸면, 이른바 「교육을 받을 권리」는 개별 기본권이기는 하지만 포괄적 인권과도 비슷해서, 근본적이면서도 다의적인 교육기본권임을 본질적인 속성으로 하고 있는 것은 사실이지만, 역사적으로는 물론 오늘날에도 이 권리의 1차적이고도 핵심적인 내용을 이루어 온 것은 「균등한 교육 기회를 보장받을 권리」, 그중에서도 특히 의무교육(초등교육) 단계에서의 권리이다(교육을 받을 권리의 핵심으로서의 의무교육을 받을 권리). 교육을, 특히 그 최소한의 보장인 의무교육(초등교육)을 받지 않고서는—의무교육제도의 본래 취지를 비유적으로 표현하자면 「최저 칼로리의 정식」을 모든 아동에게 동일한 조건 하에서 일제히 보장하는 데 있다 할 것이다— 사람이 사람다운 「건강하고 문화적인 최저한도의 생활」(헌법 25조 1항)을 영위할 수 없을 것이며, 뿐만 아니라 노동에 의해 그 생존을 유지하는 것조차도 불가능할 것이기 때문이다(생존권적·사회적 기본권으로서의 의무교육을 받을 권리).

독일의 선도적인 교육법학자 I. 리히터도 교육을 받을 권리에 의한 보호영역 또는 법익을 크게 네 가지로 구분하고, 이 권리의 전술한 바의 측면을 「최소」 보장을 요구하는 기본권(Minimumgrundrecht)이라고 규정함으로써, 이 기본권을 「사람이 생존을 유지하고, 또한 인간으로서의 존엄을 확보하며 살아가기 위해 필수불가결한 지식이나 자질 및 능력을 갖출 수 있기 위해 요구할 수 있는 권리」로 해석한다.[6]

이와 같이 헌법 26조 1항이 보장하는 「교육을 받을 권리」의 근간이자 핵심적인 내용이 되는 것은 바로 「의무교육을 받을 권리」인데, 이 권리는 1차적으로는 합리적인 의무교육 제도를 통하여 「적절한 의무교육」의 장을 제공하는 것을 국가에 대하여 요구할 수 있는 헌법상의 기본권이다.[7] 그래서 이에 호응하여 국가는 이 권리를 보장하기 위해 공교육제도를 펴고 그 외적 여러 조건을 정비할 의무를 지는 동시에, 그 내용에서도 중립을 지키며 최소한의 기준을 충족하는 등, 「적절한 공교육제도」를 확립해야 하는 것이 헌법상에서 요청되고 있는 것이다(국가의 헌법상의 의무로서의 공교육제도의 형성과 그 적절한 운용).

공(의무)교육제도는 —그것이 도입된 역사상의 직접적인 계기가 어쨌건 간에— 오늘날 1차적으로는 국민(특히 아동)의 「(의무)교육을 받을 권리」의 보장을 규범원리로 삼고 있다는 것을 여기에서 확인해 두겠다(공교육제도의 규범원리로서의 「(의무)교육을 받을 권리」의 보장).

덧붙여 이 점에 관한 헌법상의 범례를 우리들은 1848년의 프로이센 헌법(메이지 헌법이 본보기로 한 것은 1850년의 개정 프로이센 헌법이다)에서 찾아볼 수 있다.

이 헌법은 독일 3월 혁명의 소산으로서 나타난 것인데, 「학문의 자유」(17조) 및 「교육의 자유」(19조)의 보장에 더하여, 한 국가의 헌법으로서는 세계에서 처음으로 「교육을 받을 권리」를 헌법상으로 보장한 것이었다. 이 헌법은 다음과 같이 외친다.

「프로이센의 소년은 충분한 공공의 시설을 통해 일반적인 국민교육을 받을 권리(das Recht auf allgemeine Volksbildung)를 보장 받는다」(18조 1항).

그리고 이에 호응하여 국가 및 지방의 공공단체에는 공립학교의 설치 및 유지의 의무가 부과되고(22조 1항), 부모에게는 「아동에게 일반적인 국민교육을 받게 할 의무」(18조 2항)가 부과되며, 또한 공립의 초등학교에서의 「수업료의 무상성」도 법으로 규정되었는데(22조 2항), 이렇게 함으로써 「(의무)교육을 받을 권리」를 핵심으로 하여 공교육(의무교육) 법제가 구상되고 있었던 것이다.[8]

2. 헌법상의 구체적 권리로서의 교육을 받을 권리

앞서 말한 것처럼 헌법 26조 1항은 국민의 「교육을 받을 권리」를 헌법상의 기본권으로서 보장하고 있다.

여기에서 이른바 「교육을 받을 권리」의 법적 성질에 관해서 종래 헌법학의 통설이나 판례는 헌법 25조의 생존권 규정의 경우와 마찬가지로 헌법 26조 1항은 단지 정책 목표를 보여준 강령적 선언이며, 국가에서 입법을 통해서 국민의 교육을 받을 권리를 실현해 가야 할 정치적·도덕적 의무를 부과하는데 그친다고 설명해 왔다(소위 프로그램 규정설).[9] 「교육을 받을 권리」는 구체적인 청구권이나 요구권을 가지는 법적 권리는 아니라는 이해이다. 예컨대 전후의 헌법학계를 오래 이끌어온 일본 헌법의 전통적 주해서에는 다음과 같은 기술이 보인다.[10]

「여기서 말하는 권리란 국가가 교육의 기회균등에 관하여 배려해야 할 것을 국민 측에서 권리라고 파악한 것으로서, 국가는 입법 및 정책을 결정할 때 이러한 점을 충분히 고려해야만 한다는 것, 더욱이 한발 더 나아가 그 취지를 실현하기 위해 적당한 수단을 강구할 책임이 있다는 것을 내용으로 한다. …중략…. 그러나 여기서 권리라는 말이 있다고 하더라도, 특정 개인이 본 조항에 의해 교육을 받게 될 때 필요한 비용의 지불을 국가에게 청구할 수 있다고 하는 식의 구체적인 권리까지 부여되고 있는 것은 아니다.」

그러나 이러한 법적 이해는 타당하다고 할 수 없다. 그것은 크게 다음의 두 가지 이유 때문이다.

첫째, 이른바 「교육을 받을 권리」는 분명 기본적 인권의 전통적 유형에 따를 때 1차적으로 생존권적·사회권적 기본권에 속하는 것이다.[11] 그런데 이 권리는 일반적인 사회권적 기본권과는 구별되는 개인의 발달권 및 학습권을 내실로 하는, 문화적 색채를 짙게 띤 교육기본권이며,[12] 또한 사회권과 자유권의 양측 면을 함께 가지는 복합적 성격의 현대적 인권이기도 하므로,[13] 이러한 본질과 관련되는 법적 권리성을 다분히 갖고 있는 것으로 해석되어야 한다.[14]

덧붙여서 이 점에 관하여 홋카이도의 나가야마(永山) 중학교 「학력 테스트」 사건에 관한 최고재판소 판결(1976년 5월 21일)도 다음과 같이 판정하고 있다.[15]

「이 규정(헌법 26조 1항)의 배후에는 국민 각자가 한 인간으로서 그리고 한 시민으로서 성장·발달하여 자기 인격을 완성·실현하기 위해 필요한 학습을 하는 고유의 권리를 가진다는 관념이 존재하며, 특히 스스로 학습할 수 없는 아동은 그 학습욕구를 충족하기 위한 교육을 자신에게 제공할 것을 어른 일반에 대하여 요구할 권리를 가진다는 관념이 존재한다고 생각된다.」

둘째, 「교육을 받을 권리」의 법적 성질에 관하여 가령 학습권설이나 복합적인 권설을 취하지 않고 종래의 사회권설의 입장에 선다고 하더라도, 그 경우 이른바 사회권의 기본적 인권으로서의 법적 강도, 구체적 권리성의 유무는 대상이 되는 사항이나 범위 및 교육단계에 따라 같지 않다는 것을 들 수가 있다. 부연하자면 이른바 사회권은, 그 헌법상의 기본권 보장에서 당장 구체적 권리가 도출되는 「시원적(始源的) 사회권」과, 법률에 의한 구체화를 기다려 처음으로 법적 효력을 가지게 되는 「파생적(派生的) 사회권」으로 구분된다는 것이다.(16)

「교육을 받을 권리」와 연관된 헌법사를 펼쳐 볼 것도 없이, 헌법 26조 1항이 보장하는 「교육을 받을 권리」의 근간이 되고 또 핵심적인 내용을 이루고 있는 것은 「의무교육을 받을 권리」이다. 즉 「의무교육을 받을 권리」는 예컨대 「중등교육을 받을 권리」나 「고등교육을 받을 권리」의 경우보다는 그 사회권적 기본권성에 있어서 헌법상 더욱 강한 보장을 받고 있는 것이며, 일반적으로 앞에서 언급한 이른바 「시원적 사회권」에 속한 것으로 이해된다. 오늘날은 인간은 의무교육을 받지 않고는 인간으로서의 존엄성을 보장받기도 어렵고 인간다운 문화생활을 영위할 수도 없으며, 뿐만 아니라 노동을 통해 그 생존을 유지하는 것도 불가능하기 때문이다. 그래서 이에 대응해서 국가와 지방자치체는 이 권리를 확립하기 위하여 헌법상 교육의 여러 조건들을 정비하는 등, 각종의 의무를 보다 광범하고 보다 강하게 떠맡고 있는 것이다 (국가의 헌법상의 의무로서의 의무교육을 받을 권리의 구체화 의무).

이 경우 「의무교육을 받을 권리」를 포함해서 분명 「교육을 받을 권리의 내용은 광범하고도 다면적이기에, 법적 권리라고 하더라도 추상적인 것임은 부정하기 어렵다」(17)고 일반적으로 말할 수 있지만(추상적 권리로서의 교육을 받을 권리), 사항이나 범위에 따라서는 구체적인 청구권이나 요구권도 예상되는 헌법상의 구체적 권리라고 보는 것도 타당하다(헌법상의 구체적 권리로서 교육을 받을 권리). 특정의 경우나 특정의 사항에 관해서는 「교육을 받을 권리」, 그중에서도 특히 그 핵심적 내용인 「의무교육을 받을 권리」의 보장은 단순히 추상적 권리로 그치지 않고 구체적 효력을 가진 법적 권리로서의 재판규범이 될 수 있는 것이다.[18]

가령 정당한 이유 없이 의무교육학교에서 아동 또는 학생이 수업이나 학교행사에 참가하는 것이 거부될 경우 등이 그러한 예가 될 수 있다. 아동과 학생은 「(의무)교육을 받을 권리」의 근간을 이루는 내용으로서, 「수업이나 학교행사에 참가하는 권리」를 헌법상으로 지니는 것으로 보아야 하기 때문이다.

이상에서처럼, 요컨대 ① 「교육을 받을 권리」의 내용은 헌법 자체로서 보장되어 있는 핵심 부분이면서, 입법정책상의 재량권을 유보하여 법률에 의해 비로소 구체화되는 부분으로 되어 있으며,[19] 그리하여 ② 「의무교육을 받을 권리」에는 전자, 즉 헌법상의 구체적 권리로서 조정되어 있는 사항 및 내용이 적지 않은 것이다.

이와 연관하여, 독일 같은 경우에서도 헌법상의 「교육을 받을 권리」로부터 곧바로 국가에 대한 구체적인 급부청구권(Ansprüch auf staatliche Leistung)이 유도될까? 환언하면 이른바 교육을 받을 권리가 주체적 권리(subjektives Recht)인지의 여부에 관해서 학설과 판례상의 견해들이 나뉘는데,[20] 유력한 학교법학설의 주장에 의하면 「교육을 받을 권리」의 근본적 핵심부분, 즉 「교육의 최소 보장을 요구하는 기본권(Minimumgrundrecht auf Bildung)」은 헌법상 구체적 권리성을 가지고 있는 것으로 이해되고 있다.[21]

그리고 지금까지 기술한 것과 관련해서 독일의 바덴 뷔르템베르크 주 헌법에서의 교육을 받을 권리보장의 법적 구성과 이에 관한 헌법학설은 참고할 만하다.[22]

이 헌법은 「모든 청소년은 … 그 능력에 따라 교육 및 교육훈련을 받을 권리를 가진다」(11조 1항)라고 규정하고, 「교육을 받을 권리」가 헌법상의 기본권임을 확인하는 것에 이어, 동조 2항에서「공공의 학교제도는 이 원리에 근거해서 형성되어야 한다」고 규정하여 이른바「교육을 받을 권리」가 공교육제도 형성의 지도원리(Leitprinzip)로 되어 있음을 밝히고 있다.[23] 그리고 이 같은 조항들에 의거하여「국가 및 지방자치체는 필요한 재정상의 조치, 특히 교육보조금제도(Erziehungsbeihilfe)를 정비해야 한다」(동조 3항)라고 규정하고 있다(국가 및 지방자치제의 헌법상의 의무로서의 재정상의 조치 의무).

이렇게 하여 동헌법의 권위 있는 해석에 의하면 상기 교육을 받을 권리의 보장 조항은 단순한 프로그램 규정이 아니라「객관적 법질서 및 헌법의 가치질서의 구성요소」(Bestandteil der objektiven Rechts- und Werteordnung der Verfassung)를 이루고 있는 것이며 따라서 동조로부터「직접적인 구속력을 가진 헌법상의 요청」(unmittelbar bindendes Verfassungsgebot)이 유도된다고 이해되는 것이다.[24]

결국 이 조항은 이른바「가능성의 유보」(Vorbehalt des Möglichen)에 의해 제약받을 수도 있을 법한 입법자에게 권한을 위임하는 방식의 종래의 관여권이 아니라,「진정한 급부 청구권」(echte Leistungsanspruch)에 근거를 둔다고 이해되며, 따라서 이러한 해석은 해당 주의 헌법재판소에 의해서도 지지를 받고 있는 것이다.[25]

제3절 국가의 교육주권에 근거한 헌법상의 제도로서의 공교육제도

1. 국가의 교육주권과 공교육제도

공교육제도의 계획 · 조직 · 편성 · 운용에 관한 일반적 형성권 또는 규율권은 사법 · 외교 · 과세 · 군대 등에 관한 권능과 마찬가지로 국가의 주권 작용에 속하고 있는 것으로 해석된다.[26] 「교육주권」(Schulhoheit)이라 할 수 있는 국가의 권능이다.

두말할 것도 없이 일본 헌법은 「국민주권의 원칙」에 입각하고 있기 때문에 (헌법 전문), 여기서 말하는 공교육제도에 관한 국가의 주권, 즉 교육주권의 주체는 국민 전체라 할 수 있다. 즉 교육주권이란 주권자로서의 국민이 총체적으로 가지고 있는 공교육에 관한 권능 바로 그것이다.

이 교육주권(국민의 교육권력)은 현행의 국민대표제 및 의회제 민주주의 제도에서는 헌법구조상 현실적으로는 「국권의 최고기관」(헌법 41조)인 국회를 비롯하여 내각, 재판소 및 기타 국가기관(지방자치제도 포함. 이하 같음)이 주권자인 국민의 신탁에 근거하여 국민을 대신하여 이것을 분담 행사하는 방식에 의하고 있다.

바로 이 때문에 독일의 경우 학설과 판례상에서는 물론 실정법상에서도 이른바 교육주권은 「국가에 부과된 교육책무」(Erziehungsanftrag des Staates)라는 별칭으로 불리며, 「기능이 충분한 공교육제도를 유지하는 국가의 의무」라고 해석되는 것이다.[27]

이와 같이 통치기구는 당연히 공교육에 관해 권능을 가지고 의무 내지 책임을 지고 있는데, 이를 가리켜 「국가의 교육권」으로 칭해도 아마도 별 이론이 없을 것이다. 「다름 아닌 헌법이, 즉 통치 권력의 근간에 관련된 최고법규가 한편으로는 모든 국민에게 '교육을 받을 권리'를 보장하면서, 다른 한편으로는 아동의 보호자에게 '보통교육을 받게 하는 의무'를 부과하고 있는 이상, 통치 기구가 교육에 관해서 어떤 관계를 가지는 것은 당연한 전제」가 되는 것이다.[28]

부연하자면, 독일 교육심의회의 권고에도 있듯이 **「사회국가에서는 교육관계 기본권의 실현을 그때그때의 자유로운 교육의 제공에 맡길 수 없다. 설치주체가 공립인지 사립인지를 불문하고 모든 교육제도에는 공의 책임이 존재한다.」**는 것이며,[29] 따라서 국가는 상기와 같은 교육기능을 가지는 것에 머

물지 않고 보다 적극적으로 「그와 같은 권능과 더불어 원칙적 의무를 지고 있다」고 이해된다.[30]

구체적으로 말하자면, 예컨대 교육제도의 기본구조, 학교의 종류나 편제, 학교교육의 목적이나 기본적 내용, 연간 수업시수, 성적평가의 기준이나 방법, 취학의무 내지 교육의무, 학교관계, 학교 설치 기준, 교육 행·재정의 기본적인 계획, 교원의 자격이나 법적 지위 등의 확정을 교육주권상의 결정으로 보며, 이에 관한 권능이 원칙적으로 국회 등의 국가기관, 즉 통치기구에 속한다고 보는 것이다.[31]

2. 사회공공적인 사업으로서의 학교교육

기술한 바와 같이 오늘날 공교육제도의 존재이유는 1차적으로 아동의 교육을 받을 권리의 보장에 있는 것이지만, 이 제도는 단순히 아동의 교육을 받을 권리에만 대응해서 제도화되어 있는 것은 아니다. 또한 이른바 공교육제도에는 분명 「부모 의무의 위탁 내지 공동화」(사사[私事]의 조직화)[32]라는 측면이 있기는 하지만, 그러나 그것이 이 제도 성립을 뒷받침하는 유일한 이유인 것은 아니다.

이미 언급한 것처럼, 이 제도는 교육주권에 근거한 헌법상의 사회제도인 것이며, 아동이나 부모의 권리·의무 내지 「소비자의 수요」라는 개인권적 요소에 근거할 뿐 아니라, 국가적·사회적 요청에도 근거하고 있다는 사실에 유의할 필요가 있다. 부연하면 공교육제도에 대해서는 국민국가·민주적 법치국가·산업국가의 유지·발전이나 사회적 통합을 취지로 한 「아동의 사회화」 내지 「자율적이며 성숙한 책임 있는 시민」, 「적극적인 정치주체로서의 시민」으로 아동을 키워내는, 사회공공적인 역할과 기능도 함께 요구된다는 것이다(「교육주권에 의한 사회화의 대상으로서의 아동」이라고 하는 법적 지위). 「공」교육이라면 그것은 부모 이외의 국민의 부담에도 관련되는 공적자금에 의해 유지되어야 하며(「공교육비의 공비부담의 원칙」: 이에 대해서는 후술하겠다), 게다가 학교교육의 목적이나 기본내용은 교육주권 작용의 일환으로 간주되기에, 결국 부모 이외의 시민까지도 포함하는 국민 전체의 교육의사에 의해 결정되어야 하는 것이다(학교교육의 공공성, 교육기본법 6조 1항).

바로 이러한 근거에서 경제법적 관점에서는 「아동의 사회화를 제도화하는 것은 공공적인 사항이다. **교육은 그 배분이 시장경제법칙에 따르는 것이 아니라 공법에 의해 규율되어야 하는 공공재**(öffentliches Gut)**이다**」[33]라고 해석하는 것이다.

제4절 고교교육을 받을 권리와 고교 수업료의 무상화

1. 사회권적 기본권으로서의 「준(準)의무」 고교교육을 받을 권리

이미 언급한 것처럼 헌법 26조 1항이 보장하는 「교육을 받을 권리」의 근간이 되면서 핵심적 내용을 이루는 것은 「의무교육을 받을 권리」인데, 본래 이 권리의 대상 법익 및 영역에는 「유아교육을 받을 권리」, 「중등교육을 받을 권리」, 「고교교육을 받을 권리」, 나아가 「사회교육을 받을 권리」나 「생애학습의 권리」 등도 당연히 포함되어 있다.[34]

그래서 여기에서 중요한 것은 한마디로 「교육을 받을 권리」라고 해도 그 기본적 인권으로서의 성격은 대상이 되는 교육단계나 교육영역에 따라 동일하지 않다는 것이다.

이미 살펴본 것처럼 의무교육 단계에서 이 권리는 정신적 자유권의 성격을 함께 지니면서도 1차적으로 그리고 본질적으로는 생존권적·사회권적 기본권에 속한다. 그래서 이에 호응하여 국가 및 지방자치제는 이 권리를 보장하기 위해 교육의 조건들을 정비하는 등, 각종의 의무를 헌법상으로 부과하고 있다.

이에 비하여 고등교육 단계의 교육에서는 사적재(개인적 편익)로서의 성격이 강화되는 반면 「고교교육을 받을 권리」라는 사회권적 성격은 약화되기 때문에, 「영업의 자유」 및 「직업의 자유」(헌법 22조, 29조)와 강하게 호응함으로써 경제적 자유권으로서의 성격을 농후하게 지니게 되는 것으로 볼 수 있다(개인적인 자유권 및 경제적 자유권으로서의 고교교육을 받을 권리).(35)

이 때문에 헌법학 이론에도 「고교교육의 효과는 해당 개인의 경제성을 높이는 것에 집약적으로 나타난다」 또는 「고교교육은 해당 개인의 경제성을 높이는 것이기 때문에 수익자부담 원칙에 따라야 한다」라는 견해가 나타나는 것이다.(36)

「중학교에서의 교육에 기초하여 … 고도의 보통교육 및 전문교육을 제공하는 것을 목적으로 하는」(학교교육법 50조) 고등학교의 「교육을 받을 권리」는 제도적으로 볼 때 앞에서 말한 두 견해의 중간에 위치하고 있다. 그러나 고교 졸업이 직업상 여러 가지 자격취득의 조건이 되고 게다가 고교 교육이 「준의무교육화」되고 있는 오늘날(의무교육 후 중등교육에의 진학률은 2010년 경우 98.0%이다), 고등교육은 「사회인으로서 자립하기 위한 기초교육」(37) 내지 「책임 있는 정치주체가 되기 위한 시민교육」이라고 여겨지며(공공재[사회적 편익]로서의 고교교육), 따라서 「'준의무' 고교교육을 받을 권리」는 경제적 자유권의 성격을 띠면서도 1차적으로는 여전히 사회적 기본권의 범주에 속하고 있는 것으로 해석된다.

표현을 바꾸면 국가 및 지방자치체는 이 권리에 호응하여 의무교육에 준하는 범위와 정도의 교육 및 학습조건을 정비해야 할 의무를 헌법상 지고 있는 것이며, 바로 이러한 사실이 현재의 문맥에서 중요하다(국가 및 지방자치체에 대한 교육 및 학습조건 정비 요구권으로서의 고교교육을 받을 권리).

2. 고교의「준(準)의무교육」화와 헌법 26조 2항
(의무교육의 무상화)

헌법 26조 2항은 국민의「자신이 보호하는 자녀에게 보통교육을 받게 하는 의무」를 규정하고, 나아가「의무교육은 무상으로 시행한다」고 명시하고 있다(헌법상의 의무로서의 국가의 의무교육 무상 의무).

이 의무교육 무상 규정은 동조 1항이 규정하는「교육을 받을 권리」를 현실적이고도 실질적으로 보장하기 위한 국가의 책무를 구체적으로 규정한 것이며, 특히 경제적인 이유로 취학할 수 없는 일이 없도록「적어도 의무교육에 관해서는 무상으로 한다는 취지」이다.[38] 앞서 교육을 받을 권리의 1차적이며 핵심적인 내용으로 된 것이「균등한 교육기회를 보장받을 권리」, 특히 의무교육 단계에 있어서의 권리라고 한 것은 바로 이런 이유에서이다.

게다가 의무교육제도는 취학의무제를 펼 것인가 교육 의무제를 채택할 것인가 하는 제도유형의 여하에 구애됨이 없이 취학 또는 교육을 아동과 부모의 의무로 하는 것이기 때문에, 이 의무를 강제로 부과하면서도, 동시에 이를 무상으로 실시하는 것은 당연한 것이다.[39]

덧붙여 바이마르 헌법(1919년)은 다음과 같이 규정하여 그 이유를 헌법상으로 확인하고 있다(145조).

「취학의무는 일반적인 의무이다. 그것의 이행은 원칙적으로 적어도 8년간의 초등학교와 그에 이어지는 만 18세까지의 상급학교에서 이루어진다. **초등학교 및 상급학교에서의 수업과 교재는 무상으로 제공한다.**」[40]

그런데 헌법 26조 2항에서 말하는「의무교육의 무상성」원칙은 위에서 말한「교육을 받을 권리」라는 법적 차원에서 파악되어야만 하는 것이며, 그러한 관점에서 의무(공)교육에 관한 헌법상의 재정원칙에 대해서는 다음과 같은 두 가지 결론이 나오는 것으로 생각된다.

첫째, 헌법 26조 2항의 의무교육 무상에 대한 규정은 이전의 헌법학설이 말하는 것과 같은 이른바 프로그램 규정이 아니라 직접적이고 구체적인 법적 효력을 가지고 있는 재판규범으로 되어 있다. 환언하면 국가는 국민의 교육을 받을 권리에 호응하여 의무교육에 관해서는 무상제를 펴는 헌법상의 의무를 지고 있으며, 이러한 제도의 채택 여부를 입법정책(입법재량)에 맡기는 것은 허용될 수 없는 것이다.

덧붙여 의무교육비 부담 청구사건에 관한 최고재판소 판결(1964년 2월 26일, 判例時報 363호 9면)도 수업료의 경우에 한정하고 있기는 하지만 동 조항의 재판규범성을 확인하고 있는 것으로 보인다.

둘째, 헌법 26조 2항의 의무교육 무상 규정은 「공교육제도의 규범원리로서의 교육을 받을 권리의 보장」 및 「교육주권에 근거한 헌법상의 제도로서의 공교육제도」라는 공교육제도의 본질적 성격에 의거함으로써, 단지 규범원리로서 「의무교육」의 무상에 머무르지 않고, 그 범위를 넘어 「공교육비의 공적 부담화의 원칙」 내지는 「공교육의 공비 부담화의 원칙」이라는 현대 공교육법의 기본원리에까지 이어지는 원칙을 헌법상의 원리로 예정하고 있는 것으로 보인다. 「사회권적 기본권으로서의 고교교육을 받을 권리」라는 법적 성격에서 오는 요청도 있으며, 고교교육에 관해서는 이미 이것이 적용되고 있다(의무교육 무상 원칙의 고교에 대한 원리적 원용). 의무교육 무상 규정은 「공교육비의 공적 부담화의 원칙의 집약적이며 대표적인 표현이라고 해석해야 한다」는 것이다.[41] 단적으로 말하면 「 '공교육'이란 결국 공비에 의한 교육 바로 그것이다」라고 할 수 있다.[42]

실제로 여러 외국의 공교육 법제를 보더라도 이하에서 언급되는 것처럼 의무교육은 물론 후기 중등교육 단계에서도 무상제를 채택하고 있는 국가가 적지 않으며(26개국), 더욱이 고등교육에 대해서도 무상제도를 실시하고 있는 국가가 적지 않게 보이고 있다(OECD 가맹국 30개국 중에서 15개국이 무상제를 실시하고 있음).

3. 고교교육 무상성(無償性)에 관한 국제법과 여러 외국의 동향

1966년 12월에 채택된 UN의 「경제적 · 사회적 및 문화적 권리에 관한 규제규약」(이하 「사회권 규약」으로 약칭)은 「교육에 관하여 모든 자의 권리를 인정한다」(13조 1항)라고 규정하고, 이 권리를 실현하고 달성하기 위해서는 먼저 「초등교육은 의무적으로 하고, 모든 자에 대해서 무상으로 할 것」(13조 2항 〈a〉)임을 확인하며, 이어서 중등교육과 고등교육에 관해서는 각각 다음과 같이 강조하고 있다.

「여러 가지 형태의 중등교육(기술적 및 직업적 중등교육 포함)은 모든 적당한 방법으로, 특히 무상교육의 점진적인 도입으로 일반적으로 이용 가능하고 또 모든 자에 대하여 기회가 주어지도록 해야 한다」(13조 2항 〈b〉호).

「고등교육은 모든 적당한 방법으로 특히 무상교육의 점진적인 도입으로 능력에 따라 모든 자에게 균등한 기회를 줄 수 있어야 한다」(동조 동항 〈c〉호).

이 사회권 규약은 1976년부터 효력을 발하고, 일본은 3년 후인 1979년에 이를 비준했다(국내 발효 1979년 9월 21일). 그러나 그 당시 정부는 위에서 인용한 13조 2항 〈b〉호 〈c〉호에 관해, 일본은 이 「규정에서 말하는 '특히 무상교육의 점진적인 도입으로' 라는 규정에 구속받지 않는 방향으로 권리를 유보한다」(1979년 8월 4일 외무성 고시)는 뜻을 표명하였다.

이와 같은 일본 정부의 대응에 대하여 국제인권규약 사회권규약위원회는 2001년 8월 동 규약 실시에 관한 일본의 제2회 보고서에 관한 총괄 소견에서 「주된 우려 사항」의 하나로 「규약의 규정 중 많은 것이 헌법에 반영되어 있음에도 불구하고 체약국이 국내법에서 규약의 규정을 만족할 만큼 실시하지 않고 있음을 염려한다」라고 표명했고, 상기의 무상제 조항에 대한 「유보를 철회할 의사를 계약체결국이 가지고 있지 않다는 것을 특히 염려한다」고

함으로써, 이 문제에 관한 일본 정부의 태도를 강하게 지탄함과 동시에 깊은 우려를 표한 바 있다.

그리고 일본 정부에 대하여 이 총괄 소견에 실린 권고를 실시하기 위해 취하는 조치에 관하여 2006년 9월 말까지 동 위원회에 보고하도록 요구하였다.

일본 정부는 상기 기한을 넘겨 현재까지도 동 위원회에 대하여 회답을 하지 않고 있는데, 2012년 3월 현재 이 조약의 가맹국은 160개국에 이르고, 158개국이 상기 무상 조항을 비준했으며, 이것을 유보하고 있는 국가는 일본과 마다가스카르, 2개국뿐이다.(43)

한편 1989년 11월 UN 총회에서 채택된 아동의 권리조약도 상기 사회권 규약을 따라 다음과 같이 규정함으로써 계약체결국에 대하여 중등교육에서의 무상제 도입과 재정적 지원을 위한 조치 의무를 부과하는 것으로 되어 있다(28조 1항).

「이 계약을 체결한 국가는 교육에 관한 아동의 권리를 인정하여야 하며, **기회의 균등을 기초로 해서 점진적으로 이 권리를 달성하기 위해서** 특히

(a) 초등교육을 의무로 규정하여 모든 자에 대하여 무상으로 제공한다.

(b) **여러 가지 형태의 중등교육(일반 교육 및 직업교육 포함)의 발전을 장려하고, 모든 아동에 대해 이와 같은 중등교육이 이용 가능하고**, 또한 **이를 이용할 기회가 주어지도록 하기 위해**, 예컨대 **무상교육의 도입**, 그리고 필요한 경우 **재정적 원조의 제공**과 같은 적절한 조치를 취한다」.

일본은 이 조약을 1994년 3월에 비준했고, 같은 해 5월부터 동 조약은 국내에서 발효하고 있는데, 일반적으로 조약은 비준·공포에 의해 그대로 국법을 형성하게 되고 특별한 입법조치를 기다릴 것 없이 국내법 관계에 적용된다는 것(44)이 여기에서 중요한 사항이다. 그리하여 이 경우 헌법 98조 2항이 조약의 성실한 준수를 요구하고 있는 것 등을 근거로, 조약은 일반의 법률보다 우위의 효력을 가진다고 되어 있다(법률에 대한 조약의 우위).

부연하면 조약은 추상적·일반적인 원칙의 선언에 그치는 것이 아니라 국내법으로서 법률에 앞서는 효력을 지니고 입법, 사법 및 행정을 구속하는 「직접적으로 유효한 법」(unmittelbar geltendes Recht)인 것이다.

이렇게 해서 아동의 권리조약의 상기 조항은 정부나 국회를 법적으로 구속하여 고교 무상성의 입법화는 정부나 국회의 국제법상의 의무에 속하고 있다고 결론지어진다. 또한 이 조약은 재판규범이기도 하기 때문에 학생이나 부모는 직접 상기 조항에 의거하여 고교무상화의 도입을 요구하여 재판소에 재소할 수가 있다고 해석된다.

그렇다면 실제로 고교교육 무상제를 이미 실시하고 있는 국가는 과연 얼마만큼 있는가 하는 의문이 생길 수 있는데, OECD 가맹국 30개국의 경우를 보면, 앞에서 기술한 무상화 조항의 비준 상황을 비추어 볼 때 그 실시국은 덴마크, 핀란드, 독일, 프랑스, 네덜란드 등 25개국에 달하고 있다. 유상제를 채택하는 곳은 스위스의 일부 주를 논외로 하면 이탈리아, 포르투갈, 한국 이상 3개국뿐인 상황이다.

또한 참고로 대학에서의 수업료 무상제에 관해서 살펴보면, 무상제를 실시하고 있는 OECD 가맹국의 수는 적지 않으며, 덴마크, 핀란드, 아일랜드, 스웨덴, 폴란드 등 15개국에 달하고 있다.[45]

제5절 사립고교생에 대한 수업료 조성을 둘러싼 문제

1. 경제적 이유에 의한 고교 중퇴와 고교무상화법의 효과

문부과학성(한국의 교육과학기술부에 해당)이 2007년 5월에 실시한 「고등학교 중퇴자수 등의 상황조사」에 의하면[46] 2006년도 전국의 국·공립고등학교에서의 중도 퇴학자 수는 합계 77,027명이고 전년도보다 334명 증가한 것으로 되어 있다. 그 내역을 보면 공립고교 53,251명(중퇴율=2.2%), 사립고교는 23,732명(중퇴율=2.3%)으로 되어 있다.

중퇴 이유 중에 가장 많은 것은 「학교생활 또는 학업 부적응」(38.9%)이라고 되어 있지만, 여기에서의 문맥에서 관심거리가 되는 「경제적 이유」에 의한 중퇴자 수가 공립고교에서 1,339명(중퇴율=0.05%), 사립고교에서는 1,301명(중퇴율=0.13%)이었다는 사실을 짚어 두고자 한다.

한편 전국사립학교교직원조합연합(이하 「전국사교련」으로 약칭)이 2008년 3월에 실시한 「사학 학생의 경제적 이유에 의한 중퇴 및 수업료 체납에 관한 조사」(대상은 전국 사립고교의 약 5분의 1에 해당하는 234개교)에 의하면[47] 2007년도에 「경제적 이유」로 사립고교를 중퇴한 학생은 407명(중퇴율=0.21%)로 전년도의 188명(중퇴율=0.11%)보다 두 배 이상 증가하여, 과거 최다였던 2002년의 355명을 상회하여 1998년의 조사 개시 이래 최악의 수치를 보이고 있다(한 학교당 1.75명).

그런데 문부과학성의 2011년도 조사에 의하면 고교무상화가 시행된 2010년도 고교중퇴자가 같은 고교나 다른 고교에 재입학한 경우는 전년도 대비 13% 증가한 것으로 되어 있다. 2003년도의 11,245명에서 감소하는 추세에 있었고 2009년도에는 6,921명이었지만, 2010년도에는 7,617명(이와테, 후쿠시마, 미야기 현 제외)에 이름으로써 7년 만에 증가한 것이다.[48]

또 전국사교련이 2011년 9월에 실시한 상기 조사(대상은 사립고교 전체의 24%인 320개교)에 의하더라도, 2011년도 전반에 경제적 이유로 사립고교를 중퇴한 학생은 58명으로, 고교무상화법 시행 전해인 2009년도 대비 61%의 감소를 보여 1998년의 조사 개시 이래 최저였다고 한다.[49]

고교무상화법을 제정할 때의 부대결의에 근거하여 2011년 8월에 민주, 자민, 공명 3당 합의로 동법의 「정책효과를 검증하여 2012년도 이후 필요한 재검토를 한다.」고 하였으나, 일단 현재 단계에서 고교무상화법은 당장은 그 나름의 효과를 보여 주고 있다고 할 수 있다.

2. 사립고교의 학비와 도도부현(都道府縣)에 의한 학비보조의 현상

전국사교련의 조사에 의하면[50] 전국 사립고교의 2011년도 수업료와 시설설비비 평균액은 각각 371,950엔과 174,207엔으로, 양자를 합한 학비(납부금)의 평균액은 546,157엔으로 되어 있다.

도도부현(일본의 행정단위. 한국의 광역시도에 해당함) 별로 보면 학비가 가장 높은 곳은 미에(三重) 현(739,974엔)이고, 그 뒤를 교토 부(702,443엔)가 뒤따르고 있으며, 그에 이어 가나가와 현(665,190엔), 오카야마 현(639,086엔), 미야기 현(634,347엔)의 순으로 되어 있다.

한편 학비가 가장 낮은 곳은 니가타 현의 371,673엔이고, 홋카이도가 뒤이어 380,104엔 이하, 그 뒤로 야마구치 현(405,330엔), 후쿠시마 현(406,425엔), 돗토리 현(406,578엔)이 뒤따르고 있다. 최고인 미에 현의 학비는 최저인 니가타 현의 약 두 배로서, 두 현 간에는 368,301엔의 차이가 있다. 이것은 어디까지나 지자체 수준의 평균학비에 관한 경우인 것이기에, 개개의 사립고교의 학비에는 더욱 큰 차이가 있을 것으로 추측된다.

이러한 사학의 현실과 연관하여 오늘날 모든 지자체에서는 세대별 연간수입을 고려한 학비보조가 실시되고 있는 중인데, 그 개요는 다음과 같다.

① 생활보호 세대 및 연간수입 250만 엔 미만의 세대에 대해서는 교토 부, 오사카 부, 히로시마 현 이상 세 지자체가 학비 전액을 면제하고 있으며, 오키나와 현, 아키타 현, 나가노 현 등 20개 현(생활보호 세대의 경우는 22현)이 수업료의 전액 면제를 실시하고 있다. 그 이외의 현에서도 24~42만 엔의 학비보조가 시행되고 있다.

② 연간수입 350만 엔 미만의 세대에 대해서는 교토 부와 오사카 부가 학비의 전액을, 히로시마 현이 3분의 2를 각각 면제하고 있다. 수업료를 전액 면제하고 있는 곳은 이시카와 현과 에히메 현 등 8개 현이며, 반액 면제는

사가 현 등 2개 현으로 되어 있다.

③ 연간수입 400만 엔 미만 내지 450만 엔 미만의 세대에 대해서는 교토 부와 오사카부 가 학비의 전액 면제, 후쿠시마 현이 수업료의 전액 면제, 지바 현이 3분의 2 면제, 도쿠시마 현이 반액 면제를 각각 실시하고 있다. 그 이외의 현에서는 사이타마 현처럼 36만 엔을 보조하고 있는 현도 있으나, 현 단독으로 보조를 하지 않는 경우가 25개 현에 달하고 있다.

④ 연간수입 500만 엔 미만 내지 610만 엔 미만의 세대에 대해서 오사카 부는 두 경우 모두에 대해 전액 면제를, 교토 부는 전자에 대해서만 전액 면제를 실시하고 있다. 그리고 지바 현은 수업료의 3분의 2 면제를, 도쿠시마 현은 반액 면제를 각각 실시하고 있으나, 태반의 현에서는 독자적인 보조를 실시하고 있지 않다.

⑤ 연간수입 760만 엔 미만의 세대에 대한 학비보조는 오사카 부가 실시하고 있으나(48만 엔. 오사카 부는 연수입 800만 엔 미만 세대에도 같은 액수 보조), 그 밖의 지자체에서는 도쿄 도 등 3개 자치제에서 약간의 보조가 있기는 하지만 거의 실시되고 있지 않다.

⑥ 연간수입 800만 엔 이상의 세대에 대하여 학비보조를 하고 있는 지자체는 없다.

⑦ 학비보조의 상황을 지자체 별로 보면 이미 지자체 단독으로 사학 무상화를 실현하고 있는 오사카 부와 교토 부가 눈에 띈다. 특히 오사카 부는 연간수입 610만 엔 미만의 세대 전부에 대해 학비 전액을 면제하고, 760만 엔 미만과 800만 엔 미만의 세대에 대해서도 48만 엔의 보조를 실시하고 있다.[51] 그리고 교토 부는 연간수입 500만 엔 미만의 세대를 모두에 대해 학비 전액을 면제하고 있다.

이에 뒤따르는 것이 치바 현과 도쿠시마 현인데, 치바 현은 연간수입 500만 엔 미만과 610만 엔 미만의 세대에 대하여 수업료의 3분의 2 면제를, 그리고 도쿠시마 현은 수업료의 반액 면제를 각각 실시하고 있다. 또 히로시마 현은 생활보호 세대와 연간수입 250만 엔 미만 세대에 한해서이기는 하지만 학비를 전액 면제하고 있고, 350만 엔 미만 세대에 대해서는 3분의 2를 면제하고 있다.

그런데 문부과학성이 2010년 4월부터 2011년 3월에 걸쳐 실시한「아동 학습비 조사」에 의하면 2010년도에 전국의 사립고교생을 둔 세대가 부담한 학교교육비(수업료, 입학금, 학용품비, 통학용품비 등)는 685,075엔이고, 공립고교생을 둔 세대의 경우는 237,669엔으로 공사립 고교 간의 부담 격차는 2.9배가 되어 있다.[52]

또한 문부과학성은 사립고교생에 대한 취학지원금제도의 발족에 즈음하여 가산의 대상이 될「연간수입 350만 엔 미만 세대」의 사립고교 재학자의 비율을 13.6%로 상정하고 있었다. 그러나 현실은 아오모리 현(42.9%), 에히메 현(30.7%), 시마네 현(30.5%), 미야자키 현(30.4%) 등 10개 현에서는 그 두 배 이상에 달하며, 전국 평균에서도 가산 대상자의 비율이 18.7%를 점하고 있음이 분명하게 드러났다.[53]

이와 같은 상황 하에 다년간「사학은 공교육 — 교육에 공평을」이라는 슬로건으로「공사립고교 간 교육비의 격차의 시정」을 요구하면서 운동을 전개해온 전국사교련은 공립고교의 수업료 무상화를 계기로 사립고교의 실질적 무상화를 요구하며,[54] 다음과 세 가지 사항을 주장한다.

① 국가는 사립고교생에 대하여 공립고교 수업료 표준액 118,800엔의 3배를 취학지원금으로 지급한다. ② 각 지자체에서 수업료 감액 사업을 확충하여 일정 소득 이하의 학생에 대해서는 상기 ①로써 마련할 수 없는 연간 등록금을 전액 면제한다. ③ 사학 경상경비 2분의 1의 조성을 실현하여 공사립학교 간 교육 조건의 격차의 시정을 도모한다.

3. 사립고교에 대한 경상비 조성의 현상

3-1 경상비 조성의 예산정산 방식과 배분 방식

현행 제도상 사립고교에 대한 경상비 보조의 예산정산 방식으로는 다음의 네 가지가 있다.

① 단가방식: 학생수에 보조 단가를 곱해서 정산

② 표준적 운영비 방식: 공립학교의 운영비를 기준으로 사립학교의 「표준 운영비」를 설정하여 그 일부를 보조하는 방식(공립정산방식)

③ 보조대상경비 방식: 경상경비 등 보조대상이 되는 경비에 보조 비율을 곱해서 정산

④ 기타: 상기 ①~③의 방식의 조합

2011년도의 예산정산 방법을 보면[55] 단가방식을 취하고 있는 곳은 홋카이도, 오사카 부, 히로시마 현 등 35개 자치체로서 전체의 74.5%를 차지하고 있다. 비율은 좀 떨어지지만 이에 뒤따르는 것이 표준적 운영비 방식인데 야마가타 현이나 도쿄 도 등 6개 지자체(12.8%)가 채용하고 있다. 보조대상경비 방식은 나가노 현이나 아이치 현 등 4개 현(8.5%)이 채용하고 있으며, 그 밖에 후쿠시마(표준적 운영비 방식+보조대상경비 방식)와 오이타(단가방식+보조대상경비 방식) 두 현은 기타의 조합 방식을 채용하고 있다(4.3%).

다음으로, 예산배분 방식에는 정산방식의 경우처럼 단가방식, 표준적 운영비 방식, 보조대상경비 방식 및 기타 방식 외에 구할방식(区割方式), 즉 「가령 학생수 비율, 교직원수 비율, 학교비율, 학급수비율 등의 특정 요소에 착안하여 비율에 따라 배분하는 방식」이 더해져 총 다섯 종류가 있다.

2011년 현재 이 중에서 가장 많이 채택되고 있는 것은 구할방식이며, 아오모리 현, 지바 현, 야마구치 현 등 26개 지자체가 이 방식을 채택하여 전체의 반을 넘고 있다(55.3%). 표준적 운영비 방식이 이에 뒤따르고 있지만 가

나가와 현이나 효고 현 등 6개 현(12.8%)에 불과하다. 이하 단가방식이 돗토리 현 등 4개 현(8.5%), 보조대상경비 방식과 기타가 각각 3개 현(6.4%), 그리고 「미정」이 5개 현으로 되어 있다.

3-2 사립고교에 대한 경상비 조성과 학생 1인당 조성단가

2011년도에 있어서 사립고교 등(고등학교, 중등교육학교, 중학교, 소학교, 유치원 및 특별지원학교)에 대한 경상비 조성액은 국고보조금이 1,002억 3,000만 엔(전년도 대비 0.4% 증가. 문부과학성의 총예산에 점하는 비율=1.8%), 지방교부세가 5,503억 엔(전년도 대비 1.1% 증가), 합계 전년도 대비 1% 증가한 6,505억 3,000만 엔으로 되어 있다.

이 경우 학생 1인당 조성단가는 국고보조금이 52,905엔 지방교부세가 255,900엔, 합계 전년도 대비 0.9% 증가한 308,805엔으로 되어 있다. 덧붙여 중학교에 대한 조성 단가는 301,487엔, 소학교는 299,887엔, 유치원은 171,219엔인데, 유치원은 논외로 하더라도, 고등학교 · 중학교 · 소학교의 3개 종류의 학교 간에는 조성 단가에 거의 차이가 없는 것이 현실이다.

다음에 사립고교에 대한 경상비 조성에서 학생 1인당 조성단가를 지자체별로 보면, 조성단가가 가장 높은 것은 돗토리 현의 462,574엔(그중 현 단독 예산=153,869엔)이고, 도쿄 도가 359,546엔(그중 도 단독예산=50,741엔)으로서 그 다음이며, 그에 뒤이어 군마 현(346,345엔), 시즈오카 현(346,205엔), 이시가와 현(344,940엔)의 순으로 이어진다.

한편 학생 1인당 조성단가가 가장 낮은 곳은 사이타마 현인데 국가 기준인 38,065엔을 밑도는 270,740엔이고, 그 다음으로 낮은 곳은 오사카 부(277,924엔)이며, 그에 이어 가나가와 현(293,651엔), 시마네 현(302,304엔), 쿄토 부(306,200엔)의 순으로 되어 있다. 조성단가가 가장 높은 돗토리 현과 가장 낮은 사이타마 현 간에는 191,934엔의 차이가 보인다. 그리고 조성단가의 전국 평균은 326,959엔으로 되어 있다.[56]

제6절 사학의 공공성과 사립고교 무상화의 법적 가능성

1. 사학의 공공성: 공교육기관으로서의 사학

사립학교는 기본적으로는 사인이나 사적 단체의 발의와 자기책임에 의거하여 설치·경영되는 것이기에, 본래 그것은 사적 기관이며 그곳에서의 교육은 사교육에 속한다. 실제로 서구에서는 역사적으로 사학 교육은 「국가의 학교감독으로부터 자유로운 사교육」으로 여겨졌고, 오늘날에도 예컨대 프랑스나 스페인 등에서는 기본적으로 그렇게 인식되고 있다.

덧붙여 말하면 스페인에서는 「교육의 자유」와 「사학의 자유」라는 헌법에 의한 이중의 보장을 받아(27조 1항, 6항)[57] 공적자금 조성을 얻기 위해 국가와 계약을 체결한 사학은 물론이고, 그렇지 못한 사학(「승인을 받지 않은 사학」, 'centro no concertado' 라 부름)에 대해서도 국가의 규제라고는 단지 학교설치에 대한 인가나 수속 정도가 있을 뿐이다.[58]

그런데 일본에서는 현행 법제상 사립학교는 공교육기관으로 자리매김되어 있고, 또한 사립교육은 공교육에 포섭되어 있다. 구교육기본법은 「법률에 정하는 학교는 공의 성질을 가진다」(6조 1항)고 규정하고 있었고, 신교육기본법도 이 점을 거듭 확인하고 있으며(6조 1항, 8조), 더욱이 사립학교법에서도 「사학의 공공성」을 높이는 것을 주요한 목적으로 삼고 있다(1조).

이와 같이 공교육 기관인 사립학교는 한편으로는 「사학의 자유」를 향유하면서도, 다른 한편으로는 그것이 지닌 공공성으로 인해 교육기본법을 비롯한 학교교육법령의 적용을 국·공립학교와 기본적으로 똑같이 받아 관할청의 감독 하에 놓여 있다.

예컨대 설치에 있어서는 설치기준에 의거한 인가를 필요로 하고, 교육과정에 관해서는 종교교육을 제외하고는 공교육 법령에 따를 것을 요구받으며, 교원의 자격요건도 국·공립학교 교원의 경우와 아무런 차이가 없다. 학교법인의 경영조직이나 수익사업 등에 대해서도 감독을 받고, 일정한 사유가 있을 경우 관할청은 학교법인에 대하여 해산을 명할 수도 있다(사학법 62조). 게다가 2005년 4월에는 「사학의 공공성」을 보다 높이기 위해 학교법인에서의 관리 및 운영 제도나 재무정보의 공개, 사립학교 심의회의 구성 등에 관하여 사립학교법이 개정되기도 한 것이다(10조, 38조, 47조 등).

그런데 이 경우 사학의 공공성의 근거에 관해서는 크게 다음과 같은 두 가지 견해가 보이고 있다.

그 하나는 「학교교육은 곧 국가의 전속사업이다」라고 여기는 입장으로, 사립학교법의 제정에 종사한 구 문부성 관계자의 견해가 바로 이것이다. 그에 의하면 「학교교육은 국가의 전속사업이며, 국가가 직접 시행하는 경우 외에는 국가의 특허에 의해서만 이것을 경영할 수 있는 것으로 해석된다. 따라서 사립학교는 국가가 직접 행해야 할 사업을 국가를 대신해서 행하는 것으로 해석되기 때문에 사립학교는 공공성을 가진다.」[59]

그러나 이 같은 견해는 학교 교육권을 국가가 독점적으로 장악하여 「교육의 자유」가 원칙적으로 부인되고 사학을 「국가의 사업」으로 평가했던[60] 메이지 헌법 하에서는 타당하다고 할지 모르나, 현행의 법제 하에서는 결코 용납될 수 있는 것이 아니다. 이미 상세하게 살펴본 것처럼 일본 헌법은 국민의 기본적 인권으로서 「사학의 자유」를 보장하고 있는 것으로 여겨지며, 그것에는 「사학설치의 자유」가 당연히 포함되어 있기 때문이다.

그 다음의 입장은 학교교육사업을 곧 공적 사업으로 보는 것인데, 이 입장은 다음과 같이 설명된다.

「계통적 학교교육 제도에서 실현되는 학교교육 사업은 그것이 국민 전체의 것이라는 근거에서 행해질 때 공적 사업이고 공공을 위해 행해지는 것이라 말할 수 있을 것이며, 그럼으로써 공의 성질을 가진다.」[61]

다소 일반적이고 추상적인 표현이기는 해도 분명히 맞는 말이기는 하다.

그러나 문제는 왜 사학에도 「공공성」이 요구되는지(혹은 왜 사학을 공공성을 지니는 것으로 보는지), 그리고 소위 공공성이란 사학(교육)에 대해 어떤 의미를 가지는지, 나아가 이 경우 사학의 존재의의 및 사학교육의 독자성이나 「사학의 자유」와 공공성 사이의 관계는 어떤 것인지 하는 것이다.

사학(교육)이 공공성이나 공익성을 갖고 있다고 볼 수 있는 것은, 혹은 사학에 공공성이 기대되는 것은, 자유·민주주의 헌법체제 하의 「교육에 있어서의 가치다원주의」를 전제로 사학이 국·공립과는 다른 독자적 교육을 통해(사학의 존재의의로서의 사학교육의 독자성) —무엇보다도 아동의 「교육을 받을 권리」(독특한 사학교육을 받을 권리, 종교교육을 받을 권리)나 「부모의 교육권」(특히 종교교육권, 교육의 종류 선택권)에 호응하여— 이 같은 개인의 권리 보장의 책무를 떠맡음으로써, 시민사회 및 교육에 있어서의 자유와 다양성을 확보함과 동시에, 「자율적이고 성숙한 책임 있는 시민 내지 주권적 주체, 즉 퍼블릭 시티즌(public citizen)」을 육성하고, 그럼으로써 또한 자유롭고 민주적인 사회 및 국가를 유지·발전시키는 사회적·공공적 과제를 담당하고 (또는 담당할 것이 요구되고) 있기 때문이다(사학의 공공성의 근거로서의 사학교육의 다양성과 독자성).

게다가 일본의 사학 현실(특히 고교 단계)에서는 국·공립학교의 양적 보완형 사학이 다수를 점하고 있으며, 따라서 그러한 사학은 국·공립학교와 동등한 국민교육기관으로서 국·공립학교에 입학하지 못한 학생의 교육기회를 확보하고(교육의 기회균등보장), 국가나 지자체를 대신해서 그들의 교육받을 권리를 보장한다고 하는 사회적·공공적 임무를 현실적으로 담당하고 있기 때문이다(국·공립학교의 양적 보완형 사학에 의한, 학생의 교육을 받을 권리의 현실적 보장).

사학은 단순히 아동이나 부모의 개인 편익을 위한 것이 아니라, 공공의 이익과 사회적 수요에 이바지하는 것도 기대할 수 있다. 독일의 학설을 빌리면 「사립학교 역시 공공의 교육적 과제(öffentliche Bildungsaufgaben)를 담당함으로써 공교육제도에 참여하고 있다.」[62] 부모만이 아닌 국민의 부담으로 조성되는 공적자금을 통해 사학에 대한 보조가 이루어지는 것은 바로 이 때문이다.

덧붙여 독일의 바덴 뷔르템베르크 주 헌법은 「공립학교에서의 수업과 교재는 무상으로 한다.」(14조 2항 전단)고 규정하면서 단적으로 다음과 같이 명기하고 있다.

「공적 수요(öffentliches Bedürfnis)에 응하고 교육적으로 가치가 있는 것으로 인정되며 또한 공익에 입각한 교육을 수행하는 사립학교(auf gemeinnützige Grundlage arbeitende Privatschulen)는 … 재정적인 부담의 균등을 요구할 권리를 가진다」[63][64](14조 2항 뒷부분).

그리고 이러한 규정에 사립학교법은 「사립학교는 … 주(州)의 학교제도를 풍성하게 하는(bereichern) 공공적 과제에 이바지하는 것으로 인정된다. 사립학교는 자유로운 학교선택의 기회를 제공하여 충족시키며, 또한 독특한 내용과 형태의 교육을 행함으로써 해서 학교 제도를 발전시킨다」(1조)라고 말하고 있는 것이다.

더욱 여기에서 중요한 것은 사학의 존재의의 및 「사학의 자유」 보장과 관련하여 소위 사회적·공공적 교육과정으로서의 사학에 요구되는 것은 국·공립학교 교육과의 「등가성」이지 결코 「동종성」이 아니라는 사실이다.

표현을 바꾸면, 교육의 목적·내용·조직편제·교원의 자질 등에 관해서 사학에게는 국·공립학교와의 등가성이 요구된다는 것이며, 이 요건을 갖추는 것이 곧 사학이 공공성을 갖게 되는 것이라 하겠다.

이렇게 해서 소위 「사학의 공공성」에 의거한 공적 통제(public control)는 「사학교육과 국·공립학교 교육과의 등가성」을 확보하기 위한 필요하고도 최소한의 조치에 한정되어야 한다는 결론이 도출되는 것이다.

2. 사학의 공공성과 독자성

상술한 것들과 관련하여 「사학의 독자성」에 대해 잠시 언급해 두고자 한다.

사학의 독자성이라는 개념은 국·공립학교와의 대비를 통한 상대적인 것이다(국·공립학교의 존재를 전제로 한 사학의 독자성). 즉 국·공립학교의 실상 여하에 따라 소위 사학의 독자성의 내실도 변화하며, 경우에 따라서는 그것은 사라질 수도 있는 것이다.

예를 들면 일본에서는 국·공립학교에 있어서의 종교교육은 헌법상 금지되어 있으며(헌법 20조 3항), 그로 인해 종교교육을 실시하거나 종교적인 활동이나 행사를 행하는 것은 사학의 독자성 가운데 가장 대표적인 것으로 간주되곤 한다. 그러나 비교법학적 관점에서 보면 —예컨대 독일이나 영국의 예에서처럼— 공립학교에서 종교교육을 정규과목으로 실시하고 있는 국가도 있다. 이러한 국가에서는 사학의 독자성에 관해서 말할 때 종교교육 실시의 여부는 그 내용으로 규정되어 있지 않다.

이와는 별개로 더욱 중요한 것은, 사학의 독자성이라는 개념은 지표개념 또는 규범개념인 동시에 법규개념(Rechtsbegriff)이기도 하다는 사실이다. 이 개념이 법규개념이라는 것은, 사학의 독자성을 본질적으로 파괴할 정도의 권력개입은 「사학의 자유」를 침해하며 위헌·위법이 된다는 것이다(「사학의 독자성」을 담보하는 법적 수단으로서의 「사학의 자유」).

그와 관련하여 현행 법제에서도 소극적이기는 하지만 「사립학교의 특성에 비추어 그 자주성을 존중하고 …」(1조)라고 적혀 있으며, 또 교육기본법도 「국가 및 지방공공단체는 그 자주성을 존중하면서 …」(8조)라고 규정하여 국가 및 지방자치단체의 사학의 자주성 존중 의무를 명시적으로 확인하고 있는 것이다.

또한 사학의 독자성이란 개념은 「사학은 본래 이래야 된다」고 하는, 사학으로서 지니는 지표개념이자 규범개념이며, 그것은 사학의 존재의의나 역할의 근거가 되는 근본개념이라는 것을 여기에서 다시 확인해 두어야 한다. 이 점과 관련하여, 많은 유럽제국에서는 국·공립학교의 양적 보완형 사학이 거의 존재하지 않는다는 현실은 사학의 실정을 고려함에 있어서 매우 시사적이다. 게다가 사학에 대한 공적자금 조성의 근거를 사학교육의 독자성에서 찾는 국가가 적지 않다고 하는 현실도 헌법·사학법제상 매우 주목할 만한 가치가 있다고 보인다(사학의 공공성·공익성의 근거로서의 사학의 독자성).

더 부언하면 일본의 경우 종래의 학설과 판례에 따르면 사립학교에 대한 공적자금 조성의 근거는 일반적으로 「사학의 공공성」에서 찾아왔다. 그러나 최근에 「사립학교를 둘러싼 환경의 변화」에 입각하여 사학조성의 근거로서 「공공성보다는 자주성 및 독자성을 전면에 내세워야 한다」(사학조성의 근거로서의 사학의 독자성)는 입장이 유력한 학설로 대두하는 것은 주목할 만하다. 이 학설의 좀 더 구체적인 주장은 다음과 같다.[65]

「사학의 자주성이 학교교육 전체에 다양성을 가져오고 사람들의 선택의 폭을 넓히는 등 많은 역할을 수행하는 것에서 볼 수 있듯, 사학의 독자성의 발휘가 넓은 의미에서 공공성을 촉진하는 경우는 충분이 있을 수 있다.」

3. 사립고교의 실질적 무상화에 대한 법적 가능성

먼저 다룬 것처럼 전국사교련은 「사학은 공교육 ― 교육에 공평을」이라는 슬로건을 걸고 공립고교의 수업료 무상화를 계기로 사립고교의 실질적 무상화를 요구하고 있다. 그것은 오사카 부나 교토 부 등에서 소득제한 조건으로 이미 제도화되고 있는 것이지만, 이 사안은 헌법학 내지 학교법학의 관점에서는 어떤 평가를 받게 될까?

이미 쓴 것처럼 헌법 26조 2항의 의무교육무상 규정은 「공교육제도의 규범원리로서의 교육을 받을 권리의 보장」 및 「교육주권에 근거한 헌법상의 제도로서의 공교육제도」라고 하는 공교육제도의 본질적인 성격에 기인함으로써 규범원리로서는 「공교육의 공비 부담화의 원칙」을 헌법상 원칙으로 예정하고 있는 것으로 보이지만, 과연 이 원칙이 사학에도 원리적으로 적용될 수 있을까? 표현을 바꾸면 현행 법제상 「공립고교와 사립고교의 교육비(학습비) 평등의 원칙」이 이념적으로는(원리적인 규범원리로서는) 긍정적으로 주장되고 있는가? 그리고 사립고교 실질적 무상화에 대한 법적 가능성은 어떠한가?

다음과 같은 주요 근거들에 의거할 때 현행 법제의 체계적·구조적 해석은 긍정적 방향이라고 봐도 좋을 듯하다.

첫째, 「공교육기관 및 국민교육기관으로서의 사립고교」라는, 현행 법제 하에서의 사립고교의 법적 속성 내지 성격에서 생기는 요청이 있다. 이 점에 관해서는 「사학의 공공성 — 공교육기관 및 국민교육기관으로서 사학」이라는 제목으로 이미 상술한 바 있다.

둘째, 먼저 언급한 것처럼 오늘날 「고교교육을 받을 권리」는 「'준의무교육'을 받을 권리」로서 경제적 자유권의 성격을 띠고 있으면서도 1차적으로는 「의무교육을 받을 권리」와 마찬가지로 사회권적 기본권에 속하고 있다 생각된다.

이에 이 권리에 호응하여 국가 및 지방자치체는 헌법상 고교교육에 관해서 의무교육에 준하는 범위와 정도의 교육 및 학습 조성 정비 의무를 지고 있다는 판단이 나온다.[66]

셋째, 헌법 26조가 보장하는 「교육을 받을 권리」에는 그 내용으로 「사학교육을 받을 권리」 내지 「사학에서 배우는 자유(사학에서의 학습권)」가 당연히 포함된다는 것을 들 수 있다. 본래 이 권리는 헌법상의 기본권으로서 국가 및 지방자치체를 1차적 당사자로 하고 있으므로 이 권리에 호응하여 「국가 및 지방공공단체는 … 조성 및 기타 적절한 방법으로 사립학교 교육의 진흥에 노력하지 않으면 아니 된다」(교육기본법 8조)는 헌법상의 의무를 지고 있는 것이 된다(헌법상의 기본권으로서의 사학 교육을 받을 권리와 그것에 대응한 국가 및 지방자치체의 사학교육 진흥 의무).

덧붙여 부모도 헌법상의 자연권적 기본권인 「부모의 교육권」의 중요한 내용으로서 「교육의 종류를 선택하는 우선적 권리」를 갖고 있으며(세계인권선언 26조 3항), 또한 이 권리가 과거는 물론 오늘날에도 사학선택권을 그 1차적인 내용으로 하고 있다는 사실도 앞에서 말한 국가 및 지방자치체가 사학교육 진흥의 의무를 가진다는 것을 더욱 강하게 뒷받침한다.

넷째, 예컨대 네덜란드 헌법이나 독일 기본법 등과는 달리 일본 헌법은 사학에 대하여 고유한 사학 조항을 갖고 있지는 않지만, 자유민주주의 헌법 체제 하 이른바 「헌법적 자유」로서의 「사학의 자유」의 보장과 더불어 사립학교 제도는 헌법상 「제도적 보장」을 받고 있는 것으로 간주된다. 여기에서 제도적 보장이란 독일 바이마르 헌법의 해석으로 이론화된 개념으로, 헌법 조항에서 개인의 권리 보장과 구별하여 어떤 특정의 제도의 존재 내지 유지를 보장하는 조항을 말한다.[67]

이 「헌법상의 제도로서의 사학제도」라고 하는 법적 위치를 가지기 때문에 국가 및 지방자치체는 사립학교가 그 자체 제도로서 존속·유지되도록 헌법상 그 존재를 보장함과 동시에,[68] 그것을 가능케 할 재정상의 조치를 강구할 의무를 지고 있는 것으로 귀결되는 것이다.

참고로 이점에 관해서 독일 연방헌법재판소(1987년 4월 8일 판결)도 독일 기본법 7조 4항이 사립학교제도를 헌법상의 제도로 보장하는 것이라 하고 다음과 같이 판결하고 있는 것이다.[69]

「1. 독일 기본법 7조 4항은 국가에 대하여 사립학교 제도를 보호할 의무를 부과하고 있다.

2. 사립학교 제도가 그 존재를 위협받을 경우, 국가가 지고 있는 보호 의무(Schutzpflicht)로부터 구체적인 행위 의무가 발생한다.

3. 국가의 이 보호 의무가 어떤 방법으로 이행될 것인가를 결정하는 것은 입법자의 의무이다.」

다섯째, 헌법상의 기본원칙인 「법 아래에서의 평등 원칙, 교육에 있어서의 평등 원칙」(14조 1항) 및 「교육에 있어서의 기회균등의 원칙」(26조 1항)에서 오는 요청이다. 여기서 말하는 「교육을 받을 권리」는 역사적으로도 오늘날에 있어서도 「교육의 기회균등에의 청구권」을 1차적인 내용으로 해왔고,[70] 이를 받아들여 교육기본법도 다음과 같이 명기하고 있음을 다시 확인해 두지 않으면 안 된다. 「모든 국민은 똑같이 그 능력에 상응하는 교육을 받을 기회를 얻을 수 있어야 하며 … 경제적 지위 … 에 의해 교육상 차별을 받지 아니한다」(4조 1항).

여섯째, 먼저 다룬 것처럼 일본에서는 국·공립고교의 양적 보완형 사립고교가 대다수이며, 따라서 사학을 선택했다고 하더라도 제도적으로 어떤지와 무관하게 현실적으로는 사학에 진학하는 것이 자유의사에 의한 「적극적 학교선택」이 아니라 국·공립학교에 입학할 수 없기 때문에 행해진 「소극적 학교선택」인 경우가 많다는 현실이다. 이와 같은 경향은 특히 지방의 사학에서 현저하게 보이는데, 이 점은 의무교육 단계에서의 사학선택이 기본적으로는 아동이나 부모의 「적극적 선택」 때문인 것과는 매우 다르다.

그러므로 여기에서 중요한 것은 종래 사립의무교육학교에서의 수업료 징수의 근거, 즉 사학에서의 「수익자부담의 원칙」의 근거는 바로 이 「적극적 선택성」에서 찾을 수 있었다는 것이다. 덧붙여 이 점에 관해 문부행정 해석은 이른바 「권리 포기론」의 입장에서 다음과 같이 설명하고 있다.

「사립의 소학교, 중학교 또는 중등학교의 전기 과정으로의 취학은 **보호자의 자유로운 선택에 의한 것**이므로 **공립학교 취학에 따르는 수업료 무상의 권리를 포기한 것**이라고 생각되기 때문에, 수업료의 징수를 금하지 않고 있다.」[71]

이와 함께 이른바 국·공립학교 보완형의 사학, 특히 사립고교는 학생의

「고교교육을 받을 권리」라는 생존권적 · 사회권적 기본권에 대응하고 있는데 비해, 사립의무교육학교는 1차적으로 아동과 부모의 사학선택권이라는 자유권적 기본권에 대응하고 있다는 사실도 중요하다.

(注)

(1) 第174回国会衆議院本会議録 第10号 16頁(2010. 2. 25)

　　鈴木友紀,「高校無償化をめぐる国会論議」,「立法と調査」2010年 7月号, 3~4頁에서 인용.

(2) 이 점에 관해서 하토야마(鳩山) 총리대신(당시)도 참의원 문교과학위원회에서 「사회 전체에서 아동의 양육한다는, 또는 고교에 가고자 하는 아동을 사회 전체가 뒷받침한다는 그런 관점에서 기본적으로는 소득 제한을 설정치 않기로 한다.」고 답변했다 (第174回国会参議院文教科学委員会 会議録 第7号 2頁(2010. 3. 25). 鈴木友紀, 앞의 글 4頁에서 인용).

　　게다가 본장의 탈고 후 2013년 11월 27일에 「공립고등학교에 관련된 수업료 불징수 및 고등학교 등 취학 지원금의 지급에 관한 법률의 일부를 개정하는 법률」이 만들어졌다. 이 법률은 2010년 4월에 수업료의 불징수 체제가 도입된 공립 고교에 관하여 다시 수업료를 징수하는 것을 원칙으로 했고, 게다가 공립 및 사립고교 모두에 대해 취학지원금제도를 일원화하고, 또 연간수입이 910만 엔 이상의 세대의 학생은 취학지원금 지급의 대상에서 제외한다. 이 신제도는 2014년도의 신입생부터 적용되어, 이미 재학 중인 학생에게는 2010년에 도입된 제도가 적용되는 것으로 되어 있다.

(3)「週刊教育資料」(2009年 11月 2日号), 日本教育新聞社, 8頁.

(4) 兼子仁,「教育法」, 有斐閣 1978年, 236頁 이하.

(5) 같은 취지의 글로는 佐藤功,「日本国憲法概説(全訂第5版)」, 学陽書房 2004年, 305頁이 있다.

(6) I. Richter, Art. 7, in: R. Wassermann (Hrsg.), Kommentar zum Grundgesetz für die Bundesrepublik Deutschland, 1989, SS. 699~701.

(7) 참조: 佐藤幸治,「憲法(第3版)」. 青林書院 1995年, 626頁.

(8) L, Clausnitzer, Geschichte des Preußischen Unterrichtsgesetes, 1891, SS. 162~166.

(9) 프로그램 규정설이란, 생존권 및 사회권에 관한 헌법 조항은 단지 프로그램(즉 정책 목표)을 나타낸 것뿐이며, 국가는 그 실현에 노력하는 정치적 · 도덕적 의무는 지지만

국민이 재판으로 다툴 수 있는 구체적인 법적 구속력을 가지는 것(구체적 권리)은 아니라고 해석하는 학설을 말한다. 독일 바이마르 헌법의 사회권 규정에 관해 주장된 이론으로서 일본 헌법의 생존권, 사회권의 법적 성질에 관한 해석에도 커다란 영향을 주어왔다(참조: 大須賀・栗城・樋口・吉田編,「憲法辞典」三省堂 2001年, 426頁).

(10) 法学協会,「註解日本国憲法(上巻)」, 有斐閣 1969年, 500~501頁.

(11) F. Klein/F, Fabricius, Das Recht auf Bildung und seine Verwirklichung im Ballungsraum, 1969, S. 26.

(12) 堀尾輝久,「人権としての教育」, 岩波書店 1991年, 66頁.

(13) 佐藤功,「日本国憲法概説(全訂第5版)」, 学陽書房 2004年, 305頁.

(14) 佐藤幸治,「憲法(第3版)」, 青林書院 1995年, 627頁도 같은 취지를 보인다.

(15) 青木宗世外編,「戦後日本教育判例大系(1)」, 労働旬報社 1984年, 344頁.

(16) 최근 독일의 헌법학설 및 판례들은 종래의 사회권과는 별도로 「관여권」(Teihaberecht)이란 개념을 새로이 주장하고, 이 권리를 「시원적 관여권」(originäre Teihaberecht)과 「종래적 관여권」(derivative Teilhaberecht)으로 분류하여, 전자를 사회적 급부청구권(soziale Leistungsansprüche)을 수반하는 구체적 권리라 해석하고 있는데, 이는 이 문맥에서 좋은 참고가 된다(D. Murswiek, Grundrechte als Teilhaberechte, Soziale Grundrechte, in: J. Isensee/P. Kirchhof (Hrsg.), Handbuch des Staatsrechts der Bundesrepublik Deutschland, 1992, S. 245, S. 247.).

(17) 佐藤幸治, 같은 곳.

(18) 같은 취지의 글: 戸波江二,「憲法(新版)」, ぎょうせい 1998年, 310頁.

(19) 참조: 奥平康弘,「教育を受ける権利」, 芦部信喜編,「憲法 III 人権(2)」, 有斐閣 1987年, 372頁.

(20) 이 점에 관해 학교법학의 통설적 견해를 대표하는 H. 아베나리우스는 다음과 같이 말한다. 「국가는 기능이 충분하고, 또한 사회정의에 맞는 교육제도를 정비하는 등, 교육을 받을 권리의 실현에 노력해야 할 헌법상의 의무를 지고 있다. 그러나 이것을 어떤 수단에 의해 어떤 방법으로 이행할 것인가는 1차적으로는 국가기관, 특히 입법자에 의하여 결정된다. 사회 전체의 희생에 의한 무제한적 요구는 사회국가 사상과는 양립하지 않는다. 때문에 교육을 받을 권리로부터는 균등한 교육기회의 보장을 요구하는 권리가 유도될 뿐이다. … 개인의 주체적 권리는 직접적으로는 입법자가 그 헌법상의 의무로서 제정하는 법률에 의해서만 유도된다」(H. Avenarius/H. P. Füssel, a. a. O., S. 32). 다음의 글도 같은 취지를 보이고 있다: B. Pieroth/B. Schlink,

Grundrechte-Staatsrechte II, 26. Aufl. 2010, S. 25ff.; B. Pieroth, Erziehungsauftrag und Erziehungsmaßstab der Schule im freiheitlichen Verfassungsstaat, in: DVBI (1994), S. 957.

(21) I. Richter, Art. 7, Rn. 39, in: R. Wassermann (Gesamthrsg.), Kommentar zum Grundgesetz für die Bundesrepublik Deutschland, 1989, S. 699; H. P. Füssel, Chancengleichheit—oder: das überforderte Bildungswesen, in: I. Sylvester u. a. (Hrsg.), Bildung-Recht-Chancen, 2009, S. 41.

(22) 참고로 독일 기본법은 교육을 받을 권리를 명기하고 있지 않으나, 주 헌법에서는 함부르크 주를 제외하고는 모든 주가 이 권리를 명시적으로 보장하고 있다. 더욱이 함부르크 주에서는 교육을 받을 권리는 학교행정법으로 보장하는 것으로 되어 있다(1조).

(23) R. Poscher/ J.Rux/ T. Langer, Das Recht auf Bildung, 2009, S. 108.

(24) K. Braun, Kommentar zur Verfassung des Lanndes Baden-Württemberg, 1984, S. 57. P. Feuchte (Hrsg.), Verfassung des Landes Baden- Württemberg, 1987, SS. 146~147.

(25) 이에 대해서는 특히 Staatsgerichtshof Baden-Württemberg, Urt. v. 2. 8. 1969, in: R. Poscher u. a., a. a. O., S. 108을 참조.

(26) H. Avenarius / H. P. Fussel, Schulrecht, 2010. S. 182; U. Evers, Die Befugnis des Staates zur Festlegung von Erziehungszielen in der pluralistischen Gesellschaft, 1979, S. 53.

(27) M. Bothe, Erziehungsauftrag und Erziehungsmaßstab der Schule im freiheitlichen Verfassungsstaat, in; VVDStRL (1995), S. 17.

(28) 奥平康弘,「教育を受ける権利」, 芦部信喜編,「憲法Ⅲ人権(2)」, 有斐閣 1987年, 420頁.

(29) Deutscher Bildungsrat, Strukturplan für das Bildungswesen, 1970, S. 260.

(30) B. Pieroth, Erziehungsauftrag und Erziehungsmaßstab der Schule im freiheitlichen Verfassungsstaat, in; DVBI (1994), S. 951.

(31) H, Jarass / B. Pieroth, Grundgesetz für die Bundesrepublik Deutschland, 2007, S. 250.

(32) 堀尾輝久,「現代教育の思想と構造」, 岩波書店 1971年, 201頁.

(33) I. Richter, Verfassungsrechtliche Grundlagen des Bildungswesens, in: M. Baethge/K. Nevermann (Hrsg.), Organisation, Recht und Ökonomie des

Bildungswesens, 1984, S. 228.

(34) 덧붙여 덴마크나 독일에서는 시민의 「계속 교육 받을 권리」(Recht auf Weiter-bildung)에 호응하여 이른바 「시민대학」(Volkshochschule)이 교육법제상 정식으로 제도화되어 있다(참조: 天野正治·結城忠·別府昭朗編, 「ドイツの教育」, 東信堂 1998年, 329頁 이하).

(35) 같은 취지: 藤田英典, 「義務教育を問いなおす」, ちくま新書 2005年, 116頁, 167頁.

(36) 阪本昌成, 「헌법이론Ⅲ」, 成文堂 1996年, 352頁. 그러나 그럼에도 불구하고 유럽에서는 현실적으로 고등교육단계에서도 수업료 무상제를 채택하고 있는 국가가 적지 않게 보인다(OECD 가맹 30개국 중 핀란드나 독일 등 15개국). 다만 이는 주로 교육은 사회가 뒷받침한다는 공교육관과, 교육비는 세금으로 마련한다고 하는 복지국가적 교육관을 배경으로 해서, 고등교육의 사회적 역할과 그것을 받은 사람들의 이른바 '노블레스 오블리제(noblesse oblige)' (즉, 높은 지위나 신분에 있는 자는 국가와 사회에 대하여 특별한 도덕적·정신적 의무를 진다는 것) 사상 때문인 것으로 보이므로, 당장 여기서의 기본권적 접근과는 문맥을 달리한다고 하겠다(참조: 小林雅之, 「進学格差」, ちくま新書 2008年, 93頁 이하).

(37) 全国私立学校教職員組合連合, 「四学教育の振興と保護者の学費負担軽減, 公私格差是正のために」, 2008年, 5頁.

(38) 佐藤功, 「憲法(上)(新版)」, 有斐閣 1992年, 457頁.

(39) 물론 그럼에도 역사적으로 의무교육제도의 발족과 동시에 의무교육의 무상제가 실시된 것은 아니다.

예컨대 독일 프로이센에서 의무교육제도가 시행된 것은 1717년인데, 의무교육의 무상제가 확립된 것은 1848년의 헌법 22조에 의해서였다. 또 이 제도를 본보기로 한 일본에서도 「의무교육의 무상성」(수업료의 무상 원칙)이 법제상에서 확립된 것은 1900년의 제3차 소학교령에 의해서였다. 1872년의 「학제」는 학교경비에 관하여 지방부담 및 수익자부담(수업료 징수제) 원칙을 명시하고 있었던 것이다(이상에 관해서 상세한 내용은 졸저, 「教育の自治·分権と学校法制」, 東信堂 2009年, 23頁 이하를 참조).

(40) W. 란데에 의하면 이 헌법조항은 국민의 일반적 의무로서의 취학의무를 헌법상 의무로 규정함과 동시에, 의무교육에서의 「수업료의 무상」(Schulgeldfreiheit)과 「교재, 교구의 무상」(Lernmittelfreiheit)을 각각 헌법상의 원칙으로서 확립한 것이다(W. Landè, Preußisches Schulrecht, 1933, S. 28).

(41) 兼子仁, 「教育法」, 有斐閣 1978年, 240頁.

(42) 兼子仁, 같은 곳.

(43) 유보 이유에 관하여 종래 정부는 「비진학자와의 부담의 공평이라는 견지에서 당해 교육을 받을 학생 등에 적절한 부담을 요구할 필요」가 있다고 설명해 왔다. 그러나 2012년 2월 9일 겐바(玄葉) 외무대신은 중의원 예산위원회에서 「국제인권 A규약의 중등 및 고등교육의 무상화 조항」의 유보 문제에 관하여 「이번에 철회를 하는 방향으로 수속하도록 사무 담당자에게 지시했다」고 보도하고 있다(「国民のための奨学金制度の拡充をめざし」, 無償教育をすすめる会 「News」 54号, 2012年 3月 19日).

　　더욱 이 글의 탈고 후 정부는 2012년 9월 11일의 각의에서 상기 유보의 철회를 결정하여 UN에 통지하여 수리되기에 이르렀다.

(44) 특히 樋口陽一, 「憲法Ⅰ」, 青林書院 1998年, 409頁; 德島地方裁判所 1997年 3月 15日 判決, 「判例時報」 1597号 115頁 등을 참조.

(45) 이 점에 관한 다른 나라의 헌법규정 예로는 다음을 들 수 있다.

　　- 프랑스 제4공화국 헌법 전문: 「국가는 아동 및 성년자의 교육에 대한 기회의 균등을 보장한다. **모든 단계의 비종교적인 공의 교육을 무상으로 조직하는 것은 국가의 의무**이다.

　　- 그리스 헌법 16조: 「모든 그리스인은 **국가 교육제도의 모든 단계에서 무상의 교육을 받을 권리**를 가진다.

(46) 文部科学省 「教育委員会月報」, 2008年 4月号, 47頁 이하.

(47) 全国私学連, 「私学生徒の経済的理由による中退, 学費滞納調査結果より」, 2008年 5月.

(48) 「朝日新聞」 2012년 1월 5일자.

(49) 全国私学連, 「2011年9月末の私立中高生의 学費滞納と経済的理由による中退調査の總括」, 2011年 11月.

(50) 全国私学連, 「2011年度私学シンポジウム資料集」, 2011年, 6頁.

(51) 그러나 이 학비보조만을 보고 오사카 부에서의 사학정책을 긍정적으로 평가할 수는 없다.

　　오사카 부에서는 상술한 것과 같은 학비보조가 실시되었지만, 다른 한편 사립고교에 대한 경상비조성은 삭감되었고(2009년도는 전년도 대비 10% 감소), 이에 수반하여 부내의 사립고교 96개교 중 74개교가 수업료를 인상하는 사태가 일어나고 있다(2012년도의 평균 수업료: 58만 100엔).

　　그리고 이전에는 사립고교에 대한 조성이 1개교 당 기준액(일천만 엔)에 더하여 교원의 인건비, 학급수, 수업료 등을 참작하여 학교단위로 결정하여 왔지만, 2001년도 부터는 학생 1인당 단가에 의거하는 방식으로 변경되었다(학생 1인당 단가=277,924 엔. 이는 47개 지자체 중 46위). 그 결과 많은 대규모 학교에 대해서는 조성비가 증액 되었고, 나아가 진학, 스포츠 실적, 취직 예정률, 중퇴율 등에서 성과를 올리게 된 이 른바「힘쓰는 학교」에 대해서는 특별히 액수가 증가된 반면, 소규모 학교에 대한 조성 은 오히려 감액이 되었다(読売新聞 2010년 11월 10일자).

하시모토 지사(당시)에 의하면 이러한 제도를 도입한 목적은「공사 간의 경쟁조건 을 갖추고 학생 획득을 위한 경쟁을 통해 학생의 요구에 응하는 학교」로 변혁함에 있 다고 한다(朝日新聞 2010년 11월 10일자). 부연하면 이 정책의 목적은 공립학교 교육 을 충실화 및 강화함으로써「교육일본제일」을 지향한다는 데 있었다. 따라서「고교교 육을 받을 권리」,「교육기회의 균등 보장」이라고 하는 교육인권론은 물론, 사학의 존 재의의나 역할 등에 관한 사학교육론도 완전히 논외로 되어 있다고 지적하지 않을 수 없다. 오사카 부에서의 사학무상화는 단적으로 보면 경쟁주의·성과주의를 기초로 하 는, 교육바우처식 수법에 의한 공립학교 교육의 부양책의 한 수단으로 도입된 것에 지 나지 않는다 할 것이다. 2011년 전국사교련『사학심포지엄』에서 오사카 부의 사학인 들인 발표한「하시모토의 사학조성「개혁」과 사립학교:「무상화」의 공격에 대항하여」 (上田和彦·箕面学園高校)라는 제목의 보고서가 현실감을 주는 이유가 바로 여기에 있다.

(52) 文部科学省,「教育委員会月報」, 2012年 4月号, 53頁.

(53) 全国私学連, 상기 자료, 2頁.

(54) 小村英一,「高校無償化問題と私学―四立高校の実質無償化実現のために」,「人権 と教育」, 旬報社 2010年 秋号, 53頁.

(55) 日本私立中等高等学校連合会,「平成23年度地自体私学助成状況調査報告書」, 2012年, 14頁.

(56) 日本私立中等高等学校連合会, 상기 보고서 1頁, 19頁; 全国私学連, 상기 자료 5頁.

(57) 스페인 헌법(1978년 제정) 27조 1항:「누구나 교육을 받을 권리를 가진다. 교육의 자유는 보장된다.」동조 6항:「법인 및 자연인은 헌법상의 원칙들을 존중하는 한 교육 시설을 설치할 자유를 보장 받는다.」in: S. Jenkner (Hrsg), Das Recht auf Bildung und die Freiheit der Erziehung in Europäischen Verfassungen, 1994, S. 73.

(58) Eurydice, Formen und Status des privaten und nicht-staatlichen Bildungwesens in den Mitgliedstaaten der Europäischen Gemeinschaft 1992, S. 33.

또한 이 점과 관련하여 독일연방헌법재판소도 다음과 같이 판단하고 있다. 「기본법 7조 4항(사학의 자유)은 국가의 영향을 벗어나는 영역(Der dem staatilchen Einfluß entzogene Bereich)으로서의 사립학교 제도를 보장하고 있다. 그 기저에서의 교육은 자기책임에 의해 각인되고 형성된다. 이는 특히 교육목적, 세계관적 기반, 교육방법 및 교육내용에 관하여 그러하다」(zit. aus: M. Sachs, Grundgesetz-Kommentar, 4. Aufl., 2007, S. 408).

(59) 福田繁・安嶋邇,「私立学校法詳説」, 玉川大学出版部 1950年, 27頁.

(60) 이 점과 연관하여 행정법학의 태두 미노베 다츠키치(美濃部達吉)는 다음과 같이 쓰고 있다. 「사립학교는 … 국가적 사업으로서의 성질을 가지고 있다.」「(그것은, 필자) 국가적 성질을 가지며, 국가의 특허를 통해서만 개인이 설치할 수 있는 것이다」(「行政法撮要」(下巻), 有斐閣 1932年, 495頁).

(61) 有倉遼吉・天城勲,「教育関係法Ⅱ」, 日本評論社 1958, 92頁. 더욱이 사학 관계자들도 이 견해를 강하게 지지하고 있다(예컨대 東京私学教育研究所,「私学の性格についての研究」, 1993年, 417頁).

(62) J. P. Vogel. Das Recht der Schulen und Heime in freier Trägerschaft, 1997, S. 3.

(63) P. Feuchte (Hrsg), Verfassung des Landes Baden-Württemberg, 1987, S. 171.
   P. 포이히테에 의하면 사립의 중등 및 상급학교(private mittlere und höhere Schulen)의 공립학교와의 재정적 부담의 균등을 요구할 권리(Ausgleichsanspruch)의 근거는 다음의 세 가지 점에서 찾을 수 있다. ① 사학은 주의 학교제도를 풍부하게 한다. ② 사학은 자유로운 학교선택을 보충하고 있다. ③ 사학은 특별한 내용과 형태의 교육에 의해 학교제도를 질적으로 보충하고 있다(ders., a. a. O., S. 177).
   게다가 독일에서도 사학에는 「공익성」(Gemeinnützlichkeit)이 요구되어 있고 이같은 「공익에 이바지하는 학교」(gemeinnützige Schule)는 일정한 요건 하에서 사학 조성 청구권을 가지며, 또한 세법상의 특권을 누리고 있다. 더욱이 여기서 「공익에 이바지하는」이란 이윤의 추구가 아닌, 종교적・세계관적・교육적인 목적의 추구를 전적으로 하는 것을 말한다(H. Avenarius/H. P. Füssel, Schulrecht, 2010, S. 294).

(64) 이 점에서 오스트리아에서는 「사학의 공공성」이 더욱 분명하며, 헌법에 「사립학교에는 공권(Öffentlichkeitsrecht)이 부여된다」고 명기되어 있다(14조7항). 이 조항의 의의에 관하여는 M. Juranek, Schulverfassung und Schulverwaltung in Österreich und in Europa, 1999, S. 246 참조.

(65) 市川昭午,「私学への負担金(私学助成)についての理論的考察」, 東京私学教育研究

所「所報」67号(2002年 3月), 50~56頁.

(66) 사립고교생의 초과학비 반환청구 사건에 관한 오사카 지방재판소 판결(1980년 5월 14일, 判例時報, 972号 79頁)은 「헌법은 고교교육에 관련된 여러 교육 조건의 정비에 관하여 국회 및 내각에 대하여 극히 광범한 재량을 허락하고 있다」고 하여 원고의 소를 각하했지만, 고교 단계에서의 교육조건의 정비에 관해서는 이하와 같은 판단을 보이고 있음은 중요하다.

「헌법 26조는 … **의무제가 아닌 단계에서의 교육조건의 정비의 내용**에 관하여는 명확하게 규정하고」 있지 않으나, 「**그 구체적인 내용은 그 시대의 문화, 사회 발전의 정도, 교육에 관한 사회의 관심과 열의 및 그 밖의 여러 가지 상황에 따라 변동될 수 있는 것이며, 또한 더 높은 수준으로 변화될 것으로 예상되는 것이므로, 그 변천의 정도는 자유적 기본권의 것과 비교해서 훨씬 크다.**」

이러한 판결요지의 논리를 오늘의 시대 상황에 미루어 보면, 「고등학교 등은 그 진학률이 98%에 달하고 국민적인 교육기관이 되어」(정부에 의한 고교무상화법의 취지설명), 오늘날에는 고교교육에 관하여 헌법 26조가 국가에 대하여 의무교육에 준하는 범위 및 정도의 교육조건의 정비 의무를 과하고 있다고 해석될 수 있다.

(67) 大須賀·栗城·樋口·吉田編, 「憲法辞典」, 三省堂 2001年, 284頁.

(68) T. Maunz / G. Dürig (begründet), Grundgesetz Kommentar, 2011, S. 64; B. Pieroth / B. Schlink, Grundrechte Staatsrecht II, 2010, S. 181.

(69) Das Finanzhilfe-Urteil des Bundesverfassungsgerichts vom 8. April 1987, in: F. Müller / B. J. Heur (Hrsg.), Zukunftsperspektiven der Freien Schule, 1996, S. 29.

나아가 독일에서의 국가의 사학에 대한 급부의무에 관한 판례에 관하여 상세한 것은 다음을 참조: J. P. Vogel, Zwischen struktureller Unmöglichkeit und Gefährdung der Institution Ersatzschulwesen, in: F. Hufen / J. P. Vogel (Hrsg.), Kleine Zukunftsperspektiven für Schulen in freier Trägerschaft?, 2006, S. 17ff.

(70) L. R. Reuter, Das Recht auf chancengleiche Bildung, 1975, S. 17ff.

(71) 鈴木勲編著, 「逐条学校教育法(第7次改訂版)」, 学陽書房 2009年, 66頁.

제 **Ⅱ** 부

유럽에서의 「사학의 자유」와
사학조성

제 1 장

유럽에서의 사학의 현황과 「사학의 자유」 관련 법제

제1절 유럽에서의 사학 현황에 대한 개괄

1. 사학의 유형

주지하듯이 유럽 여러 나라의 교육제도는 다양하고, 또한 사립학교의 모습도 국가에 따라 여러 방식이 있는데, 사학의 이념적 성격으로는 크게 종교 계열 사학과 비종교 계열(세속적) 사학이라는 두 종류로 나뉜다. 전자는 역사적으로 오늘날에 있어서도 유럽 사학의 주류를 이루고 있는데, 가톨릭 계열 사학과 프로테스탄트 계열 사학이 이에 속한다. 법적으로는 부모의 종교교육권(Das Konfessionelle Elternrecht) 또는 아동의 「종교교육을 받을 권리」에 호응하는 사학이다. 이와 같은 종교 계열 사학에는 기숙학교가 적지 않다.[1]

후자의 세속적 사학에는 그 교육상의 이념이나 내용 또는 설치주체에 따라 다음과 같은 종류가 있다.

첫째는 특정의 교육사상이나 교육방법에 의거하여 독자적인 교육을 실천하는 사학인데, 학술적으로는 「특별한 교육적 특성을 가지는 학교」(Schulen besonderer pädagogischer Prägung)로 분류되어 있는 사학이다. 그 대다수가 이른바 「개혁교육학」(Reformpädagogik)의 흐름에 속하며, 이에 입각한 사학으로는 구체적으로 다음과 같은 학교가 있다.

R. 슈타이너가 인지학(Anthroposophie)에 의거하여 독일에서 설립(1919년)한 자유 발도로프 학교(Freie Waldorfschule), A. S. 닐이 창립(1921년)한 서머힐 학교(영국), 이탈리아 의사 M. 몬테소리가 1907년에 문을 연 「어린이집」(Casa dei bambini)에서 유래한 몬테소리 학교, 독일 예나대학 교수 P. 페테르젠의 교육이론에 의거하여 설립된 예나플란슐레(Jenaplan-schule), C. 플레네의 교육사상 「생활에서 — 생활을 위해 — 노동에 의해」를 교육이념으로 하여 프랑스에서 세워진 플레네 학교, 미국인 교사 H. 파커스트의 주도로 설치(1919년)되어 오늘날 네덜란드에서 많이 볼 수 있는 달톤플란슐레(Daltonplan-Schule), H. 리츠의 교육사상에 의거 1898년에 독일에서 창설된 전원학사(Landerziehungsheim) 등이 그 예들이다.[2]

둘째는 이른바 엘리트 교육을 표방하는 사학이다. 긴 역사와 독특한 전통을 가지고 사회 각 분야에서 수많은 지도자를 배출해 온 영국의 퍼블릭 스쿨(public school)이 그 전형이다.

셋째는 일반적으로 대안 학교라 불리는 사학이다. 호칭은 국가에 따라 다른데, 예를 들면 독일에서는 「자유 학교」(Freie Schule), 덴마크에서는 「작은 학교」(Lilleskoler), 그리고 스위스나 오스트리아에서는 「민주적이고 창조적인 학교」(Demokratisch-kreative Schule)라 불리고 있다. 1970년대 초반에 기존 공립학교에 대한 비판으로서 풀뿌리 민주주의의 입장에서 반권위주의적 교육(antiautoritäre Erziehung)을 추구하는 부모 그룹에 의해 설립된 학교이다.[3]

넷째 유형으로는 자선단체가 설립한 사학을 들 수 있다. 거의 모두가 직업교육시설을 겸비한, 장애아를 위한 특별학교(Sonderschule)이다.

다섯째는 그 국가에 거주하는 외국인을 위한 학교로서의 사학이다. 예컨대 독일의 슐레스비히 홀스타인 주에는 정규학교로서 소수 덴마크인 학교(Schulen der dänischen Minderheit)가 54개교 있는데, 이러한 학교는 독일

일반 사학과 같은 기준에 의해 공적자금 조성을 받도록 되어 있다.(4)

여섯째는 직업단체나 노동조합이 설치한 학교로서, 직업상의 교육훈련이나 계속교육을 맡고 있는 학교이다. 사학이라고는 하나 그 성격은 일본의 전수학교 또는 각종학교에 가깝다.

부연한다면 유럽은 일본과 달리 공립학교의 양적 보완형 사학은 거의 없는 것이 현실이다. 사학의 존재의의나 역할과 관련해 볼 때 유럽의 이러한 현황은 실로 주목할 만하다.

2. 초등·중등교육에 있어서의 사학의 비율

초등교육 및 중등교육에서 사학이 점하는 비율은 그 국가의 역사적 배경이나 정치체제, 종교, 문화, 교육전통, 그리고 무엇보다 「사학의 자유」의 법적 보장의 존재 여부와 관련해서 국가에 따라 큰 차이를 보이고 있다.(5)

사학이 가장 번창하고 있는 국가, 즉 그 국가의 교육에 있어서 사학이 각별한 무게를 가지고 있는 「사학 우위국」 중 최고는 네덜란드와 벨기에이다. 2012년 현재 네덜란드에서 사학과 공립학교의 비율(아동, 학생수)은 초등교육에서 68.2 대 31.8(%) 중등교육에서는 73 대 27(%)로 되어 있고,(6) 벨기에에서는 (플랑드르 지역의 경우) 초등학교에서 63.9 대 36.1(%), 중등교육에서 74.7 대 25.3(%)의 비율로 되어 있다.

개략적으로 말하자면 이 양국에서는 초등교육 및 중등교육이 함께 7 대 3의 체제로 사학이 공립을 양적으로 크게 능가하고 있는 상황이다.

또한 아일랜드에서도 사학은 중등교육 단계에서는 62.3%를 점하고 있으나 초등교육에서는 0.9%에 불과한, 독특한 현상이 나타나고 있다.

이어서 사학의 비율이 높은 곳은 스페인으로 초등교육의 33.3%, 전기중등교육의 30.2%, 후기중등교육의 31.7%를 차지하며, 프랑스가 각각 14.7%, 20.8%, 20.6%로 그 뒤를 잇고 있다.

덴마크에서는 초등교육의 20.5%, 중등교육의 8.7%를 점하고 있으며(학교 수), 다른 나라들의 상황은 다음과 같다: 포르투갈(초등=9.9%, 중등=15.4%), 오스트리아(초등=4.0%, 중등=14.7%), 그리스(초등=7.4%, 중등=6.6%), 영국(초등, 중등=7.1%), 이탈리아(초등=6.8%, 전기중등=3.4%, 후기중등=6.1%)

한편 스위스, 핀란드, 스웨덴, 노르웨이 등에서는 초등 및 중등교육 단계 어느 쪽에서도 사학의 비율은 낮으며, 1.1%(노르웨이의 초등)에서 16.2%(핀란드의 중등)의 범위 안에 있다.

게다가 독일에서는 최근에 이른바 「사학 붐」(Privatschul-Boom)이라는 현상이 나타나고 있는데,[7] 2011년 현재 사립학교의 수는 일반교육 학교가 3.373개교(전체 학교 수의 9.8%), 직업학교가 2,038개교(전체 학교 수의 23.0%)를 헤아리고 있어, 1999년과 비교하면 각각 35.5%, 46.2% 증가했다.[8]

제2절 유럽에서의 「사학의 자유」 관련 법제

이미 언급한 것처럼 「사학의 자유」를 헌법상의 기본권으로서 헌법사상 최초로 보장한 것은 1795년의 프랑스 헌법인데, 그 후 이 헌법상의 교육 법리는 벨기에 헌법(1831년)이나 네덜란드 헌법(1848년)을 비롯하여 19세기 유럽 여러 나라의 헌법에 계승되었고, 나아가 20세기 헌법에서도 기본적으로 승인되어 오늘날에 이르고 있다.

이로써 오늘날 유럽에는 기술한 바처럼 「사학의 자유」를 헌법상 명시하여 보장하고 있는 국가가 적지 않으며, 심지어 이 자유를 명기하고 있지 않는 국가에서도 당연히 사학의 자유는 헌법상 보장을 받는 것으로 해석되고 있다.[9]

요컨대, 「사학의 자유」는 유럽 전체의 헌법 구성요소가 되어 있으며, 그 기반을 형성하는 유럽의 문화적 통일을 위한 공통의 요소가 되어 있는 것으로 보인다.[10]

덧붙여 2000년 12월에 합의된 EU의 니스 조약에도 다음과 같이 명기함으로써 유럽 역내에서의 「사학의 자유」 보장을 확인하고 있다(14조 3항).

「교육시설을 설치하는 자유는 민주적인 원칙 및 자신의 종교적 · 세계관적 및 교육적 신념에 따라 그 자식을 교육하는 부모의 권리 존중에 의거 … 각 국의 법률을 통해 존중되고 있다.」

그리고 동 조약에 대한 유력한 해석에 의하면, 상기 조항은 부모의 교육시설 선택권을 고려하여 창설된 것인데, 부모의 이러한 권리에 호응하는 것이 바로 「사학의 자유」에 대한 보장인 것이다. 또 부모의 교육권에 관해 종래의 종교적 · 세계관적 신념에 근거한 교육에 보태어 교육적 신념(Erzieherische Überzeugungen)에 근거한 것을 추가적으로 보장하며, 이를 통해 개혁교육학에 입각한 사학은 당연히 본 조항의 보호영역에 포함된다고 해석된다.[11]

나아가 지금 당장은 법적 구속력을 갖고 있지 않지만,[12] 이 니스 조약이 EU에서 유효하고 확립된 가치질서(Werteordnung)가 되어 있음은 의심할 여지가 없다고 할 것이다.[13]

그런데 앞에서 말한 것 외에도, 1984년 3월 유럽의회가 「유럽공동체에서의 교육의 자유에 관한 결의」를 함으로써 사학의 자유와 사학조성에 관해 다음과 같은 원칙을 정립하고 있음은 무엇보다 중요하다.[14]

「교육의 자유권으로부터 본질적이고 필연적으로 도출되는 것은 다음과 같다. 즉, 이 권리의 현실적 행사를 재정적으로 가능하게 하고, 또 사학에 대해 사학이 그 과제를 달성하고 의무를 이행하도록 하기 위해, 필요한 공적자금 조성을 이에 대응하는 공립학교가 향유하고 있는 것과 같은 조건으로 보장하는 것이 바로 가맹국의 의무라는 것이다」(제9항, 강조 필자).

본래 이 결의는 선언적인 성격을 가질 뿐이고 그 현실화는 각국의 교육정책상의 결정에 달려 있지만, 그럼에도 EU 시민의 민주적 정치의사를 표명하는 유일한 기관인 유럽의회가 이와 같은 결의를 한 의의는 크며, 실제로 그것은 각국의 교육정책에 중요한 영향을 끼치고 있다.

제3절 유럽에서의 사학조성 관련 법제도의 유형

상술한 바처럼 오늘날 유럽 여러 나라에서는 「사학의 자유」를 유럽 전체의 헌법 구성요소를 이루고 있는 것으로 보고 있다(헌법상의 보편 기본법원리로서의 「사학의 자유」). 따라서 유럽의회는 이 자유를 담보하기 위해 가맹국에 대하여 재정조치 의무를 부과하도록 결의하기에 이르렀지만, 본래 각국의 사학정책은 역사적으로나 오늘날에 있어서나 극히 많은 갈래로 되어 있어서, 현행의 사학조성 법제도 구체적으로는 여러 유형이 있는데, 학교법학의 관점으로 볼 때 그것들은 일단 다음과 같은 유형으로 정리할 수 있다.(15)

첫째, 사학에 대한 공적자금 조성에 대해 헌법으로 규정하고 있는 국가가 있다. 네덜란드, 아일랜드, 스페인, 핀란드, 폴란드 등이 이 유형에 속한다. 특히 네덜란드에서는 1917년 헌법 개정 이래 일정한 법정요건을 충족하면 사립학교도 공립학교와 같이 공적자금으로 설치·유지된다고 하는 「사립학교와 공립학교의 재정평등의 원칙」이 헌법상의 교육법 원리로서 확립되어 있고(사학의 공적자금 조성을 받을 권리의 보장, 국고부담금으로서의 사학조성), 현행 헌법(1987년)도 다음과 같이 규정함으로써 이 원칙을 다시 확인하고 있다(23조 7항)(참조: 제Ⅱ부 4장).

「사립의 일반 교육기초학교는 법률에 의해 정해진 요건을 충족할 경우 공립학교와 동일한 기준에 의거하여 공적자금에서 그 자금을 공급받는다. 사립의 일반 교육중등학교와 대학 전 교육기관이 공적자금으로부터 자금을 받을 수 있는 요건에 관해서는 법률로 정한다.」

둘째 유형은 독일의 법 상황에서 볼 수 있다. 헌법상 사학조성 조항은 없지만, 「사학의 자유」와 헌법상 제도로서의 사학제도 보장이라는 원칙에 의거하여(제도적 보장으로서의 사학) 연방헌법재판소 및 연방행정재판소의 판결에 의한 판례법상의 권리로서 헌법상 사학의 공비조성청구권을 확립하고 있는 유형이다. 사학조성의 헌법적 해석에 의해 기본적으로는 위의 첫째 유형과 같은 법적 효과를 끌어내고 있는 유형이다(참조: 제Ⅱ부 제3장).

셋째는 국가 수준의 헌법은 아니지만 주의 헌법으로 사학에 대하여 공비조성청구권 또는 공립학교와 재정상의 균등을 요구하는 권리를 보장하고 있는 유형인데, 독일이 이에 해당한다. 독일은 16개 주로 된 연방 국가인데, 구동독 여러 주의 헌법도 포함하여 9개 주의 헌법이 이와 같은 권리를 사학에 보장하고 있다. 예컨대 노르트라인 베스트팔렌 주 헌법(1950년)은 다음과 같이 규정하고 있다(8조 4항)(참조: 제Ⅱ부 제3장).

「인가된 사립학교는 공립학교와 같은 권리를 가진다. 이러한 사립학교는 그 임무를 수행하거나 또 그 책임을 이행하기 위해 필요한 공적 조성을 청구할 권리(Anspruch auf erforderlichen öffentlichen Zuschüsse)를 가진다.」

넷째는 국가와 사학의 계약 체결에 의해 사학의 법적 지위나 사학조성 등 사학법제상의 기본적 사항에 관해서 결정하는 법제도의 유형이다. 프랑스, 스페인, 포르투갈 등이 이 유형에 속한다.

예컨대 프랑스에서는 「국가 및 공교육의 비종교성의 원칙」 아래 국가와 사학의 관계에 있어서 「공교육에 대한 계약」이라고 하는 법제도를 창설하여 사학조성의 여부나 대상, 범위 및 「사학의 자유」의 범위와 정도를 이러한 계약체결의 유무(무계약사학인가, 계약사학인가) 및 그 종류(단순계약인가, 협동계약인가)의 여하에 따르게 하고 있는 것이다(참조: 제Ⅰ부 제7장 제4절).

다섯째는 같은 「계약」이라고 하더라도 교회(바티칸)와 종교계의 경상비조성계약을 제도로 인정하고, 이 같은 조성제도를 헌법상 보호하는 한편, 그 이외의 사학에 대한 공적자금 조성에 관해서는 국내법으로 별도로 규정하고 있는 유형이다. 오스트리아가 이 유형에 속하는데, 사립학교법(1962년)은 「공권을 부여받은 종파 계열 사학은 … 교회 내지 종교단체에 의해 인건비에 대한 조성을 보장받는다」(17조)고 규정하고, 그 밖의 사학에 대해서는 국민의 요청에 응하고 있는지, 이윤의 추구를 목적으로 하고 있지는 않은지 등 소정의 네 가지 요건을 충족할 경우에는 연방재정법의 기준에 의해 국가가 그 인건비를 부담하는 것으로 하고 있다(21조).[16]

여섯째 유형은 학교법 내지 사립학교법으로 사학의 법적 지위나 사학에 대한 공적자금 조성에 관하여 규정하고, 정도의 차이는 있지만 「사학의 자유」를 유보하고 기본적으로 공교육법의 규율에 따르는 사학에 대해서만 공적 조성을 행하는 제도이다. 이 유형에 속하는 국가가 훨씬 많아지고 있는 추세이다. 나아가 이 경우에는 사학 측에 사학조성청구권을 인정하고 있는 국가도 있고, 해당 사학조성의 가부나 대상 및 범위의 결정을 폭넓게 행정재량에 맡기고 있는 국가도 있다.

예컨대 덴마크에서는 사학조성에 관한 헌법 조항은 존재하지 않으나, 「교육의 자유」의 헌법에 의한 보장에 호응하는 방식으로 사립학교법(1991년)이 교원의 처우에 관해 「사립학교와 공립학교의 재정평등의 원칙」을 명기하는 등, 사학에 관한 공적자금 조성에 관한 구체적인 규정을 명시하고 있다.

마지막으로, 현행 법제상 「사학을 설치하는 자유」를 법으로 인정하고 있으면서도 사학에 대한 공적자금 조성 제도가 존재하지 않는 나라도 있다. 그리스, 루마니아, 불가리아 등이 그렇다. 게다가 이러한 나라에서는 사학이 상당히 강한 공공규제 하에 놓여 있는 상황이다.[17]

더욱이 이탈리아에서는 「사학을 설치하는 자유」와 「사학교육의 자유」가 헌법상의 기본권으로서 보장되고 있지만(33조 2항, 3항), 그럼에도 거기에는 「국가의 재정적 부담이 따르지 않을 것」(33조 2항)이 요건으로 되어 있어서 사학에 대한 공적자금 조성은 헌법에 의해 금지되어 있다.[18]

그런데 앞에서 언급한 것처럼 EU의 니스 조약은 역내에서의 「사학의 자유」 보장을 확인하고 있다(14조 3항). 그래서 유럽의회의 「유럽공동체에서의 교육의 자유에 관한 결의」가 천명하는 것과 같이 이 조항에 의하여 가맹국의 사학조성 의무가 과연 유도될 것인가 하는 것이 검토되어야 한다.

물론 이 점과 관련해서 동 조약은 「이 조약에 규정되어 있는 것을 그 전체 범위에 있어서 어떻게 고려할 것인가 하는 것은 각 가맹국 법 규정의 사항에 속한다」(52조 6항)라고 명기하고 있으며, 그래서 동 조약의 유력한 주석서에도 다음과 같이 말하게 된 것이다.[19] 「가맹국의 사학에 대한 조성(재정상의 부담경감) 의무는 14조 3항에서 말하는 존중의 의무로부터 유도되지 않는다. 가맹국은 사학교육이 제약을 받지 않고 영위되도록 배려할 의무를 질 뿐이다.」

(注)

(1) 가톨릭 계열 사학과 프로테스탄트 계열 사학의 이념이나 현상에 관한 상세한 내용은 Arbeitsgemeinschaft Freier Schulen (Hrsg.), Handbuch Freier Schulen, 1993, S. 51ff.를 참조.

(2) T. F. Klaßen / E. Skiera (Hrsg.), Handbuch der reformpädagogischen und alternative Schulen in Europa, 1993, S. 11ff. 이 같은 개혁교육학을 토대로 설립된 사학의 설립 경위나 교육상의 특징에 관해서는 다음에 단적으로 정리되어 있다: E. Skiera, Reformpädagogische Schulmodelle und in ihr Einfluss auf die Schulreform der Gegenwart in internationaler Sicht, in: A. Gurlevik / C. Palentien / R. Heyer (Hrsg.), Privatschulen versus staatliche Schulen, 2013, SS. 139~143.

(3) T. F. Klaßen / E. Skiera (Hrsg.), a. a. O., S. 19ff.

(4) H. Avenarius / H. Heckel, Schulrechtskunde, 2000, S. 202.

(5) 이하의 통계 수치는 원칙적으로 각국 교육성의 홈페이지에 수록된 사학 관련 통계에 의거한 것인데, 그것이 없는 경우에는 다음의 자료에 따랐다. Euridice, Eurostat (Hrsg.), Key Data on Education in Europe, 2012; W. Milter u. a. (Hrsg.), Die Schulsysteme Europas, 2004; M. Borchert / R. Bell (Hrsg.), Atlas zum Menschenrecht auf Bildung und zur Freiheit der Erziehung (Schulfreiheit),

2003; Eurydice, Private education in the European Union, 2000.

(6) Ministry of Education, Culture and Science, Key Figures 2008~2012, Education, Culture and Science in the Netherlands, 2013, p. 81.

(7) H. U. Heiner / S. Strunck (Hrsg.), Private Schulen in Deutschland, 2012, S. l.

(8) BMBF (Hrsg.), Bildung in Deutschland, 2012, S. 31.

(9) F. R. Jach, Schulvervassung und Bürgergesellschaft in Europa, 1999, S. 91.

(10) P. Häberle, Europäische Verfassungslehre, 2008, S. 126.

(11) J. Meyer (Hrsg.), Charta der Grundrechte der Europäischen Union, 2006, S. 226; J. Ennuschat, Der Schutz der Privatschulfreiheit im europäischen Gemeinschaftsrecht, in: RdJB (2003), S. 444.

(12) 이 니스 조약은 EU 헌법조약의 제2부로 2004년 12월 16일 EU의 관보로서 고시되어 2006년 11월까지는 발효되도록 진행되고 있었다. 그러나 2005년 5월에 프랑스가, 6월에는 네덜란드가 헌법조약을 부결했기 때문에, 유럽 이사회는 동년 6월에 「잘 생각해보기 위한 휴식」(Denkpause)을 선언할 수밖에 없었다. 그 후 상기 헌법조약을 수정한 리스본 조약도 2008년 6월 아일랜드가 국민투표로 이를 부결하여 오늘에 이르고 있다(이상 J. Meyer (Hrsg.), a. a. O., SS. 5~6, 「朝日新聞」, 2008년 6월 15일자)

(13) L. Feron / I. Krampen, Die rechtliche und finanzielle Situation von Schulen in freier Trägerschaft in Europa, in: F. Hufen / J. P. Vogel (Hrsg.), Kleine Zukunftsperspektiven für Schulen in freier Trägerschaft?, 2006, S. 165.

(14) S. Jenkner (Hrsg.), Internationale Erklärungen und ?bereinkommen zum Recht auf Bildung und zur Freiheit der Erziehung, 1992, S. 33.

(15) 참조: J. Ennuschat, a. a. O., S. 446ff; L. Feron / I. Krampen, a. a. O., S. 169ff.

(16) F. Jonak / L. Kövesi, Das österreichische Schulrecht, 2005, S. 1352, S. 1356.

(17) M. Borchert / R. Bell, Altas zum Menschenrecht auf Bildung und zur Freiheit der Erziehung (Schulfreiheit) in Europa, 2003, S. 71, S. 87.

(18) F. R. Jach, a. a. O., S. 324. 단, 이탈리아에서는 학교 설치주체에 대한 조성은 헌법상 금지되어 있으나, 사학의 학생이나 부모에 대한 직접 조성은 행해지고 있다고 한다(J. Ennuschat, a. a. O., S. 446).

(19) J. Meyer (Hrsg.), a. a. O., S. 225. J. Ennuschat, a. a. O., S. 446에서도 같은 취지가 피력되어 있다.

제 2 장

독일에서의 「사학의 자유」의 법적 구조

제1절 바이마르 헌법까지의 법 상황

1. 프로이센 일반 란트법과 사학

학교법학의 태두인 H. 헤켈도 지적하고 있듯[1] 독일에서의 사학의 역사는 곧 독일 학교제도의 역사를 의미한다. 사립학교(Privatschule)라는 개념은 「공립학교」(öffentliche Schule)라는 대립개념을 전제로 하기 때문이다.[2]

이리하여 독일의 교육제도는 8세기 칼 대제 시대의 궁정학교(Hofschule)로까지 거슬러 올라가는데, 사립학교라는 개념이 나온 것은 18세기의 절대주의 시대이고, 그 이전에는 「학교법제상의 제도로서의 사립학교」는 존재하지 않았다. 그저 여러 형태의 사적인 교육시설이 존재하고 있었을 뿐이다.[3]

독일에서의 사학법제는 1794년에 제정된 프로이센 일반 란트법(Allgeme-ines Landrecht für die Preußischen Staaten, v. 5. Feb. 1794)에서 비롯된다.

즉 동법은 「학교 및 대학은 국가의 시설(Veranstaltungen des Staats)이며 …」(1조)라고 규정하여 독일 학교법제사상 처음으로 학교를 국가의 시설로서 자리매김했다(국가의 시설로서의 학교, Schule als Staatsanstalt).[4] 그리고 이 조항에 따라 사학의 설치, 교육과정 또는 사학에 대한 감독 등에 관하여

다음과 같은 규정을 두었다.[5]

먼저 「이러한 시설은 국가의 승인과 인가에 의해서만 설치할 수 있다」(2조)라고 규정하고, 이어서 「사립의 교육시설(Privaterziehungsanstalt) … 을 설치하고자 하는 자는, 해당 지역의 학교 및 교육시설의 감독을 맡고 있는 당국에 의해 그 적격성을 확인받고, 그 교육 및 교수 계획을 제출하여 승인을 받아야 한다」(3조)라고 밝혔다.

덧붙여 「사립의 교육시설은 앞서 말한 당국의 감독에 따른다. 이 당국은 아동이 어떻게 훈련받고 있는지, 그 신체적 및 도덕적 교육은 어떻게 배려되고 있는지, 필요한 수업은 어떻게 행해지고 있는지에 관하여 정보를 청취할 권한과 의무를 지닌다」(4조)라고 규정하고, 또한 「농촌 및 소도시에 공립학교 시설이 있는 경우, 특별한 허가 없이는 비정규학교(Nebenschule)나 소위 주변학교(Winkelschule)를 설치할 수 없다」(6조)라고 규정하였다.

또 한편으로는 공립의 학교 및 교육시설에 대한 국가의 감독권에 관해서 이렇게 쓰고 있다. 「모든 공립학교 및 공적 교육시설은 국가의 감독(Aufsicht des Staats) 하에 놓이고, 상시로 국가의 감사와 사찰을 받아야 한다」(9조).

이에 법제(학교법원리)상에는 이른바 「학교제도의 국가화」(Verstaatlichung des Schulwesens)가 확립되었고,[6] 그때까지 역사적으로 오랫동안 「교회의 부속물」(annexum der Kirche)의 성격을 짙게 띠고 있었던 학교[7]는 교회권력으로부터 국가권력으로 이관되어 「국가의 시설」로서 자리매김을 하게 되어 그 감독 하에 놓이게 된 것이다. 「프로이센 일반 란트법 이후 국가는 학교의 주인(Herr der Schule)으로 간주되어 왔다」[8]고 말할 수 있는 이유가 바로 여기에 있다.

위에서 말한 학교에는 기술한 내용에서 알 수 있듯이 사학도 당연히 포함되기 때문에, 여기에서 「국가의 학교독점」 및 공립학교의 사학에 대한 일차적 우위가 법제상 확립을 보게 된 것이다.[9]

다만 프로이센 일반 란트법은 동시에 「자기 자녀의 교육을 … 가정에서 행하는 것은 부모의 자유이다」(7조)라고 하여「부모의 가정교육의 자유」를 보장함과 동시에, 1717년의 취학의무령 이래의「취학의무」(Schulpflicht)를 다음과 같이 그 규정을 변경하여「교육의무」(Unterrichtspflicht) 제도를 도입했다.

「가정에서 자신의 자녀를 위해 필요한 교육을 할 수 없는 자는 그 아동이 만5세가 된 이후 학교에 다니도록 해야 한다.」(43조)

그리하여 이「교육의무」는 가정에서는 물론, 사립학교나 기타 교육시설에서도 이행할 수 있게 되었다.(10)

이를 통해 앞에서 언급한 이른바「국가의 학교독점」은 절대주의적 경찰국가에서의「국가의 절대적 학교독점」이 아니라,「국가의 약화된 학교독점」(abgeschwächtes staatliches Schulmonopol)을 의미하게 되었다.(11)

또한 18세기에 이루어진,「경찰·복지국가」에서 19세기「문화·입헌국가」로의 전환에도 불구하고, 상기 프로이센 일반 란트법의 학교 조항이 바이마르 헌법(1919년)이 제정될 때까지 프로이센뿐만 아니라 기타의 란트에서도 학교법제(사학법제)의 기반이 된 것은 이하의 설명과 같다.(12)

2. 19세기의 사학 관련 법제와「사학의 자유」

그런데 앞서 언급한 사학에 대한 국가의 감독권은 프로이센에서는 영업경찰에 의해 행사되었는데, 1810년대 프로이센 개혁기에 제정된 영업경찰법(Gewerbepolizeigesetz v. 7. Sept. 1811)이(83조~86조)「영업의 자유」(Gewerbefreiheit)의 일환으로 사학설치에 있어서의 규제 철폐 등「전적인 교육의 자유」(Völlige Unterrichtsfreiheit)를 보장하고 있었다는 사실은 독일의 사학 관련 법제사에서 실로 특기할 만한 것이다.(13)

「사학의 자유」를 보장하는 이러한 법제는「프로이센 일반 란트법 1조는 … 선언적 효력을 가질 뿐이다」(14)라고 했던 데에서 더 나아가 현실화 단계에까지 이르렀지만, 이는 20여년의 단명으로 끝나게 된다.

프로이센 정부는 상기 영업경찰법의 보장과 관련하여 「사학의 자유」가 「남용되어 교육제도에 대하여 커다란 불이익을 초래했다」고 하는 인식 때문에[15] 1834년 6월에 「사적 교육시설 등에 대한 국가의 감독에 관한 각령」을 발하여[16] 학교제도를 영업법에 의한 규율로부터 분리하였다(사학법제와 영업법제의 분리). 그리하여 5년 후인 1839년에는 상기 각령을 시행하기 위한 장관 훈령을 내렸는데, 그 중요한 내용은 다음과 같다.[17]

① 사립학교 및 사적인 교육시설은 「현실적 필요」(wirkliche Bedürfnis)에 응하는 경우에만, 즉 취학의무연령의 아동 교육이 공립학교만으로는 충분히 배려될 수 없는 지역에 있어서만 설치하는 것이 허용된다(1조).

② 사립학교의 교원은 공립학교의 교원과 같은 연수를 받고 시험에 합격한 자여야 한다(2조).

③ 국가에 의한 감독은 교수계획의 책정, 보조교원의 선임, 교과서와 교재, 교육방법, 학교규칙, 학생 수 그리고 학교의 설치장소에까지 미친다(7조).

④ 사립학교의 책임자는 해당 지역의 공립학교에 적용되고 있는 법령을 엄히 지킬 의무를 가진다(9조).

이와 같이 이 훈령은 사학의 설치에 있어서 이른바 「필요성 유무의 심사」(Bedürfnisprüfung)의 원칙을 확립하고, 이와 병행하여 설치 후에도 사학을 국가의 엄격한 규제 하에 두도록 했는데,[18] 「1839년의 장관 훈령은 각령에 의거하여 발한 것이기에 법률로 간주된다」(프로이센 상급재판소 판결, 1865년)고 판결한 판례 등에 의해서 보강되어,[19] 그 후 프로이센 헌법이나 바이마르 헌법을 거쳐 본의 기본법에 이르기까지 실로 약 120년에 걸쳐 법적 효력을 가지게 되었다.[20]

덧붙여 상기 훈령에서 말하는 「필요성 유무의 심사」와 관련해서 1863년의 부령(府令: 한국의 광역지자체의 조례에 해당)에서도 다음과 같이 기록하고 있다.[21]

「공립학교만으로 취학의무연령의 아동 교육을 충분히 시행할 수 없는 지역에서는 사립학교를 설치하는 것이 인정된다. 그러나 그것은 무한정 허용되어서는 아니 된다. 허가된 사립학교는 공립학교와 연계하여 교육을 충분히 배려해야만 한다는 제한이 있다.」

더욱이 이 훈령은 다른 란트에도 강한 영향을 끼쳐, 예컨대 바이에른에서는 1861년의 경찰형법전이 사학의 자유로운 설치를 금지했고(108조), 이에 따라 그 다음해인 1862년의 교육시설의 설치와 관리에 관한 규정이 사학설치의 요건, 인가 수속 또는 사학의 교육 운영 등에 관하여 매우 엄격한 규율을 설정한 것이다.[22]

3. 프로이센 헌법과 「사학의 자유」

이미 언급한 것처럼 「교육의 자유」와 「사학의 자유」라는 교육 법리는 프랑스 혁명기의 헌법 및 교육법에 연원을 가지고 있으며, 1831년 벨기에 헌법에 의해 헌법상의 법 원리로서 확립된 것이지만,[23] 벨기에 헌법의 영향을 크게 받아 태어난 1848년의 프로이센 흠정헌법(Oktroyierte Verfassung v. 5. Dec. 1848)은 한 국가의 헌법으로서는 세계 최초로 「교육을 받을 권리」를 헌법상으로 보장하는 동시에 「교육의 자유」와 「사학의 자유」를 보장하는 조항을 포함했다.[24] 이 헌법에는 「교육을 행하고, 또 교육시설을 설치·경영하는 것은 … 각인의 자유이다」(19조)라고 명기되어 있다. 이는 「교육의 자유」와 「사학의 자유」를 헌법상의 기본권으로서 보장한 것이다.

이 조항은 다음해 1849년의 소위 프랑크푸르트 헌법에도 거의 동일한 문장으로 수용되었고(154조), 1850년의 개정 프로이센 헌법도 이 자유를 명시적으로 보장하였다(22조).

물론, 이러한 헌법 조항 취지와 다른 한편으로, 1850년의 개정 헌법은 「모든 공립 및 사립의 교수 및 교육시설은 국가에 의해 임명된 당국의 감독에 따른다.」(23조)라고 하여 사학에 대한 국가의 감독권을 법으로 정하고 있었다.

그뿐만 아니라 「청소년의 교육은 공립학교를 통해 충분히 조치하는 것으로 한다」(1850년 헌법 21조, 거의 동일한 문구의 1848년 헌법 18조, 프랑크푸르트 헌법 55조)고 규정하여, 학교교육, 특히 의무교육은 원칙적으로 국가가 행하고 그것이 불가능한 경우에 한하여 예외적으로 사학에서의 교육이 용인된다는 원칙에 입각하고 있었다.

결국 이 시기의 독일 헌법은[25] ① 국민의 교육은 근본적으로 국가에 의해 행해져야 한다는 절대주의적 복지국가의 기본 관념을 원칙적으로 유지하여 (국민교육시설(nationale Bildungsanstalt)로서의 공립학교; 사학에 대한 공립학교의 절대적 우위),[26] 거기서 ② 이른바 「사학의 자유」는 벨기에 헌법에서와 같은 「온전한 사학의 자유」가 아니라 앞에서 기술한 바처럼 「국가의 완화된 학교독점」의 범위 내에서 이루어지는 「제약된 사학의 자유」(begrenzte Privatschulfreiheit)로서 헌법상 조정이 가해진 것이다.[27]

덧붙여 1850년의 프로이센 헌법은 학교 관련 조항을 구체화하기 위해 학교법 제정을 예정하여 「특별법이 모든 교육제도에 관하여 규정한다.」(26조)고 규정하고 있었는데, 「사학의 자유」 조항(22조)에 관해서는 그러한 법률이 여태껏 한 번도 제정된 적이 없었다는 사실은 각별히 중요하다. 1850년대부터 1890년대에 이르기까지, 예컨대 1862년의 R. 홀베크의 교육법안이나 1867년의 V. 뮐러의 교육법안 등과 같이 교육법 제정의 시도는 있었지만, 어느 것도 성안을 보기에는 이르지 못했다.[28]

이와 같이 프로이센 헌법 112조는 「26조에서 말하는 법률이 제정되기까지는 학교 및 교육제도에 관하여 현재 유효한 법 규정이 적용된다」고 명시했고, 이에 프로이센에서는 헌법에 의한 「사학의 자유」의 명시적 보장에도 불구하고 법률 수준에서는 「절대주의 국가의 학교법이 여전히 종전과 같은 효력을 계속 가지고 있었다.」[29] G. 안슈츠의 말을 인용하자면, 「사학제도 관련 사안을 법률을 통해 규율하려는 방향의 시도가 모두 좌절됨으로 인해—
특히 주목되는 것은 G. 안슈츠 교육부장관이 1892년에 제출한 초등학교 법
안(사학의 자유를 보장한: 필자)인데—, 헌법 22조는 효력이 정지된 규정으
로 남아 있어서, 구법이 그것을 대신해서 효력을 지니고 있는」[30] 법적 상황
에 놓여 있었다.

게다가 1871년의 독일 제국헌법(소위 비스마르크 헌법)은 교육이 각 란트
의 전관사항에 속하는 것으로 보고 학교 조항을 두지 않았기 때문에, 상술한
바와 같은 법제 상황은 바이마르 헌법이 제정될 때까지 지속되었다.

그와 관련하여 현재 독일의 선도적인 사학법 연구자 J. P. 포겔은「사학법
에서의 헌법의 의지와 행정의 현실」이라는 논문에서, 프로이센 헌법이「사
학의 자유」를 명기하고 있음에도 불구하고 그것은 법률에 의해 구체화되지
않았고, 오히려 기술한 1834년의 각령이 거의 120년의 긴 세월동안 효력을
지속해 온 것은 엄히 지탄받아 마땅하다고 밝히고 있다.[31]

4. 바이마르 헌법과「사학의 자유」

1918년의 소위 11월 혁명의 소산으로 제정된 바이마르 헌법(Verfassung
des Deutshen Reichs v. 11. Aug. 1919)의 제2편은「독일인의 기본권과 기본
적 의무」라는 제목으로 되어 있는데, 그 안에는 10개 조에 달하는「교육 및
학교」라는 장이 있다(제4항).

이와 같이 바이마르 헌법이 학교제도를 기본권의 일부로 규정한 것은 독
일 헌법사상 중요한 의미를 가지는 것이지만, 학교제도가「진정하고도 고유
한 기본권의 내용」(echter und eigentlicher Grundrechtsinhalt)으로서의 위치
를 차지하지 못했다는 것은[32] 다음의 사항을 통해 알 수 있다.

바이마르 헌법의 교육 조항은 우선「학문 및 교수의 자유」를 천명한다
(142조). 그러나 학교제도에 관해서는 18세기 이래의 전통인 국가의 학교감

독 법제를 이어받아 「모든 학교제도는 국가의 감독에 따른다.」(144조)라고 규정하였다.

그리하여 여기서 말하는 국가의 학교감독권은 학설 및 판례에 의해 확대 해석됨으로써 법적 의미로서의 감독 개념을 크게 넘어 「국가에 독점적으로 귀속하는 학교에 대한 행정상의 규정권」으로 인식되어,[33] 「학교에 대한 국가의 전적이고 유일한 직접적 규정권력·조직권력·근무감독권력의 총체」로서 구성되었던 것이다.[34]

이로써 그와 같은 내용의 국가의 학교감독권은 란트법상의 개념과 효력의 범위를 넘어 독일제국의 법제도상에, 그것도 헌법상 직접적인 법적 효력을 가지는 법원칙으로서 확립되었던 것이다.

바이마르 헌법은 프로이센 헌법과 같이 「공립학교 우위의 원칙」(Primat der öffentlichen Schule)을 채용하여 「청소년의 교육은 공공의 시설에 의해 수행되어야 한다」(143조 1항)고 규정하였다. 「청소년의 문화 정책적 목적은 1차적으로는 … 본래적·원칙적으로 공립학교에 의해 추구된다」[35]라는 원칙을 헌법상 확인한 것이다.

덧붙여 이 점에 관해서는 바이마르 헌법의 제정과정에서도 특별한 이론(異論)은 없었고, 예컨대 1919년 7월의 제60회 제헌국민의회에서 다비드 내무장관(사회민주당)은 직설적으로 다음과 같이 언급하고 있다.[36]

「학교는 원칙적으로 국가의 사안(Sache des Staates)에 속한다. 국가가 이 공적인 요청을 모든 방면에서 충족한다면 사학제도는 그 존재기반을 잃게 된다.」

이처럼 바이마르 헌법의 학교 조항은 프로이센 일반 란트법 이래의 「학교제도의 국가화」라고 하는 명제를 기본적으로 유지하고 있다. 그러나 동시에 사학제도에 관해서도 「사학의 자유」의 명시적인 보장은 결여하면서도 사학에 관한 별도의 조항을 둠으로써(147조) 이하에서 기술되는 것과 같은 사학 관련 법제를 헌법상으로 확립하였다.

〈1〉 헌법상의 제도로서의 사학제도

앞에서도 말했듯 사학제도 그 자체를 헌법의 규율 대상으로 하여 독일 헌법사상 처음으로 사학에 관한 별도의 헌법 조항을 설치함으로써, 사학은 헌법상의 제도로서 자리매김되었다. 헌법상의 이른바 제도적 보장(Institutionelle Garantie)을 받는 것으로서 사학의 위치가 규정된 것이다.

이 사학 조항을 둘러싸고 제헌국민회의에서는 심한 견해의 대립이 있었다. 「사학에 적대적인」(privatschulfeindlich) 사회민주당은 사학의 폐지(특히 초등학교 단계)를 주장했고, 이에 맞서 사학 교육의 촉진을 도모하고자 한 중앙당은 특히 부모의 종교교육권(das konfessionelle Elternrecht)에 입각한 학교제도의 형성을 강하게 요구하며 양보하지 않아, 결국 양자가 타협하여 사학 조항이 만들어진 경위가 있다.[37]

〈2〉 사학설치권의 헌법상의 보장

바이마르 헌법 147조 1항은 「공립학교의 대체(Ersatz)로서의 사학은 국가의 인가를 필요로 한다」고 규정하고, 사학설치의 인가 요건으로 다음 3개 사항을 명기하고 있다. ① 교육목적 시설, 설비 및 교원의 학문적 양성에 있어서 공립학교에 뒤떨어지지 않을 것, ② 부모의 자산 상태에 따른 학생의 선별(Sonderung)이 조장되지 않을 것, 그리고 ③ 교원의 경제적 및 법적 지위가 충분히 보장되어 있을 것이 그것이다.

이와 같이 대체학교에 관해서 설치 인가 요건이 법으로 정해짐에 따라, 이러한 요건을 충족할 경우 사학설치자는 당연히 「설치 인가 청구권」(Rechtsanspruch auf Genehmigung)을 가지게 되었다. 사학의 설치 인가 청구권의 헌법상의 보장인 것이다. 이에 따라 대체학교에 관해서는 종전의 교육행정청의 재량에 맡겨진 「필요성의 유무의 심사」 기능은 폐기되기에 이른다.[38]

덧붙여 1928년 1월에 체결된 「바이마르 헌법 147조 1항의 시행에 관한 각 주의 교육행정에 의한 협정」에는 다음과 같이 명기되어 있다.[39]

「147조 1항의 요건을 충족할 경우 … 사학의 인가는 거부되어서는 아니 되며, 특히 필요성의 입증에 회부해서는 아니 된다」(4조).

나아가 상기의 인가 요건 ①에서 말하는 교육목적·시설·설비 및 교원의 학문적 양성에 관해서 사학에게 요구되고 있는 것은 공립학교와의 동종성(Gleichartigkeit)이 아니라 등가성(Gleichwertigkeit)이라는 점은 중요하다.[40] 이는 「제약된 사학의 자유」 보장에서 오는 당연한 귀결이다.

〈3〉 사학의 종별화와 공공성 — 대체학교와 보충학교

상술한 바와 같이 「공립학교의 대체로서의 사학」, 즉 대체학교(Ersatz-schule)에 관해서는 사학설치권이 헌법상 보호되는 등, 「제약된 사학의 자유」가 원칙적으로 적용되었지만, 그 이외의 사학(이른바 보충학교, Ergänzung-sschule)에 대해서는 행정에 의한 재량 인가, 즉 「필요성 유무의 심사」를 정하는 종래의 란트법이 종전처럼 그대로 적용되었다.[41]

사학의 이 같은 종별화는 학교 관련 법제에서 사학이 지니는 법적 지위에 관련되는 중요한 구분으로 인식됨으로써, 그 후 오늘에 이르기까지 독일 사학 법제의 기본범주를 이루고 있다.[42]

그런데 여기서 중요한 것은 상술한 사학의 종별화라는 문맥에서 볼 때, 학설이나 판례상에서 사학의 「공익성」(Gemeinnützigkeit), 사학교육의 「공적 관심사」(öffentliches Interesse), 나아가 「공공적 교육」(öffentlicher Unterricht)으로서의 사학 등의 개념이 언급되기 시작했다는 사실이다(사학의 공공성의 확인). 왜냐하면 바로 이와 같은 개념을 통해 사학에 대한 공적 자금 조성이나 공권의 부여(증명서, 자격수여권 등) 자격이 주어지는 근거가 마련되었기 때문이다.[43] W. 란데는 이와 같은 사학을 「반공립학교」(halböffentliche Schule)라 파악하고 있는데,[44] 이 점과 관련해서 1927년 10월 프로이센 고등행정재판소도 다음과 같이 판정하고 있다.[45]

「공공적인 교육이라는 개념은 공립학교와 일치하는 것이 아니다. 사립학교도 역시 공공적인 교육을 할 수 있다. 공립학교의 대체로서의 사립학교는 바이마르 헌법 147조 1항에 의해 국가의 인가가 필요하지만, 동 조항에 의해 인가 청구권을 가지고 있다. 인가의 대상으로서의 사립학교는 교육목적·시설·설비·교원의 상태 및 입학에 관하여 공립학교에 대신하는 것이 된다. 이로써 사립학교에서 공의 이익과 관련하여 행하는 교육이 공공적인 교육으로서의 성격을 가진다는 점은 분명하다」.

〈4〉 사립 초등학교의 원칙적 금지

바이마르 헌법 142조 2항은 사립 초등학교의 설치를 다음의 경우에 제한하였다. 즉 ① 「교육권자의 신청에 의거하여 … 그 신앙 또는 세계관의 학교가 설치되어야 한다.」(동 146조 2항)는 규정에 의거해 볼 때 「시·군·구 내에 그와 같은 신앙 내지 세계관의 학교가 존재하지 않는 경우」 또는 ② 「교육행정청의 특별한 교육적 관심사(besonderes pädagogisches Interesse)를 인정할 경우」이다(사립종파, 세계관학교와 사립 실험학교 설치의 예외적 인용).

이처럼 초등학교 단계에서는 앞에서 언급한 것과 같은 사학설치의 인가 청구권은 존재하지 않고, 여전히 「국가의 학교독점의 원칙」이 지배적이었다.[46] 그리고 이 경우 사립 초등학교에의 취학은 바이마르 헌법 145조 1항이 규정하는 취학 의무의 이행에 해당한다고 해석되었다.[47]

5. 나치에 의한 사학제도의 해체

1933년 1월에 권력을 차지한 나치는 획일화된 국가 질서에 따른 유일하고도 전적으로 「새로운 교육권」(das neue Erziehungsrecht)을 내세워,[48] 「국가는 모든 청소년을 국가사회주의(Nationalsozialismus)의 의미에 걸맞은 독일인으로 교육할 책임을 진다」(제3제국 청소년법 1조)라고 선언하였다. 그리고 이에 따라 「학교의 규율을 위한 근본사상」(1934년)에서 「학교의 지고한 임무는 국가사회주의의 정신으로 민족과 국가에 봉사하도록 청소년을 교육함에 있다」(1조)라고 하였다.

그리고 「모든 독일의 청소년은 가정이나 학교 외에 히틀러 소년단(Hitler-Jugend)에서 … 국가사회주의 정신에 의해 교육되어야 한다」(히틀러 소년단에 관한 제3제국법 2조, 1934년)라고 하여, 학교는 그 목적에 있어서 히틀러 소년단과 동열에 서게 되었다.

사학제도에 관해서는 「바이마르 헌법 147조의 나치 국가의 원칙 및 정치목적에 일치하는 해석」(뷔르템베르크 행정재판소 판결, 1937년)에 의거, 「사학의 불건전한 팽창」을 저지하고 「사학제도의 국가화」(Verstaatlichung des Privatschulwesens)를 도모하는 조치가 강구되었다.

1938년에서 1939년에 걸쳐 발표된 포고에 의해 「필요성 유무의 심사」를 부활시키고,[49] 자유 발도로프 학교나 전원학사를 포함한 사립의 일반 교육 학교는 그 필요성이 부인되어 전면적으로 해체되었다. 해당 시·군·구에 공립의 같은 종류의 학교가 존재하지 않는 경우에 한하여 사립의 직업학교와 특수학교가 예외적으로 설치를 인정받았을 뿐이다.[50]

제2절 독일 기본법의 제정과 「사학의 자유」

1. 기본법 제정의회와 사학조항 : 「사학의 자유」의 헌법상 보장

제2차 세계대전 후 서독에 기본법 제정의회 평의회(parlamentarischer Rat)가 설립된 것은 1948년 9월 1일인데, 사학제도에 관해서는 주로 동 평의회에 마련된 중앙위원회(Hauptausschuß)에서 심의가 진행되었다. 위원장은 SPD(사회민주당) 당수인 카를로 슈미트(Carlo Schmid)였다.

사학 문제가 간접적으로나마 처음으로 다루어진 것은 1948년 12월 4일의 기본원칙위원회(Grundsatzausschuß)에서이다. CDU(기독민주당)의 베버(Weder) 의원은 사학의 문제와 불가결한 관계에 있는「부모의 교육권」에 관해서 다음과 같이 주장했다.[51]

「학교의, 세계관과 연관된 형태(weltanschauliche Gestalt)를 결정하는 부모의 권리는 자연권(natürliches Recht)에 속한다. '양심의 자유' 보장을 위하여 모든 부모의 이 권리가 지켜져야 한다.」

바로 이 문제가 이후 사학에 관한 핵심적인 논점이 되는데, 1948년 12월 7일 중앙위원회 제21회 회의에서 FDP(자유민주당)의 호이스(Heuss) 의원은 위에서 말한 부모의 교육권을 근거로 더욱 직설적으로 다음과 같이 제안하게 된다.[52]「사학을 설치하는 권리(Recht zur Errichtung von Privatschulen)를 기본법으로 규정해야 할 것이다.」

문화나 교육에 관한 사항은 전통적으로 각 주의 권한에 속해 있으므로 이러한 권리를 기본법으로 규정하는 것은 바람직하지 않다는 의견도 있었으나, 독일당(Deutsche Partei)의 제봄(Seebohm) 의원은 대략 다음과 같이 말하며 휘스 의원의 제안에 지지를 표명했다.[53]

「부모의 교육권이 헌법상으로 보장되면「사학의 자유」는 헌법의 구성요소가 된다. 사학은 부모의 교육권의 구체화, 바로 그것이기 때문이다.」「각 주의 헌법은 사학의 자유에 관해서는 전혀 규정하고 있지 않거나, 있더라도 불충분한 규정밖에 없다. 사학의 자유는 연방헌법으로 보장되어야 할 권리인 것이다.」「사학은 기본법에 의하여 그 생존의 가능성(Lebensmöglichkeit)을 보장받아야 한다. 사학은 교육에서의 발전을 언제나 촉진한다. 나아가 사학은 국가의 재정 부담을 상당히 경감하고 있는 것이 현실이다.」

CDU는 이 문제의 심의에 있어서 학교의 종교적·세계관적 성격을 결정하는 부모의 교육권을 각별히 강조하고, 부모의 종교교육권의 기본법에 의한 보장과 공립학교를 포함한 모든 학교에서 정규과목으로서의 종교교육의 실시를 요구하였다.

이에 대하여 본래 사학에 적대적 입장에 있었던 SPD는 「사학의 자유」의 헌법조항화에 대해 강하게 반대했다. 부모의 사회적 지위나 자산 상태에 의해 아동이 사회적으로 선별되거나, 사학이 누리고 있는 자유를 통해 학교제도를 종파화할 수 있다는 것이 그 이유였다.

KPD(독일공산당)는 부모의 교육권과 사립학교, 어느 것에 관해서도 기본법으로 규정해서는 안 된다는 입장을 취하였다.

이와 같은 논의 과정을 거쳐, 호이스는 사학에 관한 다음과 같은 구체적인 법안을 제안하기에 이른다. 「사학을 설치하는 권리는 보장된다. 상세한 것은 주법에 의해 정한다.」 제안의 이유 설명에서는 사학이 학교제도를 전체적으로 풍성하게 하고 있다는 사실, 그리고 많은 교육상의 개혁이 사학에 의해 먼저 일어나고 그 후에 공립학교로 파급되었듯, 사학은 교육개혁의 개척자로서의 역할을 다하고 있다는 사실이 강조되었다.

이 제안에 대하여 SPD는 앞에서 말한 이유로 강하게 반대했지만, 1949년 1월 18일의 중앙위원회 제43회 회의에서는 사학제도에 관해 기본법으로 규정하는 것이 먼저 결정되고, 이어 호이스의 제안이 가결되었다(찬성 12, 반대 7). 그리고 더 나아가 이후의 심의에서는 바이마르 헌법의 사학 조항에서와 동일한 문구로 된 사학설치의 인가 조건과 사학에 대한 주법의 규율, 사립의 초등학교 및 사립의 예비학교에 관한 규정이 추가로 제안되어, 1949년 5월 5일 중앙위원회 제57회 회의에서 현행의 사학 조항과 같은 법문이 가결되었다. 사학설치권을 보장함과 동시에 그 인가 조건과 사학에 대한 주법에 의한 규율을 기본법으로 규정한 것은 「사학의 자유」의 헌법상 보장과 각 주의 문화주권 사이의 타협을 이루기 위한 것이다.

1949년 5월 6일 기본법 7조의 학교 조항 안(案)은 기본법 제정의회 평의회의 심의에 부쳐졌고, 동 평의회에서는 기본법 7조 전체가 일괄해서 체결되어 CDU(기독민주당)/CSU(기독사회당) 연합, FDP(자유민주당), DP(독일당), Zentrum(중앙당)의 찬성 다수로 가결, 확정되었다.[54]

또한 상술한 기본법의 사학 조항 성립 과정을 상세하게 검증한 렘퍼(L. T. Lemper)에 의하면 동 조항의 입법자의 생각은 다음과 같이 개괄되어 있다.[55]

「기본법은 자유롭고 가치다원적인 학교 풍경(Schullandschaft)에서 출발하고 있다. 거기에서 주의 문화주권과 입법의 범위 내에서 공립학교와 사적 주체에 의한 자유롭고 공공적인 학교(frei-gemeinnützige Schule in privater Trägerschaft)는 동등한 권리와 의무를 가지고 공존하도록 되어 있다. 기본법의 이 입장은 부모의 권리를 존중하고, 또 자유롭고 가치다원적인 사회제도의 다양성을 학교교육의 영역에서도 보장하고자 하는 의지에 의해 인도되고 있다. 그것은 개개인이나 사회적 집단의 발의나 수행력을 신뢰하는 고도로 분화된 자유롭고 가치다원주의적인 민주주의 개념에 호응하는 것이다.」

2. 「사학의 자유」의 법적 성질과 사학의 제도적 보장

앞서 말한 것처럼 기본법 7조 4항은 「사립학교를 설치할 권리는 보장된다」고 규정하고 있는데, 헌법학의 지배적 견해에 의하면 이 조항은 「사학의 자유」를 헌법상의 기본권으로서 보장함과 동시에(헌법상의 기본권으로서의 사학의 자유), 사학제도를 헌법상의 제도로서 보장한 것이다(헌법상의 제도적 보장으로서의 사학).[56]

위에서 말하는 「사학의 자유」는 주체적 공권(subjektives öffentliches Recht)으로서의 기본권이자 직접적으로 유효한 법(unmittelbar geltendes Recht)으로서, 입법·사법·행정을 구속한다(기본법 1조 3항). 또한 그 침해에 대해서 구체적인 소권을 가지는 진정한 기본권이기도 하다(동법 19조 4항).[57] 이 권리는 1차적으로는 자유권적 기본권으로서 국가 및 공권력에 의한 부당한 개입에 대한 방어권(Abwehrrecht)으로서 기능하지만, 더 나아가 사학의 이러한 권리 내지 제도적 보장으로부터는 사학이 국가에 대해 「보호·조성을 요구하는 권리」, 구체적으로는 사학의 「공비조성청구권」 (Anspruch auf staatliche Förderung)이 헌법상의 직접적이고도 구체적인 권리로서 도출된다고 하는 것이 연방행정재판소의 확정판례 및 지배적인 헌법학설의 입장이다.[58]

덧붙여 연방행정재판소는 1966년에 다음과 같이 판정하여 기본법 7조 4항의 「사학의 제도적 보장」에서 사학조성청구권을 헌법상의 구체적 권리로서 도출하고 있다.[59] 「자유권의 법익은 일반적으로는 급부행정에 대한 급부청구권까지는 포함하지 않는다. 그러나 이것에는 예외가 있다. 공적인 조성이 없음으로 인해 입법자의 의사에 반해서 해당 제도가 유지될 수 없는 경우에는, 해당 제도의 헌법상의 보장에서 급부청구권(Leistungsanspruch)이 도출된다. 사학의 제도로서의 헌법상의 보장은 바로 이에 해당한다.

또한 학계에서도 기본법에 대한 다음의 권위 있는 해석에서는 이 점에 관해서 다음과 같이 진술하고 있다.[60]

「사학을 설치하는 권리가 기본법이 정하는 인가 조건 때문에 현실화되지 못할 경우에는 기본법 7조 4항에 명시된, 국가에 의한 보호와 조성을 요구하는 사학의 권리가 도출되며, 그것은 기본법의 사회국가성(Sozialstaatlichkeit)과 문화국가성(Kulturstaatlichkeit)의 상징, 바로 그것이다.」

사학에 대한 헌법상의 제도적 보장이라는 구성은 앞에서 기술했듯이 바이마르 헌법 당시의 학설들에 의해 이론적으로 정립되었지만, 이후의 기본법하에서의 헌법학설에 의해서도 그 기조가 기본적으로 지지되고 있다는 사실은 중요하다. 그 의의는, 소위 「국가의 학교독점」을 부정하고, 사학을 제도로서 존중하며, 또한 사학교육의 독자성을 헌법상 보장함으로써, 사학제도의 핵심 내지 본질적인 내용에 저촉될 만한 제도변경을 법률 이하의 법령에 의해서는 할 수 없도록 하고, 대신 그러한 변경에는 헌법의 개정이 필요하도록 한다는 데 있다. 또한 이 제도적 보장은 사학법 영역에서 「법률의 결손」 (Lücke des Gesetzes)을 메우고, 입법이나 법률의 해석을 원리적으로 구속하

는 것이기도 하다.[61]

3. 「사학의 자유」의 주체: 사학의 설치주체

학교의 설치주체(Schulträger)란, 학교를 설치하여 유지·관리·경영하는 주체를 말한다.[62] 그리고 여기서 「학교」(Schule)란, 법적 의미를 지니는 학교를 말하며, 따라서 사립의 고등교육기관이나 각종 사적 교육시설은 포함되지 아니한다.

사학의 설치주체는 크게 자연인과 법인으로 나뉜다. 자연인이 사학설치권을 가질 주체가 될 수 있다는 것은 「사학의 자유」를 헌법상 기본권으로서 보장하는 것에서 나오는 당연한 귀결이며, 또한 내국법인의 기본권 향유 주체성에 관해서는 기본법에서 명기하고 있다(19조 3항).

여기서 말하는 「자연인」에는 독일인만이 아니라 외국인이나 무국적자도 포함된다. 기본법의 기본권 보장 조항들 가운데 소위 「독일인에 대한 조항」(Deutschenrechte)은 8조(집회의 자유), 9조(결사의 자유), 11조(이전의 자유), 12조(직업선택의 자유)의 4개조뿐이며, 반면 「사학을 설치하는 권리」(7조 4항)는 「모든 자에 대한 조항」(Jedermannsrechte)이라는 위치를 차지하고 있기 때문이다.[63] 자연인이 설립한 사학은 그 대부분이 비종교적인 보충학교이며 일부의 주를 제외하고는 사학조성의 대상이 되지 않고 있다. 「세법상의 공익성」(steuerrechtliche Gemeinnützigkeit)을 결여하고 있다는 것이 그 이유이다.[64]

사학의 설치주체로서의 법인은 민법상의 법인과 공법상의 법인으로 대별된다. 전자는 사단법인, 재단법인, 유한책임협회, 그리고 협동조합이라는 종류로 구별되지만, 실제로 비종교 계열 사학의 다수는 사단법인에 의해 설치되어 있다. 자유 발도로프 학교가 그 예이다. 이러한 학교가 얻는 실익은 「공익사단법인」(gemeinnützige Verein)으로서 공익성을 인정받아 사학조성의 대상이 된다는 것이다.

한편 공법상의 법인(사단)인 교회나 수도회는 학교 설치를 1차적인 목적으로 하는 것은 아니지만 기본법 7조 4항이 보장하는 사학설치권의 주체가 될 수 있다는 것에 대해서는 헌법상 이의가 없으며,[65] 이로써 오늘날 종교 계열 사학이 사학의 대다수를 점하고 있는 상황이다.

제3절 현행 법제 하에서 「사학의 자유」의 법적 구조

1. 사학의 설치 인가와 사학의 자유

1-1 사학의 설치 인가

기술한 것처럼 기본법 7조 4항은 사학설치권을 헌법상 명시적으로 보장하고 있는데, 덧붙여 「공립학교 대체로서의 사립학교는 국가의 인가를 필요로 한다」고 규정하여 사학설치의 가부를 국가의 인가에 의하도록 하고 있다. 이는 국가에 의한 인가로 유보된, 사학설치권의 조건부 보장이다. 그 목적은 결함이 있는 교육시설로부터 국민을 보호함과 동시에 사학이 특권층을 위한 신분학교(Standesschule) 내지 부유층학교(Plutokratenschule)로 되는 것을 방지하고, 학교제도에 기대되는 국민적 · 사회적 통합 기능을 확보하는데 있다고 할 것이다.[66]

기본법 7조 4항은 사학설치 인가의 요건으로 바이마르 헌법 147조 1항에서와 동일한 요건을 규정하고 있다.

즉 ① 교육목적, 시설, 설비, 조직편제 및 교원의 학문적 양성에 있어서 공립학교에 뒤떨어지지 않을 것, ② 부모의 자산상태에 의한 학생의 선별이 조장되지 않을 것, ③ 교원의 경제적 및 법적 지위가 충분히 보장되어 있을 것이 그것이다.

이 같은 소정의 요건을 충족할 경우 사학의 설치는 반드시 인가되어야 하며, 그럼으로써 감독청의 사학 인가 행위의 법적 성질은「재량의 여지가 없는 속박된 결정」(gebundene Entscheidung ohne Ermessensspielraum)으로 간주되고 있다.[67]

표현을 바꾸면 기본법 7조 4항의 소정 요건을 충족하고 있는 경우, 학교 설치자의「인가청구권」(Anspuch auf Genehmigung)은 논리적·필연적으로 헌법상의 권리로서 도출된다는 것이다.[68] 그리하여 이 경우 기본법 7조 4항의 소정 요건을 초과하여 주(州)가 별도의 학교법을 통해 독자적으로 추가요건을 과하는 것은 헌법상 용납되지 아니한다고 해석하는 것이 학설 및 판례들의 입장이다.[69]

더욱이 기본법에는 보충학교의 인가에 관해서는 아무런 언급이 없다. 그 때문에 보충학교에 대해서도 인가 의무를 과할 수가 있는지, 단지 신고 의무만으로 족한지에 관해 학계에서 논쟁이 벌어지고 있다.

1-2 사립학교와 공립학교의 등가성의 원칙

그런데 상술한 바와 같이 기본법 7조 4항은 사학설치 인가의 요건으로서 사학에 대하여 교육목적·시설·설비·조직편제·교원의 학문적 양성에 관해서「공립학교보다 뒤떨어지지 않을 것」을 요구하고 있는데, 거기에서 말하는「공립학교보다 뒤떨어지지 않음(Nichtzurückstehen)」의 의미내용은 어떻게 해석되고 있을까?

이에 관해 헌법학과 학교법학계의 지배적 견해 및 판례는, 사학의 존재의의와 목적, 또는「사학의 자유」의 헌법에 의한 보장에 비추어볼 때, 헌법상 사학에 요구되고 있는 것은 공립학교와의「등가성」이지「동종성」은 아니라고 해석하고 있다.[70] 기술한 바와 같이「사학의 자유」의 명시적 보장이 없었던 바이마르 헌법 당시의 학설들에서도 이와 같은 견해가 이미 채택되고 있었는데, 그 자유를 헌법상의 기본권으로 명기한 독일 기본법 하에서는 그러한 해석이 나오는 것은 당연한 일일 것이다.

덧붙여 이른바 「사립학교와 공립학교의 등가성」의 요청은 국민교육의 수준을 확보해야 하는 국가의 교육책무(Erziehungsauftrag des Staates)로부터 도출되는 헌법상의 교육법 원리이다.[71]

이렇게 해서 권위 있는 기본법 해석들은 「사학을 공립학교와 동종화(Homogenisierung)하는 것은 기본법에 저촉되며 위헌이다」라고 결론짓고 있다.[72]

나아가 이 경우 교육목적·시설·설비·조직편제·교원의 학문적 양성에 관해서 해당 사학이 공립학교에 뒤떨어진다는 것을 입증하는 책임은 당연히 학교감독청이 진다.[73] 또한 이에 관한 학교감독청의 결정은 행정재판상 취소할 수도 있는 행정행위로서 항고소송의 대상이 된다.[74]

2. 「사학의 자유」의 법적 내용

헌법학 및 학교법학의 지배적인 견해 및 판례들에 의하면 기본법 7조 4항에서 보장하는 「사학의 자유」의 보호법익에는 다음과 같은 권리가 포함되어 있는 것으로 해석된다.

2-1 사학을 설치하는 권리

이미 언급한 것처럼 바이마르 헌법과는 달리 기본법은 7조 4항에서 「사학을 설치하는 권리」(Recht zur Errichtung von privaten Schulen)를 명시적으로 보장하고 있다. 이 조항은 나치 정권 하에서 사학설치의 가부가 학교감독청에 의한 「필요성의 유무의 심사」에 관련되어 그 결과 사학제도가 전면적으로 해체되었다고 하는 심각한 역사적 반성에 따라 만들어진 것으로, 본 조에 의한 사학설치권의 헌법상 보장에 의해 「국가의 학교독점」은 원리적으로 부정되고, 상기 「필요성의 유무의 심사」라는 요소도 헌법상으로 배제되기에

이르렀다.[75]

이와 같이 현행 법제상 사학설치권이 헌법상의 기본권으로서 보장되어 있다고는 해도, 초등교육 단계에서는 기본법 7조 5항 및 6항에 의해 이 권리는 꽤 광범한 제약을 받게 되어 있다.

즉 기본법 7조 5항에 의하면 사립의 초등학교(기초학교 및 근간학교)의 설치가 인정되는 것은, 7조 4항에 정해진 인가조건을 충족하고 학교감독청이 「특별한 교육상의 이익」을 인정한 경우, 또는 교육권자가 종파의 공동학교(Gemeinschaftsschule)로서 혹은 종파학교(Bekenntnisschule)로서 혹은 어떤 세계관에 입각한 학교(Weltanschauungsschule)로서 학교 설치를 신청하고 게다가 해당 시·군·구에 이러한 종류의 초등학교가 존재하지 않는 경우에 한정되어 있다.

여기서 「특별한 교육상의 이익」을 가진 학교란, 예컨대 장애아나 병약아를 위한 학교나 개혁적인 교육을 실천하는 실험학교 등을 가리킨다.[76]

게다가 기본법 7조 6항은 사립의 예비학교(Vorschule)를 지속적으로 금지하고 있으며, 이 단계에서도 사학설치권은 제약되고 있다.

이 같은 조항은 바이마르 헌법 147조 2항 및 3항을 이어 받은 것인데, 통설 및 판례에 의하면 그 취지는 다음과 같이 해석되고 있다.[77]

「국민들 간의 수많은 사회적 집단의 통합을 적어도 학교교육의 초기 단계에서만이라도 보장하기 위해서는, 초등학교 영역에서 공립학교의 우위를 확보하는 것이 중요하다」.

더욱이 앞에서 말한 사학설치권은 넓은 의미로 해석되어, 그 법익은 사학의 설치 보장(Errichtungsgarantie)뿐만 아니라 학교로서의 존속 보장(Bestandsgarantie) 및 학교를 폐지하는 자유를 포함한다는 것이 통설과 판례의 입장이다.[78]

2-2 사학에서의 교육의 자유

이른바 「사학의 자유」에는 그 핵심적이고 근간이 되는 내용으로 사학의 「학교의 내부 경영을 자유롭게 형성할 권리」(Recht auf freie Gestaltung des inneren Schulbetriebs), 즉 「사학에서의 교육의 자유」가 포함된다고 하는 것이 헌법학 및 학교법학의 통설이자 판례의 입장이다.[79]

즉 사학은 그 독자의 교육이념이나 종교관 내지 세계관에 의거하여 거기에서의 교육목적이나 교육내용·교재·교구·교육방법 또는 수업형태를 자기 책임으로 자유롭게 결정할 수 있는 권리를 가지고 있다.

덧붙여 이 점에 관해서는 연방헌법재판소도 다음과 같이 판결하고 있다.[80]

「기본법 7조 4항은 사학에 대해 그 특성에 호응하여 교육을 행할 것을 보장하고 있다. 그것은 국가의 영향으로부터 자유로운 영역을 보장하는 것이며, 구체적으로는 사학은 교육목적, 세계관적 기반, 교육내용이나 교육방법에 관하여 자기 책임으로 결정되어 형성되는 수업을 행할 수 있다.」

또 현행 법제에는 이 점을 확인적으로 명기하고 있는 학교법도 있다. 예컨대 베를린 주 학교법(2004년)은 제7부 「자유로운 주체에 의한 학교」에서 「학교의 형성」(Schulgestaltung)이란 제목의 조항에서 다음과 같이 규정하고 있다(95조 1항).

「사학설치자는 학교의 형성, 특히 교육적·종교적 내지 세계관적 특성, 교육내용과 교육방법 및 교수조직에 관하여, 공립학교에 적용되고 있는 법령과는 달리, 자신이 결정할 의무를 진다.」

위에서 말하는 「사학에서의 교육의 자유」의 헌법상 보장은 「국가의 학교교육독점」을 원리적으로 부정하는 것인데, 그것은 자유롭고 민주적인 근본질서의 확립을 목적으로 하는 기본법의 가치질서에, 특히 「학교제도에서의 가치다원주의와 자유성의 원칙」(Grundsatz der Pluralität und Freiheitlichkeit)에 호응하는 것이다.[81]

그런데 상술한 바처럼 기본법은 「교육목적에 있어서 사립학교와 공립학교의 등가성」을 요구하고 있기 때문에, 사학도 당연히 기본법의 가치질서 (Werteordnung)에, 그중에서도 특히 관용의 요청, 인간의 존엄과 기본적 인권의 존중, 민주적·사회적 법치국가라는 헌법상의 원칙들에 구속받는다.

이와 같이 사학은 기본법의 가치질서의 범위 안에만 있다면 공립학교와는 다른 교육목적을 추구하는 것이 가능하며, 그래서 그것을 실현하기 위한 교과, 교육과정, 교재·교구, 교육방법이나 수업형태 등에 관해서 광범위한 자율권을 보장받게 된다.

구체적으로, 예컨대 공립학교용 학습지도요령(Lehrplan)은 사학에 대해서는 법적 구속력을 가지지 않는 것으로 해석되며, 또 사학은 검정교과서 이외의 교과서를 채택하여 사용할 수 있게 되어 있다.[82]

더욱이 학교법학계의 통설에 의하면, 사학교육에 있어서의 질의 확보 요청에 따라 사학도 2004년 이래 각 주에서 도입된 「교육 표준」(Bildung-sstandard)을 존중해야 한다고 되어 있지만, 그럼에도 공립학교의 「학교 프로그램」(Schulprogramm)이나 학교의 내부평가·외부평가에 관한 학교법상의 규율은 사학에는 미치지 않게 되어 있다.[83]

2-3 사학에서의 조직편제의 자유

상술한 사학의 「학교를 자유로이 형성하는 권리」에는 이른바 학교의 내적 사항에 관한 영역에 더하여 「학교의 외부경영을 자유로이 형성하는 권리」 (Recht auf freie Gestaltung des äußeren Schulbetriebs), 즉 학교경영의 조직구조나 교수조직 면에서의 자유가 포함된다고 하는 것이 헌법학 및 학교법학계의 통설이다.[84]

이같이 하여 실제로 개혁교육학에 뿌리를 둔 사학으로서 세계적으로 유명한 자유 발도로프 학교에서는 R. 슈타이너의 「공화제적이고 민주적인

(republikanisch-demokratische) 학교조직의 원리」에 입각한 합의제적 학교 조직구조(kollegiale Schulverfassung)가 조직 원칙의 기본이 되어, 각 학교에는 교육회의, 관리운영회의 및 학교경영회의가 설치되어 있고, 교원집단이 그 핵심 역할을 수행하고 있으며, 동시에 학교 이사회에는 부모 대표도 교원 대표와 동수로 참여하여 학교의 의사결정에 협동하도록 되어 있다.[85]

그러나 상술한 바와 같이 기본법 7조 4항은 시설·설비 및 조직편제에 관한 「사립학교와 공립학교의 등가성」을 요구하고 있다. 따라서 사학은 예컨대 학급이나 과정의 편제기준이나 규모, 교원 1인당 아동 수 내지 학생 수 등에 관해 이 등가성 원칙에 의한 제약을 받게 된다.

부모의 교육 운영 참가나 학생대표제에 관한 학교법상 규정이 공립학교와 마찬가지로 사학에도 직접 적용될 것인지에 관해서는 학설이 나누어지지만,[86] 선도적인 학교법학자인 H. 아베나리우스는 다음과 같이 말하여 이것을 긍정으로 해석하고 있다.[87]

「학교법상에 규정되어 있는 참여의 조직구조는 공립학교 조직 원리의 본질적 요소와 같고, 또한 그것은 대체학교에 있어서도 중요한, 시민을 육성하는 교육 책무의 수행에 이바지하는 것이기 때문에, 대체학교도 원칙적으로 적절한 형태의 참여제도를 가져야만 한다.」

덧붙여 현행 법제상에도 이 점을 명기하고 있는 학교법이 있으며, 예컨대 노르트라인-베스트팔렌 주 학교법에는 다음과 같이 규정되어 있다(100조 5항).

「대체학교는 본 법이 규정하고 있는 것과 등가 형태의 학생 및 부모의 참여를 보장해야 한다.」

2-4 교원을 선택하는 자유

사학은 해당 사학의 존재의의·역할과 관련하여 「사학의 자유」의 보호법익으로서 「교원을 자유로이 선택할 권리」(Recht der freien Lehrerwahl)를 가진다.[88] 결국 사학은 자교(自校)의 교원으로서 적합하다고 판단되는 인물을 자유로이 채용할 수 있다.

이 사학의 교원선택권은 이른바 「경향경영」(Tendenzbetrieb)에 대한 노동법 이론에 의해서도 크게 지원·보강되고 있다. 이미 언급한 대로 독일에서는 사학이 경향경영에 속하고 있다는 것이 학설과 판례에서는 물론, 실정법상에도 기정사실로 되어 있고(경향경영으로서의 사학), 이에 사학은 그 교육적인 경향성에 비추어 교원을 선택하는 것이 가능하며, 또한 해당 사학의 경향에 반하는 교원을 경향위반을 이유로 적법하게 해고할 수 있도록 되어 있다(경영조직구조법 118조).

그러나 이 법역(法域)에서도 「사립학교와 공립학교의 등가성 원칙」으로 인해 사학의 「교원을 선택하는 자유」는 헌법상 제약을 받고 있다. 즉 기본법 7조 4항은 사학설치의 인가 조건으로서 「교원의 학문적 양성에 있어서 공립학교에 뒤떨어지지 않을 것」을 요구하고 있어서, 사학의 교원 역시 대학이나 대학원에서 전문적·실천적인 양성 과정을 수료하여 해당 학교의 종류에 맞는 교원 면허증을 취득해야 하도록 되어 있다.

단, 이 경우 정규 교원양성 과정 이외에서도 그것과 등가성을 가진 양성과정을 수료한 경우에는 교원으로서의 직업상 적격성을 가진다고 하는 것이 학교법학의 통설 및 판례의 입장이다.[89] 그래서 연방행정재판소(1993년 6월 24일 판결)에 의하면 슈투트가르트의 발도로프 세미나(Waldorf-Seminar Stuttgart)에서 학급담임 양성 과정(Klassenlehrerausbildung)을 수료한 자유 발도로프 학교의 교원은 대학에서의 교원양성 과정을 마치지 않았다고 해도 비난의 대상이 되지 않는다.[90] 또한 이와 관련해서 연방행정재판소의 견해에 의하면, 사학 교원으로서 직무 수행의 가부를 학교감독청의 인가에 맡기는 것은 「사학의 자유」 침해에 해당하지 않으며, 따라서 합헌이다.[91]

2-5 학생을 선택하는 자유

학설 및 판례상 「사학의 자유」의 보호법익에 「학생을 자유로이 선택하는 권리」(Recht der freien Schülerwahl)가 당연히 포함되어 있다는 것에는 이론이 없다.[92] 즉, 사학은 평등원칙·기회균등원칙 등 공립학교 영역에서 유효한 선발 및 진급의 원칙(Auslese-und Versetzungsgrundsatz)에 엄격하게 구속되지 않고 해당 사학의 존재이유나 특성에 의거하여 학생을 선발할 수 있다.

단지 사학의 이 권리도 「사립학교와 공립학교의 등가성의 원칙」에 의한 제약을 받는다. 예컨대 기독교 계열의 사학이 비기독교 계열 학생의 입학을 일체 인정하지 않는다는 해당 학교의 특성을 이유로 학생의 사학선택권을 전면적으로 부정하는 것은 상기 원칙에 반하므로 인정될 수 없다고 해석되고 있다.[93]

게다가 헌법상의 사학 인가 조건인 「부모의 자산상태에 의한 아동의 선별금지의 원칙」(7조 4항)의 제약도 있어서, 사학이 고액의 수업료를 설정하는 등 소득 수준이 높은 가정의 아동을 우선적으로 입학할 수 있게 하는 것도 위헌으로 간주해 허용되지 않는다.

더욱이 연방헌법재판소에 의하면(BVerfGE 27, 195 (209)), 승인을 받은 대체학교(Anerkannte Ersatzschule)에 관해서는 그 학교의 종류에 대응하는 공립학교에 적용되고 있는 입학규정을 따르도록 주 학교법으로 의무를 과하는 것이 가능하다. 예컨대 헤센 주 학교법은 다음과 같이 규정하고 있다(173조 2항).

「승인을 받은 대체학교는 공립학교에 적용되고 있는 규정에 의거하여 시험을 실시하여 성적표를 수여하는 권리를 가진다. 승인을 받은 대체학교는 학생이 입학할 때 공립학교에 적용되고 있는 규정을 존중해야 한다.」

2-6 「사학의 자유」의 기타 법익

유력한 헌법학설이 설명하는 바에 의하면, 이른바 「사학의 자유」의 헌법상 보장에 의하여 아동을 사학에 취학시킬 「부모의 사학선택권」과 아동 자신의 사학선택권이 도출되는 것으로 되어 있다. 전자는 「부모의 교육권」(기본법 6조 2항)을, 후자는 아동의 「인격의 자유로운 발달권」(동 2조 1항)을 각각 보강·강화하게 된다.[94]

한편 「사학의 자유」로부터 교원의 교육기본권, 즉 「교육상의 자유」도 마찬가지로 도출되는지의 여부에 관해서는 학설상의 논쟁이 있는데, 위에서 언급한 헌법학설에서는 「기본법 7조 4항이 교원의 이와 같은 권리를 명기하고 있지는 않으나, 교원은 그와 같은 자유를 향유하고 있으며, 수업에서 특별한 교육상의 발상을 전개하거나 조치를 강구할 수 있다」고 해석하고 있다.[95]

3. 외국인의 「사학을 설치하는 자유」

이미 언급한 것처럼 현행 법제상 외국인도 「사학을 설치하는 자유」를 가지고 있지만, 그것은 어떠한 요건 하에서 용인될 것인가.

이에 관해 학교법학의 통설에서는 대략 다음과 같이 말하고 있다.[96]

즉 해당 사학이 의무교육 단계의 아동 또는 학생을 대상으로 할 경우에는 학교법제상 독일의 학교제도로서의 위치에 있다. 따라서 기본법 7조 4항이 정하는 대체학교로서의 인가 요건을 충족해야만 한다. 이러한 종류의 사학은 아동 또는 학생을 독일 사회에 통합시키는 교육의 책무를 가지며, 거기에서의 학교생활은 각각의 국가에 특유한 문화적·종교적 색채를 띠는 것은 가능하지만, 그럼에도 거기서의 교육활동은 기본법에서 규정된 가치질서에 저촉·위배되어서는 아니 되며, 독일 공립학교에서의 교육활동을 규준으로 삼아 실시되어야 한다. 이리하여 수업은 원칙적으로 독일어로 할 것이 요구되며, 나아가 가령 이슬람종파학교(islamische Bekenntnisschule)와 같은 특정의 종파학교라고 하더라도 모든 아동의 입학이 종파 또는 무종교의 여하를 불문하고 가능해야 한다.

4. 사학에 대한 국가의 학교감독

기본법 7조 1항은 「모든 학교제도는 국가의 감독에 따른다」고 규정하고 있고, 따라서 사학 또한 당연히 국가의 감독 하에 놓여 있다. 이른바 교육주권(Schulhoheit)에 의거하는, 사학에 대한 사회공공적인 규율이다.

부연하면 연방헌법재판소(BVerfGE 27. 195 (200))의 판정에서도 나타나듯, 「사학의 자유」의 헌법상의 보장은 사학에 대해 「헌법으로부터의 자유」를 보장하는 것이 아니며, 또한 사학에 「국가로부터 자유로운 학교」(Staatsfreie Schule)라는 위치를 부여하는 것은 아니라는 것이다.[97]

그러나 중요한 것은, 사학에 대한 국가의 학교감독은 「사학의 자유」의 헌법상 기본권으로서의 보장, 헌법상 제도로서의 사학제도, 나아가 사립학교와 공립학교의 동종화를 금지하는 헌법의 요청 등의 원칙에 의해 제약을 받음으로써, 공립학교에 대한 감독과는 그 법적 내용이 크게 달라진다는 점이다.

이 점에 관해 학교법학의 통설 및 연방행정재판소 판례는 다음과 같은 견해를 가지고 있다.[98] 즉 사학에 대한 국가의 감독은 사학에 관해 일반법률 및 경찰법상의 요청을 확보하고, 아울러 사학이 설치 인가 후에도 기본법 7조 4항에 정한 바의 인가조건을 충족하고 있는지를 지속적으로 감시하는 것을 내용으로 하는 임무이다. 따라서 그것은 원칙적으로 법감독(Rechtsaufsicht), 즉 합법성에 관한 통제(Rechtmäßigkeitskontrolle)에 한정되며, 교육내용이나 교육방법에 대한 전문감독(Fachaufaufsicht)은 포함하지 아니한다.

그리고 또 현행 법제상에서 이 점을 확인적으로 명기하고 있는 학교법도 보인다. 예컨대 슐레스비히-홀스타인 주 학교법은 「학교감독의 범위」라는 제목의 조항에서, 학교감독에는 전문감독, 근무감독 및 법감독 등이 포함된다고 한 데 이어 다음과 같이 규정하고 있다.

「자유로운 주체에 의한 학교는 법감독만을 따른다. 이러한 학교의 설치자는 공립학교에 적용되고 있는 규정과는 다르게 학교를 형성하는 의무를 가진다」(120조 6항).

다만, 대체학교가 국가의 승인을 받아 학교법상의 높은 권리를 부여받은 경우에는 성적평가나 시험 실시 등에 관해 공립학교와 같은 유형의 시험 및 진급 규정이 적용되며, 이와 같은 단순한 법감독을 넘어 시험의 내용이나 그 운용까지에도 영향을 미친다고 되어 있다.[99] 사학에 대한 국가의 감독은 설치자에 대한 것이지 개개의 학교나 교원에 대한 것은 아니다. 소정의 인가 조건은 설치자가 확보해야만 하는 것이기 때문이다(사학 감독의 대상으로서의 설치자).

물론 각 주의 사학에 대한 학교감독은 실제에 있어서는 꼭 이렇게만 이루어지는 것은 아니며, 각 학교 교장을 대상으로 한 감독이 행해지는 경우도 있다고 한다.[100] 그리하여 이러한 교육행정 현실을 적극적으로 평가하는 학설도 있는 것이다.[101]

(注)

(1) H. Heckel, Privatschulrecht, 1955, S. 13.

(2) 「Privatschule」라는 용어에서 알 수 있듯, 이 장은 초등교육 및 중등교육 단계의 「사학의 자유」를 연구대상으로 한다. 오늘날 독일에는 사립의 고등교육기관이 적지 않게 있어서(2011년 현재 대학 수[종합대학+전문대학]=176, Bundesministerium für Bildung und Forschung (Hrsg.), Bildung in Deutschland 2012, S. 31), 「사립대학의 자유」(Privathochschulfreiheit)에 관한 연구도 종종 보인다(예컨대, J. Heidtmann, Grundlagen der Privathochschulfeiheit, 1980 등). 하지만 이는 이 책의 대상 영역 밖이다. 다음 장의 사학조성에 관한 고찰에서도 마찬가지이다.

(3) 독일에서의 사학법제의 형성과 역사적 전개에 관해서는 「ドイツにおける私立学校法制の歴史的展開」, 「帝京大学 理工学部研究所 年報 人文編 第6号」(1996), 27頁 이하를 참조.

(4) L. Clausnitzer, Geschichte des Preußischen Unterrichtsgesetzes, 1891, S. 36.

(5) 프로이센 일반 란트법의 법령 원문은 L. Froese / W. Krawietz, Deutsche Schulgesetzgebung, Bd. l, 1968, S. 27 이하의 수록에 의함.

(6) A. Eisenhuth, Die Entwicklung der Schulgewalt und ihre Stellung im Verwaltungsrecht in Deutschland, 1931, S. 15.

(7) C. F. Koch, Allgemeines Laudrecht für die Preußischen Staaten, 1886, S. 691.

(8) L. Clausnitzer, a. a. O., S. 266.

(9) W. Landè, Preußisches Schulrecht, 1933, S. 993.

(10) Ders, a. a. O., S. 217; A. Eisenhuth, a. a. O., S. 15

(11) H. Heckel, a. a. O., S. 38; E. Plümer, Verfassungsrechtliche Grundlagen und Rechtsnatur der Privatschulverhältnisse, 1970, S. 3; T. Maunz / G. Dürig (Hrsg.), Grundegesetz Kommentar, 2010, Art. 7, S. 30.
　　이와 관련해서 리히터(I. Richter)에 의하면 이 「국가의 약화된 학교독점」 체제는 그 후 19세기를 거쳐 모든 란트에서 타당하게 되었다(I. Richter, Bildungnsverfassungsrecht, 1973, S. 78).

(12) E. Plümer, a. a. O., S. 38.; L. T. Lemper, Privatschulfreiheit, 1989, S. 75.

(13) I. Richter, a. a. O., S. 78; K. Becker, Aufsicht über Privatschulen, 1969, S. 7; J. P. Vogel, Verfassungswille und Verwaltungswirklichkeit im Privatschulwesen, in: RdJB (1983), S. 171.

(14) A. Eisenhuth, a. a. O., S. 15. 도이처도 동법 1조는 「선언적인 것」 (programmatisch)이라 지적한다(E. K. Deutscher, Privatschulen in der deutschen Bildungsgeschichte, 1976, S. 125).

(15) I. Richter, a. a. O., S. 78.

(16) 각령의 정식명은 다음과 같다: Kabinettsorder betr. die Aufsicht des Staates über Privatanstalten und Privatpersonen, die sich mit dem Unterricht und der Erziehung der Jugend beschäftigen v. 10. Juni 1834, in: W. Landè, a. a. O., S. 1004.

(17) W. Lande, a. a. O., S. 1005ff.

(18) 프로이센에서 사학에 대한 별도의 학교감독이 제도화된 것은 이 훈령에 의해서였고 이 제도는 1872년의 학교감독법(Gesetz betr. die Beaufsichtigung des Unterrichts- und Erziehungswesens v. 11. März 1872)에 의해서도 유지되었다(H. Heckel, a. a. O., S. 38).

(19) Preußische Kammergericht, Urt. v. 18. 8. 1865, zit. aus P. Westhoff (Hrsg.), Verfassungsrecht der deutschen Schule, 1932, S. 170.

(20) J. P. Vogel, a. a. O., S. 170.

(21) W. G. Schuwerack, Die Privatschule in der Reichsverfassung von August 1919, 1928, S. 6.

(22) H. Heckel, a. a. O., S. 38; E. Plümer, a. a. O., S. 43.

(23) 이 점에 관하여 란데도 대략 다음과 같이 말하고 있다(W. Landè, Die Schule in der Reichsverfassung, 1929 [이하 Die Schule로 약함], S. 17). 「1791년부터 1830년에 걸쳐 제정된 프랑스 헌법은 학교제도에 관해서 규율을 하고 있으나, 그것은 시민의 자유권(Freiheitsrecht des Bürgers)으로서가 아니고 국가의 시민에 대한 배려로서 성립한 것이었다. 학교제도를 자유권의 대상으로서 자리매김한 것은 벨기에 헌법이 처음이다」. 또 플루머도 프랑스 혁명기의 헌법과의 비교에 있어서 벨기에 헌법에서의 「진정한 기본권으로서의 교육의 자유」(Freiheit des Unterrichts als echtes Grundrecht)에 관하여 언급하고 있다(E. Plümer, a. a. O., S. 45).

(24) L. Clausnitzer, a. a. O., S. 162.

(25) 이와 관련하여 1810년대부터 1830대에 걸쳐 제정된 독일 각 란트 헌법(바이에른 공국 1818년 헌법, 작센 공국 1831년 헌법 등)은 학교제도를 헌법의 규율 대상으로 하고 있지 않았다(W. Lande, Die Schule, S. 17).

(26) G. Anschütz, Die Verfassungsurkunde für den Preußischen Staat, 1912, S. 365.

(27) I. Richter, a. a. O., S. 78.

(28) 梅根悟, 「近代国家と民衆教育」, 誠文堂新光社 1967, 302頁 이하; E. Plümer, a. a. O., S.39.

(29) G. Anschütz, a. a. O., S. 495.

(30) Ders. a. a. O., S. 393.

(31) J. P. Vogel, a. a. O., in: RdJB (1983), S. 170ff. 그리고 이 점과 관련해서 오퍼만도 「기본권의 형성에 있어서 교육의 자유의 발전이 서유럽과 비교해서 거의 100년 가까이 뒤쳐진 것은 19세기 독일 헌법사의 특이한 과정에 속한다」고 말하고 있다(T. Oppermann, Kulturverwaltungsrecht, 1969, S. 60).

(32) W. Landè, Die Schule, S. 24.

(33) G. Anschütz, Die Verfassung des deutschen Reichs vom 11. August 1919, 1933(이하 Die Verfassung이라 약함), S. 672.

(34) W. Landè, Die staatsrechtlichen Grundlagen des deutschen Unterrichtswesens, in: G. Auschütz / R. Toma (Hrsg.), Handbuch des deutschen Staatsrechts, Bd. 2. 1932(이하 Die staatsrechtlichen Grundlagen이라 약함), S. 703.

(35) G. Anschütz, Die Verfassung, S. 667.

(36) Zit. aus L. T. Lemper, a. a. O., S. 76.
사학교육의 추진을 표방한 중앙당에서도 사학에 대한 국가의 감독과 공립학교의 우위성은 원칙적으로 용인되었다고 한다(ditto).

(37) I. Richter에 의하면 이 대립은 「국가의 약화된 학교독점」라는 입장과 「제약된 사학의 자유」라는 입장의 대립이었다(I. Lichter, a, a, O., S. 79). 게다가 사회민주당이 사학제도를 반대한 중요한 이유는 학교제도가 교권화(教権化, Klerikalisierung)되거나 사학이 특권신분학교(Standesschulen)로 변질될 것에 대한 의구심 때문이라고 한다(L. T. Lemper, a. a. O., SS. 80~81).

(38) H. Heckel, a. a. O., S. 39; G. Anschütz, a. a. O., S. 684.

(39) W. Landè, Preußisches Schulrecht, S. 998.

(40) P. Westhoff (Hrsg.), a. a. O., S. 164; W. Landè, Die Schule, S. 155.

(41) H. Heckel, a. a. O., S. 39.

(42) 대체학교란 그 조직의 목적이 전체적으로 공립학교의 대체로서 이바지하는 학교를 말한다. 그 설치에는 학교 감독청의 인가가 필요하고, 교육목적이나 교육내용, 교원의 학술적 양성, 조직편제 등에 있어서 공립학교에 질적으로 떨어지지 않을 것이 요건으로 된다(공립학교와의 등가성).
한편 보충학교란 그 역할, 교육의 대상, 조직형태는 학교로서의 성격을 가지고 있지만, 학교제도 밖에 위치하기 때문에 공립학교의 대체로서의 기능을 다하지 못하는 학교를 말한다. 어학학교나 체육학교 등이 이에 속한다(H. Avenarius / H. P. Füssel, Schulrecht, 8. Aufl. 2010, S. 298, S. 314).

(43) P. Westhoff (Hrsg), a. a. O., S. 172.

(44) W. Landè, Die Staatsrechtlichen Grundlagen, S. 707.

(45) Preß. OVG, Entscheidung v. 4. 10. 1927, in: L. Frege / W. Elsner (Hrsg.), Entscheidungen des Preußischen Oberverwaltungsgerichts, 1956, SS. 422~423.

(46) W. Landè, Preußisches Schulrecht, S. 994.

(47) P. Westhoff (Hrsg.), a. a. O., S. 166.

(48) H. Webler, Nationalsozialistishes Familienrecht, in: Zentralblatt für

Jugendrecht und Jugendwohlfahrt (1935), S. 17.

(49) Erlaß v. 22. 1. 1938; Erlaß v. 5. 4. 1939; Erlaß v. 27. 6. 1939.

(50) H. Heckel, a. a. O., S. 17, S. 39~40; K. I. Flessau, Schule der Diktatur, 1979, S. 21.

(51) L. T. Lemper, a. a. O., S. 38.

(52) Ditto.

(53) Ders, a. a. O., S. 39.

(54) Ders, a. a. O., S. 38~49.

(55) Ders, a. a. O., S. 49~50.

(56) I. V. Münch / P. Kunig (Hrsg.), Grundgesetz-Kommentar, 2000, S. 560ff.; H. D. Jarass / B. Pieroth, Grundgesetz für die Bundesrepublik Deutschland, 2007, S. 255ff.; T. Maunz / G. Dürig (Hrsg.), Grundgesetz-Kommentar, 2011, Art. 7, S. 61ff.; M. Sachs (Hrsg.), Grundgesetz-Kommentar, 2007, S. 408ff. H. Avenarius / H. P. Füssel, Schulrecht, 2010, S. 295; B. Pieroth / B. Schlink, Grundrechte-Staatsrecht II, 2010, S. 181.

(57) H. Heckel, Deutsches Privatschulrecht, S. 206; H. Avenarius / H. P. Füssel, a. a. O., S. 204; I. V. Münch / P. Kunig (Hrsg.), a. a. O., S. 560.

(58) 이에 관해서는 특히 다음을 참조: H. V. Mangoldt / F. Klein / C. Starck (Hrsg.), Kommentar zum Grundgesetz, 2005, S. 781; M. Sachs (Hrsg.), a. a. O., S. 403.

(59) J. P. Vogel, Rechtsprechung und Gesetzgebung zur Finanzhilfe für Ersatzschulen, in: F. Hufen / J. P. Vogel, Keine Zukunftsperspektiven für Schulen in freier Trägerschaft?, 2006, S. 18.

(60) H. V. Mangoldt / F. Klein / C. Starck (Hrsg.), a. a. O., S. 787. 다음의 글들도 같은 취지를 보인다: I. V. Munch / P. Kunig, a. a. O., S. 565; H. Dreier (Hrsg.), Grundgesetz Kommentar, 2004, S. 876; M. Sachs (Hrsg,), a. a. O., S. 410.

(61) H. Heckel / H. Avenarius, Schulrechtskunde, 6. Aufl. 1886, S. 145; M. Sachs, Verfassungsrecht II, Grundrechte, 2003, S. 355.

(62) H. Heckel, a. a. O., S. 211.

(63) Ders, a. a. O., SS. 211~212.

(64) J. P. Vogel, Das Recht der Schulen und Heime in freier Trägerschaft, 1997, S. 179.

(65) I. V. Münch / P. Kunig (Hrsg.), a. a. O., S. 560.

(66) H. Avenarius / H. P. Füssel, a. a. O., S. 301; H. Drier (Hrsg.), a. a. O., S. 876; K. Stern / F. Becker, Grundrechte-Kommentar, 2010, S. 752; H. V. Mangoldt / F. Klein / C. Starck (Hrsg.), a. a. O., S. 785.

(67) H. Dreier (Hrsg.), a. a. O., S. 876.

(68) M. Sachs(Hrsg.), a. a. O., S. 411.

(69) 이에 대해서는 특히 I. V. Münch / P. Kunig (Hrsg.), a. a. O., S. 562. BVerWGE 17, S. 236을 참조.

(70) 이에 대해서는 특히 H. V. Mangoldt / F. Klein / C. Stark (Hrsg.), a. a. O., S. 784를 참조.

　　A. M. Kösling, Die private Schule gemäß Art. 7 Abs. 4, 5 GG, 2004, S. 180; J. Rux / N. Niehues, Schulrecht, 2013, S. 298.

(71) T. Maunz / G. Dürig (Hrsg.), a. a. O., Art. 7. S. 74; I. Richter, Die Freiheit der privaten Schulen, in: RdJB (1983), S. 222ff.

(72) R. Wassermann (Gesamtherausgeber), Kommentar zum Grundgesetz für die Bundesrepublik Deutschland, 1989, S. 691.

(73) F. Müller, Das Recht der freien Schule nach dem Grundgesetz, 1982, S. 118; BVerwG, Urt. v. 19. 2. 1992, in: RdJB (1993), S. 360.

(74) J. Rux / N. Niehues, a. a. O., S. 298.

(75) H. Heckel, a. a. O., S. 231. 나아가 현행의 주 헌법에서도 예컨대 브란덴부르크 주 헌법 30조 6항이나 노르트라인 베스트팔렌 주 헌법 8조 4항 등, 5개 주의 헌법이 사학설치권을 명기하고 있다.

　　게다가 본문에서 쓴 것처럼 바이마르 헌법 하에서도 법으로 정해진 인가 조건을 충족하면 사학설치자는 당연히 「설치인가의 청구권」을 가진다는 해석이 지배적이었다 (참조: G. Anschütz, a. a. O., S. 684).

(76) I. V. Münch / P. Kunig (Hrsg.), a. a. O., S. 552.

(77) J. P. Vogel, a. a. O., S. 22; BVerwG, Urt. v. 19. 2. 1992, in: RdJB (1993), S. 346ff, S. 352ff.

(78) H. Heckel, a. a. O., S. 229; H. Heckel / H. Avenarius, a. a. O., S. 145.

(79) F. Müller, a. a. O., S. 50; E. Stein / M. Roell, Handbuch des Schulrechts, 1992, S. 106; H. Avenarius / H. P. Füssel, a. a. O., S. 295.

(80) BverfGE, 27. 195 (200ff); M. Sachs (Hrsg.), Grundgesetz-Kommentar, 2007, S. 408에서 인용.

(81) R. Wassermann (Gesamtherausgeber), a. a. O., S. 690.

(82) I. V. Münch / P. Kunig (Hrsg.), a. a. O., S. 562; F. Müller, a. a. O., S. 376; R. Wassermann (Gesamtherausgeber), a. a. O., S. 691; T. Oppermann, a. a. O., S. 239; T. Böhm, Grundriß des Schulrechts in Deutschland, 1995, S. 32.

　판례에 대해서는 예컨대 VGH Kassel, RdJB (1983), S. 235, OVG Berlin, RdJB (1985), S. 149를 참조.

(83) F. R. Jach, Das Recht der Bildung und Erziehung in freier Trägerschaft (Grundriss), 2008, in, BEFT, S. 98ff. 교육표준에 관한 상세한 내용은 다음을 참조: 졸고 「ドイツにおける学力保障政策とデータ保護の学校法制(1)~(4)」, 「教職研修」 2009年 1月号~4月号; H. Avenarius / H. P. Füssel, a. a. O., S. 181; H. Avenarius / H. P. Füssel, a. a. O., S. 303.

(84) B. Pieroth / B. Schlink, a. a. O., S. 181; H. Avenarius / H. P. Füssel, a. a. O., S. 295.

(85) A. Robert, Schulautonomie und -selbstverwaltung am Beispiel der Waldorfschulen in Europa, 1999, SS. 149~153; C. Lindenberg, Waldorfschulen, 1983, SS. 122~137.

(86) 긍정설로서는 예컨대 Deutscher Juristentag, Schule im Rechtsstaat, Bd. I, 1981, S. 395을, 그리고 부정설로서는 예컨대 F. Müller, a. a. O., S. 231을 들 수 있다.

(87) H. Avenarius / H. P. Füssel, a. a. O., S. 303.

(88) J. P. Vogel, a. a. O., S. 191; R. Wassermann (Gesamtherausgeber), a. a. O., S. 709.

(89) H. Heckel, a. a. O., S. 281; J. Rux / N. Niehues, a. a. O., S. 303; F. Müller, a. a. O., S. 143; J. P. Vogel, a. a. O., SS.101~102.

(90) J. P. Vogel, a. a. O., S. 102. 발도르프 학교의 자율성의 구체적인 영역이나 사항에 관한 상세한 내용은 A. Robert, a. a. O., S. 139ff.를 참조.

(91) H. Avenarius / H. P. Füssel, a. a. O., S. 211; BverwG, NVwZ, 1990, 864; B. Petermann, Die Genehmigung für Lehrkräfte in Privatschulwesen, NVwZ 1987, S. 205.

(92) B. Pieroth / B. Schlink, a. a. O., S. 181; R. Wassermann (Gesamtherausgeber), a. a. O., S. 709.

(93) H. Avenarius / H. Heckel, Schulrechtskunde, 7. Aufl. 2000, S. 206.

(94) H. V. Mangoldt / F. Klein / C. Starck (Hrsg.), a. a. O., S. 780.

(95) Ditto, S. 781.

(96) H. Avenarius / H. P. Füsse, a. a. O., S. 305; C. Langenfeld, a. a. O., S. 561.

(97) H. Drie r(Hrsg.), a. a. O., S. 876.

(98) T. Maunz / G. Dürig (Hrsg.), a. a. O., S. 105; H. Dreier (Hrsg.), a. a. O., S. 875; J. P. Vogel, a. a. O., S. 40; H. Avenarius / H. P. Füssel, a. a. O., S. 317; J. A. Frowein, Zur verfassungsrechtlichen Lage der Privatschulen, 1979, S. 23; B. Pieroth / B. Schlink, a. a. O., S. 191; T. Oppermann, Schule und berufliche Ausbildung, in: Isensee / P. Kirchhof (Hrsg.), Handbuch des Staatsrechts der BRD, 1989, S. 339.

(99) F. Müller, a. a. O., S. 112; H. Avenarius / H. P. Füssel a. a. O., S. 317; J. Rux / N. Niehues, a. a. O., S. 319.

(100) J. P. Vogel, a. a. O., S. 40.

(101) D. Falkenberg, Bayerisches Gesetz über das Erziehungs- und Unterrichtswesen, Kommentar, 1989, Art. 78. Anm.7.

제3장

독일에서의 사학조성의 법적 구조

제1절 바이마르 헌법에 이르기까지의 법 상황

1. 사학조성의 법제사

독일에서는 19세기 말에서 20세기 초에 걸쳐 사학은 여성 중등교육이나 직업교육의 영역을 중심으로 양적으로 상당히 확대되었는데, 프로이센 일반 란트법(1794년) 이후의 「국가의 학교독점」과 「공립학교의 사립학교에 대한 우위의 원칙」을 천명한 법제 하에서도 교육행정의 운용실태는 반드시 그러한 법제에 호응하지는 않았고, 실제로는 거의 모든 란트가 「사학에 호의적」이었다고 한다.[1]

예컨대 1907년에 제정된 뷔르템베르크 주의 여자중학교에 관한 법률(Gesetz betr. die höheren Mädchenschulen v. 8. August 1907)은 다음과 같이 규정하여 여자중등학교 교원에 대하여 공립학교 교원과 같은 연금을 보장함과 동시에 공적자금 조성을 통해 동액의 급여를 보장하였다.[2]

「사립의 여자중등학교 교원이 공립학교 근무를 위한 임용요건을 충족하고 있을 경우, 그에게는 공무원과 동일한 연금이 제공된다」(2조). 「여자중등학교 교원은 상근이건 비상근이건 국가의 봉급규정에 의거하여 급여를 지급

311

받는다」(17조).

또한 프로이센 주에서는 해당 사학의 존재가 공익에 의거하여 요청될 것과, 교수요강이 공립학교의 것에 대응할 것 등을 요건으로, 사립의 여자중등학교와 중학교 및 초등학교에 대해 공립학교 교원 급여의 80%까지 교원 급여가 공적자금에 의해 조성되었다.[3] 또한 바이에른 주도 이 2개 주와 거의 같은 방식의 사학조성 제도를 가지고 있었다.[4]

2. 바이마르 헌법과 사학조성

이상과 같은 주 단위에서의 사학 조성제도를 배경으로, 바이마르 헌법의 제정의회에서도 이른바 「사학 문제」(Privatschulfrage)의 하나로서 사학조성 문제가 심의되었다. 즉 1919년 3월 헌법제정 국민의회 헌법위원회에서 중앙당의 그뢰버(L. Gröber) 의원이 「사학의 자유와 사학조성」과 관련하여 다음과 같은 제안을 하였다.[5]

「개인, 협회 및 재단은 사적인 교육시설(Privatunterrichtsanstalten)을 설치할 수 있다. 이러한 시설을 경영하여 그곳에서 교육을 행하는 것은 도덕적·학문적 및 기술적인 사항에 있어서 법정의 요건을 충족하고 있다면 각인의 자유 사안이다. 교원이 국가시험에 합격하고 교수요강이 공립학교의 것에 상응한다면, 이와 같은 사적인 교육시설에 취학하는 것으로 공립학교에의 취학은 면제된다. 이와 같은 교육시설은 그곳에서의 교육이 모든 국민계층의 아동에게 무상으로 개설되어 있는 한, 그것에 의한 공립학교의 경비절감에 상당하는 조성을 공적자금으로부터 받도록 한다.」

그러나 이 제안은 「학교제도의 세속화와 통일성」을 주장하며 본래 「사학에 적대적」이었던 의회 제1당 사회민주당의 강한 반대로 성안에 이르지는 못하였다.

1919년 8월 11일에 공포된 바이마르 헌법은 사학에 대한 별도의 조항을 창설하여(147조) 사학제도를 헌법상의 제도로 보장했는데, 사학에 대한 공적자금 조성에 관해서는 결국 아무런 언급이 없었다. 이 사학 조항은 사회민주당과 보수파인 중앙당 및 독일 민주당 사이에서 이루어진 이른바 「바이마르 학교협정」(Das Waimarer Schulkompromiß)의 소산인데, 당시 3당 간에는 다음과 같은 합의가 이루어졌다.

「공립학교의 신설이나 확장으로 사립학교가 심각한 경제적 손해를 입을 경우, 국가가 그 사립학교에 대하여 적절한 보상 조치를 취하도록 규정한 독일제국의 법률을 제정한다.」 그러나 이러한 내용의 법률은 최종적 제정에 이르지는 못하였다.[6]

제2절 독일 기본법 하의 법 상황

1. 기본법의 제정과 사학법제의 전환

1949년 5월에 제정된 독일연방공화국 기본법은 나치 시대에 대한 반성의 일환으로 「각 주의 문화주권」(Kulturhoheit der Länder)을 전적으로 부활시켰는데, 학교제도에 관해서는 제7조 단 하나의 조항으로 규정하는 것으로 그쳤다. 그리하여 바이마르 헌법 하에서와는 달리, 연방은 학교제도의 영역에서 각종의 원칙을 정립하거나 틀에 짜인 규정을 제정하는 권한을 가지지 않게 되었다. 기본법 7조에는 구속되지만(연방법은 주법을 파기한다. Bundesrecht bricht Landesrecht.), 학교법 영역의 입법권한은 독점적으로 각 주의 소관사항이 되었다.

그런데 기본법 7조의 학교 조항은 독일 교육법제사상 사립학교와 사학법 영역에서의 중요한 전환을 가져왔다. 즉 동조 4항은 「사립학교를 설치하는 권리를 보장한다」고 규정하여 「사학을 설치하는 권리」를 헌법상의 기본권으로서 보장함으로써 18세기 이래의 「사립학교에 대한 공립학교의 우위의 원칙」을 파기하였다. 사학 고유의 존재의의와 독자적 역할을 지닌 교육시설로서 학교법제상 공립학교와 대등한 위치를 얻은 것이며, 그리하여 사학에 관한 법제도는 예전과 같이 「결함이 있는 사학으로부터 국민을 보호」한다는 식의 소극적인 관점에서가 아니라, 「자유로운 학교로서의 사학의 독자성」(Eigenständigkeit als freie Schule)이라는 보다 적극적인 관점에서 형성되고 규정되어야 한다는 요청을 받게 되었다.[7]

이와 같은 사학법제의 근본적인 전환에 의거하여 1951년 8월 각 주 교육부 장관 상설회의(KMK)는 「사립학교 제도에 관한 독일연방공화국 각 주의 교육 행정협정」(Vereinbarung der Unterrichtsverwaltungen der Länder in der Bundesrepublik Deutschland über das Privatschulwesen vom 10./11. 8. 1951)을 체결하였는데, 이 협정은 바이마르 헌법 147조의 시행에 관한 각 주의 교육행정협정(1928년, 1930년)과 동일하고, 기본법 7조의 사학 조항에 관해 각 주가 합의한 공식적 해석견해가 되는 것으로, 각 주는 본 협정의 정해진 원칙에 의거하여 각종 수속을 진행할 의무를 가지게 되었다.

2. 기본법 제정의회와 사학조성

상술한 바와 같이 독일 기본법은 바이마르 헌법을 이어받아 사학에 관한 별도의 조항을 가지며, 또한 새롭게 사학설치권을 헌법상의 기본권이라고 명시적으로 보장했는데, 그렇다면 사학에 대한 입헌자의 의지는 어떤 것이었을까?

바이마르 제헌의회에서처럼, 기본법 제정의회 평의회(Parlamentarischer Rat, 1948년 9월 ~ 1949년 5월)에서도 사학조성에 관해서는 헌법인 기본법으로 규정해야 한다는 의견이 나왔다. 1948년 12월 독일당의 제봄 의원은 학교제도에 관하여 기본권 조항을 추가하여 그 조항에 사학조성에 관해 명

기해야 한다는 제안을 했다. 그가 밝힌 제안 이유는 대략 다음과 같다.[8]

「교육에 있어서 발전의 선도자이자 촉진자로서의 사립학교가 그 기본적 역할을 수행하여 교육상의 성과를 올릴 수 있도록, 이를 위한 조건들에 관하여 이 기본법에서 규정해야 한다. 최근 사학은 공립학교에 관련된 국가의 경비를 광범위하게 절감하고 있으므로, 국가는 절감된 경비의 상당액을 사학에 대해 조성하여 사학의 생존가능성을 확보하지 않으면 아니 된다.」

그러나 독일당의 이 제안은 사회민주당을 중심으로 하는 세력의 반대로 부결되었다. 사회민주당의 베르크슈트래서(Bergstraeßer) 의원은 그와 같은 사항들은 모두 「각 주의 사항」(Sache der Länder)에 속하며, 따라서 연방 헌법으로 규정할 사항은 아니라고 주장하였다. 또한 자유민주당의 호이스 의원도 사학에 대하여 그 활동에 상응하는 재정상 지원을 받을 권리를 보장하는 조항을 이 기본법에 설정한다는 것은 전적으로 불가능하다는 견해를 표명했고, 나아가 독일공산당의 레너(Renner) 의원도 「공산당으로서 준수해야 하는 원칙적 근거에 의거하여」 사학조성 조항의 창설에 반대를 표명했다. 이러한 경위를 겪은 후 자유민주당에 의해 사학 조항의 수정안이 제출되었지만, 그것은 단지 「사학을 설치하는 권리는 보장된다. 상세한 것은 주법으로 정한다」라는 정도로만 되어 있고, 사학조성에 관해서는 전혀 언급이 없었다.

이후 기본법 제정의회 평의회에서는 「사학의 자유」에 관한 논의가 오로지 부모의 교육권, 종교교육 및 종파학교, 종파 공동학교에 관한 사항에 집중되고, 사학조성이 주제로서 채택되는 일은 없었다.

이렇게 하여 1949년 5월 8일에 기본법 제정의회 평의회에서 가결된 기본법 초안 7조 4항의 사학조항을 보면, 제1문은 상기 자유민주당의 제안을 채용한 것이었고, 또 제2문에서 제4문까지는 바이마르 헌법 147조 1항의 1문에서 3문까지의 법문을 그대로 이어받은 것이었다.[9]

이상과 같은 기본법 사학조항의 성립 역사를 근거로, 앞에 언급한 1951년에 체결된 각 주 교육부장관상설회의의 행정협정은 사학조성 문제에 관해서

다음과 같은 합의를 포함하게 된다.[10]

「기본법 7조와 더불어 이 협정에서는 공적자금에 의한 사학조성청구권은 도출되지 않는다. 법적 내지 재정적으로 가능한 범위 안에서 사립학교를 직접 또는 간접으로 지원하여 사립학교에 대하여 공립학교와 똑같은 처우를 보장할 것인지 보장하지 아니할 것인지는 각 주의 판단에 맡긴다」(10항).

부연하면 상술한 기본법 성립의 경위를 참고하여 연방헌법재판소도 1987년의 이른바 「사학조성 판결」(Finanzhilfe-Urteil vom 8. 8. 1987)에서 기본법 7조 4항 1문의 「사학의 자유」 조항과 사학조성의 관계에 관해서 다음과 같은 견해를 표명하게 된다.[11]

「기본법의 성립 역사에 의거할 때 다음의 사항이 명백한 것으로 판단된다. 즉, 기본법의 입법자는 기본법 7조 4항 1문을 부모의 교육권(6조) 및 특정의 종교교육을 받을 권리(4조 1항, 2항; 7조 2항)와 관련하여 규정하고 있지만, 그러나 그것과 다른 문맥에서 이 조문은 국가의 학교독점에 대한 부정을 근거로 한, 특별한 자유권(besonderes Freiheitsrecht)을 규정했다는 것이다. 따라서 사학의 자유의 헌법상 보장은 기본법에 명기되어 있지 않은 사학조성청구권(Subventionsanspruch)을 포함하는 것은 아니다.」

3. 1950년대까지의 각 주에서의 법제 상황: 주 헌법에 의한 「사학조성청구권」 보장

제2차 세계대전 후 영국·프랑스·미국의 점령 지역이 있는 각 주에서는 기본법 제정에 앞서 주 헌법이 제정되었는데, 그러한 주 헌법들은 모두 사학조항을 포함하고 있었다. 바이에른 주 헌법 134조(1946년), 브레멘 주 헌법 29조(1947년), 헤센 주 헌법 61조(1946년), 라인란트 팔츠 주 헌법 30조(1947년), 자를란트 주 헌법 28조(1947년)가 바로 그것들이다.[12]

그리고 여기서 특기할 만한 것은 라인란트 팔츠 주 헌법과 자를란트 주 헌법이 각각 다음과 같이 규정하고 사학의 「공비조성청구권」(Anspruch auf öffentliche Zuschüsse)이라는 새로운 권리를 설정하여 그것을 헌법상으로 보장하기에 이르렀다는 사실이다.

- 라인란트 팔츠 주 헌법 30조:「공립학교 대체로서의 사립학교는 신청을 통해 공적자금으로부터 적절한 재정지원을 받는다. 공적자금에 의한 재정지원의 조건 및 조성액에 관한 상세한 사항은 법률로 정한다.」

- 자를란트 주 헌법 28조 3항:「공립학교 대체로서의 사립학교는 그 임무를 수행하고 의무를 이행하기 위한 공비조성청구권을 가진다. 상세한 사항은 법률로 정한다.」

- 동 주 헌법 28조 4항:「공익에 입각한 교육을 행하고(auf gemeinnütziger Grundlage wirken) 그 구성과 편제가 공립학교에 적용되고 있는 법규정에 상응하는 사립의 기초학교, 근간학교 및 특별학교에 대해서는, 학교 설치자의 신청에 따라 주(州)는 경상적인 인건비 및 물품비에 필요한 경비를 공립학교에 대한 기준에 준거하여 지급하도록 한다.」

그리고 기본법의 제정 후인 1950년에 제정된 노르트라인 베스트팔렌 주 헌법과 1953년의 바덴 뷔르템베르크 주 헌법도 상기 라인란트 팔츠 주 헌법과 자르란트 주 헌법을 따르는 형태로, 각각 다음과 같이 규정하여 사학조성청구권을 헌법상의 기본권으로서 보장하였다.

- 노르트라인 베스트팔렌 주 헌법 8조 4항:「인가된 사립학교는 공립학교와 동일한 권리를 가진다. 이러한 사학은 그 임무를 수행하고 의무를 이행하는 데 필요한 공비조성을 받을 권리를 가진다.」[13]

- 동 주 헌법 9조 2항:「8조 4항에서 말하는 사립학교는 주(州)의 부담에 의하여 수업료의 징수를 아니할 수 있다. 이러한 사립학교가 교재 및 교구의 무상제를 실시할 경우, 그 사립학교에 대해서는 공립학교와 같은 유형의 방식으로 교재·교구가 지급되도록 한다.」

• 바덴 뷔르템베르크 주 헌법 14조 2항: 「공적 수요」에 호응하고, 교육적으로 가치 있는 것으로 인정되며, 또한 공익에 입각한 교육을 하는 사립학교는 재정적인 부담의 균등을 요구할 권리(Anspruch auf Ausgleich der finanziellen Belastung)를 가진다.」

이와 같은 여러 주 헌법의 사학조성 조항들은 기본법 142조—「주의 헌법 조항은 이 기본법이 1조부터 18조까지의 규정에 적합하게 기본권을 보장하는 한 효력을 가진다」—에 의거, 기본법 7조의 사학 조항에 저촉하지 않는 한 효력을 가지며, 그리고 이 경우 당시의 유력한 헌법학설에 의하면 주 헌법에서 기본법 7조가 보장하는 권리보다 훨씬 광범한 권리를 보장하는 것으로, 즉 「사학의 자유」 보장을 넘어 사학조성청구권을 보장하는 것이 헌법상 가능한 것으로 해석하게 된다.[14]

이와 같은 경위를 거쳐 1950년대 전반부터 중반에 걸쳐 각 주에서는 각각 독자의 사립학교법을 제정하게 되는데, 그 목적은 기본법 7조 및 각 주 헌법의 사학조항에 의거하여 법률 수준에서 그것을 구체화함으로써 사학 법제를 독자적 법 영역으로 형성하는 데 있었다. 이렇게 하여 탄생한 1950년의 바덴 주 사립학교법(Landesgesetz über das Privatschulwesen und den Privatunterricht v. 14. 11. 1950)과 1951년의 함부르크 주 사립학교법(Gesetz über die Rechtsverhältnisse der privaten Unterrichts-und Erziehungseinrichtungen in Hamburg v. 25. 5. 1951)은 H. 헤켈의 평가에 의하면 「독일 최초의 현대적인 사립학교법」으로서 위치를 차지하게 된다.[15]

이에 덧붙여 함부르크 주 사립학교법은 전문 15개조로 되어 있고, 그 규정 내용은 다음과 같다. 1조(사학의 설치), 2조(인가 의무가 있는 사학), 3조(인가의 신청과 부여), 4조(승인을 받은 사학), 5조(신고 의무가 있는 사학), 6조(주에 의한 감독), 7조(인가의 취소와 사학 존속의 거부), 8조(명칭), 9조(기타, 교육시설), 10조(사교육), 11조(강제수단), 12조(벌칙규정), 13조(경과규정), 14조(학교법의 개정), 15조(시행).

한편 구동독의 경우 1949년에 제정된 독일민주공화국 헌법(Verfassung der Deutschen Demokratischen Repulik v. 7. 10. 1949)은 바이마르 헌법의 영향을 받아 「아동을 민주주의 정신에 따라 정신적 및 육체적으로 유능한 인간으로 교육하는 것은 부모의 자연적 권리이다」(31조)라고 규정하여 부모의 자연적 교육권을 헌법상의 기본권으로 인정하면서도, 부모의 교육권에 호응해야 할 사학의 존재나 사학교육의 자유에 관해서는 「공립학교의 대용으로서의 사립학교는 인정할 수가 없다」(38조 1항)라고 규정하여 전면적으로 부정하였다. 그리고 이에 의거하여 취학의무법(1950년)에서는 「취학의무는 공립학교에서 이행되어야 한다」(2조)고 규정하였다.

4. 1950~1960년대의 학계 상황: 사학조성청구권에 관한 법이론

제2차 세계대전 후 구서독에서는 통화제도 개혁이 있었는데, 그에 수반한 화폐가치 하락과 임금 상승 및 물가 상승 등으로 인해 사학의 경영환경은 한층 더 그 어려움이 심화되었다. 이에 따라 사학에 대한 공적자금 조성 문제는 교육정책상 중요한 과제의 하나가 되었다.

이러한 상황 하에, 학교법학의 관점에서 이 문제를 최초로 본격적으로 다룬 사항은 독일 학교법학의 선구자 H. 헤켈이었다.

헤켈은 먼저 1950년의 논문 「기본법과 학교」와 다음해인 1951년의 논문 「1945년 이후 독일 학교법의 발전」에서, 기본법 7조의 사학 조항이 「사학의 자유」를 헌법상의 기본권으로서 보장함과 아울러, 사학제도를 헌법상의 제도로서 보장한 것임을 확인했고,[16] 1951년부터 1956년에 걸쳐 발표한 연구논문 「사립학교법의 기본 개념과 기본 문제」(1951년), 「민주적인 학교제도 구축에 즈음한 사학의 의의」(1952년), 「사립학교법의 발전 동향」(1954년) 및 불후의 명저 「독일사립학교법」(Deutsches Privatschulrecht, 1955년), 「학교법학(초판)」(Schulrechtskunde, 1957년), 「학교법과 학교정책」(Schulrecht und Schulpolitik, 1957년) 등에서 사학에 대한 공적자금 조성의 필요성과 중요성을 역설하고, 또한 그것을 보장하기 위해 사학법제상의 고유한 권리로서 「사학조성청구권」을 특정 주제로 설정하여 그 이론화 및 심화를 위해 노력했는데, 그 골자를 보면 다음과 같다.[17]

「오늘날 각 주의 사립학교 관련 법제들은 기본법 7조 4항의 의의 및 본질적 내용과 균형을 이루고 있는가? 여기에서 중요한 것은 '공익의 추구를 목적으로 하는 사학'과 '자익(自益)추구형의 영리적 사학'(erwerbswirtschaftliche Privatschule)을 구별하는 것이다. 전자는 공적자금에 의한 조성이 없으면 존속할 수 없으며 공익에 이바지하는 교육활동도 수행할 수 없다. 기본법 7조 4항이 보장하는 기본권이 재정적인 이유 때문에 자익추구형의 영리적 사학에서만 현실화된다면 동 조항은 공허하고 무의미한 것이 되고 만다.」

「기본법 7조 4항의 결함은, 동 조항이 규정하고 있는, 사학의 제도로서의 보장이 재정적인 뒷받침을 결하고 있다는 것이다. 사학이 자유로운 교육활동을 수행하여 그 교육상의 임무를 이행해야 한다면, 그것을 가능하도록 하기 위해서 사학은 공비조성청구권을 가져야 한다.

그렇지 않으면 사학은 그 사경제적(私經濟的)인 경영형태로 인해 이른바 '부유층을 위한 학교'(Plutokratenschule)로 변질되어, 부모의 자산 상황에 따른 아동의 선별을 금지하는 기본법 7조 4항을 위반하게 된다. 사학은 교육활동상의 제반 조건에 있어서 기본적으로 공립학교에 필적할 경우에만 존재할 수 있으며 교육상의 임무를 수행할 수 있다.

사학을 법적으로 보장한다는 것은 필연적으로 사학을 재정적으로도 보장한다는 것으로 귀결되는 것이다」.

「기본법 7조 4항은 부모의 자산상태에 의한 학생의 선별이 조장되지 않을 것과 교원의 경제적 및 법적 지위가 충분히 확보될 것을 사학설치의 인가조건으로 하고 있는데, 이 같은 조건은 공적자금에 의한 조성이 있는 경우에 한해서 충족될 수 있다. 사학이 법정의 인가조건을 충족할 수 있는 범위 안에 있음에도 국가가 사학을 조성하지 않는다면, 이론적으로 그러한 사학은 인가되어서는 안 된다. 그 결과 이는 논리적으로 모순되게 된다.

이와 같은 근거로 노르트라인 베스트팔렌 주가 법으로 현실화하고 있는 것과 같은, 공익추구형 사학에 대한 필요한 범위 내에서의 공비조성청구권이 [법리 및 논리에 합당한 것으로서—옮긴이] 도출된다. 이러한 청구권이 승인될 때에야 비로소 기본법 7조 4항의 의의는 현실화되는 것이다. 그것은 법적으로 보장되어 있는 것을 재정적으로 보장하는 것이다. 이렇게 하여 사학은 그 제도적 보장의 본질적 내용을 이루고 있는, 공립학교와 대등한 지위를 확보할 수 있게 된다. 사학은 국가와 더불어 공공의 수요에 응하고 있는 것이다.」

「기본법 7조의 사학 조항이 국가의 사학에 대한 조성 의무를 명기하지 않은 것은 '사학에 호의적이고 따라서 또한 학교의 자유에도 호의적인' (privatschulfreundlich und damit schulfreiheitsfreundlich) 기본법으로서는 큰 결함이라 하겠다.

기본법은 7조 1항에서 사학설치권을 보장하며, 이를 통해 제도로서의 사학제도를 보장하고 있다. 그러나 그 재정적 현실화에 대해서는 침묵하고 있으며 사학에 대한 보장 사상(Garantiegedanken)이 관철되지 않고 있다. 사학이 자유로운 교육활동을 전개해야 하는 것이라면, 그리고 영리추구를 지향해서는 안 되는 것이라면, 사학은 공비조성청구권을 향유하지 않으면 아니 된다. 물론, 이 청구권은 '공익의 추구를 목적으로 하는 사학'에 관해서만 근거를 지닌다.

그러한 사학은 이를 통해 선구적이고 창조적인 교육활동을 수행함으로써 공립학교의 모범 또는 규준이 되어 공립학교를 고무(鼓舞)하는 존재가 될 수도 있다.」

「고유한 교육적 특성을 가지는 사학(Privatschule besonderer pädagogischer Prägung)에 대해서는 그 특별한 목적이나 과제를 달성할 수 있도록 하기 위해 공적자금 조성이 확보되고 조성액이 증액될 필요가 있다.」

「사학 학생의 부모가 그 아동을 사학에 취학시키는 헌법상의 권리를 행사함에 있어서 공립학교 재정을 위한 세금 부담까지 지도록 한다면, 이는 고액의 수업료를 재차 부담하게 하는 불합리한 처사이다.」

위와 같은 H. 헤켈의 논지는 당시의 유력한 학설들에 의해 긍정적인 평가를 받는다. 예컨대 A. 주스터헨은 헤켈과 거의 같은 취지의 이론적 입장에서 사학의 공비조성청구권의 근거를 제시하여 그 법제화를 강하게 주장하고 있으며,[18] A. 게트겐, A. 하만, W. 가이거, H. 페터스, A. F. V. 카펜하우젠 등도 이러한 사학조성청구권설을 기본적으로 지지한다.[19][20]

그러나 다른 한편 이른바 사학조성청구권설에 대해서는 저명한 헌법학자나 행정법학자로부터의 심한 비평도 있었다. 사학조성 위헌설의 입장에서 오는 비판이다. 예컨대 R. 토마는 대략 다음과 같이 말한다.[21]

「사학이 공비에 의한 조성청구권을 가진다는 것은 자유로운 학교로서의 사학의 특성을 저해하게 된다. 사학청구권을 가지는 사학은 이미 사학이 아니며 공립학교와 유사하게 된다. 공적자금에 의해 경비를 마련한 사학(die öffentlich finanzierte Privatschule)은 그 자체가 모순된 존재인 것이다. 사학조성청구권을 인정하는 것은 사학의 자유와 독립성을 보장한 기본법에 위배되어 무효이다.」

이와 같이 사학조성 위헌설은 결국 「사학의 자유」 내지 「사학의 독자성」과 사학에 대한 공적자금 조성이 서로 모순·대립되고 헌법상 상반관계에 놓인다고 결론짓고 있는데, 이에 덧붙여 「사학의 자유」와 같은 자유권적 기본권으로부터 국가에 대한 「급부청구권」(Leistungsrecht)은 도출될 수 없다는 것은 당시 헌법학의 통설이기도 했다.[22]

이와 같은 사학조성 위헌론에 대하여 헤켈은 「노르트라인 베스트팔렌 주 헌법 8조 4항은 효력을 가지는가」(1952년)라는 논문에서 대략 다음과 같이 반박을 가한다.[23]

「사학의 특질은 경비의 자기부담(Selbstfinanzierung)에 있는 것이 아니라, 자유와 독립성의 확보, 바로 그것에 있다. 국가가 보조금에 의해 부당한 영향력을 행사할 위험성은 항상 존재한다. 그러나 국가의 보조금 정책 또한 헌법질서에 구속되어, 기본법 19조 2항(「어떠한 경우에도 기본권은 그 본질적 내용을 침해해서는 아니 된다.」—필자)에 의한 제약을 받는다. 이 점을 사학과 연관하여 말하자면, 사학조성은 결코 국가에게 직접적이건 간접적이건 사학에 대해 사실상의 영향을 미칠 권한을 부여하는 것이 아니라는 것을 의미한다. 국가는 그 재정상의 권한을 빌미로 사학의 내적 활동영역에 개입해서는 안 된다. 사학은 조성을 요구하거나 받는다고 해서 사학으로서 결코 버릴 수 없는 자유권을 팔아버릴 필요는 없다. 사학의 자유와 사학조성에 관해서 이상과 같은 원칙에 입각한다는 것은 기본법에 저촉되는 것이 아니라 오히려 기본법의 의의를 현실화하는 것이다」.

또한 당시 진보적·민주적 교육행정학 및 학교법학 분야에서 헤켈과 쌍벽을 이루었던 H. 베커도 1953년의 논문 「누가 문화적 자유를 재정적으로 뒷받침하는가」(Wer finanziert die kulturelle Freiheit)에서 이 문제와 관련하여 다음과 같은 보다 근본적인 입장을 표명하였다.[24]

「국가는 문화적 자유에 재정적인 뒷받침을 한다. 그러나 국가가 그 재정지원을 자유의 제한으로 남용한다면, 국가는 그것으로 인해 스스로의 존재를 위태롭게 하게 된다」.

이상과 같은 이론적 상황 하에서 1954년 독일교육제도위원회는 「사립학교제도의 문제들에 관하여」라는 권고를 공포했다. 이 권고는 7개 항목으로 이루어져 있는데, 그 제6항에서 다음과 같이 명시하여 사학조성정책의 추진을 촉진하는 동시에 「사학의 자유」에의 개입을 엄히 경계하였다.[25]

「특별한 정도로 고유한 교육상의 특색을 가진 사학의 교육을 조성금을 통해 촉진하는 것을 권고한다. 사학에 대한 대규모의 공적자금 조성에 의해서만 기본법이 요구하는, 부모의 소득에 따른 학생의 선별이 방지될 수 있으며, 또한 교원의 법적·경제적 지위도 충분히 보장될 수 있게 된다. 조성액은 같은 규모의 공립학교 교원의 평균 급여를 고려하여 합목적적으로 결정해야만 할 것이다. 재정상의 지원은 법적으로 보장된 '사학의 자유'에 대한 개입을 수반하는 것이어서는 아니 된다」.

제3절 연방행정재판소와 연방헌법재판소의 「사학조성 판결」

1. 1960년대 후반 이래의 연방행정재판소 「사학조성 판결」: 사학조성청구권의 승인

사립의 체조·댄스 학교에 대한 슐레스비히 홀슈타인 주의 공적자금 조성 사건에 관한 판결(1966년)을 필두로, 1960년대 후반부터 80년대 중반에 걸쳐 연방행정재판소는 사학조성을 둘러싼 일련의 소송사건에서 상술한 것과 같은 학설을 근거로 독자적인 판례이론을 전개하고 축적해 왔다.[26] 이 사건은 사학조성청구권을 법적으로 인정하지 않고 있는 주의 사학설치자가 제소한 것인데, 연방행정재판소는 기본법 7조 4항의 「사학의 제도적 보장」 규정에 의거, 사학조성청구권은 연방헌법상의 권리라고 해석함으로써, 그 권리를 이러한 주의 사학설치자에 대해서도 긍정하고 인정한 것이다. 그 동안 전개된 사학조성에 관한 판례와 이론은 여러 갈래로 갈라져 있는데, 그 핵심부분을 요약하자면 다음과 같다.[27]

① 기본법은 사학제도를 보장하는 것으로서 「국가의 학교독점」을 부정하고 있다. 사학은 국가와 더불어 또는 국가를 대신하여 공공의 교육과제(öffentliche Bildungsaufgabe)를 담당하고 있다(공립학교와 사립학교의 등위성(等位性, Gleichrangigkeit)의 원칙).

② 기본법 7조 4항은 사학에 대한 공적자금 조성에 관해서 규정하고 있지 않다. 또 자유권의 법익은 일반적으로는 급부행정에 대한 급부의 청구권까지는 포함하지 아니한다. 그러나 이것에는 예외가 있다. 공적인 조성이 없을 경우 입법자의 의사에 반하여 해당 제도가 유지되지 못한다면, 해당 제도의 헌법상의 보장으로부터는 급부청구권이 도출된다. 사학에 대한, 제도로서의 헌법상의 보장이 바로 이에 해당한다(기본권 실효화(Grundrechtseffektivität)의 원칙).

③ 사학은 교육상 및 재정상 국가의 부담을 경감하고 있어서, 이 점 또한 사학에 대한 공적자금 조성의 근거가 된다.

④ 기본법상 사학에는 공립학교에 뒤떨어지지 않는 교육 수준을 유지하고 교원의 경제적 지위를 확보하는 것이 요구되며, 동시에 부모의 자산상태에 따라 아동을 선별해서는 아니 되는 것으로 되어 있다. 이로부터 사학의 공비조성청구권이 도출된다. 그 권리의 뿌리는 사학의 존재와 그 필요성에 대한 헌법상의 요청 및 이에 대응한 국가의 의무에 있다.

⑤ 국가는 기본법 20조 1항이 요청하는 바에 따라 학교제도의 영역에서도 사회국가의 이념이 실현되도록 배려하지 않으면 아니 된다.

⑥ 사학조성청구권이 도출되는 것은, 즉 사학에 대한 국가의 조성의무 발생은, 제도로서의 사학 전체의 존속보장(Bestandgarantie)을 위해 필요한 것이지, 개개의 사학을 위한 것이 아니다.

⑦ 사학조성제도를 구체적으로 어떻게 형성하는가는 각 주에 맡겨진 것이므로 여러 가지 방식이 있을 수 있다. 기본법의 요청을 통해서는 사학조성의 하한선이 설정되어 있을 뿐이다.

⑧ 사학 중에서 대체학교에 대해서만 사학조성청구권은 보장된다. 보충학교는 조성 대상이 되지 아니한다. 전자는 공적인 학교제도(öffentliche Schulwesen)에 참여하고 있기 때문이다.

⑨ 사학 측에 공적자금 조성을 받을 필요성이 있는 것을 전제로, 부족한 자

금의 상당 부분은 설치자 자신이 조달해야 한다(공비조성의 부차성의 원칙).

⑩ 사학에 대한 공적자금 조성의 조건은 기본법 7조 4항이 규정하는 인가 조건의 충족과 조성의 필요성(Hilfsbedürftigkeit)이다. 예컨대 세법상 공익성 등의 조건을 추가하는 것은 허용되지 아니한다.

⑪ 사학조성은 객관적으로 정당한 이유가 존재할 경우에 있어서만 인정되며, 그것은 사학의 경영파탄을 피하기 위해 효과적인 것이어야만 한다(사학 조성의 유효성(Effektivität)의 원칙).

⑫ 사학조성은 학교 설치 후 학교의 유지를 위한 것이며, 학교의 설치에 드는 경비는 대상이 되지 아니한다.

2. 연방헌법재판소 「사학조성 판결」(1987년): 사학에 대한 국가의 보호의무 확인

상술한 바와 같이 연방행정재판소는 1966년의 사학조성에 관한 최초의 판결 이래 사학설치자의 국가에 대한 사학조성청구권을 헌법상의 권리로서 승인하고 이것에 관한 판례 법리를 구축하여 발전시켜왔는데, 연방헌법재판소가 이 문제에 관해서 처음으로 판결한 것은 1987년의 이른바 「사학조성 판결」(Finanzhilfe-Urteil)에서이다.

이 사건은, 사학조성의 대상을 취학의무연령 단계의 아동 및 학생으로 한정하고 또 조성액에 관해 종파학교와 그 밖의 사학에 대해서는 다르게 취급할 것을 규정한, 함부르크 주 사립학교법(1977년)의 합헌성이 다루어진 케이스이다.[28] 이 건에 관해 연방헌법재판소는 상기와 같은 함부르크 주 사립학교법은 기본법 3조 1항의 평등원칙 및 7조 4항에 저촉되어 위헌·무효라고 판정하고, 덧붙여 다음과 같이 판결했다.

① 기본법 7조 4항은 국가에 대하여 사립의 대체학교 제도를 보호할 의무를 과하고 있다.

② 국가의 이 일반적인 보호의무(Schutzpflicht)로부터 나오는 구체적인 행위의무(Handlungspflicht)는 대체학교 제도가 그 존속을 위협받게 되는 경우에 발생한다.

③ 국가의 이 보호의무가 어떤 방법으로 이행될 것인가에 관해서 입법자는 결정할 의무를 가진다. 대체학교를 재정적으로 지원해야 하는 국가의 보호의무의 범위 안에서 입법자는 그 결정에 즈음하여 기본법 3조 1항에 근거한 제약에 따른다.

연방헌법재판소의 이 판결은 1960년대 중반 이래 연방행정재판소가 일련의 사학조성 판결로부터 축적하여 확립한 것으로, 위에서 말한 것과 같은 판례법리를 근거로 새로이 국가의 사학에 대한 「보호 및 촉진의 의무」(Schutz- und Förderungspflicht)라는 기본개념을 정립하고, 이 개념을 근간으로 하여 사학에 대한 공적자금 조성을 헌법상으로 확립한 것이다. 그 구체적인 내용을 기록하면 다음과 같다.[29]

① 기본법 7조 4항에 의한 「사학의 설치 및 경영권」의 보장은 「국가의 학교교육 독점」에 대한 부정이자, 「학교의 다양성」(Schulvielfalt)이라는 헌법상 원칙의 표명, 바로 그것이다.

② 기본법 7조 4항의 「사학의 자유」 보장에 대한 역사적 해석을 보면, 이 조항부터는 국가의 사학에 대한 조성의무도, 사학의 국가에 대한 조성청구권도 도출되지 아니한다.

③ 그러나 각 주는 기본법 7조 4항에 근거하여 사학의 제도적 보장뿐만 아니라 사립학교 제도를 공립학교 제도와 함께 촉진하고 그 존속을 보호할 의무를 진다. 이 의무는 대체학교에 관해서만 존재하고 보충학교까지 미치지는 아니한다.

④ 국가는 사학을 인가하는 것만으로 그 역할을 완수했다고 여겨서는 아니 된다. 기본법 7조 4항이 보장하는 기본권이 동조에서 정한 인가요건으로 인해 현실에서는 거의 행사할 수 없다는 것을 국가는 고려하지 않으면 아니

된다. 국가는 사학에 대해서 그 특성에 응하여 스스로 실현할 수 있는 가능성을 보장해야만 한다.

⑤ 중요한 것은 부모의 자산상태와 관계없이 사학은 누구든지 입학이 가능해야 한다는 것이다. 어느 정도까지의 수업료가 헌법상 허용되는가 하는 것은 한마디로 명확히 구분하여 정할 수는 없지만, 지나치게 높은 수업료는 기본법 7조 4항이 보장하는 「사학의 자유」의 헌법상 보장에 저촉된다.

⑥ 기본법 7조 4항이 존속이 불가능한 대체학교 설립을 보장한다는, 무가치한 개인적 권리의 보장 조항으로, 또는 사학으로서는 무익한 제도적 보장 조항으로 전락하지 않도록 하기 위해서는, 이 헌법 조항은 사립의 대체학교를 지원하고 촉진할 것을 입법자에게 의무로 지운 것이라고 해석되어야 할 것이다. 이 의무는 객관법상의 의무(objective-rechtliche Verpflichtung)이다.

⑦ 제도로서의 대체학교 존속이 위태롭게 된 것이 분명할 경우, 국가의 일반적인 보호의무로부터 구체적인 행위의무가 발생하게 된다. 그것은 개개의 사학의 곤궁함을 해소하기 위한 것이 아니라, 사학 전체가 제도로서 유지되도록 하기 위해 필요한 것이다(사학조성청구권의 한계).

⑧ 국가가 지는 조성의무는 사학이 기본법 7조 4항에서 정한 인가조건을 충족하는 학교로서 존속할 수 있게 하는 최저한도액(bis zur Höhe des Existenzminimus)에 한정된다.

⑨ 국가의 보호의무의 근거는 사학제도의 헌법상 보장, 즉 개인의 자유의 촉진에 있으므로 국가는 학교 설치자에 대하여 상응하는 자기부담(angemessene Eigenleistung)을 요구할 수 있다.[30] 학교설립을 위한 당초의 자금과 시설 설비비는 설치자의 자기부담에 속한다. 학교 설치를 위한 비용에 관해서는 조성청구권이 없다. 주에 의한 조성은 사학의 유지를 위한 것이다.[31]

⑩ 예컨대 직접적인 재정보조로 할 것인지 물적 급부로 할 것인지 등, 어떤 방법으로 입법자가 사학에 대한 촉진의무를 이행할 것인지는 입법자의

권한에 속한다.

⑪ 국가의 사학에 대한 촉진 의무는 사회에서 이성적으로 기대될 수 있는 범위에 한한다(이른바 가능성의 유보, Möglichkeitsvorbehalt). 입법자가 그 범위를 결정할 때에는 다른 사회제도 및 평등원칙(기본법 3조)을 고려해야 한다.

⑫ 사학설치자의 공비조성청구권은 기본법 7조 4항에 근거한 직접적인 헌법상의 권리(der verfassungsunmittelbare Anspruch)가 아니라, 법률로 규정됨으로써 비로소 구체적인 청구권이 되는 것이다.[32]

제4절 현행 사학조성 법제의 개요

1987년 상기 연방헌법재판소 「사학조성 판결」 후, 옛 서독의 11개 주 전체에서 사립학교법 내지 학교법의 사학조성 관계 조항이 개정되었다. 그리고 1990년 독일 통일로 독일연방공화국의 새로운 주가 된 구동독 지역의 5개 주에서도 기본법의 적용을 받아 사학설치가 가능하게 되어, 주 헌법에 의한 「사학의 자유」와 사학조성청구권 보장을 기본 축으로 한 사학법제가 형성되기에 이르렀다.[33]

그런데 최근 독일에서는 사학의 위세가 갑자기 커진 「사학 붐」 (Privatschule-Boom)의 양상이 나타남에 따라,[34] 사학조성 문제는 교육정책상 그 중요도가 한층 더 증대하고 있는데, 각 주의 현행 사학조성 법제는 상기 연방헌법재판소의 판결에 비추어 볼 때 전체적으로는 아직 불충분한 법상황으로 보인다.[35] 사학조성의 대상을 승인된 대체학교에만 한정하고 있는 주법 등이 그 예인데, 현행 사학조성 법제에 관해서 그 개요를 적으면 다음과 같다.[36]

그리고 주의 명칭은 다음과 같은 약칭을 사용한다.

바이에른=Ba, 베를린=Be, 브란덴부르크=Bra, 브레멘=Bre, 바덴 뷔르템베르크=BW, 함부르크=Ha, 헤센=He, 노르트라인 베스트팔렌=NW, 니더작센=Ns, 메클렌부르크 포어폼메른=MV, 라인란트 팔츠=RP, 자를란트=Saar, 작센=Sachs, 작센 안할트=SA, 슐레스비히 홀슈타인=SH, 튜링겐=Thü

1. 사학조성의 법적 근거: 사학조성청구권의 주 헌법에 의한 보장

독일 16개 주 중 12개 주의 헌법에서「사학의 자유」가 명시적으로 보장되고 있는데, 이와 더불어 Bra, BW, Ns, NW, RP, Saar, Sachs, SA, Thü의 9개 주 헌법에서는 사학설치자의 공비조성청구권을 헌법상의 권리로 명시하고 있다.

이 가운데 [통일 후] 새로이 구성된 주의 규정 사례만을 보면, Thü 주 헌법은「인가를 받은 대체학교는 공비조성청구권을 가진다」고 규정하고 있고(26조), 또 SA 주 헌법에서도「대체학교는 그 임무를 수행하기 위해 필요한 공적자금조성의 청구권을 가진다」(28조 2항)고 규정하고 있다.

주 헌법이 사학조성조항을 가지고 있지 않은 주에서는 일반 법인학교법(Schulgesetz) 또는 사학의 고유한 특별법으로서 사립학교법의 사학조성 관계조항에서 이에 관해 규정하고 있는 경우도 있고(Be, Ha 등), 사립학교재정법(Privatschulfinanzierungsgesetz)을 별도의 법률로 제정하여 이에 관한 규정을 두고 있는 주도 있다(Ba, He 등).

2. 사학조성청구권을 가진 사학의 종류

독일의 사학은 법제상 크게「대체학교」(Ersatzschule)와「보충학교」(Ergänzungsschule)로 구분되는데, 전자의 경우에도「인가를 받은 대체학교」(genehmigte Ersatzschule),「특별한 교육적 특성을 가진 인가받은 대체학교」(genehmigte Ersatzschule besonderer pädagogischer Prägung), 「승인을 받은 대체학교」(anerkannte Ersatzschule)라는 법적 구분이 있다.

사학조성의 대상이 되는 것은 원칙적으로 대체학교인데, 모든 종류의 대체학교에 사학조성청구권을 보장하고 있는 주가 가장 많아 Ha, He, SH, Thü 주 등 10개 주가 이에 해당한다. 이와는 달리 Ba, Ns 등 4개 주에서는 승인을 받은 대체학교와 자유 발도로프 학교 등 특별한 교육적 특성을 가진 대체학교에 한하여 이 권리를 인정하고 있으며, BW에서는 조성 대상이 되는 대체학교의 목록을 한정하여 열거하고 있다. 조성 대상 사학을 매우 엄하게 제한하고 있는 곳은 RP인데, 이 주에서는 승인을 받은 대체학교만이 조성 대상으로 되어 있다.

이와 같이 사학조성의 대상이 되는 대체학교의 종류를 한정하고 있는 주는 6개인데, 물론 이 점에서 상술한 연방헌법재판소의 판례와 서로 모순을 이루고 있다는 것이 학교법학의 통설이다.[37]

한편 보충학교는 원칙적으로 조성 대상에서 배제되고 있는데, BW, Thü, Saar 등 4개 주에서는 예외적으로 일정한 조건 하에서 보충학교에도 조성청구권을 인정하고 있다.

3. 사학조성의 요건으로서 사학법상의 공익성

사학에 대한 공적자금 조성의 요건으로서 기본법 7조 4항에서 정한 설치 인가 요건의 충족에 보태어, Ha 등 8개 주에서는 해당 사학에 대하여 「사학법상의 공익성」(privatschulrechtliche Gemeinnützigkeit)을 요구하고 있다. 여기서 「사학법상의 공익성」이란 이윤의 추구가 아니라 종교적 · 세계관적 · 교육적인 목적의 추구를 전적으로 하는 것을 말한다.[38]

4. 사학조성의 요건으로서 세법상의 공익성

상기의 「사학법상의 공익성」에 보태어 Ba, He, SA, Thü의 4개 주에서는 「세법상의 공익성」(Steuerrechtliche Gemeinnützigkeit)을 가지는 것을 사학 조성의 요건으로 하고 있다. 규정의 예를 보면 예컨대 Ba 주 학교재정법 (2000년)은 이렇게 규정하고 있다. 「공법상 또는 사법상의 법인에 의해 설치·경영되고 공익상의 기반에 근거하여 활동하고 있는 학교만이 주로부터 조성을 받을 수가 있다.」(29조 2항)

그 결과 법인이 세운 학교에만 조성청구권이 인정되고, 자연인이 세운 대체학교는 조성 대상에서 제외되기 때문에, 이 요건을 위헌으로 보는 유력한 학설도 보인다.[39]

5. 조성 대상 비목

조성 대상의 비목은 He, BW, SA 등 12개 주에서 인건비 및 경상적 물품비로 되어 있지만(통상 보조, Regelfinanzhilfe), Be, Bra, Ha의 3개 주에서는 인건비만으로 한정하고 있다. 건축비 조성이 의무로 되어 있는 곳은 RP와 Saar 2개 주뿐이고, 그 밖의 주에서는 「임의로」 혹은 「재정 상황에 따라」라는 단서 조항이 있다.

게다가 BW에서는 종래에는 건축비가 사학조성의 대상으로 되어 왔으나, 1990년의 사립학교법 개정을 통해 건축비 조성 조항이 삭제되었다. 그러나 이 사립학교법 개정은 1994년 연방헌법재판소에 의해 위헌으로 판정되어 무효 처리되었다(BVerfG Ent. v. 9. 3. 1994, Baukosten-Entscheidung).

그 밖에 교육권자에 대하여 수업료 보조를 실시하고 있는 주도 있고(Ba), 학생에 대한 장려금을 지급하는 주도 있다(Bw, SA 등). 나아가 교원의 노령

연금에 대해 보조하는 주도 있고(Ns, RP 등), 사학에서의 교재·교구의 무상제를 보조하고 있는 주도 있다(He, NW 등).

6. 조성액의 비율

경상비에 대한 조성액의 비율은 주에 따라 또는 학교 종류에 따라 각양각색이다. 예컨대 Thü 주에서는 경상비 조성은 인건비 조성과 물품비 조성으로 이루어지는데, 일반 교육학교와 상급 직업학교의 경우 인건비는 100% 받고 있으나, 다른 종류의 학교에서는 그 비율이 70%로 되어 있다.

Be의 경우 인건비 조성의 비율은 1987년에 75%였던 것이 단계적으로 인상되어, 1993년 이후에는 상응하는 공립학교 교원의 평균 급여액에 상응하고 있다. Bre에서는 학생 수에 따른 인두비가 1982년에 공립학교와의 비율상 85%에서 75%로 인하되었고, 또 NW에서는 종래 경상비의 94%가 조성되고 있었으나 오늘날 그 비율은 85%로 되어 있다. 더욱이 Bre에서는 상기 Be의 규정이 원용되어 100%의 인건비 조성이 이루어지고 있는데, 특수지원학교(Förderschule)에서는 예외적으로 그 비율이 125%에 이르고 있다.[40]

7. 조성 방식

조성 방식으로는 크게 두 종류가 있다. 하나는 필요액 보조 방식 내지 부족액 보조 방식(Bedarfs- oder Defizitdeckungsverfahren)인데, 이는 상응하는 단계의 공립학교 표준 경비를 기준으로 하여 수업료 등에 의한 학교 설치자의 수입만으로는 꾸려나갈 수 없는 부족액의 일정 비율을 주에서 조성하는 방식이다. Saar 주와 SH 주가 이 방식을 채용하고 있다.

다른 하나는 포괄 방식(Pauschalverfahren) 또는 인두비 방식(Kopfsatzverfahren)이라고 불리는 방식인데, 이는 학생수·교원수·학급수 등을 근거로 해당 사학의 경상비를 산출하여 그 일정 비율을 주에서 보전하는 것으로, 대부분의 주가 이 방식을 채용하고 있다.

8. 대기기간

Saar 주를 제외한 모든 주에는 학교의 설치인가를 받고 일정 기간 후에 사학조성청구권이 발생한다는, 이른바 「대기기간」(Wartefrist)이 설정되어 있다. 그 목적은 해당 사학의 재정적인 확실성과 교육책임의 수행이 확인된 뒤에야 비로소 공적자금을 투입하여 그 효과적인 사용을 도모하는 데 있다.

「대기기간」은 3년인 주가 가장 많고, BW나 Thü 등 7개 주가 그러하다. 2년인 주도 있고(Bra, MV), 4년의 주도 보인다(Sachs, SH).

덧붙여 연방헌법재판소는 대기기간을 3년으로 정한 BW 주법은 합헌이라는 견해를 보이고 있으나(BVerGE 90, 107ff.), 이 제도에 대해서는 유력한 위헌설도 보이고 있다.[41]

9. 해당 주의 아동 조항(Landeskinderklausel)

이 조항은 그 주에 주소를 가진 학생 또는 해당 주와 조성협약을 체결하고 있는 주의 학생만을 조성 대상으로 하는 것인데, Bre 주나 SH 주 등에서 이와 같은 방식이 채용되고 있다. 그 결과 예컨대 SH 주의 기숙학교(Internatschule)는 본래의 조성액보다 25% 삭감된 상황에 처해 있다.[42] 이와 같은 아동조항을 규정한 Bre 주의 사립학교법의 합헌 여부가 논란이 되었는데, 연방헌법재판소는 이 제도에 헌법상 의심스러운 점은 없다는 견해를 보이고 있다.[43]

10. 사학조성에 있어서의 신뢰관계 보호의 원칙

이 원칙은 NW 주 헌법재판소가 행한 이론적 정립과 관련된 것인데, 사학조성을 삭감할 경우 반드시 고려되어야 하는 원칙으로서, 이에 입각하여 동 재판소는 다음과 같이 판결하였다. 「수십 년에 걸쳐 실시되어온 사학조성 규정은 확고한 신뢰관계를 창출하고 있다. 따라서 이 규정을 변경하여 사학조성을 삭감할 경우에는 반드시 신뢰관계 보호의 원칙(Grundsatz des Vertrauenschutzes)이 고려되어야 하며, 삭감이 이루어지더라도 그것은 오로지 순차적으로만 진행되어야 한다.」[44]

(注)

(1) H. Heckel, Deutsches Privatschulrecht, 1955, S. 38.

(2) H. Heckel, a. a. O., S. 132; W. Grewe, Die Rechtsstellung der Privatschulen nach dem Grundgesetz, in: DÖV (1950), S. 33.

(3) W. Kühn, Schulrecht in Preußen, 1926, S. 429. 예컨대 중간단계 학교에 대한 사립조성의 근거법: Regelung der Staatsbeihilfen für private mittlere Schulen v. 9. April 1926.

(4) P. Westhoff (Hrsg.), Verfassungsrecht der deutschen Schule, 1932, S. 174.

(5) W. Schuwerack, Die Privatschule in der Reichsverfassung vom 11. August 1919, 1928, S. 9; W. Lande, Die Schule in der Reichsverfassung, 1929, S. 145.

(6) W. Lande, a. a. O., S. 149. 상세히는 U. v. Schlichting, Die Waimarer Schulartikel - Ihre Entstehung und Bedeutung, in: Internationales Jahrbuch für Geschichts- und Geographieunterricht, 1972, S. 51ff.를 참조.

(7) H. Heckel, a. a. O., S. 41.

(8) Dokumentation: Das Finanzhilfe-Urteil des Bundesverfassungsgerichts vom 8. April 1987, in: F. Müller / B. J. Heur (Hrsg.), Zukunftsperspektiven der freien Schule, 1996, S. 33; L. T. Lemper, Privatschulfreiheit, 1989, S. 39.

(9) Dokumentation, a. a. O., SS. 33~34; L. T. Lemper, a. a. O., SS. 44~45.

(10) H. Heckel, a. a. O., SS. 86~87에 수록.

(11) Dokumentation, a. a. O., SS. 34~35.

(12) 각 주의 헌법 조문은 다음에 따랐다. Sonderausgabe unter redaktioneller Verantwortung des Verlages C. H. Beck, Verfassungen der deutschen Bundesländer, 5. Aufl., 출판년 미상.

(13) 노르트라인 베스트팔렌 주에서는 주 헌법 8조 4항에 따라 1952년에 학교제도규율법(Gesetz zur Ordnung des Schulwesens im Lande Nordrhein-Westfalen vom 8. 4. 1952)이 제정되었는데, 거기에는 다음과 같이 명기되어 있다(42조).

「대체학교는 그 임무를 수행하고 그 의무를 이행하는 데 필요한 공적 조성을 받을 권리를 가진다. 이 조성금은 교원의 급여와 연금 및 그 학교의 교육활동을 보장하기 위해 사용되어야 한다.」

(14) H. v. Mangoldt, Das Bonner Grundgesetz, 1953, Art. 142. Anm. 114; G. A. Zinn / E. Stein, Die Verfassung des Landes Hessen, 1954, S. 102.

(15) H. Heckel, a. a. O., S. 42.

(16) H. Heckel, Grundgesetz und Schule, in: DÖV (1950), S. 1ff.; Ders, Die Entwicklung des Deutchen Schulrechts seit 1945, in: DVBI (1951), S. 205ff.

(17) Ders., Grundbegriffe und Grundfragen des Privatschulrechts, in: DVBI (1951), S. 495ff.; Ders., Die Bedeutung der Privatschule beim Aufbau eines demokratischen Schulwesens, in: Privatschule und Privatunterricht (1952), S. 7ff.; Ders., Deutsches Privatschulrecht, 1955, S. 253ff.; Ders., Schulrechtskunde, 1. Aufl., 1957, S. 133ff.; Ders,, Schulverwaltung, in: H. Peters (Hrsg.), Handbuch der kommunalen Wissenschaft und Praxis, Bd. 2. 1957, S. 110ff.; Ders, Entwicklungslinien in Privatschulrecht, in: DÖV (1964), S. 595ff.; Ders., Schulrecht und Schulpolitik, 1967, S. 120ff.

더욱이 헤켈은 그 후에도 사학법 분야의 논문으로 예컨대 Die deutschen Privatschulen nach dem Kriege, in: Freie Bildung und Erziehung (1970), S. 212ff. 등을 내고 있다.

(18) H. Susterhenn, Zur Frage der Subventionierung von Privatschulen, in: JZ (1952), S. 474ff.

(19) A. Köttgen, Subvention als Mittel der Verwaltung, in: DVBI (1953), S. 485ff.; A. Hamann, Die Schulaufsicht über Privatschulen, insbesondere Ersatzschulen, in: RDj (1955), S. 7ff.; W. Geiger, Privatschlsubvention und Grundgesetz, in:

RWS (1961), S. 80ff.; H. Peters, Elternrecht, Erziehung, Bildung und Schule, in: Bettermann u. a.(Hrsg.), Die Grundrechte, Band IV, 1960, S. 440ff.; A. F. Campenhausen, Erziehungsaufrag und staatliche Schulträgerschaft, 1967, S. 73ff.

나아가 포겔(J. P. Vogel)의 개괄에 의하면 1950년대로부터 60년대에 걸쳐 추구된 사학조성청구권의 근거는 크게 다음 세 가지 점에서 찾아진다. ① 고액의 학교경비와 수업료에 대한 기본법상의 제약으로 인해, 공적자금 조성을 수반하지 않는 사학제도의 기본법상 보장은 단지 서류상의 공론일 뿐이다. ② 사학은 현실적으로 공공의 교육과제를 맡음으로써 교육상 및 재정상 국가의 부담을 경감하고 있다. ③ 사학 학생의 부모는 공립학교 재정을 위한 세금을 부담함과 동시에 당해 사학에 「두 번의 수업료」를 지불하고 있다(J. P. Vogel, Die Gesetzgebung der Länder und der Stand der Debatte in Wissenschaft und höchstrichterlicher Rechtsprechung, in: F. Müller / B. J. Heur (Hrsg.), Zukunftsperspektiven der freien Schule, 1996, S. 24).

(20) 마운츠(T. Maunz)에 의하면 헤켈의 입장을 비롯한 이 같은 논지는 「사학의 자유」의 헌법상 보장에서 단순히 국가에 의한 자유침해에 대한 보호기능을 넘어, 사학설치자나 부모의 법익을 보호하기 위해 자유보장을 위한 국가의 급부 기능을 보다 적극적으로 도출하고자 하는 것이다(T. Maunz, Die staatliche Subventionierung freier Schulen, in: Essener Gespräche (9), 1975, S. 65).

(21) R. Thoma, Die Subventionierung der Privatschulen im Rahmen des Art. 7GG, in: JZ (1951), S. 777ff. H. v. Mangoldt, Das Bonner Grundgesetz-Kommentar, 1953, Art. 7, Anm. IV 8도 같은 취지를 보인다.

(22) G. Eiselt, Der Ersatzschulbegriff des Grundgesetzes und die Subventionierung und Privilegierung von Ersatzschulen nach Landesrecht, in: RWS (1961), S. 297; W. Weber, Subventionierungspflicht des Staates zugunsten privater Schulen, in: NJW (1966), S. 1978ff.

(23) H. Heckel, 1. Art. 8. Abs. 4 der Verfassung des Landes Nordrhein-Westfalen rechtsgültig?, in: DVBI (1952), S. 207ff.

(24) H. Becker, Wer finanziert die kulturelle Freiheit, in: Merkur (1953), S. 1164ff.
베커는 그 후 이 문제에 관하여 직접 「자유로운 학교의 조성과 보장」(Subvention und Garantie der freien Schule, 1956)이라는 논문을 내었다(H. Becker, Quantität und Qualität. Grundfragen der Bildungspolitik, 1968, S. 107ff에 수록).

(25) Empfehlung des deutschen Ausschusses für das Erziehungs- und

Bildungswesen vom 3. 12. 1954, 「Zu Fragen des Privatschulwesens」, H. Heckel, Deutsches Privatschulrecht, S. 89ff.에 수록.

(26) BVerwG. Urt. v. 11. 3. 1966; Urt. v. 22. 9. 1967; Urt. v. 30. 8. 1968; Urt. v. 4. 7. 1969; Urt. v. 30. 3. 1973; Urt. v. 13. 11. 1973; Urt. v. 14. 3. 1975; Urt. v. 11. 4. 1986; Urt. v. 17. 3. 1988. 이 행정판례들은 모두 J. P. Vogel / H. Knudsen (Hrsg.), Bildung und Erziehung in freier Trägerschaft, 2008, S. 147ff.에 수록되어 있다.

(27) 참조: J. P. Vogel, a. a. O., in: F. Müller / B. J. Heur(Hrsg.), a. a. O., S. 18ff.; Ders., Zwischen struktureller Unmöglichkeit und Gefährdung der Instituition Ersatzschulwesen. Die Rechtsprechung zur verfassungsrechtlichen Leistungspflicht des Staates gegenüber Ersatzschulen, in: F. Fufen / J. P. Vogel, Kleine Zukunftsperspektiven für Schulen in freier Trägerschaft?, 2006. S. 17ff.; H. Knudsen (Hrsg.), SPE (dritte Folge), 2007, S. 236~1ff.

(28) 함부르크 주의 사립학교법(1977년)은 「사립학교는 특별한 형태와 내용의 교육으로써 공립의 학교제도를 보충하고 있다」(1조)고 확인하고, 「국가에 의한 재정원조」(18조)라는 제하의 조항에서 다음과 같이 규정하고 있다. 「재정적 결함이 있는 대체학교 설치자는 신청을 통하여 취학의무 단계의 학생에 대해 학교경비에 대한 재정원조를 주로부터 받을 수 있다」(Schutzpflicht des Staates gegenüber Ersatzschulen, in: RdJB (1987), S. 386).

(29) BVerfG, Urteil vom 8. 4. 1987, in: F. Müller / B. J. Heur (Hrsg.), a. a. O., S. 29ff., in: RdJB (1987), S. 386ff. mit Anmerkung vom J. Berkemann. 이 헌법재판에 관한 일련의 자료는 B. Pieroth / G. F. Schuppert (Hrsg.), Die staatliche Privatschulfinanzierung vor dem Bundesverfassungsgericht - Eine Dokumentation, 1988에 수록되어 있다.

(30) 이 점에 관해서 피어로트는 수업료를 규제하는 기본법상, 선별 금지의 원칙과 자기부담을 가능한 한 낮게 설정하는 추세에 의거, 사학설치자의 자기부담은 지출 총액의 20%를 헌법상의 최대한도로 하고 있다(B. Pieroth, Die staatliche Ersatzschulfinanzierung und der Schulhausbau in: DÖV (1992), S. 593).

그리고 야흐에 의하면 「사학의 자유」 보장의 원칙과 더불어 교육의 기회균등을 취지로 하는 사회국가적인 요청에 의해 설립자의 자기부담은 덴마크, 노르웨이, 핀란드, 스웨덴 등과 마찬가지로 지출총액의 15~20%가 최대한도로 되어 있다 (F. R. Jach, Die Existenzsicherung der Institution Ersatzschulwesen in Zeitens knapper Haushaltsmittel, in: F. R. Jach / S. Jenkner (Hrsg.), Autonomie der staatlichen

Schule und freies Schulwesen, 1988, S. 89). 또한 E. Stein / M. Roell, Handbuch des Schulrechts, 1992, S. 111도 같은 취지를 보인다.

(31) 단, 이 점에 관해서는 이후에 판례 변경이 있었다. 1994년 연방헌법재판소는 학교 건축비를 원칙적으로 사학조성의 대상에서 삭제한 BW 주법에 관하여 다음과 같이 언급하며 위헌이라고 판결하였다. 「사학에 대한 주의 조성에 즈음하여 필요한 교실의 건축비용을 전혀 고려하지 않는 것은 기본법 7조 4항에 저촉된다」 (BVerfG. Beschl. v. 9. 3. 1994, in: SPE, a. a. O., SS. 236~10). 이 판례에 대한 주석으로는 다음을 참조: P. Theuersbacher, Die neueste Rechtsprechung des Bundesverfassungsgerichts zur Privatschulfinanzierung, in: RdJB (1994), S. 497ff.

(32) 이와 관련하여 최근에는 「국가의 개입보장」(Interventionsgarantie des Staates)이라는 개념에 기초하여 기본권에 상응하는 국가의 객관법상 의무를 개인의 공법상의 구체적인 급부청구권(subjektiv-öffentlicher Anspruch auf eine konkrete Leistung)으로 전환시키고자 하는 이론적 노력이 이루어지고 있다(F. Müller / B. Pieroth / L. Fohmann, Leistungsrechte im Normbereich einer Freiheitsgarantie, 1982, S. 127ff.).

(33) 새로이 구성된 주들에서의 사학조성 관련 법제의 상황에 관한 상세한 내용은 다음을 참조: J. P. Vogel, Etwas außerhalb der Verfassung - Die Finanzhilferegelungen für Ersatzschulen in den neuen Bundesländern, in: RdJB (1993), S. 443ff.

(34) H. Ullrich / S. Strunck, Private Schulen in Deutschland, 2012, S. 7.

(35) 이 점을 엄하게 지탄한 학설로는 특히 F. Müller, Die verfassungsrechtlichen Anforderungen an die Schulgesetzgebung zur Regelungen des Privatschulbereichs, 1991, S. 3ff.; B. Pieroth, a. a. O. in: DÖV (1992), S. 593 등이 있다.

(36) 이하의 기술은 주요한 것은 다음의 문헌들을 기초로 하였다.

J. P. Vogel, Das Recht der Schulen und Heime in freier Trägerschaft(이하 Das Recht로 약함), 1997, S. 138ff.; Ders, Die Gesetzgebung der Länder und der Stand der Debatte in Wissenschaft und höchstrichterlicher Rechtsprechung (Stand 1988), in: F. Müller / B. J. Heur (Hrsg.), a. a. O., S. 13ff.; Ders., Die Landesgesetzgebung zur Finanzhilfe an Ersatzschulen (Stand 1. 1. 2006), in: F. Fufen / J. P. Vogel (Hrsg.), a. a. O., S. 141ff.; J. Staupe, Schulrecht von A~Z, 2001, S. 179ff.

(37) 특히 H. Avenarius / H. P. Füssel, Schulrecht, 2010, S. 219 및 J. P. Vogel, a. a. O., in: RdJB (1993), S. 443을 참조.

(38) H. Avenarius / H. P. Füssel, a. a. O., S. 294.

(39) J. P. Vogel, a. a. O., in: F. Fufen / J. P. Vogel (Hrsg.), S. 146.

(40) Ders., Das Recht, S. 153.

(41) F. Müller, a. a. O., S. 69; J. P. Vogel, Entwicklung des Finanzhilferechts der Schulen in freier Trägerschaft vom Urteil des Bundesverfassungrsgerichts vom 8. 4. 1987 bis zu den Entscheidungen des Bundesverfassungsgerichts vom 9. 3. 1994, in: F. Müller / B. J. Heur (Hrsg.), a. a. O., S. 180.

(42) J. P. Vogel, a. a. O., in: F. Fufen / J. P. Vogel (Hrsg.), S. 147.

(43) BVerfG Beschluss v. 23. 11. 2004, in: H. Knudsen (Hrsg.), SPE (3. Folge), 2007, S. 236~90.

연방헌법재판소의 이 결정에 대한 비판적 견해로서는 다음을 참조: F. R. Jach, Die Zulässigkeit von Landeskinderklauseln im Privatschulrecht, DÖV (1995), S. 925ff.

(44) Nordrhein-Westfälischer Verfassungsgerichtshof, Urt. v. 3. 1. 1983, in: Müller / Heur, S. 22. 이 판결에 관해서는 다음의 문헌에 상세하게 기록되어 있다: Bernhard, Zu den verfassungsrechtlichen Grenzen Staatlicher Sparmaßnahmen bei der Privatschulfinanzierung, in: DVBl (183), S. 299ff.

제 4 장

네덜란드에서의 「사학의 자유」와 사학조성

제1절 「교육의 자유」의 법제사

1. 공교육제도의 성립과 국가의 학교교육 독점

네덜란드의 공교육제도는 역사적으로는 나폴레옹 시대 프랑스의 영향을 강하게 받아 18세기 말부터 19세기 초반에 걸쳐 수립되었다.[1] 초창기 그 제도적 지표는 한마디로 「국가의 교육독점」에, 그리고 그에 맞서는 「교육의 자유」에 대한 원칙적 부인에 있었다.[2]

즉 1798년에 제정된 네덜란드 헌법은 장래의 국가 통일을 확립하기 위해서는 국가를 주체로 하는 교육이 필요할 것이라는 관점에서 국민교육 및 공교육제도의 수립과 이에 대한 국가의 통괄권을 명기하였다(61조). 이에 따라 19세기 초에 학교법이 연이어 제정되었고, 이른바 「국가의 교육독점」이 법률상으로 구체화되게 된다.

먼저 1801년의 학교법(네덜란드 최초의 공교육법)은 종래 교회나 사인 등의 자유에 맡겨져 있던 사(학)교육에 대한 규제에 착수하여, 이러한 사적 교육시설의 설치는 관할청의 인가를 받도록 하였다.

이어 1803년의 법에서는 사립학교(bijzondere scholen)는 법으로 금지되고, 공립학교 교육도 권력의 엄격한 통제 하에 놓임으로써, 공립학교 (openbare scholen)에서 종교교육은 금지되었다.

1805년의 학교법은 사학의 존재를 다시 용인하기는 했지만(인가제), 교육 내용이나 교원의 자격 등에 관해 공립학교와 크게 다르지 않은 통제를 가하고, 또한 상세한 교수 요강을 정했으며, 나아가 국가의 학교감독권 행사를 뒷받침하는 시학제도를 수립하는 등, 공립학교에 대해서도 권력적 통제를 한층 강화했다. 이렇게 중앙집권적인 교육행정기구와 권위적인 행정운영을 수단으로 국가는 학교제도 전체를 장악하기에 이른다.

2. 종파적 사학의 자유와「사립학교와 공립학교의 재정평등의 원칙」

이와 같은 교육 상황에서 가톨릭교도와 정통파 프로테스탄트는 자유로운 종파적 사학교육을 요구함으로써 국가권력과 첨예하게 대립하게 된다. 이른바「학교투쟁」의 시작인 것이다.[3] 그것은 말을 바꾸면「국가에 의한 교육」에 저항하고「교육에 있어서의 자유」(사학교육의 자유)를 획득하기 위한 싸움이라 불러도 좋을 것이다.

이 같은 저항운동은 1815년의 학교법—종파적 사학의 설치권을 법으로 인정한—을 거쳐 1848년의 개정헌법으로 결실을 보게 된다.[4] 동 헌법은 다음과 같이 밝힘으로써「교육의 자유」를 헌법상의 기본인권으로서 보장하고 있다.「교육의 제공은 정부에 의한 감독을 물리치고 자유로운 것이어야 한다」(Het geven van onderwijs is vrij).

그런데 이를 통해 사학은「교육의 자유」를 향유하기는 했으나, 동시에 교원의 자질·시설설비·학급규모 등 교육조건을 정비하여 교육의 질 내지 수준을 높일 것이 법률상의 의무가 되었고(1857년 학교법, 1878년 학교법), 그 결과 많은 사학이 심각한 경영상의 위기에 빠지게 되었다. 이에 특히 1878년 이래 사학을 교육재정상 어떻게 처우할 것인가 하는 것이 교육정책상 가장 중요하고도 심각한 논쟁 주제가 된다.

이 소위 「학교투쟁」은 1917년 헌법 개정에 의해 기독교 세력이 우위를 점함으로써 종결에 이른다. 개정헌법(208조)에서는 「자기의 신념에 의거하여 아동을 교육할 부모의 권리」가 보장되고, 더불어 「기초학교 영역에서의 공립학교와 사립학교의 실질적으로 평등한 취급의 원칙」이 명기되기에 이른 것이다.[5] 그리하여 이 헌법 조항을 구체화하기 위해 제정된 1920년의 학교법은 ① 학교의 설치와 관리운영은 1차적으로 「시민(특히 부모)의 사안」에 속하고, ② 사립의 일반 교육학교는 공립학교와 같은 기준으로 공적자금에 의해 유지·관리되어야 한다고 규정했는데(교원의 인건비는 국가가 부담하고 학교의 시설설비비는 지방자치체가 부담), 이로써 「공립학교와 사립학교의 재정평등의 원칙」이 헌법적 원리로서 법률에서 확립되었다. 이 원칙은 그 후 더욱 확충되어 오늘날에 이르며, 또한 네덜란드에서 교육법상 가장 중요한 원리의 하나를 이루고 있는데, 이에 대해서는 이하에서 다룬다.

제2절 현행 교육법제와 「교육의 자유」

1. 「교육의 자유」의 헌법상의 보장

기술한 바처럼 네덜란드에서는 1848년의 개정헌법이 벨기에 헌법(1831년)의 흐름을 이어받아 「교육의 자유」(vrijheid van onderwijs)를 헌법상의 기본권으로서 확립한 것인데, 그 이래로 네덜란드에서 「교육의 자유」는 교육에서의 가장 중요하고도 근간이 되는 법제도 원리로 되어 왔고, 현행 헌법(1983년 제정)도 다음과 같이 규정하여 이 법리를 명문으로 확인하고 있다.

「관할청의 감독권을 유보하고, 또한 법정 교육형태에 관하여 법률상 규정된 교원의 적격성과 도덕적 성실성을 심사하는 관할청의 권한을 유보한 상태로 교육을 하는 것은 모든 이의 자유이다」(23조 2항).

더욱이 네덜란드에서 「교육의 자유」는 「가장 가치 있는 재산」으로 간주되며, 이는 「교육의 자유에 의해 모든 국민은 자기 고유의 방법으로 스스로에게 근본적 의미를 가지는 정신적 가치를 실현하고, 그렇게 함으로써 또한 사회의 유지 및 발전에 개인으로서 기여할 수 있는 기회를 가질 수 있게 되기 때문이다」[6]라고 설명하고 있다.

그리고 또 네덜란드 교육부가 제출한 교육제도 개설서에도 「교육의 자유」에 관해 다음과 같이 기록되어 있다.

「네덜란드 교육제도의 현저한 특징 가운데 하나는 헌법 23조에 의해 보장되는 교육의 자유에 있다. 즉 학교를 설치하는 자유와 학교에서 교육을 조직하는 자유 및 학교가 입각하는 원칙을 결정하는 자유가 보장되어 있는 것이다. 이것은 사회의 온갖 집단이 각각의 고유한 종교적 · 이데올로기적 내지 교육적 신념에 의거하여 학교를 설치하는 권리를 가지고 있다는 것을 의미한다.

이와 같은 권리가 헌법상 보장됨에 따라 네덜란드에서는 학교가 종교적으로나 혹은 이데올로기에 관해서나 다양한 양상을 띠게 된 것이다.」[7]

나아가 여기서 말하는 「교육의 자유」란 자유권적 기본권에 특유한 「국가로부터의 자유」라고 하는 소극적 · 방어적인 자유가 아니라, 학교교육에 대한 참여권이나 학교교육의 협동형성권까지도 포함하는, 이른바 「교육하는 자유」(Freiheit zur Erziehung)라 부를 수 있을 법한 적극적이고 능동적인 자유를 의미한다.[8] 즉, 이하에서 언급되듯이 온갖 유형의 「교육에 있어서의 자유」를 주요한 법적 내실로 하고 있다[9]는 것이다.

2. 부모의 학교를 설치하는 자유

취학의무연령 단계의 아동을 가진 부모는 그 신념이나 교육관에 의거하여 아동을 교육하기 위해 스스로 학교를 설치할 수 있다. 학교설치권이 국가·지방자치체·법인이나 교회 등의 단체에 한정되지 않고, 사인에게도 인정되어 있다는 것이 중요하다. 물론 실질적인 사립학교 설치에 있어서는 대체로 협회나 사단 내지 재단이 조직되어 설치 주체가 된다.(10)

학교 설치 후 국가로부터 재정지원을 받고자 할 경우에는 설치에 즈음하여 소정의 요건을 충족해야 한다. 설치 기준에 관한 규정은 학교법에 있다. 교육목적이 헌법의 기본 이념에 저촉하지 않는다는 것을 대전제로 하여, 교육계획이나 수업시간표를 학교감독청에 제출할 것, 교육목적을 달성하기에 걸맞은 시설·설비를 구비하고 있을 것, 교사는 교직 적격성을 가질 것, 해당 지방자치단체의 주민 수에 응하여 최저 학생수를 상회할 것(1994년 이전) 등이 그러한 규정의 내용을 이룬다.(11)

제3절 사학의 자유

1. 「사학의 자유」의 헌법상의 보장

1848년의 개정헌법은 「교육의 자유」 보장 원칙에 의거, 「교육수단의 선택과 교원의 임명과 관련하여 **사학교육의 자유는 특별히 존중되어야 한다.**」(201조, 강조는 필자, 이하 같음)고 적고 있으며, 같은 맥락에서 현행 헌법에도(1987년 개정) 「사립학교의 교육에 관해서는 **종교적 및 세계관적 경향의 자유가 보장된다**」(23조 5항), 「**교재의 선정과 교원의 임용에 있어서는 사학교육의 자유**가 특히 보장된다」(동조 6항)라고 명기되어 있다.(12) 이는 「사학의 자유」를 헌법상의 기본권으로서 보장한 것이다.

이미 언급한 것처럼 1848년 헌법에 의한 「교육의 자유」 보장은 원래는 종교상의 신앙의 자유와 깊이 결합된 종파적 사립학교의 권리와 자유를 지키려는 운동에서 유래된 것이다. 즉, 이른바 「교육의 자유」의 실체화된 첫째 유형은 역사적으로나 오늘날에 있어서나 단적으로 말하자면 「부모의 교육의 자유」에 강하게 상응하는 「종교 계열 사학의 자유」 바로 그것이다. ─물론 최근에 들어서는 비종교 계열의 독특한 자유 사학이 사학교육에서 중요도를 꽤 높이고 있는 것이 현실이다(이에 대해서는 후술하겠음).

이와 같이 「국가의 학교교육 독점」 내지는 「공립학교의 교육독점」은 법적으로나 사실적으로나 부정되며, 사학교육에 관한 국가의 임무는 교육의 질이나 정도에서 공·사립학교 간에 격차가 생기지 않도록 하는, 이른바 「헌법상의 신탁」에만 국한되게 된다.

이 점에 관해서는 현행 헌법도 사학에 대한 공적자금 조성과 관련하여 「공적자금으로부터 전액 또는 일부의 재정 지원을 받는 학교의 교육의 질에 관한 요건에 대해서는 법률로 정한다」(23조 5항)고 명기하고 있다.

2. 「사학의 자유」의 내용

이른바 「교육의 자유」를 법의 기본원리로 할 때, 현행 법제상 「사학의 자유」의 법적 내용으로는 구체적으로 다음과 같은 각종의 자유가 직접적·긍정적으로 주장되고 있는 것으로 해석된다.[13] ① 사학을 설치하는 자유, ② 종교 또는 세계관 교육의 자유, ③ 교원의 선택 및 임용의 자유, ④ 학생을 선택하는 자유, ⑤ 교육목적·교과·교육과정 설정의 자유(이는 학교법령이 정하는 교과 이외의 교과를 설정하는 자유를 포함한다), ⑥ 교과서 및 교재·교구의 작성·선정의 자유, ⑦ 교육방법 및 교수조직편제의 자유, ⑧ 학교의 내부조직 편제의 자유, ⑨ 교원양성의 자유[14] 등이 그것이며, 더 나아가 부모와 학교지원조직의 관계나 학교이사회의 구성에 관해서도 사학에 고유한 자유가 보장되고 있다.

이 가운데 상기 ①의 「사학을 설치하는 자유」에 관해서는 「부모의 학교 설치의 자유」라고 하여 바로 앞에서 언급한 바 있는데, 여기서는 사학교육과 관련하여 약간의 보충 설명을 하고자 한다.

1) 헌법 23조 2항이 보장하는 「교육의 자유」에는 그 주요한 내용으로서 「사학을 설치하는 자유」가 포함되어 있는데, 그 법적 효과로서 국가에 의한 학교감독과 교원의 적격성에 관한 심사를 유보하고, 사학의 설치에 행정청의 인가는 원칙적으로 필요하지 않다는 것이 결론으로 도출된다.[15]

2) 학교설치권이 법인이나 협회 등의 단체만이 아니라 개인에게도 보장되는 등 학교 설치주체는 다양하지만, 단지 기본적인 요건으로서 「전적으로 교육을 행하는 것을 목적으로 하는 것으로 어떠한 이익추구적인 동기도 없을 것이 요구되고 있다는(**이념형에 따라 볼 때 「영업의 자유」형 사학이 아닌, 「교육의 자유」형 사학**) 사실을 지적하고자 한다.[16]

3) 학교 설립 후 「신설학교 목록」에 등재된 경우에만 사학조성을 받는 것이 가능하다. 이 목록은 시 당국이 작성하며, 교육부 장관의 승인이 필요하다고 되어 있다.

4) 초등학교를 설립하려면 종래에는 해당 지방자치체의 주민 수에 상응하여 최저 아동수가 80명, 120명, 160명 및 200명으로 설정되어 있었다.[17] 그러나 1994년 법 개정에 의해 이 구분은 폐지되고, 학교 설치요건으로서 최저 아동수는 200명이 되어 오늘날에 이르고 있다[18].

단, 예외적으로 시·군·구 의회가 특정의 종교적·세계관적 교육을 보장하기 위해 신청한 학교의 설치가 필요하다고 판단하는 경우에는 법정 최저 아동수를 충족하지 않아도 되도록 되어 있다.

5) 학교 설립 후 사학은 공립학교와 마찬가지로 학교법의 적용을 받으므로, 사학에 관한 별도의 특별법은 존재하지 않는다.

제4절 사학의 현재 상황

이와 같은 법적 기반 위에서 네덜란드의 사학은 다채롭고도 독특한 교육 활동을 전개할 수 있는데, 그것은 크게 종교적 사학과 비종교적 사학으로 구별된다. 전자에는 가톨릭 계열, 프로테스탄트 계열 및 기타 종교(힌두교, 이슬람교 등) 계열 사학이 있으며, 후자에는 대표적으로 몬테소리 학교나 슈타이너 학교와 같은 독특한 교육이념이나 가치를 가지고 설립된 사학이 있다.

이 가운데 「사학의 자유」와 「학교의 다양성」이라는 원칙을 수행함으로써 최근 더욱 교육계의 주목을 받고 있는 후자 유형의 사학에 관해 약간 언급하고자 한다.

독일과 마찬가지로 네덜란드에서는 20세기에 들어와서 이른바 「개혁교육학」이 교육의 이론과 실천 그리고 교육운동에 큰 영향을 끼쳤다. 그리하여 1919년에는 최초의 몬테소리 민중학교가, 1923년에는 최초의 달톤플란슐레가 들어왔다. 그 후에도 개혁교육학 계열의 학교는 지속적으로 늘어나, 1975년에 대략 200개교였던 것이 1996년에는 625개교를 헤아리기에 이르렀다. 그 내역을 보면 다음과 같다.

즉 예나플란슐레 250개교, 몬테소리 학교 160개교, 달톤플란슐레 100개교, 슈타이너 학교 80개교, 플레네 학교 10개교, 기타 개혁교육학 계열 학교 25개교가 설치되어 있다. 그리고 이 같은 흐름 속에서 최근에는 다른 유럽 여러 국가에서처럼 「부모의 설치에 의한 학교」(Schulen in Elternträger-schaft)가 상당히 증가하고 있는 것이 특징이다[19].

제5절 사학에 대한 공적자금 조성

1. 헌법상의 원칙으로서의 「사립학교와 공립학교의 재정평등의 원칙」

이미 개괄했듯이 네덜란드에서는 이른바 「사학의 자유」을 현실적·재정적으로 뒷받침하기 위해 1917년 헌법 개정 이래 일정한 법정요건만 충족하면 사립학교도 공립학교와 마찬가지로 공적자금으로서 설치·관리·운영된다는, 공립과 사립 간의 「재정평등의 원칙」이 헌법상의 교육법 원리로서 존재하고 있다(**사학의 공적자금 조성을 받을 권리의 보장, 국고부담으로서의 사학조성**).

그리고 현행 헌법도 「교육제도는 정부가 항상 배려해야 할 대상이다.」(23조 1항)라고 강조하며, 그에 이어 다음과 같이 규정함으로써 이 원칙을 헌법상에서 다시 확인하고 있는 것이다.

「사립의 일반교육기초학교는 법률에 의해 정해진 요건을 충족할 경우 공립학교와 동일한 기준에 의거하여 공적자금으로부터 자금이 제공된다. 사립의 일반교육중학교와 대학 앞 단계의 교육이 공적자금으로부터 기부금을 받을 수 있는 요건에 관해서는 법률로서 정한다」(23조 7항).

부연하면 국가에 의한 재정지출은 공립학교와 사립학교 모두에 대해 동일한 기준에 의해 이루어지며(사학재정은 100% 국고 부담), 이 결과 교원의 급료나 노동조건에 관해 공립과 사립 간에는 아무런 차이점도 없다. 예컨대 네덜란드의 사학은 「사립 공영」 학교라고 부를 법한데, 이러한 방식의 사학은 세계에 유례가 없다고 해도 좋을 것이다.

2. 「재정평등의 원칙」의 유효 범위

앞에서 인용한 헌법 23조 7항의 법조문에서 알 수 있듯, 공립학교와 사립학교의 「재정평등의 원칙」이 헌법상의 원칙으로서 지니는 유효성은 초등교육 영역에서 국한된다. 그 밖의 교육영역이나 학교단계에 관해서는 이 원칙은 헌법 자체가 요청하고 있는 것이 아니며, 그것의 채택 여부는 입법 정책에 의한다(법률 사항).

물론 그것이 확립된 당시와는 달리, 이후 이 원칙은 적용범위가 차츰 확대되어, 오늘날에는 취학전 교육에서 고등교육에 이르기까지 모든 교육영역과 학교단계에 대해 효력을 지니고 있다.[20]

3. 조성 조건

헌법 23조 5항은 「공적자금에서 전액 혹은 일부의 자금이 공급되는 학교의 질에 관한 요건은 법률로 정한다」고 규정하고, 이어지는 6항에서 「공적자금에서 모든 자금이 공급되는 사립의 일반교육기초학교에 관해서는 이 요건이 공립학교와 같은 질이 보장되도록 규정되어야 한다」고 정하고 있다.

사학에 대한 공적자금 조성의 조건으로는 헌법 자체가 이미 「공립학교와 동질의 교육의 보증」—앞에서 보았듯이 독일 학교법제에서도 소위 동종성이 아니라 등가성의 확보가 요구되었다—을 요구하고 있으며, 그것을 담보하기 위해 법률상 이에 관한 구체적인 규율이 있어야 한다는 것이다.

이 점에 의거하여 현행 법제상으로 초등학교에 관해서는 초등교육법(1998년)과 초등학교재정법(1992년)이, 그리고 중등학교에 관해서는 중등교육법이 각각 사학조성에 관한 기본적인 규정을 두어 조성 조건을 규정하고 있는데,[21] 그에 따르면 사학에게는 다음과 같은 세 가지 의무가 기본 요건으로서

과해진다. 즉 ① 일반 법률을 존중할 의무, ② 중등교육의 종료 시 국가 수준으로 실시하는 졸업시험에 참가할 의무, ③ 국가(학교감독청) 감찰관에 의한 학교감독(학교평가)을 받아들이는 의무가 바로 그것이다.[22]

덧붙여 다음과 같은 사항에 관해서도 사학에 대한 국법상의 규율이 가해지고 있다.[23] 학생의 입학, 학교의 법적 지위, 공익성, 학교이사회의 구성원, 교원의 자격, 필수교과 그리고 최저 아동 및 학생 수 등에 관한 것이다.

이 중에서 최저 아동 및 학생 수에 관해서 구체적으로 언급하면 다음과 같다.

앞에서 쓴 것처럼 학교 설치조건으로서의 최저 아동수는 1994년 200명으로 상향되었는데, 사학 조성요건으로서의 최저 아동수는 2년 전에 제정된 초등학교재정법에 의해 해당 지방자치체의 인구규모에 관계없이 일률적으로 200명으로 상향되어 오늘에 이르고 있다. 종전에는, 예컨대 인구 10만명 이상인 규모가 큰 지방자치체에서도 최저 아동수는 125명이었고 소규모 자치체에서는 50명으로 되어 있었다[24].

이러한 이른바 「200명 조항」은 각 방면에서 심한 비판을 받고 있다. 왜냐하면 네덜란드에서는 전통적으로 소규모 학교가 많이 존재해 왔고, 이러한 소규모학교가 바로 네덜란드가 자랑하는 「학교의 다양성」을 실현해 왔기 때문이다.[25]

4. 조성 대상과 조성 방식

사학에 대한 재정지출이 공립과 동일한 기준에 의거하여 시행된다는 것은, 학교의 시설·설비비, 교원의 인건비, 학교의 관리·운영·유지비 등이 원칙적으로 모두 공적자금에서 지출된다고 하는 것을 뜻한다.

이 중에서 교원의 인건비는 학교 단계와 무관하게 모두 국가에서 직접 지급되고 있다.

조성 방식으로서는 초등학교의 경우는 먼저 전술한 초등교육법이 정하는

바에 따라 확정교직원경비 시스템(The Staff Establishment Budget System)
이 채용되고 있다. 아동수에 근거하여 산출되며 총예산의 85%를 차지하고
있다. 비품, 교재, 유지비 같은 운영경비는 론도 시스템(LONDO System)에
의거해 지출된다. 이 시스템은 1997년에 단순화되어 현재는 학생수와 학급
수에 의거하여 산출하고 있다.

학교는 또한 추가자금교부 시스템(Additional Funding System)에 의거, 교
직원의 보충이나 소수자를 위한 언어교육 등에 관한 재정상 지원을 추가로
받을 수 있게 되었다.

또한 학교시설비에 관해서는 1997년 이래 지방자치체를 통한, 국가에 의
한 간접보조로 지급되도록 되어 있다. 결국 이에 관련된 권한은 지방자치체
에 위임되어 있어서 지방자치체의 기금에서 갹출하는 것으로 되어 있다.

다음으로 중등학교의 경우는 중등교육법에 의해 1996년 이래 보조금 일괄
교부제도(Block Grant Funding)가 채용되고 있다. 이 제도는 예산의 배분 시
권한이 있는 당국에 폭넓은 재량권을 인정하고 있는데, 이에 의해 각 학교에
는 모든 인건비와 관리·운영비에 대한 예산을 해마다 일괄 교부한다. 또한
시설비에 관해서는 초등학교의 경우와 마찬가지로 국가로부터의 간접보조가
이루어지도록 되어 있다.(26)

5. 수업료

네덜란드에서도 의무교육(8년간의 초등교육과 4년간의 중등교육, 이상 총
12년간)은 무상으로 되어 있으나, 다만 일본과는 달리 이 원칙은 사립학교에
도 적용되고 있다(27). 즉 의무교육 단계에 있어서는 사학도 역시 수업료를
징수할 수 없는 것이다.

의무교육 이후 단계의 학교에서는 수업료가 징수되는데, 그 금액은 전원
에게 일률적으로 부과되는 것이 아니라, 부모가 지불하는 소득세와 재산세

를 근거로 개별적으로 산정되고 있다. 주목할 만한 제도라고 평가될 만한 방식이다.(28)

게다가 이 경우 누구든지 사학에 입학할 수 있도록, 사학 측은 수업료를 가능한 한 낮게 설정할 의무를 지게 된다. 게다가 부모가 수업료를 납입하지 못할 경우에도 사학은 학생의 입학을 거부해서는 안 되는 것으로 되어 있다.(29) 네덜란드의 사학이 모든 시민에게 열린 교육시설이라는 의미로 봐서 공립학교와 마찬가지로 「공의 학교」(öffenttiche Schule)로 파악되고 있는 까닭이다.(30)

더욱이 공립·사립을 불문하고 학교는 부모나 지역주민 등으로부터 기부금, 특정의 프로젝트에 대한 조성금, 계약에 의한 후원제도 등에 의해 독자적으로 수입을 얻을 수 있는 것으로 되어 있다.

특히 슈타이너 학교나 몬테소리 학교와 같은 독특한 교육사상 및 이념에 근거한 사학의 경우, 부모와의 협동에 의한 「학교 만들기」라는 기본 이념에 충실하게 호응하는 과정에서 자연스럽게 부모로부터 기부금이 점하는 비율이 상대적으로 높게 되어 있다고 한다.

(注)

(1) 네덜란드는 1795년에서 1810년까지 프랑스에 의해 직접 통치되었고, 이어 1813년에도 프랑스의 점령 하에 있었다(T. M. E. Liket, Freiheit und Verantwortung. Das niederländische Modell des Bildungswesens, 1993, S. 28).

(2) 이하의 기술은 다음에 의함.

E. Skiera, Das Bildungswesen der Niederlande: Geschichte, Struktur und Reform, 1991, SS. 25~28; B. Lumer-Henneböle / E. Nyssen, Basisschulen in den Niederlanden, 1988, SS. 24~25; T. M. E. Liket, Autonome Schule und Qualitätskontrolle in den Niederlanden, in: RdJB (1993), SS. 336~337.

(3) 이 시기에 학교교육의 구상, 특히 학교의 종교적 성격을 둘러싸고 크게 다음의 세 가지 견해가 대립했다고 한다.

① 기독교를 기반으로 하면서도 비종교적인 통일학교

② 비종교적이고 세속적인 공립학교

③ 종파적 공립학교와 종파적 사학의 병설(E. Skiera, a. a. O., S. 27).

(4) 네덜란드에서 처음 헌법이 제정된 것은 1814년이며 이후 현행 헌법에 이르기까지 17번에 걸쳐 개정되었다(J. Chorus and others, Introduction to Dutch Law, 1999, p. 292).

(5) F. R. Jach, a. a. O., S. 138.

(6) M. Goote, Unterricht und Wissenschaften in den Niederlanden, 1974, S. 6.

(7) Netherlands Ministry of Education, Culture and Science, Information dossiers on the structures of the education systems in the European Union 2000 — The Netherlands, 2001, p. 2.

(8) 참조: 和田修二, 「教育의自由―オランダの教育が示唆するもの」(国立教育研究所, 「各国における私学の動向」, 1978년)에 수록.

(9) 이른바 「교육의 자유」의 주된 내용으로, 리케트는 ① 학교를 설치하는 자유 ② 이념적(철학, 커리큘럼) 및 물적(교과서, 교재의 사용)인 면에서 자유로이 학교를 형성하는 권리 ③ 교원의 임용의 자유 ④ 국가로부터 조성을 받을 권리를 들고 있다(T. M. E. Liket, Freiheit und Verantwortung, S. 29).

(10) Kommission der Europäischen Gemeinschaften, Formen und Status des Privaten und Nicht-staatlichen Bildungswesens in den Mitgliedstaaten der Europäischen Gemeinschaft, 1992. S. 69. Europäische Kommission, Strukturen der Allgemeinen und Beruflichen Bildung in der Europäischen Union, 1995, S. 278.

물론, 어느 것이건 다수의 부모 또는 시민이 학교의 설치에 직접 관계하고 있다는 것에는 변화가 없다(O. Anweiler u. a., Bildungssystem in Europa, 1996, S. 127).

(11) 1994년까지는 보다 정확하게는 당해 지방자치체의 주민수에 응한 최저 학생수는 다음과 같았다. 주민수 2만 5천명 미만: 80명, 2만 5천명~5만명 미만: 120명, 5만명~10만명: 160명, 10만명 이상: 200명(B. L. Henneböle / E. Nyssen, a. a. O., S. 32). 단, 특정의 종교적·세계관적 교육을 보장하기 위해 관할청이 신청 학교의 설치 인가가 필요하다고 판단한 경우, 최저 학생수를 감하는 것도 가능하도록 하였다.

그러나 후술한 바처럼 1994년 법 개정에 의해 이 구분은 폐지되고 최저 학생수는 일률적으로 200명으로 규정되어 오늘에 이르고 있다.

(12) 네덜란드 헌법의 조문은 S. Jenkner (Hrsg.), Das Recht auf Bildung und die Freiheit der Erziehung in europäischen Verfassungen 1994, S. 49ff.에 의한다.

(13) Kommission der Europäischen Gemeinschaften, a. a. O., SS. 73~74; F. J. H Mertens, Das Verhältnis von Staat, Schule und Bürger, in: Deutsche Gesellschaft für Bildungsverwaltung (Hrsg.) Selbstgestaltung und Selbstverantwortung im Bildungswesen, 1996, S. 28 등.

더욱 E. Skiera에 의하면 이른바 「사학의 자유」는 크게 「설치의 자유」, 「경향의 자유」, 「편제의 자유」로 구분된다(ders., Länderstudie Niederlande, in: M. S. Stubenrauch / E. Skiera (Hrsg.), Reformpädagogik und Schulreform in Europa, Bd. 2. 1996. SS. 373~374.

(14) 이 자유에 의거해서 예컨대 슈타이너 학교는 본부가 있는 독일 슈투트가르트에 교원 대상 강좌 프로그램을 설치하여 자비로 교원을 양성하고 있다.

(15) F. R. Jach, a. a. O., S. 145.

(16) Netherlands Ministry of Education, Culture and Science, op. cit., p. 16.

(17) E. Skiera, Das Bildungswesen der Niederlande, 1991, S. 30.

(18) Netherlands Ministry of Education, Culture and Science, op. cit., p. 21.

(19) E. Skiera, Länderstudie Niederlande, S. 366ff; S. 375; F. R. Jach, a. a. O., S. 139.

(20) B. Lumer-Henneböle / E. Nyssen, a. a. O., S. 25; E. Skiera, a. a. O., S. 28.

(21) 법으로 정해진 질에 관한 기준(Quality Standard) 및 재정지출 조건을 충족하면 사학은 자동적으로 재정지원을 받을 자격, 즉 사학조성청구권을 취득하게 된다(Netherlands Ministry of Education, Culture and Science, op, cit, S. 24).

(22) T. M. E. Liket, Freiheit und Verantwortung, 1993, S. 15.

(23) Kommission der Europäischen Gemeinschaften, a. a. O., S. 70.

(24) F. R. Jach, a. a. O, S147.

(25) G. Brinkmann, Niederlande, in: O. Anweiler u. a., Bildungssysteme in Europa, 1996, S. 128.

이 결과 대부분의 경우 학생수가 200명 미만인 상급단계의 슈타이너 학교가 개별학교로서는 공적자금 조성을 받을 수 없게 되는 현상이 나타난다(F. F. Jach, a. a. O., S. 152).

(26) Netherlands Ministry of Education, Culture and Science, op. cit., pp. 24~25.

(27) 네덜란드에서 의무교육이 시행된 것은 1900년이며, 취학의무 기간은 6세에서 12세까지 6년간으로 정해졌다. 그 후 취학의무 법제는 종종 개정되어 1969년의 의무교육법에 의하여 취학의무는 6세에서 16세까지 11년간으로 연장되었다. 그리고 1985년

기초학교법에 의하여 취학의무연령이 다시 5세로 내려가, 취학 의무 기간은 16세까지 12년간이 되어 오늘에 이르고 있다(Netherlands Ministry of Education, Culture and Science, op. cit., p. 1).

(28) D. Lemke, Bildungspolitik in Europa: Perspektiven für das Jahr 2000, 1992, S. 131.

(29) G. Walford (ed.), Private Schools in Ten Countries, 1991, p. 186.

(30) F. R. Jach, a. a. O., S. 152.

제 5 장

덴마크에서의 「사학의 자유」와 사학조성

제1절 사학의 현황

근년 덴마크에서는 사학이 증가 추세에 있는데, 2012년 현재 초등학교(folkeskole, 의무교육의 시작: 6~7세, 9년제) 2,158개교 중 443개교(20.5%)를 사학이 점하고 있다. 또 후기중등학교(Gymnasium)가 점하는 사학의 비율은 8.7%(19개교)이다.

사학의 유형으로는 초등학교 영역에서는 덴마크의 국민사상가인 N. 그룬트비(Nikolai Grundtvig)의 교육사상을 근거로 설립된 덴마크 특유의 전통적 사학이 가장 많아 사학 전체의 약 4할을 점하고 있다(172개교). 다음으로 많은 것은 실업 계열 사학(Realskoler)이며(112개교), 종교 계열 사학이 그 뒤를 잇고 있다(70개교 이상). 그 이하로는 사회주의적 대안학교인 「작은 학교」(Lilleskoler), 자유 발도로프 학교(20개교), 사립 국제학교의 순으로 되어 있다.[1]

그리고 초등학교 이외 영역의 사학으로는 위에서 말한 후기중등학교 외에 8학년에서 10학년 학생을 대상으로 하는 기숙제의 계속학교(Efterskoler)가 215개교 있다. 이 계속학교는 약 6할이 일반 교육학교인데, 그 외에 직업준비학교, 종파학교, 장애아학교 등도 있으며, 그 종류는 다양하다.[2]

더욱이 18세 이상 성인을 대상으로 하는 사립의 시민대학이 109개교를 헤아리고, 또 북부 슐레스비히 지방에는 독일계 사립학교가 15개교 존재한다.

제2절 「교육의 자유」의 문화적 전통과 「부모의 교육의 자유」의 헌법상 보장

1. 부모의 「학교를 대신하는 사교육의 자유」(가정의무교육의 자유)

벨기에 헌법(1831년)의 영향을 받아 1849년 제정된 덴마크 헌법은 초등학교에서의 교육 무상제를 명기하고(76조 1항), 다음과 같이 규정하여 「부모교육의 자유」를 헌법상 명시적으로 보장했다.[3]

「초등학교 교육에 요구되는 수준에 상응하는 교육을 아동이 받을 수 있도록 스스로 조치하는 부모 또는 후견인은 아동을 초등학교에서 교육받게 할 의무를 지지 아니한다.」

이 조항은 덴마크에서 벌어진, 성교육의 학교 도입을 둘러싼 소송에 대해 유럽인권재판소가 내린 판결(1976년)에서도 확인되듯이,[4] 의무교육제도의 유형으로서 「취학의무제」(학교에 가게 하는 의무 및 학교에 가는 의무)가 아닌 「교육의무제」를 채택하여, 부모에 대해 「학교를 대신하는 사교육의 자유」(가정의무교육)를 헌법상 기본권으로서 보장한 것이다.

이와 같이 부모는 아동의 의무교육을 가정을 중심으로 하는 사적 교육장에서 할 것인지, 학교에서 할 것인지, 후자의 경우 공립학교에서 할 것인지 아니면 사학을 선택할 것인지에 대한 자유(교육의 종류 선택권)를 헌법상 보장받고 있으며, 전자의 가정의무교육을 선택한 경우 그 기본적인 제도 구조는 다음과 같이 되어 있다.[5]

① 이른바 가정의무교육제는 제도적으로는 아동이 7세가 되는 연도에 시

작하며 그 기간은 원칙적으로 9년이다.

② 가정의무교육을 희망하는 부모는 그 의사를 시·군·구 평의회에 제출해야 한다. 단, 이 경우 부모에 대하여 교육상 특별한 자격이나 요건은 요구되지 아니한다.

③ 시·군·구 평의회는 해당 가정의무교육이 초등학교의 수준에 도달하고 있는지를 확인하기 위해 매 학년 말에 덴마크어, 산수, 수학, 영어 등의 주요 교과에 관한 시험을 실시할 수 있다.

④ 시·군·구 평의회가 가정의무교육의 실태를 조사할 경우, 그것은 아동의 인지적 능력에 관한 것에 한정되며, 해당 가정의무교육의 세계관적 또는 교육적 지향성에 관해서는 개입할 수 없다.

2. 국민문화로서의 「교육의 자유」

1953년에 개정된 현행 헌법도 위에서 말한 「부모의 교육의 자유」 조항을 그대로 이어받고 있거니와(76조), 이처럼 덴마크에서는 「부모의 교육의 자유」가 현행 법제상 가장 중요하고도 근간적인 교육법제 원리의 한 축을 담당하고 있는 것이 현실이다. 그와 관련하여 1976년의 학교법도 「교육에 있어서 부모의 1차적인 권리와 책임」을 확인적으로 명기하고 있으며, 1993년의 학교법은 이 법리를 더욱 확대·강화하고 있다.[6]

부연하면 덴마크에서는 교육은 본래 「국가의 사항」이 아니고 「부모의 사항」이라고 하는 기본적 인식이 오랜 역사에 걸쳐 널리 정착되어 있으며, 그 때문에 「부모의 교육의 자유」를 기본 축으로 하는, 교육에 있어서의 여러 가지 광범한 자유는 정형화된 제도나 법률에 의해 확인되기 이전에 덴마크 사회의 자명한 전제 내지 국민문화에 속하는 것으로 파악된다.[7]

덧붙여 네덜란드 헌법에서 「교육의 자유」가 자유권적 기본권인 동시에 「학교교육에의 자유」라고 하는 적극적·능동적 권리인 것과는 달리, 덴마크가 보장하는 「교육의 자유」는 덴마크의 헌법학 통설에 따르면 기본권의 유형으로서는 어디까지나 전통적인 자유권 및 방어권의 범주에 속하고 있어서, 예컨대 뒤에 기술될 사학의 공비조성청구권 등 국가에 대한 급부청구권을 뒷받침하는 것은 아니라고 해석되고 있다.(8)

제 3 절 「사학의 자유」

1. 사학을 설치하는 자유

상술한 것처럼 현행 덴마크 헌법은 자유주의적인 교육전통을 배경으로 하여 「부모의 교육의 자유」를 헌법상 기본권으로 보장하고 있는데, 역사적으로나 오늘날에 있어서나 이 「부모의 교육의 자유」는 1차적으로는 「사학의 자유」에 강하게 상응하여 그 법적 내용의 일부를 이루고 있다는 것이 중요하다.

그뿐만 아니라 「덴마크의 사립학교는 법 원리적으로는 가정교육의 조직화된 형태인 것이다. 즉 그것은 부모에 의한 학교(Elternschule)인 것이다」라는 개념적 규정이 내려지고, 따라서 「규모와 그것이 가지는 의미에 따라 사학에 대한 법적 규제는 존재하지만, 그 규제가 덴마크에서 이미 널리 국민적인 합의로 성립되어 있는 '학교의 자유' 라는 고도의 문화적 재산을 침해하는 것이어서는 결코 아니 된다」고 생각되고 있는 것이다.(9)

이와 같이 덴마크에서는 「부모의 교육의 자유」에는 「사학을 설치하는 자유」(학교 만들기의 자유)가 당연히 포함된 것으로 해석되고, 게다가 독일 사학법제에서 보이는 인가유보제(Genehmigungsvorbehalt)와는 다르게 사학의 설치에 대해서는 아동 내지 학생의 수만 일정하게 규정되어 있을 뿐(설립연도: 12명, 설립 2년 후: 20명, 설립 3년 후: 28명), 교육행정기관에 의한 인가는 필요하지 않으며 단지 신고의 의무가 과해져 있을 뿐이다.

물론 사립학교는 교육법제상 민법상의 교육시설로 되어 있으며, 따라서 그 정관에 관해서는 교육부장관의 인가가 요건으로 되어 있다. 사학의 설치 주체는 부모 등의 사인, 또는 민법상의 조직 내지 단체로 되어 있다.[10]

2. 사학에 있어서의 교육의 자유

기술한 바처럼 덴마크에서는 「부모의 교육의 자유」를 헌법에 의해 보장하고 있기 때문에, 이에 의거하여 학교교육제도는 「부모의 교육권, 교육의 자유」를 기본 축으로 구성되어 있다. 이 때문에 공립학교 영역에서도 각 학교에 매우 광범위한 교육상의 자율권이 보장되고 있기 때문에(지방자치체의 교육 자치를 보장함에 따라 이루어지는 것으로서, 학교 및 교원의 교육상 자율성의 보장, 부모 대표를 과반수로 하고 교원 및 학생 대표로 구성되는 「학교의 교육자치기관으로서의 학교회의」 설치 등),[11] 덴마크의 한 교육학자가 지적하는 바에 의하면 「덴마크의 사학은 교육내용·교육과정, 교재·교구·교육방법, 학교의 조직구조·조직편제에 이르기까지 유럽의 관점에서 보더라도 도저히 믿기 어려울 만큼의 광범위한 자유를 향유하고 있다.」[12]

실제로 1991년에 제정된 신사립학교법도 「교육의 자유」의 근간이 되는 법리를 거듭 확인함으로써, 법이 정한 최저 기준을 충족하는 한 사학은 그 교육에 관하여 포괄적인 교육적 자율권을 가진다고 규정하고 있다. 게다가 이 점과 관련해서 초등학교법(1994년)에도 다음과 같은 규정이 보인다.

「개인이 설립한 학교는 제1조(초등학교의 목적—필자 주)에 의거하여 소정의 법적 테두리 안에서 교육의 질을 초등학교의 교육목적에 상응하도록 유지할 책임을 진다. 그리고 또 개인 설립의 학교는 학교 스스로 교육을 위한 계획이나 조직에 관한 결정을 해야만 한다.」(2조 2항)[13]

이와 같이 사학에 대한 감독은 최소한의 법적 감독, 즉 합법성에 관한 감독에 한정되어 있으며, 뿐만 아니라 학교감독관의 선임에 있어서는 사학 측에 그 전형과정 참가권이 보장되도록 하고 있다.

다만 후기 중등교육의 영역에서는 사학의 교육상의 자율권은 약간 축소되어, 이 단계의 사학은 국가의 교육과정 기준에 구속받는 것으로 해석된다.

그 결과 예컨대 자유 발도로프 학교의 11학년과 12학년에 관해서는 그 수료 자격이 공립학교의 것과 동등하게 인정되지 않으며, 또 이 두 개 학년은 사학조성의 대상에서 제외되고 있다.[14]

제4절 사학에 대한 공적자금 조성

덴마크 학교제도의 주요한 특징을 이루는 「교육의 자유」 및 「학교의 자유」라는 기본 이념은 사학에 대한 공적자금 조성에서도 원리적으로 반영되고 있다. 즉, 덴마크에서 사학조성은 교육과 학교의 자유를 재정적으로 담보하는 것으로 여겨지고 있는 것이다.

사학에 대한 공적자금 조성에 관해서는 상기 1991년의 신사립학교법에 의해 규정되어 있는데, 동 법에 의거한 조성제도의 개요와 그 실태는 다음과 같다.[15]

① 신사립학교법에 의해 새롭게 도입된 재정절차에 따라, 사학은 공립학교의 아동 내지 학생 1인에 대해 지출되는 교육비를 단가로 하여, 해당 학교의 아동 내지 학생수에 상응하는 공적자금 조성을 받을 권리를 가진다. 물론 여기서 말하는 사학의 교육비에는 부모가 지불하는 수업료도 포함된다. 또 학교의 설치에 즈음하여 설치자는 공동체로부터 극히 적은 금리의 대부를 얻을 수 있다.

② 사학에 대한 공적자금 조성의 근거는 크게 사학교육의 독자성이 문화적 다양성을 가져온다는 것, 그리고 사학의 존재가 공립학교 교육비의 절감을 가져온다는 것에서 찾을 수 있다.

③ 사학에 대한 공적자금 조성은 비목을 한정하지 않는 일괄조성방식이 채용되고, 그 금액은 경상경비의 82~85%에 달하고 있다(15~18%가 수업료나 기부금에 의함).

④ 사학은 독자적으로 교원을 양성하여 임용하는 권리를 가지고 있음에도 불구하고, 교원의 처우에 있어서는 「사립학교와 공립학교의 재정평등의 원칙」이 적용되어, 사학의 교원은 공립학교 교원과 같은 액수의 급료를 보장받는다.

⑤ 사학조성의 조건으로는 사학에 대해 공립학교와의 등가성이 요구되고 있다. 그래서 시·군·구 평의회는 사학에서의 교육수준이 공립학교에 필적하는지에 관하여 감독권을 가지고 있다.

⑥ 평균 수업료를 초과하여 고액의 수업료를 요구하는 사학은 사학조성청구권을 잃는다. 이는 사학의 신분학교화, 엘리트학교화를 방지하기 위함이다.

⑦ 수업료를 지불하기 어려운 가정의 아동 내지 학생을 위하여 사학은 정원 10%에 대해 수업료를 면제하고 그에 상당하는 재원을 다른 방식으로 마련할 의무를 가진다. 이는 빈곤층 아동 내지 학생의 사학선택권 및 사학교육을 받을 권리를 보장하기 위한 취지이다.

⑧ 상술한 공적자금 조성의 대상이 되는 학년단계는 원칙적으로 1학년에서 10학년까지이다. 후기 중등교육 단계의 사학이 공적자금 조성을 받기 위해서는 교육과정, 교원의 자격, 교원의 임용, 교직원의 법적·경제적 지위, 학교에 대한 감독 등에 관하여 공립학교에 적용되고 있는 것과 동일한 기준을 충족해야 한다. 그 결과, 예컨대 자유 발도로프 학교의 11학년과 12학년은 공적자금 조성의 대상이 되지 않고 있다.

⑨ 「교육의 자유」, 「학교의 자유」, 「학교의 다양성」이라는 법원칙은 덴마크 문화에 입각하지 않는 사학에도 적용되어, 이슬람교도에 의해 설치되는 외국인 학교도 공적자금 조성을 받을 수가 있다.

(注)

(1) F. R. Jach, Schulverfassung und Bürgergesellschaft in Europa(이하 Schulverfassung으로 약함), 1999, SS. 188~189; W. Mitter, u. a. (Hrsg.), Die Schulsysteme Europas, 2004, S. 84; E. Bodenstein, Länderstudie Dänemark, in: M. S. Stubenrauch / E. Skiera (Hrsg.), Reformpädagogik und Schulreform in Europa, 1996, SS. 438~439; G. Lernbach, Private Schulen in Dänemark, in: endlich (1992), S. 10.

(2) M. Näf, Die dänische Efterskolen zwischen Schule, Studium und Beruf, in: endlich (1992), S. 20.

(3) 덴마크 헌법의 조문은 다음에 따랐다. S. Jenkner (Hrsg.), Das Recht auf Bildung und die Freiheit der Erziehung in europäischen Verfassungen, 1994, S. 23.

(4) Europäischen Gerichtshof für Menschenrechte, Urteil vom 7. 12. 1976 (Sexualerziehung in Dänemark), in: RdJB (1977), S. 150.

(5) E. Bodenstrin, a. a. O., S. 439; W. Mitter u. a. (Hrsg.), a. a. O., S. 79, S. 84.

(6) D. Lemke, Bildungspolitik in Europa, 1992. S. 90; H. P. de Lorent, Keine Angst vor Eltern-Autonomie und Elternbeteiligung nach der dänischen Schulreform, 1995, S. 20.

(7) F. R. Jach, Freie Schulen in Europa: Verfassungsrechtliche und gesetzliche Rahmenbedingungen für nichtstaatliche Schulen, 1992, S. 14.

(8) F. Thygesen, Bestand und Bedeutung der Grundrechte im Bildungsbereich in Dänemark, in: EuGRZ (1981), S. 629ff.

(9) E. Bodenstein, a. a. O., S. 439.

(10) F. R. Jach, Schulverfassung, a. a. O., S. 189; Eurydice, Formen, S. 17.

(11) F. R. Jach, Abschied von der verwalteten Schule, 2002, SS. 123~124.

(12) G, Leunbach, a, a, O., S. 10.

(13) 덴마크의 초등학교법 초역은 졸저 「日本国憲法と義務教育」, 青山社 2012年, 241 頁 이하에 수록되어 있다.

(14) F. R. Jach, Schulverfassung, S. 192.

(15) W. Mitter u. a., (Hrsg.), a. a. O., S. 84; F. R. Jach, Schulverfassung, SS. 190~192; E. Bodenstein, a. a. O., SS. 440~444; Eurydice, Formen, S. 20; F. Thygesen, a. a. O., S. 631, in: EuGRZ (1981), S. 629ff.; G. Leunbach, a. a. O., S. 11; Europäische Kommission, Strukturen der allgemeinen und beruflichen

Bildung in der Europäischen Union, 1995, S. 68; L. Feron / I. Krampen, Die rechtliche und finanzielle Situation von Schulen in freier Trägerschaft in Europa, in: F. Hufen /J. P. Vogel (Hrsg.), Keine Zukungtsperspektiven für Schulen in freier Trägerschaft?, 2006, S. 176.

제 6 장

벨기에에서의 「사학의 자유」와 사학조성

제1절 사학의 현황

앞에서 서술한 것처럼 벨기에는 네덜란드와 더불어 세계적으로 이름난 「사학 우위국」인데, 2012년 현재 사립학교 대 공립학교의 비율(아동·학생 수)은 플라망 공동체의 경우 초등학교에서는 64 대 36(%) 중등학교에서는 75 대 25(%)이고, 또 프랑스어 공동체에서는 그 비율이 각각 46 대 54(%), 57 대 43(%)이다.

사학의 유형은 크게 종교 계열 사학, 세계관상의 중립 교육을 표방하는 비종교 계열 사학, 개혁교육학에 입각한 사학, 이상 세 가지로 나뉜다. 이 중에서 종교 계열 사학이 사학 전체의 약 9할을 점하며, 그 태반이 가톨릭계 사학이다. 개혁교육학의 흐름을 따른 사학의 수는 언어권에 따라 크게 다른데, 플라망어권에서는 자유 발도로프 학교, 프랑스어권에서는 플레네 학교, 그리고 독일어권에서는 예나플란슐레가 가장 많이 설치되어 있다.[1]

제2절 「교육의 자유」의 헌법상 보장과 헌법상 권리로서의 사학조성청구권

1830년 혁명의 소산으로서 그 다음해인 1831년 제정된 벨기에 헌법은 「19세기 자유주의의 전형적인 산물」[2] 또는 「유럽에서 50년에 걸친 헌법상 경험의 결과로서 … 가장 유동적인 것의 전형」[3]이라 평가되어 그 후 많은 국가의 헌법이 모범으로 삼은 헌법인데,[4] 그것은 프랑스혁명기 헌법의 흐름을 이어받아 다음과 같이 소리 높여 천명하였다. 「교육은 자유로운 것이다. 이에 대한 모든 방해와 압력 조치를 금한다.」(17조) 시민의 민주적 자유로서 「교육의 자유」를 헌법상의 기본권으로 보장한 것이다.

1989년 대폭 개정된 현행 헌법은 상기의 「교육의 자유」 조항을 그대로 이어받음과 동시에(24조 1항 1문), 새로이 공동체에 의한 「부모의 학교선택의 자유」의 존중 의무를 헌법상 명기하고(동조 동항 2문), 아울러 공동체의 「교육의 중립성」 확보 의무, 특히 부모와 아동의 철학적·이데올로기적·종교적 견해 존중 의무를 규정하였다(동조 동항 3문).

더욱이 기본적 자유와 기본적 인권에 대한 존중을 바탕으로 「교육을 받을 권리」를 헌법상의 기본권으로 새삼 확인하고(25조 3항 1문), 이에 의거하여 「의무교육 무상제」의 원칙을 헌법상에 명기하였다(같은 곳). 덧붙여 공동체에 의해 무상으로 도덕교육 내지는 종교교육을 받을 권리를 학령 아동·학생에 대해 보장한 데(24조 3항 2문) 이어, 다음과 같은 「법 아래의 평등」 규정을 두었다(24조 4항).

「모든 아동·학생·부모 및 교직원과 교육기관은 법률 또는 명령 앞에서 평등하다. 법률 및 명령은 객관적인 차이, 특히 각 학교 설치주체에 특유하고 게다가 설치목적에 적합한 취급을 요청하는 지표를 고려하지 않으면 아니 된다.」[5]

그리고 여기서 각별히 중요한 것은, 벨기에에서는 상기와 같은 헌법 조항들의 구조적·체계적인 해석을 통해 사립학교의 공비조성청구권이 헌법상의 권리로서 도출된다고 해석하고 있는 점이다.[6]

더욱이 벨기에는 플라망어, 프랑스어, 독일어의 3개 언어권 「공동체」(통치행정구)로 구성된 연방국가인데, 1989년 헌법 개정 이래 교육이나 문화에 관한 권한은 원칙적으로 각 「공동체」에 속해 있으며,[7] 연방의 권한은 취학의무의 시작과 마치는 시기의 확정, 대학 졸업 자격 최저 조건의 확정 및 교원의 연금제도에 관한 사항에 한하고 있다(헌법 127조 1항 외).

제3절 국가의 재정지원을 받는 「자유로운 학교」로서의 사학

벨기에에서는 상술한 「교육의 자유」의 헌법상 보장에 의해 개인을 비롯하여 각종 조직 또는 단체에 헌법상의 권리로서 「사학을 설치하는 권리」가 보장되고 있는데, 이와 같이 설립된 비공립학교 영역은 사립학교라는 명칭이 아니라 「자유로운 교육 영역」이라고 하는, 보다 정확하게는 「국가로부터 재정지원을 받는 자유로운 학교제도」로서 자리매김을 하고 있다.[8]

「자유로운 학교」(사립학교)는 1959년 체결된 이른바 「학교협정」에 의해 교육계획, 교육과정, 교수조직, 교육방법, 학교의 조직편제, 인사 및 예산의 사용 등에 관해 매우 광범위한 자유를 인정받고 있다.[9]

덧붙여 OECD 조사에 따르면 이 영역에 있어서 학교의 자율성·결정권의 정도와 범위는 공립학교의 경우는 26%인데 비해 「자유로운 학교」에 있어서는 73%에 이르는 것으로 되어 있다.[10]

그런데 벨기에에서도 독일이나 네덜란드 등과 마찬가지로 「사학의 자유」의 헌법상 보장의 당연한 귀결로서 사학에 대해서는 공립학교 교육과의 「동종성」이 아닌 「등가성」이 요구되고 있으며, 이러한 맥락에서 「사학의 자유」

와 사학에 대한 공적 규제를 둘러싸고 다음과 같은 소송이 일어나고 있다.

1995년 2월 플라망 공동체는 사학도 규율 대상으로 하는 신학교법을 제정했는데, 이 법은 학생이 습득해야 할 자질, 능력이나 학교의 교육내용에 관해 상세하게 규정하고 있다. 이에 개혁교육학에 입각한 자유 발도로프 학교가 엄정히 이의를 제기하여 제소했고, 플라망 공동체의 헌법재판소는 다음과 같이 판결하여(1986년 12월 18일 판결) 상기 학교법이 「사학의 자유」를 침해하므로 위헌이라는 견해를 표명하였다[11].

「'교육의 자유'를 보장하고, 이를 저해하는 모든 강압 조치를 금지하며, 부모의 학교선택의 자유를 보장하는 헌법 24조 1항은 온갖 세계관의 학교를 설치하는 권리와 학교를 선택하는 권리를 보장하고 있을 뿐 아니라, 특정의 교육관에 입각한 사학교육의 독자성까지도 보장하는 것이다.

헌법 24조 1항의 의미에서 보면 '교육의 자유'는 공적자금에 의한 조성을 받아 특정의 교육관에 근거한 독자적 교육을 조직하고 제공하는 권리를 학교의 설치주체에게 보장한 것이다.

분명히 사학이 가지는 공비조성청구권에는, 적절한 교육을 통한 「공공의 이익」 추구, 일정의 학생수, 재정지원의 가능성 등과 같은 제약이 존재한다. 그러나 그 범위 안에서 사학조성에 관한 최저 조건을 정하는 것은 가능하다.

그러나 1995년 2월 22일에 제정된 학교법은 초등학교 교육의 각 단계에 따라 그 목적과 최종적인 목적을 광범하고도 상세하게 규정하고 있다. 거기에서는 공동체가 자기의 교육 프로젝트를 수행하고 실현하는 방향으로 목적 규정이 되어 있으므로 교육의 자유 영역은 너무나 좁게 제한되어 있다. 기본적 인권과 기본적 자유가 보장되는 가운데 교육의 질과 적절한 교육내용을 확보하여 특정의 교육관에 입각한 교육을 하고 있는 자유 발도로프 학교와 같은 교육시설에 대하여, 이 점에 있어서 어느 정도 차이를 용인하는 절차를 입법자가 스스로 제도화하지 않고 학교교육의 각 단계에 따른 목적과 최종적인 목적을 규정한 것은 헌법 17조 1항에 의해 보장된 '교육의 자유'를 침해하는 것이다」.

제4절 사학에 대한 공적자금 조성

기술한 바와 같이 벨기에의 사학은 헌법 24조에 의해 헌법상 권리로서 공비조성청구권을 가지고 있는 것으로 해석되어, 국가의 교육 예산(1989년 이후 교육재정권은 세 공동체에 귀속)은 공립학교와 사립학교의 학생수에 비례하도록 배분하는, 「사립학교와 공립학교의 교육비 평등의 원칙」이 헌법상의 원칙으로 확립되어 있다.

구체적으로 사학은 공립학교에 적용되고 있는 것과 동일한 기준에 의거하여 공적자금 조성을 받고 있으며, 그리하여 예컨대 교원의 급료는 공립학교 교원의 그것과 다르지 않다. 그 이외의 사학에 대한 경상비 조성은 비목을 한정하지 않고 포괄방식으로 급부된다.

단 사학이 공적자금 조성을 받을 때에는 다음과 같은 요건이 법으로 정해져 있다.[12]

① 사학조성 수급 자격은 학교 설립 후 2년간의 「대기기간」을 경과하여 발생.

② 의무교육의 무상제 원칙은 사학에도 적용되어, 이 단계의 사학은 수업료를 징수할 수 없음.

③ 학교의 조직, 편성에 관한 법령을 준수할 것.

④ 학교 감독기관에 의한 학교감독을 받아들일 것.

⑤ 졸업시험의 수준이 공립학교와 동등할 것.

⑥ 인구규모에 응하여 규정된 최저수의 아동, 학생이 있을 것.

⑦ 위생상, 경찰법상의 규정을 준수할 것.

(注)

(1) F, R, Jach, Schulverfassung, SS.177~178; G. S. Bong, Länderstudie Belgien, in: M. S. Stubenrauch /E. S. Skiera (Hrsg.), Reformpädagogik und Schulreform in Europa, 1966, S. 158; W. Mitter u. a.(Hrsg.), a. a. O., SS. 34~35.

(2) 青宮四部解説・訳,「ベルギー憲法」, 宮沢俊義編,「世界憲法集」, 岩波書店 1967年, 56頁.

(3) 武居一正解説・訳,「ベルギー憲法」, 阿部畑編,「世界憲法集」, 有信堂高文庫 1998 年, 382頁.

(4) 벨기에 헌법을 모델로 하여 19세기에 제정된 헌법으로는 예컨대 다음과 같은 것들 이 있다: 1837년의 스페인 헌법, 1844년과 1864년의 그리스 헌법, 1848년의 오스트 리아, 네덜란드, 프로이센, 룩셈부르크의 각 헌법, 1866년의 루마니아 헌법(武居一正, 앞의 글).

(5) 벨기에 헌법의 조문은 다음에 따랐다. S. Jenkner (Hrsg.), a. a. O., S. 19ff.

(6) F, R, Jach, Schulverfassung, S. 176.

(7) 벨기에에서의 연방과 공동체의 권한배분은 다음과 같다.

연방의 권한: 외교, 방위, 사법, 재정, 사회법의 입법

공동체의 권한: 문화, 교육, 사회・보건제도, 언어에 관한 사항

(Europäische Kommission. Strukturen der allgemeinen und beruflichen Bildung in der Europäischen Union, 1995, S. 14).

(8) F. R. Jach, Schulverfassung, S. 177.

(9) Kommission der Europäischen Gemeinschaften, Formen und Status des privaten und Nicht-staatlichen Bildungswesens in den Mitgliedstaaten der Europäischen Gemeinschaft (이하, Formen), 1992, S. 11.

(10) G. Charles, Schule und Religion in den Vereinigten Staaten, in: RdJB (1996) S. 339.

(11) F, R, Jach, Schulverfassung, SS. 179~180.

(12) G. S. Bong, a. a. O., S. 390; G. Fuchs, Bildungssysteme in Belgien, in: Schulmanagement (1992), S. 38; F. R. Jach, Schulverfassung, S. 178; Kommission der Europäischen Gemeinschaften, Formen, S. 10.

제 7 장

스페인, 핀란드, 노르웨이에서의 「사학의 자유」와
사학조성

제1절 스페인

1. 「교육의 자유」, 「부모의 교육권」, 「사학설치권」의 헌법상 보장

1978년 제정된 스페인 헌법 27조는 「누구나 교육에의 권리를 가진다. 교육의 자유는 인정된다」(1항)고 규정하여 「교육에의 권리」와 「교육의 자유」를 헌법상에 명기하고 있다. 이를 받아 「교육은 민주적 공존의 원칙과 기본적 권리 및 자유를 존중하고 인격의 전면적인 발전을 도모하는 것을 목적으로 한다」(2항)고 규정하며 교육의 목적을 헌법상 분명하게 밝히고, 아울러 「부모의 종교교육권 내지 도덕교육권」을 헌법상의 기본권으로 보장함과 동시에 (3항), 다음과 같이 규정하여 「사학을 설치하는 자유」를 헌법으로 보장하고 있다(6항).

「헌법적 원칙의 존중에 의거하여 법인 및 자연인의, 교육기관을 설립하는 자유가 인정된다.」

그리하여 위 조항을 따라서 「공공 당국은 법률상 규정된 요건을 충족하는 교육기관을 원조하지 않으면 아니 된다」(9항)고 규정하는데, 여기에서 사학

에 대한 공적자금 조성 의무가 헌법상 의무로서 도출되는 것이다.[1]

2. 국가와 사학과의 계약

스페인의 사립학교는 「승인을 받은 사학」(centros concertados)과 「승인을 받지 아니한 사학」(centros no concertados), 이상 두 가지 유형으로 구별된다. 승인을 받은 사학만이 공적자금 조성을 받을 수 있다. 「승인을 받지 아니한 사학」은 일반적인 인가 절차에는 따르지만 학교의 조직편제, 교원의 선임, 아동, 학생의 입학허가 조건, 학교규정의 정립, 학교재무 등에 관해서는 전적으로 자유를 향유하고 있다.

사학이 공적자금 조성을 받기 위해서는 프랑스의 사학이 그러하듯 국가와 계약을 맺어야만 한다. 국가와의 계약 체결은 본래 「국가로부터의 자유」를 누리고 있는 사학이 국법적 규율에 따른다는 것을 의미한다.[2]

사학과 국가의 계약에는 「일반 계약」과 「특별 계약」 두 종류가 있으며, 1995년의 교육법이 이에 관해 구체적으로 규정하고 있다.[3]

일반 계약은 의무교육 단계의 학교에 적용되는데, 그것에 의하면 교원의 인건비 등 경상비 전체(100%)가 공적자금에 의해 보조된다.

특별 계약은 비목 각각에 대한 부분 보조를 규정한 것이다.

더욱이 국가와 일반 계약을 체결한 사학에는 다음과 같은 의무가 주어진다.

① 계약을 체결한 교과에 대해서는 수업료를 징수해서는 아니 된다.

② 학생수와 교원수 비율에 관한 규정을 준수해야 한다.

③ 공립학교와 공통된 핵심 교육과정에 관한 규정을 준수해야 한다. 시험에 관해서도 마찬가지이다.

④ 공립학교의 입학허가 기준에 필적하는 규준에 의거하여 아동, 학생을 선발해야 한다.

⑤ 계약 외의 교육활동도 차별을 조장한다든가, 영리를 목적으로 행해서는 아니 된다.

⑥ 교원의 임용과 해고에는 법률이 정하는 기준에 준거해야 한다.

⑦ 사회 일반에 대하여 해당 사학은 계약상의 지위나 학교 성격에 관해서 정보를 제공해야 한다.

⑧ 학교회의를 설치하여 교원, 부모, 학생의 학교참여를 제도적으로 확보하여 보장해야 한다.

제2절 핀란드

1.「사학의 자유」의 헌법상 보장과「법률의 유보」

독립국가로서 핀란드 공화국이 성립한 것은 1917년인데 그 2년 후인 1919년에 제정된 핀란드 헌법은 다음과 같이 규정하여 「사학의 자유」와 「가정교육의 자유」(부모의 교육의 자유)를 헌법상 보장하였다.(82조)

「사립학교 및 기타의 사적인 교육시설을 설치하고 거기서 교육을 조직하는 권리는 법률로서 이를 규정한다. 가정교육은 당국의 어떠한 감독에도 따르지 아니한다」.

이 조문으로 봐서 알겠지만 핀란드 헌법은 「사학의 자유」를 헌법상의 권리로서 확인하고는 있지만 그 구체적인 법제도 형성은 입법자에게 맡겨져 있으며(법률의 유보) 그리하여 본 조항에서는 「사학의 자유」 보장과 관련하여 다음 두 가지 점만이 도출되는 것으로 해석된다. ① 국가에 대한 사학조성청구권은 헌법상의 권리로서는 예정되어 있지 아니한다. ② 제2항의 반대해석에 의해 사립학교에 대해서는 국가의 학교감독이 미친다는 것이 그것이다.[4]

이 조항을 받아 현행법제상 1990년 제정된 학교법이 사학의 설치인가나 법적 지위 등에 관해서 규정하고 있는 것인데 동법은 「사학을 설치하는 자유」를 법률 차원에서 다시금 확인하는 것에 더하여 자유 발도르프 학교, 플레네 학교, 몬테소리 학교, 자유 대안 학교 등과 같은 국제적으로 널리 승인된 교육원리를 추구하고 있는 사학은 행정기관에 의한 심사없이 인가해야만 한다는 규정을 두고 있다.

단, 사학의 설치주체는 공익의 추구를 전적으로 하는 사인 또는 단체(공익 사단법인·재단 등)에 한하며 사학은 어떤 경우에라도 영리의 추구를 목적으로 해서는 아니된다고 법으로 정하고 있다.[5]

덧붙여 본법 제정 이전에는 자유 발도르프 학교는 사교육 — (가정교육, 핀란드는 의무교육의 제도유형으로서 「교육의 무게」를 채택하고 「학교를 대신하는 사교육·보통교육」을 법으로 인정하고 있다.) — 이라 해서 학교제도의 틀 밖에 놓여서(자유 발도르프 학교에 관한 법률·1977년 등) 일반적인 학교법은 적용되지 아니한 것인데 본 법에 의해 학교교육법제 및 자치체의 교육행정에 편입되어 이른바 대체학교로서 법적인 자리매김을 하게 된 것이다.[6]

이 결과 핀란드에서는 1990년 이래 개혁교육학에 근거한 사학이 상당히 증가했다고 알려지고 있다.[7]

2.「사립학교와 공립학교의 재정평등의 원칙」과 수업료 무상의 원칙

핀란드 헌법(1990년)은 교육재정 조항을 가지고 있으며, 이 조항에서는 다음과 같이 규정되고 있다.

• 79조:「중등 단계의 일반교육 또는 국민교육을 위한 교육시설은 국가의 재정에 의해 유지 또는 지원된다.」

• 80조:「… 국가 및 자치체의 초등학교에 대한 재정상의 지원의무에 관해

서는 … 법률로 규정한다. 초등학교에서의 수업은 무상으로 한다.」

이 헌법 조항을 따라 현행 법제상 기초학교법(기초학교: 9년간 일관되는 총합제학교[總合制學校]. 취학연령 7~16세), 중등교육학교법, 직업교육학교법 등의 일반법 외에 특별법으로서 교육과 문화에 관한 재정법(1998년)이 이 법 영역에 관하여 구체적으로 규정하고 있는데, 여기서의 주제에 관련시켜 이 같은 법률의 기본적인 규정내용을 지적해서 기록하면 다음과 같다.[8]

① 교육재정에 관해서는 국가와 자치체가 분담해서 책임을 진다. 단, 고등교육비(종합대학·전문대학)에 관해서는 국가가 단독으로 부담한다.

② 의무교육학교, 후기중등교육학교 및 직업교육학교에 대한 공재정 지출에 관해서는 학교 설치주체의 여하에 관계없이 동일 기준원칙이 적용된다(사립학교와 공립학교의 재정평등의 원칙).[9]

③ 자치체 및 기타 학교 설치자는 자기 자금의 보충을 위해 국가에 대한 보조금청구권을 가진다. 국가는 설치자의 재정 사정이나 학생수 등을 감안하여 학교의 설치비에 대해서는 25~70%, 경상경비에 대해서는 45~60%의 비율로 보조해야 한다.

④ 국가로부터의 보조금은 비목을 한정하지 않고 일괄 교부된다.

⑤ 사학은 자치체로부터도 보조금을 받을 수 있다. 그것은 사학이 독자적인 성향에 의거하여 교육을 행한다는, 사학과 자치체 간의 협약에 따른다.

⑥ 사립학교의 교원은 공립학교의 교원과 동일한 권리와 의무를 가진다. 급료 및 기타의 노동조건에 관해서도 기본적으로는 같다. 이에 대해서는 교원노동조합과 당국 간의 단체 교섭에 의해 결정된다. 그렇게 함으로써 공립학교 교원과 사립학교 교원 간의 인사교류나 배치전환도 가능하다.

⑦ 교원의 급료는 국가가 전액 부담한다.[10]

⑧ 취학 전 교육에서 고등교육 단계까지 국립·공립·사립학교의 수업료는 모두 무상이다. 헌법상의 의무교육 무상 규정(80조 2항)은 사학에도 직접 적용된다.

⑨ 의무교육 학교에서는 수업료뿐만 아니라 교과서를 비롯한 교재·교구, 급식비, 의료 서비스, 통학비도 무상이며, 원거리 통학의 경우 교통비는 자치체가 부담한다. 후기중등교육학교에 있어서도 급식비는 무상이다.

3. 교육의 자치, 분권개혁, 공립학교 교육에 대한 개혁교육학의 영향

핀란드에서는 1990년 시·군·구 자치법과 상기 학교법의 제정에 의해 매우 과감한 교육행정 및 학교교육의 자치와 분권개혁이 감행되었다. 즉 시·군·구 자치법에 의해 학교교육은 시·군·구의 자치 사항이라고 명기되고, 또 1990년의 학교법은 「학교의 교육상의 자율성」과 「교원의 교육상의 자유」를 대폭 확대·강화했다. 1992년에는 교과서 검정제도가 폐지되고 교과서의 자유발행 제도가 도입되었으며, 또한 교과서 채택도 상기 학교법에 의해 각 학교 교원의 자율적인 권한이 되기에 이르렀다.[11]

그리하여 1994년에는 국가의 교육과정행정권이 대폭 축소되어 국가(정확히는 중앙교육위원회)는 이 영역에서는 원칙적으로 국가적 핵심 교육과정의 작성권을 가질 뿐,[12] 그 이외의 교육과정에 관해서는 시·군·구 내지 학교 교원에게 그 권한이 넘어갔다. 이 역시 핀란드가 시·군·구 국가라 불리는 이유가 된다.[13]

더욱이 상기 국가적 핵심 교육과정은 사학에 대해서도 구속력을 가지는 국가적 기준인데, 핀란드에서는 별도의 학교 감독기관은 두지 않았다. 중앙교육위원회가 교육제도에 대한 평가 권한을 가진 것에 그쳤다.

그런데 이상과 같은 교육의 자율성 강화 동향과 관련해서 각별히 주목할 만한 것은, 1980년대 중반 이래 개혁교육학이 핀란드의 학교개혁에 적지 않은 영향을 끼치고 있다는 사실이다.

즉 1985년의 학습지도요령은 교육과정 편성 면에서는 학교와 교원의 자율적 권한을 크게 강화했는데, 그것은 아울러 공립학교에서 개혁 교육학에 근거한 교육을 가능하게 했다. 1990년의 상기 학교법과 1994년의 개정 학습지도요령은 이를 더욱 촉진하여, 오늘날에는 공립학교에서도 각 학교나 교원의 판단에 따라 몬테소리 교육학이나 플레네 교육학 등에 의거하여 독자의 교육을 전개하는 사례가 보인다(공립학교의 사립학교화).[14]

제 3 절 노르웨이

1. 공립학교에 대한 대안으로서의 사학

노르웨이 헌법(1814년)은 교육에 관한 조항을 갖고 있지 않으며, 현행 법제상에서는 1985년 제정된 사립학교법이 사학의 설치인가나 사학의 법적 지위, 나아가 사학에 대한 공적자금 조성 등에 관해 규정하고 있다. 이 법률은 「교육의 자유」, 「사학의 자유」에 입각하여 사학에 대해 기본적으로는 공립학교와 같은 법정 지위를 보장하는 등 매우 호의적인 조항을 가지고 있으나, 노르웨이에서는 근래 20년 동안은 사학이 거의 증가하지 않아, 총 학교 수에서 차지하는 비율이 초등교육학교, 중등교육학교와 함께 약 5%(자유 발도로프 학교 32개교)에 그치고 있는 것이 현재의 상황이다. 그 이유는 상기 사립학교법에 의해 사학은 그 교육의 종류에 있어서 공립학교와 경쟁관계에 있어서는 아니 되며(공립학교 교육과 사립학교 교육의 동종성의 금지), 공립학교에 대한 교육상의 대안이어야만 한다고 정의되어 왔기 때문이라고 한다.[15] 이는 학교교육에서의 다양성 확보, 즉 교육에서의 가치다원주의를 지향하는 입장이며, 바로 그러한 다양성 내지 가치다원주의의 추구를 제도적으로 사학에서 기대하는 태도이다.

게다가 이 점에 관하여 OECD의 조사보고서 「학교와 질」에서도 다음과 같이 개괄하고 있다.[16] 「노르웨이에서는 재정지원에 의해 학교 간의 경쟁은 의식적으로 피하고, 각 학교의 질이 같아지도록 할 학교제도를 창조하는 것을 목표로 하고 있다」.

2. 사립학교법에 의한 사학조성청구권의 보장

상술한 바처럼 1985년의 사립학교법은 사학에 대한 공적자금 조성에 관해서도 규정하고 있는데, 주목해야 할 것은, 동 법에 의하면 사학조성의 주요한 목적은 공립학교에 대한 교육상의 대안으로서의 사학을 제도적으로 보장하는 데 있다는 것이다. 「사학의 자유」를 재정적으로 담보하는 수단으로서 사학조성을 법적으로 자리매김한 것이다.

이와 같이 사학은 이 법에 의해 교육상 광범위한 자유를 보장받고 있는 한편, 교육상의 대안으로서 설치된 사학에는 사학조성청구권이 보장받게 되어 있다.[17] 상기 사립학교법은 국가에 대하여 사학조성 의무를 지우고 있지만, 사학에 대한 공적자금 조성은 총 지출액의 85%이며 「사학의 자유」를 고려해서 설치자에게 일괄 교부된다.[18] 이같이 사학조성을 받는 것으로서 경상경비가 전액 보전되는 사학은 수업료를 징수해서는 안 되는 것으로 되어 있다.

사립학교법에 의해 사립학교의 교원은 급여 및 노동조건과 관련하여 공립학교 교원과 기본적으로 같은 권리를 보장받고 있다.

또한 대안으로서 인정된 사학은 성적평가 기준과 졸업 자격에 관해서는 국가의 법령에 의한 규제를 받는다.

(注)
(1) F. R. Jach, Schulverfassung and Bürgergesellschaft in Europa, 1999, S. 342.
    스페인 헌법의 조문은 다음을 따랐다: S. Jenkner (Hrsg.), Das Recht auf Bildung

und die Freiheit der Erziehung in europäischen Verfassungen, 1994, S. 73ff.

(2) Europäishe Kommission (Hrsg.), Strukturen der allgemeinen und beruflichen Bildung in der Europäischen Union, 1995, S. 9ff.; O. Anweiler, Bildungssysteme in Europa, 1996, SS. 225~226; L. Feron /I. Krampen, Die rechtliche und finanzielle Situation von Schulen in freier Trägerschaft in Europa, in: F. Haffen /J. P. Vogel (Hrsg.), Keine Zukunftsperspektiven für Schulen in freier Trägerschaft?, 2006, SS. 169~170.

(3) Kommission der Europäischen Gemeinschaften (Hrsg.), Formen und Status des privaten und nicht-staatlichen Bildungswesens in den Mitgliedstaaten der Europäischen Gemeinschaft, 1992, S. 9ff.; W. Mitter u. a. (Hrsg.), Die Schulsysteme Europas, 2001, SS. 541~542.

(4) F. R, Jach, Schulverfassung, S., 235.

(5) E. Korpinen / T. Peltonen, Privatschulen in Finnland, in: A. Gürlevik / C. Palentien / R. Heyer (Hrsg.), Privatschulen versus staatliche Schulen, 2013, S. 103, 107.

(6) 이 법률은 법안의 단계에서는 사학의 설치인가청구권, 사학과 공립학교의 재정평등의 원칙, 사학의 독자교육을 추구할 권리 등을 명기하고 있었다고 한다(F. R. Jach, a. a. O., S. 236).

(7) J. Kari / E. Skiera, Länderstudie Finnland, in: M. S Stubenrauch / E. Skiera (Hrsg.), Reformpädagogik und Schulreform in Europa, 1996. S. 457.

  이와 관련하여 핀란드에서 사학이 점하는 비율은 초등학교에서 1.9%, 중등교육학교는 6.2%, 직업교육학교 40.4%로 되어 있다(W. Mitter u. a. (Hrsg), a. a. O., S. 145). 또한 2010년 현재 자유 발도르프 학교는 25개교로서 재적 아동 또는 학생 수는 약 4,800명을 헤아리게 되었다(E. Korpinen / T. Peltonen, a. a. O., S. 107).

(8) Europäische Kommission, a. a. O., SS. 364~365; F. R. Jach, a. a. O., SS. 236~237; M. Borchert / R. Bell (Hrsg.), a. a. O., SS. 11~13; Eurydice, Private Education in the European Union, 2000, pp. 120~123.

(9) 현행 법제상 「사립학교와 공립학교의 재정평등의 원칙」을 국가 차원에서 비목을 불문하고 포괄적으로 법제도화하고 있는 곳은 네덜란드, 스웨덴, 폴란드, 핀란드 4개국이다(L. Feron / I. Krampen, a. a. O., S. 174; Key Data, p. 163).

(10) 유럽 여러 나라에서 사학교원의 인건비를 전액 국고 부담하고 있는 곳은 네덜란드, 벨기에, 오스트리아, 핀란드, 아일랜드, 스페인, 포르투갈 7개국이라고 한다(L. Feron

/ I. Krampen, a. a. O., S. 175).

(11) F. R. Jach, a. a. O., SS. 234~235.

(12) 핀란드에서는 중앙교육행정기관으로서 교육부와 중앙교육위원회가 설치되어 있다. 양자 간에는 원리적인 권한 배분이 있으며, 교육부는 소위 외적 학교사항을 관리하고 교육목적, 교육내용, 교육방법 등 이른바 내적 학교사항은 「교육의 전문성과 자율성」을 고려하여 교육전문가, 지방교육행정담당자, 교원이나 사회단체의 대표자 등으로 구성되는 중앙교육위원회의 권한으로 되어 있다(Europäische Kommission, a. a. O., SS. 362~364).

(13) 핀란드는 12개 주와 452개 시·군·구로 이루어져 있는데, 주의 교육권한은 극히 한정되어 있고 교육 행정기구는 기본적으로는 국가와 시·군·구의 두 단계로 구성되어 있다(W. Mitter u. a., a. a. O., S. 145).

(14) E, Skiera, Reformpädagogik und innere Schulreform in Geschichte und Gegenwart, In: A. L. Matthies / E. Skiera (Hrsg.), Das Bildungswesen in Finnland, 2009, SS. 108~113; Ders, Reformpädagogische Schulmodelle und ihr Einfluss auf die Schulreform der Gegenwart in internationaler Sicht, in: A. Gürlevik / C. Palentien / R. Meyer (Hrsg.), a. a. O., S. 137ff. J. Kari / E. Skiera, a. a. O., SS. 457~459.

(15) F. R. Jach, a. a. O., S. 232.

(16) Ditto.

(17) F. R. Jach, a. a. O., S. 230.

(18) W. Mitter u. a. (Hrsg.), a. a. O., S. 358; Europäishe Kommission, a. a. O., S. 488.

「사학의 자유」를 보장하고 있는 각국의 헌법 조항과 국제조약, 국제헌장, 국제결의

> (1) 「교육의 자유」 보장에는 「사학의 자유」 보장이 당연히 포함되어 있다.
> (2) 「사학 설치의 자유」 보장에는 「사학 교육의 자유」, 「사학 경영의 자유」가 당연히 포함되어 있다.

1. 프랑스 헌법 300조(1795년): 「시민은 과학, 문학 및 미술의 발전에 협력하기 위하여 사적 교육시설 및 사적 협회를 설립하는 권리를 가진다.」
2. 벨기에 헌법 17조(1931년): 「교육은 자유로운 것이다. 이에 대한 모든 방해와 억압 수단을 금한다.」
3. 네덜란드 헌법 23조 2항(1987년): 「교육을 제공하는 것은 당국에 의한 감독 및 … 교원의 자질과 도덕적 적성에 관한 심사를 제외하고는 각인의 자유이다.」
4. 프로이센 헌법 19조(1848년): 「교육을 행하고, 또한 교육시설을 설치하는 것은 해당 국가 관청에 학문적·전문적 능력을 증명할 경우 모든 사람에게 있어서 자유이다.」
5. 오스트리아 국가기본법 17조(1867년): 「교육시설을 설립하여 거기서 교육을 행하는 것은 모든 시민의 권리이다.」
6. 핀란드 헌법 82조(1990년): 「사립학교 및 기타 교육시설을 설치하여 거기서 교육을 조직하는 권리에 관해서는 법률로 정한다.」
7. 아일랜드 헌법 42조(1937년): 「국가는 아동의 1차적이고 자연적인 교육자가 가족임을 인식하고, 부모의 자산에 응하여 아동의 종교적, 도덕적, 지적, 신체적 및 사회적 교육을 행할 부모의 양보할 수 없는 권리 및 의무를 존중할 것을 보장한다.」(1항) 「부모는 자녀 교육을 가정, 사립학교 또는 국가가 승인하거나

설립한 학교 중 어느 곳에서도 행하는 것을 자유로 한다.」(2항)「국가는 부모에 대해서 그 자녀를 양친 또는 법률상의 선택권을 침해하면서 국가가 설립한 학교 또는 국가가 지정하는 어떤 형태의 학교에도 보낼 것을 강요해서는 아니 된다.」(3항)

8. 덴마크 헌법 76조 (1953년):「초등학교 교육에 관해서 일반적으로 마련된 기준에 상응하는 교육을 그 아동이 받을 수 있도록 스스로 배려하는 부모는 … 초등학교에서 그 아동 … 에게 교육을 받도록 할 의무를 지지 아니한다.」

9. 이탈리아 헌법 33조(1948년):「단체 및 사인은 국가의 부담을 동반하지 않고도 학교 및 교육시설을 설립하는 권리를 가진다.」(3항)「법률은 국가의 승인을 요구하는 사립학교의 권리와 의무에 관해 규정할 때에 사립학교에 대하여 완전한 자유를 보장해야 하며, 또 사립학교의 학생에 대해서는 국립학교의 학생이 누리는 것과 동일한 수학상의 대우를 보장해야 한다.」(4항)

10. 독일 기본법(1949년):「자녀의 감호 및 교육은 부모의 자연적 권리이며, 또한 무엇보다 먼저 부모에게 과해진 의무이다.」(6조 2항)「사립학교를 설립하는 권리는 보장된다.」(7조 4항)

11. 폴란드 헌법 70조 3항(1997년):「시민 및 단체는 초등학교, 중등학교, 고등교육 기관 및 교육개선기관을 설치하는 권리를 가진다」.

12. 그리스 헌법 16조 8항(1975년):「비국립의 교육시설을 설치하여 운영하기 위한 인가조건에 관해서는 법률로 정한다」.

13. 포르투갈 헌법(1976년):「학습의 자유 및 교육의 자유는 보장된다.」(43조 1항)「사립학교에서 종교교육을 행하기 위해서는 어떤 허가도 필요치 아니한다.」(43조 4항)「초등학교와 유사한 사립학교의 설립은 자유로 한다. 단, 국가의 감독을 받는 것으로 한다.」(44조)

14. 스페인 헌법 27조(1978년):「누구나 교육에의 권리를 가진다. 교육의 자유는 인정된다.」(1항)「공공 당국은 부모가 자녀에게 부모의 신념과 일치하는 종교적·도덕적 인격을 형성시키는 데 도움이 되는 부모의 권리를 보장한다.」(3항)「법인 및 자연인에게는 헌법상의 원칙 하에서 교육기관을 설립하는 자유가 인정된다.」(6항)

15. 유럽의회:「유럽공동체에서의 교육의 자유에 관한 결의(1984년):「교육의 자유는 보장되어야 한다.」(6항)「교육의 자유에는 학교를 설치하여 교육을 하는 권리가 포함된다. 또한 이 자유는 그 자녀를 위해 학교를 선택하는 부모의 권리를 포함한다. 그 때문에 필요한 공립학교 또는 사립학교의 설치를 가능케 하는 것은 국가의 책무에 속한다.」(7항)

16. UN「경제적·사회적 및 문화적 권리에 관한 국제규약(사회권 규약)」13조 4항(1966년):「이 조항의 어떤 규정도 개인 및 단체가 교육기관을 설립하여 운영하는 자유를 방해하는 것으로 해석되어서는 아니 된다.」

17. UN「자녀의 권리에 관한 조약」29조 2항(1989년):「이 조문은, 그리고 앞의 조문의 어떤 규정도 개인 및 단체가 교육기관을 설치 및 관리·운영하는 자유를 방해하는 것으로 해석되어서는 아니 된다.」

18. 유럽연합 인권헌장 14조 3항(2004년):「교육시설을 설치하는 자유는 민주적 원칙 및 종교적·세계관 내지 교육적 확신에 의거하여 그 자녀를 교육하는 부모의 권리를 존중함으로써 보장된다.」

자료 2

사학에 대한 국가(또는 주)의 재정상 지원 의무(사학의 공비 조성청구권)를 명기하고 있는 각국(주)의 헌법 조항과 국제 규약, 국제헌장, 국제결의

1. 아일랜드 헌법 42조 4항(1937년): 「국가는 초등학교의 무상교육을 배려하고 교육의 영역에서 사적 내지 사회적인 진취성을 촉진하도록 힘써야 한다.」

2. 네덜란드 헌법 23조 7항(1987년): 「사립의 일반 교육기초학교는 법률로 정해진 요건을 충족할 경우 공립학교와 동일한 기준에 의거하여 공적자금으로부터 자금을 공급 받는다. 사립의 일반 교육중등학교와 대학의 전 교육이 공적자금으로부터 기부금을 받을 요건에 관해서는 법률로 정한다.」

3. 스페인 헌법 27조 9항(1978년): 「공권력은 법률로 규정된 요건을 충족한 교육 시설을 지원한다.」

4. 폴란드 헌법 70조 3항, 4항(1997년): 「비공립중학교의 설립과 그 운영 및 이 같은 학교에 대한 재정지원 … 에 관한 조건은 법률로 규정한다.」(3항) 「공권력 은 시민에 대하여 보편적이고 평등한 교육에의 참여를 보장한다. 공권력은 이 목적을 이루기 위해 학생을 위한 개별적·재정적 및 조직적 제도를 확립하여 지 원한다. 지원하는 조건은 법률로 정한다.」(4항)

5. 핀란드 헌법 79조, 80조(1990년): 「중등단계의 일반교육 및 국민교육을 위한 교육시설은 국가재정에 의해 유지 내지 지원된다.」(79조) 「국가 및 자치체의 초등학교에 대한 재정상의 지원 의무에 관해서는 … 법률로 규정한다. 초등학교 에서의 수업은 무상으로 한다.」(80조)

6. 프랑스 제4공화국 헌법 전문(1946년): 「국가는 자녀 및 성인의 … 교육에 대한 기회균등을 보장한다. 모든 단계에서 무상으로 비종교적인 교육을 조직하는 것 은 국가의 의무이다.」

7. 유럽의회「유럽공동체에서의 교육의 자유에 관한 결의」(9항, 1984년):「교육의 자유권으로부터 본질적으로, 또한 필연적으로 이 권리의 현실적 행사를 재정상 가능케 하는 가맹국의 의무 및 사학이 그 임무를 수행하고 의무를 이행하는 데 필요한 공적 조성을 … 공립학교가 받고 있는 것과 같은 조건으로 보장할 가맹국의 의무가 도출된다.」

8. UN「경제적 · 사회적 및 문화적 권리에 관한 국제규약(사회권 규약)」13조 2항(1966년):「여러 유형의 중등교육(기술적 및 직업적 중등교육을 포함)은 모든 적당한 방법으로 특히 무상교육의 점진적인 도입에 의해 일반적으로 이용 가능하고 또한 모든 자에 대하여 기회가 주어지도록 할 것.」(13조 2항 〈b〉호)

「고등학교는 모든 적당한 방법으로, 특히 무상교육의 점진적인 도입으로 능력에 응해서 모든 자에 대하여 균등한 기회가 주어지는 것으로 할 것.」(동조 동법 〈c〉호)

9. 자녀의 권리에 관한 조약 28조 1항(1989년):「체결국은 교육에 관한 아동의 권리를 인정해서 이 권리를 점진적으로 그리고 기회의 균등을 기초로 해서 달성하기 위하여 특히 (a) 초등교육을 의무적인 것으로 하고 모든 자에게 무상으로 한다. (b) 여러 가지 형태의 중등교육(일반 교육 및 직업교육을 포함)의 발전을 장려하여 모든 아동에 대하여 이 같은 중등교육이 이용 가능하고, 또한 이 같은 것을 이용할 기회가 주어지도록 하여 예컨대 무상교육의 도입, 필요한 경우의 재정적 원조의 제공과 같은 적당한 조치를 한다.」

독일 주 헌법에 의한 사학조성청구권의 보장

1. 라인란트 팔츠 주 헌법 30조 3항(1947년)

「공립학교의 대체로서의 사립학교는 신청에 의해 공적자금에 의한 적절한 재정지원을 받는다. 공적자금에 의한 재정지원의 조건 및 조성액에 관한 상세한 내용은 법률로 정한다.」

2. 자를란트 주 헌법(1947년)

- 28조 3항:「공립학교의 대체로서의 사립학교는 임무를 수행하고 이행하기 위해 공비조성청구권(Ansprush auf öffentliche Zuschüsse)을 가진다. 상세한 내용은 법률로 정한다.」

- 28조 4항:「공익에 입각한 교육을 행하고(auf gemeinnützger Grundlage wirken) 그 구성과 편제가 공립학교에 적용되는 법 규정에 대응하고 있는 사립의 기초학교, 근간학교 및 특별학교에 대하여, 학교 설치자의 신청에 의거, 주에서는 경상적인 인건비 및 물품비에 필요한 경비를 공립학교의 기준에 준거하여 지급하도록 한다.」

3. 노르트라인 베스트팔렌 주 헌법(1950년)

- 8조 4항:「인가된 사립학교는 공립학교와 같은 권리를 가진다. 이 같은 사립학교는 그 임무를 수행하고, 또 그 책임을 이해하기 위해 필요한 공적 조성을 청구하는 권리를 가진다.」

- 9조 2항:「… 주가 공립학교에 관해서 수업료 무상제를 도입하고 있는 경우, 제8조 4항에서 말하는 사립학교는 주 부담에 의해 수업료 징수를 포기하는 권리를 가진다. 주가 교재, 교구의 무상제를 도입하고 있는 경우에는 공립학교에 있어서와 같은 무상제가 상기 사립학교에도 보장되도록 한다.」

4. 바덴 뷔르템베르크 주 헌법(1953년)

- 14조 2항:「공공적의 수요에 응하며 교육적으로 가치가 있는 것으로 인정되고, 또한 공익에 입각한 교육을 하고 있는 사립학교는 … 재정 부담의 균등을 요구하는 권리(Anspruch auf Ausgleich der finanziellen Belastung)를

가진다」

5. 브란덴부르크 주 헌법(1992년)
- 30조 6항: 「자유로운 주체에 의한 학교(Schulen in freier Trägerschaft)를 설치하는 권리는 … 보장된다. 학교 설치자는 공적인 재정보조를 요구하는 권리를 가진다.」

6. 작센 주 헌법(1992년)
- 102조 4항: 「자유로운 주체에 의한 학교가 공립학교와 같은 임무를 지고 그 부담을 경감하고 있는 경우, 그 학교는 재정상 균등을 요구하는 권리를 가진다.」

7. 작센 안할트 주 헌법(1992년)
- 28조 1항: 「자유로운 주체에 의한 학교를 설치하는 권리는 보장된다.」
- 28조 2항: 「이 학교가 공립학교의 대체인 경우에는 그 임무를 수행하기 위해 필요하다고 보는 공적자금 조성을 청구하는 권리를 가진다.」

8. 튜링겐 주 헌법(1993년)
- 26조 2항: 「자유로운 주체에 의한 학교는 공립학교의 대체로서 주의 인가를 필요로 한다. 인가를 받은 대체학교는 공비조성청구권을 가진다.」

9. 니더작센 주 헌법(1993년)
- 4조 3항: 「자유로운 주체에 의한 학교를 설치하는 권리는 보장된다. 이 같은 학교는 기본법 7조 4항과 5항에 의거, 인가되며 인가 조건을 계속 충족하고 있는 경우에는 주에 의한 조성을 청구하는 권리를 가진다.」

색 인

후 기

먼저 저술한 「일본국헌법과 의무교육」(靑山社 2012년) 및 그 앞에 나온 「교육의 자치·분권과 학교법제」(東信堂 2009년)가 주된 것인데 나의 지금까지의 저서는 기본적으로는 모두 기본적 인권의 존중, 자유주의, 민주주의, 법치국가, 사회국가원칙이라고 하는 헌법의 보편기본법 원리와의 계류·긴장에 있어서 일본에서의 교육행정·학교법제의 사정을 검증하고 그것을 근거로 한 구조를 형성하려는 이론적 접근을 하고 있다. 헌법(constitution)은 국가, 사회의 기본구조법이며 그 가치 원리와 조직 원리는 실정법 질서 및 사회제도 전체를 관통하여 규범적으로 구속한다고 하는 것을 다시 확인해 두고자 한다.

「헌법과 사학교육 — 사학의 자유와 사학조성」이라고 명제(名題)한 본서도 상술한 바와 같은 맥락에 자리매김하는 것이다. 제Ⅰ부 제1장에서 상세하게 언급한 것처럼 메이지 헌법에 있어서는 학교교육은 「국가의 사무」라 해서 「국가의 학교교육 독점(Staatiliches Schulmonopoli)」 법제 하에서 「교육의 자유」, 「사학의 자유」, 「교육에 있어서의 가치다원주의」는 원리적으로 부인되어 있었다. 일본국헌법의 탄생에 의해 헌법구조는 결정적인 전환을 이루었을 법한데도 현행의 사학교육법제와 그 공권적 해석에는 구 법제도원리의 잔영이 아직도 짙게 그림자를 드리고 있는 것으로 보이기 때문이다. 사학설치 인가의 법적 성질에 관해서 문부과학성 측이 구 법제하에 있어서와 같이 여전히 의연하게 관치, 집권적인 행정권 우위의 법해석=「특허설」(국가의 특허사업으로서의 사학)을 취하고 있는 것이 그 한 예이다. (참조: 제Ⅰ부 제3장 제4절) 독일의 저명한 행정법학자인 O. 마이어의 명언 「헌법은 변하는데 행정법은 변하지 않네」(Verfassungsrecht vergeht, Verwaltungsrecht besteht)를 본떠 「헌법은 변하는데 교육행정·학교법제에 있어서 관치·집권성은 변하지 않네」라고 해도 좋을 듯한 현실이 보이고 있는 것이다.

덧붙여 「고교의 수업료 무상화와 사학」을 그 주제의 중요성에도 불구하고 「보충장」으로서 올린 것은 거기에 있어서의 중요한 논점이 제Ⅰ부 제8장과 겹쳐 있어 기술 내용도 어쩔 수 없이 중복되어 있기 때문이다.

본서는 수록에 즈음해서 대폭 가필, 수정을 한 것인데 「사학의 자유와 공공성의 법적 구조」라고 하는 제목으로 2007년 6월에서 2009년 3월에 걸쳐 계간 「교육법」(에이델연구소)에 연재한 논문과 근무교인 「하쿠오(白鷗)대학논집」에 근년 게재한 논문을 바탕으로 하고 있다. 본서에 수록한 논고의 초출은 뒤에 기록한 대로이다.

마지막으로 경영환경이 어려움에도 본서의 출판을 흔쾌히 맡아주신 협동출판의 오누키 테루오(小貫輝雄) 사장께 심심한 사의를 표하고자 한다. 또 본서가 나오게 된 데는 편집제작부의 다카하시 마나부(高橋學) 씨의 도움을 크게 받았다. 여기에 적어 고맙다는 말을 하고자 한다.

본서는 근무교인 하쿠오 대학의 2014년도 학술출판조성을 받아 간행된 것이다.

2014년 2월 24일

유키 마코토(結城 忠)

초 출 일 람

제 I 부 사학교육의 법적 구조

제1장 .... 메이지 헌법(주석 참조) 하에 있어서의 사학교육법제 〈계간 『교육법』 153호, 에이델연구소, 2007년 6월〉

제2장 .... 사학의 존재 이유 〈계간 『교육법』 154호, 에이델연구소, 2007년 9월〉

제3장 .... 사학의 자유 〈계간 『교육법』 155호, 에이델연구소, 2007년 12월〉

제4장 .... 사학의 자유와 학생의 기본적 인권 〈계간 『교육법』 156호, 에이델연구소, 2008년 3월〉

제5장 .... 경향사업으로서의 사학 〈계간 『교육법』 157호, 에이델연구소, 2008년 6월〉

제6장 .... 사학의 공공성 〈계간 『교육법』 159호, 에이델연구소, 2008년 12월〉

제7장 .... 정교분리의 원칙과 종교 계열 사학에 대한 공적자금 조성 〈『하쿠오(白鷗)대학 교육학부 논집』 제6권 제2호, 2012년 12월〉
프랑스와 미국에 있어서의 정교 분리의 원칙과 종교 계열 사학에 대한 공적자금 조성 〈『하쿠오대학 논집』 제27권 제2호, 2013년 3월〉

제8장 .... 헌법 89조 후단과 사학에 대한 공적자금 조성 〈『하쿠오대학 논집』 제28권 제1호, 2013년 9월〉

제9장 .... 교육기본법의 개정과 사학(1) 〈『교직연수』 2010년 7월호, 교육개발연구소〉
교육기본법의 개정과 사학(2) 〈『교직연수』 2010년 8월호, 교육개발연구소〉

보충장 .... 고교 무상화의 헌법, 학교법학적 평가 — 사립고교 무상화의 법적 가능성도 시야에 넣어서 〈『하쿠오대학 논집』 제27조 제1호 2012년 9월〉

404

제II부 유럽에서의 「사학의 자유」와 사학조성

저자 소개

유키 마코토(結城 忠)

1944년, 히로시마 시 출생.

히로시마 대학 정경학부 졸업, 오사카 시립대학 법학부를 거쳐 히로시마 대학 대학원 교육학연구과 박사과정 단위 취득, 국립교육연구소 연구원, 주임연구관, 실장, 독일국제교육연구소 객원연구원, 국립교육정책연구소 총괄연구관, 죠에츠 교육대학 교직대학원 교수 역임, 현재 하쿠오 대학 교수, 교육학박사, 제14기 일본교육행정학회회장, 국립교육정책연구소 명예소원 등.

주요저서 및 역서

- 『日本國憲法と義務教育』, 靑山社, 2012年.
- 『敎育制度と學校法制』(강의텍스트), 尙文堂, 2011年.
- 『敎育の自治・分權と學校法制』, 東信堂, 2009年.
- 『生徒の法的地位』, 敎育開發硏究所, 2007年.
- 『學校敎育における親の權利』, 海鳴社, 1994年.
- 『敎育法制の理論 ― 日本と西ドイツ』, 敎育家庭新聞社, 1988年.
- 『ドイツの學校と敎育法制』(監譯), 敎育開發硏究所, 2004年.
- 『學習塾─子ども・親・敎師はどう見ているか』(共著), 1987年.
- B. v. Kopp u. a. (Hrsg.), Vergleichende Erziehungswissenschaft, Böhlau Verlag, 1997.

옮긴이 소개

권희태(權熙泰)

학 력
대구대학교 경제학과 졸업
계명대학교 교육대학원 교육행정학 전공
(교육학석사)
일본 東京大學 대학원 교육행정학 연구과정
2년 수료
고려대학교 정책대학원 연구과정 1년 수료
(국제관계전공)

수상내용
화랑무공훈장
문맹퇴치 교육공로상 (경북도지사)
사회교육 공로상 (경북도지사)
교육공로 표창 (국무총리)
국민훈장 목련장 (총무처)
중화민국사립교육사업회지선장
교육공로상 (사립중고학교장회)
대구교육상 (대구광역시 교육감)

경 력
학교법인 경희교육재단(경상여고, 경상고) 설립 이사장
경상여자고등학교 교장
경상고등학교 교장
남산중학교 교장
상주공업고등학교 교장
학교법인 남산학원(상주공고, 남산중) 이사장
사단법인 한국사립초중고등학교법인협의회 부회장
사단법인 한국사립초중고등학교법인협의회 경상북도회장
사단법인 한국사립초중고등학교법인협의회 대구시회장
대구 사립중고등학교 연합회장
대구 고교학생산악연맹 회장
한국지역사회교육대구협의회 회장
한국지역사회교육협의회 중앙회 부회장
대구청구로타리클럽 회장
국제로타리 3700지구 사무총장
사립학교교직원연금관리공단 이사

헌법과 사학교육

사학의 자유와 사학조성

초판 인쇄 2015년 10월 25일
초판 발행 2015년 10월 30일

저   자 유키 마코토(結城 忠)
역   자 권 희 태
발 행 인 양 진 오

발 행 처 ㈜교학사
주   소 서울특별시 마포구 마포대로 14길 4
전   화 편집 (02)707-5343   영업 (02)707-5147
팩   스 (02)707-5346
등   록 1962년 6월 26일
홈페이지 http://www.kyohak.co.kr
ISBN   978-89-09-19497-6 03300